医药卫生法学

吕宜灵　李泽华　主　编
杨　琳　李长征　副主编

科学出版社
北　京

内 容 简 介

《医药卫生法学》是高等医学院校基础课程教材之一。本书内容涉及医药卫生法基础理论，传染病防治、艾滋病防治、突发公共卫生事件应急、国境卫生检疫、药品管理、食品安全、血液管理、职业病防治、母婴保健、处方管理、医事主体、医疗事故处理、医疗纠纷及处理、医疗事故刑事处理等医药卫生法律制度。不仅符合医学院校医药卫生法规教学的要求，还包含了国家执业医师资格考试大纲中有关卫生法规的主要内容。

本书适合高等医学院校医学、预防医学专业学生及参加国家执业医师资格考试的人员使用。

图书在版编目(CIP)数据

医药卫生法学/吕宜灵，李泽华主编. --北京：科学出版社，2012.5

ISBN 978-7-03-034559-2

Ⅰ.①医… Ⅱ.①吕…②李… Ⅲ.①卫生法–法的理论–中国–医学院校–教材 Ⅳ.①D922.161

中国版本图书馆CIP数据核字(2012)第111967号

责任编辑：潘志坚 余 杨 / 责任校对：刘珊珊
责任印制：刘 学 / 封面设计：殷 靓

科学出版社 出版
北京东黄城根北街16号
邮政编码：100717
http：//www.sciencep.com
北京虎彩文化传播有限公司印刷
上海蓝鹰文化传播有限公司排版制作
科学出版社发行 各地新华书店经销
*
2012年5月第 一 版 开本：787×1092 1/16
2019年11月第十次印刷 印张：17
字数：379 000
定价：50.00元

前　言

医药卫生法并非传统的部门法，而是随着医源性损害和医药新技术、公共卫生事件等出现而产生的一门新兴交叉学科，是研究医药卫生法律规范及其发展规律的一门法学科学。

随着我国法治建设进程的不断加快，以人为本的共识日渐形成，和谐社会理念深入人心，人类自身的健康越来越成为社会共同关注的焦点。但众所周知，当前医药卫生领域矛盾突出，需要应对的法律问题越来越多，成为构建和谐社会的一个不谐之音。因此，推进医药卫生法治建设和对医学生加强医药卫生法治教育显得尤其重要。医药卫生法学已成为我国高等医学院校学生必修的一门医学人文课程，也是国家执业医师资格考试的内容之一。

为推动我国医药卫生法治建设，推动我国高等医学院校医药卫生法学课程的建设，针对在教学实践中发现的一些问题，我们对《医药卫生法学》进行了编写，简化了理论体系，吸收了国家执业医师资格考试中的内容，使本书更精炼、更实用。本书共15章，内容涉及医药卫生法基础理论，传染病防治、艾滋病防治、突发公共卫生事件应急、国境卫生检疫、药品管理、食品安全、血液管理、职业病防治、母婴保健、处方管理、医事主体、医疗事故处理、医疗纠纷及处理、医疗事故刑事处理等医药卫生法律制度。不仅符合高等医学院校医药卫生法规教学的要求，还包含了国家执业医师资格考试大纲中有关卫生法规的主要内容。

本书由吕宜灵、李泽华任主编，杨琳、李长征任副主编。在编写过程中，我们也参阅了近年来出版、发表的卫生法学论著和研究成果，在此表示诚挚的谢意！

由于理论研究水平有限，不足之处在所难免，恳请同道批评指正。

编者

2012年3月

目 录

绪　论

第一节　医药卫生法学概述

一、医药卫生法学的概念

医药卫生法学是由医学、药学和法学相结合而形成的一门新兴的法律科学，是自然科学和社会科学相互作用、相互渗透的产物。它是研究医药卫生法律这一社会现象及其发展规律的一个新的部门法学，它主要运用法学理论，研究解决医药卫生实践领域中存在的问题。

医药卫生法学作为一门学科，它既是法学科学领域中的一个应用分支，也是现代医学发展的重要成果。医药卫生和法学的对象都是“人”，医药卫生主要是通过医学手段达到防病、治病，从而维持和稳定人的生理平衡，法学是通过法律手段规范人们的行为，从而起到维持社会秩序，促进社会和谐发展的目的。

我们在研究医药卫生法学的时候，首先应该了解“医药卫生”和“法律”的含义以及医药卫生与法律的关系。

（一）什么是医药卫生

医药卫生是为增进人体健康、预防疾病，改善和创造合乎人的生理要求的生产环境、生活条件所采取的个人和社会的措施。随着社会的发展，人们对于疾病的治疗，开始从被动的治疗转向了主动的防治，同时为增进健康，防治疾病，人类也逐步采取了各种个人和社会的措施。

首先，医药卫生是指一种个人和社会的行为措施。所谓个人措施，主要是指个人应该有良好的卫生习惯和卫生行为。正如 WHO 指出的，健康的生活方式比任何复杂的医疗技术都重要。所谓社会措施，是指国家采取的有利人体健康、防治疾病，提高人的生命质量的社会行为。

其次，医药卫生是具有医学科学内涵的知识体系。在现代社会中，卫生作为一种个人和社会的行为措施是建立在医学科学的基础上的。它包含了三个方面的内容：一是使人体在出生前后就有一个比较强健的体质；二是促使人体在生活和劳动过程中能够避免和抵御外部环境对人体的不良影响，并保持完满的精神状态和良好的社会适应能力；三是对已经患病的人体进行有效的治疗，使之恢复健康身体。

再次，医药卫生是社会的重要组成部分。在现代社会，医药卫生受到社会经济、政治、科技、文化、教育等多方面的制约。同时，医药卫生也通过维护和增进人体健康而促进社会生产力的发展。所以，医药卫生不仅是卫生部门的事，它需要全社会的共同参与和努力，需要国家随着国民经济的发展逐步加大对卫生事业经费的投入，促进卫生与医学事业的发展。

（二）什么是法律

法律是国家制定或认可的，由国家强制力保证实施的，以规定当事人权利和义务为内容的具有普遍约束力的社会规范。

法律是调整人们行为规范系统。法律作为一种行为规范系统，以明确的方式告诉人们可以做什么、必须做什么、禁止做什么，从而调整人们在社会生活中的相互关系，体现了法律的规范性。

法律是上升为国家意志的统治阶级意志的体现。法律是由国家制定或认可的行为规范系统。制定或认可是国家制定法律规范的两种基本形式。制定，是指由国家机关在某职权范围内按照法定的程序创制规范性法律文件的活动，一般是指成文法创制的过程。认可，是指国家承认某些社会上已有的行为规则具有法律效力。国家认可的法律主要有判例法、习惯法或其他不成文法。国家制定或认可的法律规范均具有法律效力，共同组成了一个国家统一的法律体系。

法律是由国家强制力保证实施的具有普遍约束力的行为规范系统。法律是由国家强制力保证实施的，国家强制力包括军队、警察、监狱、法庭等国家暴力机关，这些机关的执法活动使法律实施得到直接保障。国家强制力使法律获得了对全社会的普遍约束力，这种约束力不仅对敌对阶级存在，而且在本阶级内部也存在。当然，并非法律的每一个实施过程都必须借助于国家强制力，国家强制力常常是"备而不用"。但是，法律如果失去了国家强制力，就无异于"一纸空文"，也就失去了法的属性。不同性质的国家的法律，其国家强制力具有不同性质和目的。

法律是以规定人们的权利义务作为主要调整手段的行为规范系统。法律与权利义务是不可分的，它把一定生产方式要求的行为自由规定为法律权利，把与之相对应的社会责任规定为法律义务，使一定社会形态中人们的相互关系转化为法律上的权利义务关系，规定人们在一定情况下可以做什么，必须做什么，禁止做什么，并通过国家强制力保证这些权利和义务的实现，以此来确认、保护和发展对统治阶级有利的社会关系与社会秩序。法律所规定的权利与义务，不仅是指公民、社会组织、国家的权利和义务，而且包括国家机关及其公职人员的职权和职责。

（三）医药卫生和法律的关系

自从有了国家，法律便开始对医药卫生进行规范。随着社会的发展，相互之间的关系也越来越密切，均表现为明显的社会性，同时共同追求着实现生命健康的权利。

1. 医药卫生的发展全方面地对法律产生着深刻的影响。

从法律发展的过程中，我们可以看到医药卫生的发展常常影响着人们的法律意识，促使着法律的发展与健全，甚至影响或改变着人们的法律思想观念。

从立法来看，当今世界各国的法律汇编，都可以看到医药卫生知识对立法产生的影响，大量的医药卫生专业知识被立法所用，写进法律中，成为法律规范的内容，指导着人们的行为。例如我国《婚姻法》关于禁止结婚的规定，《环境保护法》关于环境质量标准制度等，都离不开医药卫生专业知识的指导。同时，随着医药卫生事业的发展，大量原来属于纯技术规范的各种标准被引入到法律内容当中，形成了新的法律规范形式——法律技术规范（技术法规），以指导、规范技术操作程序。

近年来，随着医学科学技术的发展，导致了需要以立法予以调整的新的社会关系的产生，从而导致大量新的医药卫生法律规范的出现，近而形成了一个新的法律部门。

此外，医药卫生的发展，对执法和司法程序中认定事实和适用法律两个方面都有着重要作用。

2. 法律对医药卫生领域的影响和作用也是多方面的。

第一,法律为医药卫生事业的组织管理和运行提供重要保障。法律作为一种管理工具,在医药卫生的组织、经费、人员、发展计划、运行、服务和技术系统,都发挥着其他管理手段无可替代的作用。

第二,法律对医学科技成果合理使用的保证和促进作用。

第三,法律对医药卫生技术发展所带来的消极后果的控制和防范作用。

医药卫生技术本身具有利弊两重性。法律可以抑制和防范在利用医学,达到既促进现代医学科学技术的发展,发挥其积极作用,又抑制它的消极作用,实现兴利除弊的目的。

第四,法律对医药卫生国际合作交流的推动和协调作用。

二、医药卫生法学的研究对象

医药卫生法学是以医药卫生法律及其发展规律作为研究对象,注重学科理论的研究和学科体系的建设。研究的主要内容包括:医药卫生法律的产生及发展规律,医药卫生法律的特征、调整对象,医药卫生法的基本原则,医药卫生法律关系,医药卫生法律体系,医药卫生法律责任,我国现行的医药卫生法律制度,医疗争议解决的方法和原则等。

三、医药卫生法学的研究方法

学习和研究卫生医事法学,应当坚持实事求是,一切从实际出发,理论联系实际。

1. 理论与实践相结合。学习和研究医药卫生法学必须从实际出发,从我国的实际国情出发,适应卫生制度改革的要求,树立科学发展观,开拓新视野,发展新观念,创造性地进行学习和研究。

2. 借鉴与比较相结合。借鉴与比较的方法是学习医药卫生法学的重要方法之一。我们了解世界各国的医药卫生法律制度,既要吸收各国医药卫生法律制度中的科学内容,又要除去其不合理的成分,避免盲目照搬或全盘否定。

3. 善于运用历史的辩证方法。任何学科都有广泛的理论基础和发展、演变规律。我们只有把医药卫生法这一社会现象放在相应的历史条件下,研究它产生的社会经济基础,研究社会政治等因素对它的影响,才能对医药卫生法的历史、现状及其发展趋势,对医药卫生法的本质、作用作出全面、正确的认识和理解。

四、我国医药卫生法学研究现状

从20世纪80年代开始,随着卫生事业的不断改革,市场经济体制的确立,医疗技术的不断发展,出现了大量涉及卫生、医疗和法律的交叉问题,引导医药卫生法学的理论工作者和实践工作者研究医药卫生领域的法律问题。其中有代表性的著作有:

1988年王镭主编的《中国卫生法学》(中国人民大学出版社)。

1989年陈明光主编的《医学法学导论》(中国科学技术出版社)和邓公平主编的《医药卫生法学》(上海科学技术出版社出版)。

1997年刘革新主编的《医与法》(中国人民公安大学出版社)。

1999 年吴崇其、达庆东主编的《卫生法学》(法律出版社)。

1999 年郭乡村、石东风主编的《卫生法学新编》(东北师范大学出版社)。

2002 年宋文质、孙东东主编的《卫生法学》(北京医科大学出版社)。

2003 年姜柏生、田侃主编的《医事法学》(东南大学出版社)。

2004 年孙东东主编的《卫生法学》(高等教育出版社)。

2010 年陈瑶、田侃主编《卫生法学》(科学出版社)。

1993 年,中国卫生法学会成立,标志着我国的医药卫生法学研究进入了快速发展时期,为我国医药卫生法学的研究提供了成果展示的平台,极大地推动了我国医药卫生法学的研究。

五、学习医药卫生法学的意义

学习医药卫生法学,对培养树立医药卫生法制观念,提高遵守医药卫生法律规范的自觉性,有着重要的意义,同时对建设社会主义法治国家,保护人体健康,促进卫生与医疗事业的发展,有着积极的意义。

(一) 促进社会卫生事业的和谐发展

卫生事业是社会主义事业的重要组成部分,关系到人民群众的健康利益,关系到社会的稳定与和谐,关系到国民经济健康持续发展。依法管理卫生事业,是实现依法治国,建设社会主义法治国家的重要内容。

(二) 提高卫生行政机关执法水平

卫生行政执法是政府管理卫生工作的基本方式。执法水平的高低直接关系到社会卫生水平和人民生活质量与健康的问题。因此,提高卫生执法水平,必须要有一支既有丰富的专业知识,同时熟悉我国卫生法律法规的执法人员,才能更好地做到依法行政。

(三) 培养一支高素质的医务工作者

医务卫生工作者承担着救死扶伤,保障人民健康的使命,专业技术水平的高低和依法职业的态度决定了人民身体的健康等切身利益,甚至直接关系到人民的生命。培养一支业务精良,行为规范的高素质医疗队伍是对人民健康的重要保障。

第二节　医药卫生法的历史发展

一、国外医药卫生法历史与发展

(一) 古代社会的医药卫生法

在人类历史上,运用法律手段保护公共卫生和加强医疗保健已有数千年的历史。公元前 3000 年左右,古埃及就颁布了一些有关医药卫生的法令;古印度制定的《摩奴法典》;古巴比伦王国于公元前 1750 年颁布的《汉穆拉比法典》都有医药卫生方面的条文。古罗马奴隶制社会的医疗卫生法律最为发达,公元前 450 年颁布的《十二铜表法》、《阿基拉法》、《科尼利拉法》、《得森维尔法》等,对医疗卫生都作了明文规定。古罗马人在历史上首先规定了行医许可制度,反映了奴隶制时代的医药卫生法学体系已开始萌芽,为世界医药卫生立法奠定了良好的基础。

公元5世纪到15世纪，欧洲封建国家时期不少国家加强了医药卫生立法，医药卫生法所规定和调整的范围不断扩大。12世纪，西西里国王罗格尔二世颁布了欧洲历史上最早的禁止未经政府考试的医生行医的法令；13世纪，威尼斯制定了药剂师管理法；14世纪，威尼斯、马赛等地颁布了检疫法，开创了国境卫生检疫的先河。

英国、法国的医药卫生成文法形成了近代医药卫生法律雏形。

（二）近代社会的医药卫生法

17世纪以后，实验医学的革命和资产阶级工业文明，引发了社会关系的巨大变化，资本主义的医事立法也进入了发展阶段。1601年，英国制定了《伊丽莎白济贫法》，其影响持续了300年之久。19世纪以后，专门性的医事法律不断出台。

欧洲的德、法、意等国吸取了英、美的法律实践经验，但又保持了除特殊规定由专门医事立法外，其余所增条款均散在民法、行政法和经济大法之中，保持了欧洲医学法制建设的特色。

亚洲的日本是较早并较完善地致力于医药卫生法制建设的国家之一，从1874年制定《医务工作条例》开始，陆续又颁布了《药师法》、《医师法》和著名的《国民医疗法》、《药事法》等。

第二次世界大战（以下简称二战）以后，医药卫生立法迅速发展，进入一个新阶段。原因是卫生事业在整个社会经济发展中的作用越来越重要。卫生事业在发展中产生的许多新的社会关系，需要制定相适应的法律法规来调整；防治疾病，保护健康和生命作为人的权利被认识，医药卫生立法在各国普通受到重视，由此，在孕育医学科学革命同时，医药卫生法律的构建迅速深化和延伸，开始引起社会广泛关注而迅速发展：

首先在宪法上，规定了保护公民健康权的条款。

其次，医药卫生立法得到进一步完善和加强。

——在公共卫生、疾病控制、医政管理、药政管理、医疗保健等方面各类系统的医事配套法律得以制定。

——环境保护立法空前兴旺，出现"公害罪"，明确规定了法人犯罪问题。

——在劳动保护方面，各国分别规定了职业安全卫生法，还先后制定了控制传染病法律、卫生检疫法律等。

——在社会福利事业上，各国相继制定了老人保健法，精神卫生法，福利法，国民健康保险法等。

医药卫生立法从医药卫生管理到健康教育等20多个方面，在社会生活各方面发挥越来越大的作用。

二战以来世界各国医药卫生立法发展还呈现出两个新的特点：①社会主义国家的医药卫生立法得到了大力加强。②医学科学技术的进步向法律提出了挑战，导致了医药卫生法上新的立法问题的不断产生，不少国家都在研究立法对策。

20世纪60年代后期，各国对医事立法的普遍重视，使医药卫生立法得到了迅速发展，并且推动了医药卫生法学作为一门新兴的独立的学科的诞生和发展。

二、中国医药卫生法简史

(一) 古代社会的医药卫生法

早在2 000多年前就有了医药卫生方面的法律规范，是世界上最早运用法律手段管理社会医药卫生的国家之一。

奴隶制时代的医事法，是我国医药卫生立法的启蒙时期。商朝就已产生了医药卫生法律条文，周代有世界上最早的病历记录和报告制度，在个人与环境卫生、预防保健方面也有一些规定。

进入封建社会，医药卫生立法得到进一步发展的时期。秦代起有了比较系统的法典，有关医药卫生方面的规定也在这些法典中出现。如《秦律》有禁止杀婴、堕胎等，秦朝还重视环境卫生，当时的《田律》是我国第一部环境保护法。

从两晋经隋唐至五代，封建社会近700年上升时期，医药卫生立法有了较大发展。《唐律》中，对医师误伤、调剂失误、针刺差错、贩卖毒药、行医欺诈等行为均有刑罚规定，对饮食卫生、卫生管理也有一些规定。唐显庆四年(659年)，颁布了可称世界史上第一部由国家编撰的药典《唐新修本草》，比西欧至少早4～8个世纪。

宋金元时期，医药卫生制度在许多方面沿袭唐制，但医药卫生立法上有所发展。北宋王安石颁布了《市易法》，对药品检验制度作了规定。宋朝于12世纪颁布的《安剂法》，规定医务人员人数和升降标准，这是我国最早的医院管理规章。宋法严治庸医。著名法医学家宋慈所著的《洗冤录》，是现存世界最早的法医学著作，自13世纪至16世纪数百年间，被历代法官和检察官奉为经典。

元明清各朝代也都颁布过一些医药卫生方面的法令。《元典章》中明确规定禁止假医假药，禁止贩卖毒药；对医生三年一大考，合格者方可行医；对误人性命的庸医，必须酌情惩处；还专门规范了医事纠纷的诉讼程序和免除医户差役、赋税等内容。如医生和百姓发生争执和诉讼时，管民的官和管医的官共同决断。明代《大明会典》，清代《大清律》、《新清律》，对于医家行医、考试录用、庸医处罚等一系列医事法规都具有权威性，奠定了中国医事法律的基础，是古代中国医药卫生法制建设的一次里程碑性转折。但是，由于明清之前的中国封建时代是诸法合体，国家并不存在专司医药卫生行政职能的行政机关，纯粹调整医事问题的法律文件也不多见。

(二) 中华人民共和国成立之前的医药卫生法

新中国成立之前有两个情况，其一是“中华民国”时期的医药卫生法，是我国医事立法专门化、具体化时期，设卫生部负责全国医药卫生工作，医药卫生管理制度日趋完备，曾制定了《全国海港检疫条例》、《公立医院设置规则》、《中医条例》及《医师法》、《药师法》、《医事人员检核办法》、《传染病预防条例》等法规。虽然这些法律由于历史原因并未全面实施，而且也缺少完善的监督执法体制，但它却是中国医药卫生法律初步形成的一个重要历史时期。

其二是新民主主义革命时期的医药卫生法，是中国共产党在革命根据地和解放区制定的。根据地在建立健全卫生管理机构，大力加强卫生工作同时，进行了医药卫生立法，先后颁布实施了《卫生法规》、《卫生运动纲要》、《卫生防疫条例》、《暂行传染病预防条例》、

《医师管理条例》等一系列医药卫生法规，在中国医事法史上揭开了新的一页。这些法规的实施，使根据地医疗卫生事业有法可依，有章可循，也为新中国的医事立法奠定了基础，新中国的医药卫生法就是发端于新民主主义革命时期的革命根据地和解放区。

（三）中华人民共和国成立后的医药卫生法

中华人民共和国的成立，标志着我国医药卫生立法进入了新的历史时期，即社会主义医事立法时期。其发展可分为3个阶段。

第一阶段，从新中国建立到1954年第一部宪法公布。党和政府十分关心人民健康事业和医药卫生法制建设，在起临时宪法作用的《共同纲领》中提出："推广卫生医药事业，保护母亲、婴儿和儿童的健康"。1952年，全国第二届卫生工作会议提出了医事立法和卫生事业发展的四大方针：预防为主，面向工农兵，中西医结合，卫生工作与群众运动相结合。并以此为据，先后制定了一系列医药卫生法规和规章，其中由政务院制定发布或批准发布的医药卫生法规就有46件，如《中央人民政府卫生组织条例》、《种痘暂行办法》、《交通检疫暂行办法》、《管理麻醉药品暂行条例》、《医师暂行条例》、《中医师暂行条例》、《医院诊所管理条例》等。这是医药卫生立法的起步阶段。

第二阶段，1954年至1966年，为医药卫生立法初步发展阶段。在宪法的指导下，国家先后颁布了大量的医药卫生法规。其中国务院发布或批准发布的医药卫生法规有31件，卫生部也制定了500多件医药卫生规章或规范性文件。如1954年，卫生部颁发了《卫生防疫暂行办法》，稍后又发布了《卫生防疫站工作条例》，保证了卫生防疫工作的顺利开展。1955年，卫生部颁发了《传染病管理办法》。在劳动卫生和食品卫生方面，先后颁发了《工厂安全卫生规程》、《工业企业卫生设计暂行卫生标准》、《职业病范围和职业病患者处理办法》、《食品卫生管理暂行条例》、《饮用水质标准》等。1957年12月第一届全国人大常委会通过的《中华人民共和国国境卫生检疫条例》，作为新中国第一部医药卫生法律，成为中国医药卫生法治史上的一个重要标志。该条例及国务院公布的实施细则，使国境卫生检疫工作有了法律保证。在药政方面，先后颁布了《关于加强药政管理的若干规定》、《管理毒药、限制剧毒药暂行规定》等，1965年又再版了《中华人民共和国药典》。所有这些都有力地促进和保证了医药卫生事业的发展。

第三阶段，1978年党的十一届三中全会以来，社会主义民主法制建设得到加强，医药卫生立法有了突破性进展，医药卫生法制建设进入了健康、稳步、兴旺发展的新阶段。1982年宪法中，有关国家发展医药卫生事业，保护人民健康的规定，为新时期医药卫生立法指明了方向，提供了依据。1985年，卫生部组建了医疗立法调研起草小组，制定了医疗卫生行政立法规则。1988年，卫生部又成立了政策法规司，使医药卫生法制建设有了组织保证，随后又组建了卫生监督司，以强化全国卫生监督的调控、管理和指导。党的十五大确立的依法治国，建设社会主义法治国家的重要目标，更为医药卫生立法工作创造了空前良好的社会环境。随着社会主义市场经济体制的形成和完善，卫生改革的不断深化，医事法制建设的重要性和迫切性日益显著。1997年1月，《中共中央、国务院关于卫生改革与发展的决定》指出，推进卫生法制建设，要加快步伐，完善以公共卫生，与健康相关产品，卫生机构专业人员的监督管理为主要内容的卫生法律、法规，建立健全相配套的各类卫生标准。要加强卫生法制宣传教育，增强公民法律意识。这就进一步指明了新时期医事立法的方向，为卫生事业发展走向法制化轨道，规定了具体任务和明确的工作目标，医事立法步伐大大加快。迄今为止，全国人大常委会通过了：中华人民共和国《食品安全法》、《国境卫生检疫法》、《传染病防治法》、《红十字会法》、《药品管理法》、《母婴保健法》、《献血法》、《执业医师法》、《职业病防治法》、《人口与计划生育法》等十部医事法律。国务院制发和批准了20多个医事行政法规，如《麻醉药品管理办法》、《精神药品管理办法》、《医疗用毒性药品管理办法》、《放射性药品管理办法》、《医疗机构管理条例》、《公共场所卫生管理条例》、《医疗事故处理条例》等。卫生部制定颁发的医事规章及其他规范性文件400余件。各省、自治区、直辖市人大及其常委会和人民政府制定的地方法规和卫生规章近400件。初步形成了我国的医事法律体系，卫生事业逐步走上了法治化轨道。

第三节　国际卫生法律制度

国际卫生法是国家之间有关医药卫生的法律，是在国际交往中形成的，旨在调整国家（包括类似国家的政治实体以及由国家组成的国际组织）之间在保护人体健康活动中所产生的各种法律关系的有拘束力的原则、规章、规则和制度的总称。

近代以来，工业经济的发展对人类健康和地球生态环境的日益明显的影响，使不同国家的人民迫切地感到，需要国际合作来解决人类面临的种种卫生问题，这就导致了国际医事法的出现。

19世纪中叶，早期的工业国家为了国际贸易以及减轻战争带来的疾病而达成了国际检疫协议。于1851年，巴黎等11个国家召开了第一次国际卫生会议，产生了第一个《国际卫生公约》。二战以后，国际医药卫生法发展步伐日益加快：

1948年世界卫生组织（World Health Organization，WHO）成立后，为了实现其“使全世界人民获得可能的最高水平的健康”的宗旨，把提出国际卫生公约、规划和规范，作为自己的任务之一，并积极推动国家间卫生立法的交流合作，WHO近年来还加强了对医药卫生立法的研讨，并主持召开了一系列国际卫生立法会议。

联合国及其他有关机构也制定了多项与保护人体健康有关的国际卫生条约或形成了有关决议和宣言，医药卫生立法还得到了国际性非政府组织的大力支持。目前，国际医药卫生法的内容涉及公共卫生与疾病控制、临床医学、职业卫生、人口与生殖健康、特殊人群健康保护、精神卫生、卫生资源、药物管理、食品卫生、传统医学等诸多方面。

一、国际卫生条例

1951年第4届国际卫生大会通过了《国际公共卫生条例》，该条例把鼠疫、霍乱、天花、黄热病、斑疹伤寒和回归热6种疾病规定为检疫传染病。1961年7月25日，第22届世界卫生大会将《国际公共卫生条例》改名并通过了《国际卫生条例》，自1971年1月1日起生效。1973年第26届世界卫生大会修改了1969年的《国际卫生条例》，特别修改了关于霍乱的条款。1981年第34届世界卫生大会通过了《国际卫生条例》补充条款，规定检疫传染病为鼠疫、霍乱和黄热病，监测传染病为流行性感冒、疟疾、脊髓灰质炎、斑疹伤寒和回归热。大会鉴于全球消灭了天花，再次对《国际卫生条例》进行了修改，删除了有关天花的条款。为了加强各国之间的传染病监测,大会决定将《国际检疫委员会》改名为《国际传染病监测委员会》。

全球已有160多个国家和地区承认《国际卫生条例》。1979年5月11日,中华人民共和国卫生部部长致函世界卫生组织总干事,通知中国政府自1979年6月1日起承认《国际卫生条例》。我国对《国际卫生条例》未作任何保留,并在条例的基础上,结合我国卫生检疫的实际,制定了《中华人民共和国国境卫生检疫法》。

二、阿拉木图宣言

1977年,第30届世界卫生大会提出了“2000年人人享有卫生保健”(Health For All The Year 2000,HFA)这一以全球人类卫生保健为宗旨的全球性卫生战略目标。此后,WHO、联合国儿童基金会(UNICEF)多次召开会议,寻求发展国际卫生保健的途径。1978年9月,来自134个国家的代表,同WHO、UNICEF建立正式联系的专门机构及非政府组织的67名代表,来到前苏联哈萨克共和国(现哈萨克斯坦共和国)首都阿拉木图,参加国际初级卫生保健会议,一致认为初级卫生保健(primary health care,PHC)是实现“2000年人人享有卫生保健”目标的关键和基础途径,并通过了标志国际卫生发展史里程碑的文件《阿拉木图宣言》。

1979年11月,联合国大会在“关于卫生是社会发展的一个组成部分决议”中,表示赞同《阿拉木图宣言》。1980年,联合国特别会议在审议国际社会经济发展新策略时,特别提到“2000年人人享有卫生保健”的全球卫生战略,并承认初级卫生保健,使其成为到20世纪末全球经济发展新策略的组成部分。在WHO成员中,几乎所有国家的元首或政府首脑对“2000年人人享有卫生保健”目标的实现作出承诺,中国政府总理和国家主席分别于1988年和1991年对该目标作出了庄严承诺,中国政府对此采取了积极的行动来履行自己的诺言。

三、儿童生存、保护和发展世界宣言

1989年11月20日,第44届联合国大会通过《儿童权利公约》后,1990年9月,在联合国总部纽约举行了“世界儿童问题首脑会议”,共有71个国家的首脑和81个国家的部长参加了会议,中国则由外交部部长代表中国政府出席了此次首脑会议。会议通过了《儿童生存、保护和发展世界宣言》以及《执行90年代儿童生存、保护和发展世界宣言行动计划》。目的在于促使最高决策机构承担一项义务——让每个孩子有更好的未来。1991年3月18日,中国政府在世界宣言和行动计划上签字承诺。

1992年2月16日,中国政府正式颁布了《九十年代中国儿童发展规划纲要》。该纲要根据中国国民经济和社会发展十年规划,依据世界儿童首脑会议通过的两个文件精神,结合中国儿童工作的实际情况,以面向世界、面向未来、面向现代化的姿态,指出了到2000年的主要奋斗目标和实现目标的策略与措施,充分显示了中国政府重视和关心儿童事业严肃、负责的态度。1994年,我国制定了《中华人民共和国母婴保健法》,进而使儿童权益的保护法制化、规范化。

四、国际人口与发展行动纲领

1994 年 9 月在开罗召开了“世界人口与发展会议”，即第 3 次世界人口会议。此次会议的主题是“人口、持续的经济增长和可持续发展”。182 个国家和地区及国际组织的 1 万多名代表与会。它是联合国第 1 次专为人口事项及人口与持续经济增长、可持续发展、消灭贫穷、男女平等和生育卫生的关系而召开的会议，是国际社会在 20 世纪集体应付严重挑战和处理人口与发展相互关系的最后一次机会。会议发表了规划未来 20 年世界人口与发展战略的《国际人口与发展行动纲领》。

中国政府代表团在会议上阐述了中国政府对人口与发展问题的原则立场：①人口问题从本质上讲是发展问题；②实施人口与计划生育方案是解决许多发展中国家人口问题的有效措施；③各国国情不同，不可能按同一模式解决不同国家面临的人口问题；④提高妇女地位，保障妇女权益，实现男女平等，是人口与发展方案成功的重要条件；⑤不仅各国政府需要努力，而且有必要加强国际合作。

五、1961 年麻醉药品单一公约和精神药物公约

在医疗中合理应用麻醉药品和精神药品以及防止滥用这些药物，是国际社会早就关注的问题，也是国际社会为提高人类生命素质所做的努力之一，并为此缔结了控制麻醉药品和精神药品的公约。

从 1912 年起到 20 世纪 50 年代末，国际社会先后签了 9 个有关国际麻醉药品管理的公约、协定和议定书。在这些条约的基础上，为了简化国际管理体制，联合国于 1961 年 3 月 30 日在纽约通过了《1961 年麻醉药品单一公约》，并于 1964 年生效。1972 年，联合国大会又通过了《修正 1961 年麻醉药品单一公约的议定书》，对 1961 年麻醉药品单一公约进行了补充和修正，于 1975 年生效。截止到 1996 年 11 月，全世界已有 158 个国家加入《1961 年麻醉药品单一公约》。以后发现苯丙胺等兴奋剂和甲苯喹唑酮（安眠酮）等催眠药使用后亦能产生严重依赖性和滥用倾向，因而也要加强管理，于是联合国于 1971 年 2 月 21 日通过了《精神药物公约》。针对麻醉药品和精神药物的非法生产、需求及贩运的上升趋势，联合国在《1961 年麻醉药品单一公约》和《精神药物公约》的基础上，于 1988 年 12 月 19 日在维也纳召开的禁止非法贩运麻醉品和精神药物公约会议的第 6 次会议上，通过了《禁止非法贩运麻醉品和精神药物公约》，于 1990 年 11 月 11 日生效。截止到 1996 年 11 月，共有 137 个国家和欧盟加入了《禁止非法贩运麻醉品和精神药物公约》。

中国政府于 1985 年加入《1961 年麻醉药品单一公约》和《精神药物公约》；积极参与了《禁止非法贩运麻醉品和精神药物公约》的起草工作，是最早签署国之一。《中华人民共和国药品管理法》对麻醉药品、精神药品等特殊药品作了专门规定。

第一章　医药卫生法基础理论

第一节　医药卫生法概述

一、医药卫生法的基本概念

医药卫生法是由国家制订或认可，并以国家强制力保证实施，旨在保护人体健康的法律规范的总和。包含三层意思：

1. 医药卫生法是诸多法律规范中的一种，它与其他法律规范一样，在创制上具有鲜明的阶级性；运用上具有普遍性约束性，在保障上具有国家强制性，在实施上具有明确的导向性。

2. 医药卫生法是旨在保护人体健康的法律规范，其立法旨在于维护社会公共卫生秩序，规范人们卫生和医疗行为，保证医药卫生预防，保健活动的正常运转，从而与其他法律规范有重大区别。

3. 医药卫生法既表现为专门以医药卫生为主要内容的医药卫生法律文件，也表现为在其他法律文件中有关医药卫生的条文。

二、医药卫生法的特征

医药卫生法作为一个法律部门，具有法律的一般属性，即决定和服务于经济基础。但是，医药卫生法的调整对象是围绕人体健康而产生的各种社会关系，它不仅要受到经济、政治、文化的影响和制约，而且要受到自然规律和科学技术发展水平的影响。因此，医药卫生法和其他法律部门相比，又有自己的基本特征。

(一) 调整宗旨——健康

医药卫生法是国家为促进医药卫生事业的发展，增进和提高人民健康水平，而制定的有关法律制度。虽然其他法律内容中也有涉及公民健康权利的制度，但从立法的本意上看，其不是以此为最终目的的。因此，与其他法律制度相比，医药卫生法律制度最突出的特征就是以保护公民健康权为其立法的宗旨和目的。

(二) 调整内容——科学

医药卫生法是调整人们各种医药卫生活动的法律规范，它的许多具体内容是依据基础医学、临床医学、预防医学和药物学的基本原理及研究成果制定的。特别是在科学技术日益发达的今天，当代科技成果广泛引入医学领域，使得人类对生命现象的探索进入了全新的境界，从而为卫生立法与执法奠定了坚实的科学基础。同时医学科学在探索人类健康和生命的过程中，充满着难以预料的风险，需要一定的社会条件作保证。没有科学依据的法是难以保障人们健康利益的。

(三) 调整手段——多样

保护公民健康权是一个十分复杂的社会工程。它涉及社会管理、工作、生活的方方面面。医药卫生法调整社会关系的广泛性，决定了其调节手段的多样性，既要采用行政手段来调整卫生行政组织管理活动中产生的社会关系，如用行政许可手段来处理机关、团体、企事业单位及公民提出的卫生许可申请，对违法者予以行政处罚，用行政强制措施手段来控制传染病流行等；又要采用民事手段来调整卫生服务活动中的权利义务关系，如医患关系等。同时对于在医疗卫生和提供食品、药品等服务活动中严重的侵权行为还要追究相应的刑事责任。

（四）调整标准——统一

医药卫生法的根本任务是预防和消灭疾病，改善人们劳动和生活环境的卫生条件，以保护人体健康，促进经济发展，这也是全人类根本利益所在。在人类文明不断发展的今天，健康问题受到人们的关注程度越来越高，世界都在探索如何为人类提供一个适宜的环境，如何保障人类的健康和安全，所以从医药卫生法的确立来看，调整标准具有全人类的统一性。

三、医药卫生法的调整对象

从总体上讲，医药卫生法的调整对象是国家医药、卫生行政机关、医药卫生组织、企事业单位、个人、国际组织，因预防和治疗疾病，改善人们生产、工作、学习和生活环境及卫生状况，保护和增进人体健康而产生的各种社会关系。这种关系是纵横交错、复杂而多层、多侧面的。

具体说来，主要调整以下3个层面的社会关系。

（一）医药卫生组织关系

医药卫生组织法是指各级各类医药卫生组织的法律地位、组织形式、隶属关系、职权范围以及权利义务等用法律条文的形式固定下来，形成合理的管理体系和制度，使得国家对医药卫生单位的组织活动井然有序，并对医药卫生组织在法定范围内从事的相应活动给予保障。

（二）医药卫生管理关系

医药卫生管理是指国家卫生行政机关根据国家法律规定，采取行政管理的手段，对我国的医药卫生工作进行的计划、组织、指挥、调节和监督等活动，以达到控制和消除对人民健康有害的因素，最大范围地保障我国公民的健康利益。医药卫生管理是国家从社会生活总体角度进行的全局性的统一管理活动，在医药卫生管理关系中表现有行政隶属关系。

（三）医药卫生服务关系

医药卫生服务关系是指卫生行政机关、医疗卫生组织、医药卫生企事业单位、医药卫生社会团体和公民向社会公众提供的医疗预防保健、卫生咨询等活动过程中形成的关系，表现为一种平等的社会关系。

四、医药卫生法的基本原则

医药卫生法的基本原则是指贯穿于各种医药卫生法律和法规之中的，对调整保护人体健康而发生的各种社会关系具有普遍指导意义的准则。医药卫生法的基本原则是医药卫生法精神实质的体现，是医药卫生法律、法规规章各种操作规范存在的基础。正确理解和认识医药卫生法的基本原则，对医药卫生法的理论和实践都有重要意义。

（一）保护公民生命权、健康权的原则

"保护公民的生命健康权"是我国公民享有的基本的宪法权利。其原则是指医药卫生法的制定和实施要从公民的根本利益出发，把保护公民的生命健康权作为医药卫生法立法和执法的最高宗旨，使每个公民都能享受到基本的医药卫生安全与保障，从而增进身体的健康。

（二）预防为主的原则

预防为主是我国历来坚持的医药卫生工作方针。这个方针是在辩证唯物主义指导下，正确认识和总结我国人民同疾病作斗争的宝贵经验而提出来的。在预防为主的方针指引下，全国范围内开展的除害灭病爱国卫生运动，使城乡卫生面貌发生了根本变化。在维护公民健康的医药卫生活动中，正确处理防治和治病的关系，把预防工作放在首位，坚持防治结合，预防为主的也是我国医药卫生立法和执法工作的重要原则。

（三）国家卫生监督原则

国家卫生监督是指国家授权医药卫生部门对所辖区内的企业、事业单位贯彻执行国家的医药卫生法律、法规、规章制度和标准的情况进行监督和管理，对违反医药卫生法律制度并造成危害人体健康的，进行严肃处理。卫生监督可分为预防性卫生监督和经常性卫生监督两类。预防性卫生监督是对新建、改建、扩建、续建的城市、居民区、各项大型设施，工厂、矿山企业等在规划、设计、建设、投产验收阶段进行的。经常性卫生监督是对已经运营的企业、事业单位进行日常的监督检查。各医药卫生学科的工作对象专业范围不同，经常性医药卫生监督检查的重点也有所不同。

（四）综合治理的原则

综合治理的原则是指医药卫生工作具有广泛的社会性，必须把各级政府、部门组织和群众的积极性调动起来，做到人人关心、人人参与。具体表现为：

1. 中央及地方各级政府要把医药卫生工作列入国民经济发展的总体规划中，加强对医药卫生的宏观管理。

2. 各级卫生部门要加强对医药卫生工作的管理，强化卫生监督执法，依法行政。

3. 各企事业单位、社会团体和公民要积极参与到医药卫生工作中去，把支持医药卫生工作作为自身的责任，做到全民促进医药卫生工作发展。

五、医药卫生法的作用

进入 21 世纪，人类健康问题已经成为全世界关注的社会问题，它是衡量一个国家和社会进步的重要标志之一。保护和促进人群健康是推动世界卫生发展的核心，是社会医学和科技工作者的职责。新中国成立 60 多年来，我国医药卫生法制建设经历了一个逐步发展和完善的过程。特别是改革开放以来，医药卫生立法取得了突破性的进展，已初步形成由社会公共卫生、健康相关产品、卫生机构和专业人员监督管理 3 个方面组成的医药卫生法律框架，使我国的医药卫生工作逐步走上了法制化管理的轨道。医药卫生法作为一项专门的法律系统，它的内容更加集中地反映了人类自身对健康、安全、幸福等美好价值的肯定和追求。

(一) 保护医药卫生秩序

秩序与无序相对,它指人的社会活动、行为具有一致性、连续性和确定性。卫生秩序的价值目标是实现市场经济状态下卫生经济和生活的秩序。这要求医药卫生法保护人的卫生安全,保障财产所有权,提供安全卫生交易规则,调控卫生市场的活动,保障劳动者生存条件,依靠文明公平的法律制度解决卫生纠纷。

(二) 保障医药卫生自由

自由是做法律所许可的一切事情的权利。卫生自由是人们自主地对卫生行为加以选择和控制的状态,当然必须在法所禁止或要求的行为之外,这是一个无需证明的公理。卫生自由的价值目标要求政府必须在法律授权范围内干预卫生生产和生活;要求政府在卫生生产和生活领域是一个积极有为的政府,即应在法定范围尽最大努力服务于人的健康保护事业。同时要求医药卫生法为人的卫生生产和生活界定明确的自由范围,排除外在的人为障碍并提供制度化的保障机制和权利救济措施。

(三) 实施医药卫生效益

效益指一个给定的投入获得最大的产出,即以最小资源取得最大效果。医药卫生法对人的健康保障主要通过资源配置来实现的,卫生效益价值目标要求医药卫生法通过确认和维护人的健康权,提高人的生命和生活质量;通过确立市场经济模式,开放卫生服务市场,改革医疗质量;运用合理的分配制度,调动人们的积极性;通过举证责任分配制度,增强医疗人员的工作责任心;通过承认和保护卫生知识产权,加快医学科学的进步与发展;通过加强国际卫生交流与合作,分享全人类卫生资源,实现卫生领域的现代化和国际化。

(四) 保障医药卫生正义

正义是人类所追求的一种理想状态,简单说就是公平、公道。医药卫生法实现卫生正义的目标主要体现在两方面:一是医药卫生法对卫生资源、利益和负担进行公正的分配。比如国际卫生组织倡导各国政府通过实施区域卫生规划,达到卫生资源的合理配置;世界各国普遍通过医疗保险制度来实现政府、社会、个人责权利的公正分配;中国政府正在实施的医疗保障制度、卫生管理体制和医药流通体制的三项改革就是实现卫生正义价值目标的战略举措。二是医药卫生法对罪恶和损害进行矫正的分配。这是基于道义和功利的正义,也就是说,任何人如果违法损害了别人利益就应受到法律应有的制裁并对受害人给予同等的补偿。

第二节 医药卫生法的渊源及其主要内容

一、医药卫生法的渊源

法的渊源是法的具体的外部表现形态,指法由何种国家机关制定或认可,具有何种表现形式或效力等级。医药卫生法的渊源是医药卫生法律规范的具体表现形式以及由于这些形式的权威性质而具有的相应的法律效力。根据我国宪法和法律的规定,我国医药卫生法的渊源主要有以下几种。

（一）宪法

宪法是我国的根本大法，它是由我国最高国家权力机关——全国人民代表大会依照法定程序制定的具有最高法律效力的规范性法律文件。宪法中有关卫生方面的规定，就是我国医药卫生法的立法依据，也是我国医药卫生法的重要渊源。

我国现行宪法中有关医药卫生方面的法律规定主要有：第二十一条规定："国家发展医疗卫生事业，发展现代医药和我国传统医药，鼓励和支持农村集体经济组织、国家企事业组织和街道组织举办各种医疗卫生设施，开展群众性的卫生活动，保护人民健康。"第二十五条规定："国家推行计划生育，使人口的增长同经济和社会发展计划相适应。"第四十条规定："夫妇双方有实行计划生育的义务。"第四十五条规定："中华人民共和国公民在年老、疾病或者丧失劳动能力的情况下，有从国家和社会获得物质帮助的权利。国家发展为公民享受这些权利所需要的社会保险、社会救济和医疗卫生事业。"

（二）医药卫生法律

医药卫生法律是指由全国人民代表大会及其常务委员会制定的卫生方面的专门法律，其效力低于宪法，可分为两种：一是由全国人民代表大会制定的卫生基本法，目前我国还未制定卫生基本法。二是由全国人民代表大会常务委员会制定的卫生基本法律以外的医药卫生法律，现已有《中华人民共和国食品安全法》、《中华人民共和国药品管理法》、《中华人民共和国国境卫生检疫法》、《中华人民共和国传染病防治法》、《中华人民共和国红十字会法》、《中华人民共和国母婴保健法》、《中华人民共和国献血法》、《中华人民共和国执业医师法》、《中华人民共和国职业病防治法》。

此外，在其他法律中，如民法、婚姻法、劳动法、环境保护法、刑法等有关医药卫生的法条也是医药卫生法的渊源。

（三）医药卫生行政法规

医药卫生行政法规是指由国务院制定发布的有关医药卫生方面的专门行政法规，其法律效力低于医药卫生法律。如《医疗事故处理条例》、《公共场所卫生管理条例》、《精神药品管理办法》、《中华人民共和国传染病防治法实施办法》等。

（四）地方性医药卫生法规

地方性医药卫生法规是指省、自治区、直辖市及省会所在地的市和经国务院批准的较大的市的人大及其常委会依法制定和批准的医药卫生法律文件，如《广东省医疗事故处理办法》等。

（五）医药卫生自治条例和单行条例

医药卫生自治条例和单行条例是指民族自治地方的人大根据当地民族的政治、经济、文化特点，在其职权范围内依法制定的有关本地区的医药卫生管理方面的规范性文件。

（六）医药卫生规章

一是指由国务院卫生行政机关依法在其职权范围内制定的医药卫生管理方面的规范性文件，在全国范围内具有法律效力。

二是指省、自治区、直辖市及省会所在地的市和经国务院批准的较大的市的人民政府，依法在其职权范围内制定和发布的有关地区医药卫生管理方面的规范性文件。

（七）国际医药卫生条约

国际医药卫生条约是指我国与外国缔结或者我国加入并生效的国际法规范性文件，其与我国国内法一样对我国国家机关和公民具有约束力，如《国际卫生条例》。

二、医药卫生法的内容

医药卫生法涉及医药卫生预防保健工作的各个方面，按照其性质和内容进行归类，可以将医药卫生法律大致分为卫生资源管理、公共卫生监督管理、疾病控制、健康相关产品、血液及其制品、妇幼卫生保健、医事医药卫生法律等方面。

（一）卫生资源管理类法规

主要包括医药卫生系统的人、才、物的管理等法律法规。如《中华人民共和国执业医师法》、《中华人民共和国护士管理条例》、《医疗机构管理条例》、《大型医用设备应用管理暂行办法》、《医学实验动物管理实施细则》等。

（二）公共卫生监督管理类法规

主要包括公共场所及环境的卫生管理与监督。如《公共场所卫生管理条例》、《学校卫生工作条例》、《放射防护条例》等。

（三）疾病控制类法规

主要包括传染病防治、国境卫生检疫、职业病管理等法律规定。如《中华人民共和国传染病防治法》、《中华人民共和国职业病防治法》、《中华人民共和国国境卫生检疫法》等。

（四）健康相关产品类法规

主要包括与人体健康相关的产品如药品、食品、化妆品管理的法律规定。如《中华人民共和国药品管理法》、《医疗器械监督管理条例》、《中华人民共和国食品安全法》、《化妆品卫生监督条例》、《生活饮用水卫生标准》及《生活饮用水卫生监督管理办法》等。

（五）血液及其制品管理类法规

主要包括血液相关的法律规定。如《中华人民共和国献血法》、《血站管理办法》、《血液制品管理条例》等。

（六）妇幼卫生类法规

主要包括妇幼卫生、妇女儿童保健、母婴保健和人口与计划生育等法律规定。如《中华人民共和国母婴保健法》、《妇女权益保障法》、《人口与计划生育法》、《妇幼卫生工作条例》、《计划生育技术服务管理条例》等。

（七）传统医学类法规

主要包括我国传统医学相关的法律规定。如《中医医疗机构管理办法（试行）》、《中医术语规范》、《中医病症诊断疗效标准》、《全国中西医结合医院建设、检查标准》、《野生药材资源保护条例》、《中药品种保护条例》等。

（八）医疗事故处理法规

主要包括在医疗工作解决和处理医疗事故过程中应遵守的法律规定。如《医疗事故处理条例》及配套文件、《医疗事故分级标准（试行）》、《医疗事故技术鉴定暂行办法》、《医疗机构病历管理规定》、《病历书写基本规范（试行）》、《重大医疗过失行为和医疗事故报告制度的规定》等。

第三节 医药卫生法律关系

一、医药卫生法律关系概述

(一) 医药卫生法律关系概念

医药卫生法律关系是指国家机关、企事业单位、社会团体、公民在卫生管理和医药卫生预防保健服务过程中,依据医药卫生法所形成的权利和义务关系。医药卫生法律关系和医药卫生关系既有联系又有区别。医药卫生关系是一种未经医药卫生法调整的社会关系,这种关系一旦纳入医药卫生法调整的范围就成为医药卫生法律关系,并受到医药卫生法的保护。在实际生活中医药卫生关系往往同时也是医药卫生法律关系。

(二) 医药卫生法律关系的特征

由于医药卫生法的调整对象主要为医药卫生管理关系和医药卫生服务关系,因此医药卫生法律关系除了具备一般法律关系的共同特征外,还具有其自身的特征。

1. 医药卫生法律关系是基于保障和维护人体健康而结成的法律关系。从法律关系形成的过程看,医药卫生法律关系是在卫生管理和医药卫生预防保健服务过程中形成的各种关系,但无论是在医药卫生行政管理中形成的医药卫生法律关系,或者是在医药卫生服务中形成的医药卫生法律关系,还是在医药卫生生产经营过程中形成的医药卫生法律关系,其内容都体现了个人和社会的健康利益,其目的都是为了保障人类健康。其他法律关系均不以保障人体健康为其特定目的,也不是在医药卫生管理和医药卫生预防服务这一特定活动中形成的。

2. 医药卫生法律关系是由医药卫生法调整和确认的法律关系,具有特定的范围。国家为了确保公共卫生安全和人体健康,通过医药卫生立法,对那些直接关系人体健康的医药卫生关系应如何建立、必须具备哪些条件、该怎样正常有序地运转加以具体规定,保护其不受非法行为的侵害。在实践中,当这些医药卫生关系为医药卫生法所确认和保护时,就上升为医药卫生法律关系,具有了医药卫生法律的形式。医药卫生法律关系是医药卫生法调整的健康利益的实质内容和医药卫生法律形式的统一,因此卫生与医理法的调整范围决定了医药卫生法律关系的特定范围。

3. 医药卫生法律关系是一种纵横交错、内外交叉的法律关系。纵横交错即医药卫生法律关系是一种既存在于平等主体之间,又存在于不平等主体之间的法律关系。医药卫生法律关系的这一特点,是由医药卫生法所调整的卫生行政部门与卫生机构、其他行政相对人的不平等性和医疗卫生机构等在提供医药卫生服务或保证医药卫生服务的过程中与接受服务者之间关系的平等性所决定的。

二、医药卫生法律关系的构成要素

医药卫生法律关系的构成要素是指任何一个医药卫生法律关系必须具备的因素。医药卫生法律关系同其他法律关系一样,都是由主体、客体和内容三个方面的要素构成。这三个要素必须同时具备,缺一不可。

（一）医药卫生法律关系主体

医药卫生法律关系的主体是指参加医药卫生法律关系，并在其中享有医药卫生权利、承担医药卫生义务的人，一般称为当事人。任何一个医药卫生法律关系中，至少存在着两方当事人，享有权利的一方，称为权利主体；负有义务的一方，称为义务主体。在某些医药卫生法律关系中，权利方和义务方双方可能都只有一个主体，这种情况称为单数主体；在某些医药卫生法律关系中，权利方和义务方一方或者双方可能存在两个以上主体，这种情况称为多数主体。在某些医药卫生法律关系中，权利方和义务方都是特定的，即谁是权利主体，谁是义务主体，都是具体而明确的。

不论是公民、医疗卫生服务机构，还是卫生行政机关或其他组织，要能够成为医药卫生法律关系的主体，并享有医药卫生法律权利、承担医药卫生法律义务，都必须具有权利能力和行为能力，这是构成医药卫生法律主体的资格。

权利能力是指能够参与一定的医药卫生法律关系，依法享有一定权利和承担一定义务的法律资格。它是医药卫生法律主体实际取得权利、承担义务的前提。法律关系的主体分为自然人和机构及组织(法人)两大类。自然人，主要指具有我国国籍的公民，也包括居住在我国境内或在我国境内活动的外国人和无国籍人。机构和组织(法人)包括国家机关、企事业单位和政党及社会团体，医疗机构、卫生行政机关等属于法人。根据法律规定，医药卫生法律关系主体不同，其取得权利能力的规定也有所不同。公民的权利能力从其出生时获得，至其死亡时消灭。医疗机构、卫生行政机关等法人的权利能力自法人成立时产生，至法人解体时消灭。

行为能力是指医药卫生法律关系主体能够通过自己的行为实际取得权利和履行义务的能力。法律对于公民和法人的行为能力的规定是不同的。只有达到一定的法定年龄、智力健全、能够对自己的行为负责任的公民才具有行为能力。因此，根据公民的年龄、智力和精神状况可以把行为能力分为完全行为能力、限制行为能力和无行为能力三种状况，具有完全行为能力的公民才能对其实施的行为负法律责任。限制行为能力人只能对其实施的与其年龄、智力和精神状况相符的行为承担法律责任。法人的行为能力要依法由其成立的宗旨和业务范围决定。

公民的行为能力与权利能力有联系又有区别，其权利能力是其获得行为能力的前提，但公民具有权利能力不一定同时具有行为能力，具有行为能力则一定具有权利能力。法人一经成立，则同时具有权利能力和行为能力，其解体时，则权利能力和行为能力同时消灭。

依据我国的医药卫生法律、法规和规章，医药卫生法律关系的主体包括国家行政机关、医疗卫生机构、企事业单位、社会团体和公民，大致可以分为以下几类。

1. 医药卫生行政机关　广义的国家卫生行政机关应包括卫生部、中医药管理局、药品管理局及其所属的各级行政部门。这些国家医药卫生行政机关主要在三种情况下成为医药卫生法律关系主体。一是各级医药卫生行政机关依法与其管辖范围内的其他国家机关、企事业单位、社会团体、公民等形成卫生行政法律关系；二是各级各类国家机关因需要医药卫生预防保健服务，同提供医药卫生保健服务的企事业单位形成卫生服务法律关系；三是各级医药卫生行政管理机关之间、各级医药卫生行政管理机关与法律授权承担公共卫生事务管理的事业单位之间形成的医药卫生行政法律关系。

2. 企事业单位和社会团体　主要包括依据医药卫生法的规定，作为行政相对人的食品、药品、化妆品生产经营单位，公共场所及工矿企业和学校等。提供医药卫生预防保健服务的专业机构随着政府职能的改变，也应为行政相对人。

3. 自然人(公民)　自然人作为医药卫生法律关系的主体，有特定主体和一般主体之分。特定主体，主要是指在医药卫生机构服务的卫生技术人员。他们一方面因需要申办资格许可和执业许可，而同卫生行政部门结成医药卫生行政法律关系，同时在提供医药卫生预防保健服务时，与患者结成医患法律关系。一般主体，是指从事非医药卫生预防保健服务的所有自然人，包括居住和停留在我国领域的外国人和无国籍人。他们一方面因需求医药卫生预防保健服务，而同提供医药卫生预防保健服务的医疗机构、企事业单位形成卫生服务法律关系。

另一方面因作出某种涉及公共卫生管理的行为，如通过国境进出口岸、作为个体经营者经营某种商品、提供某些服务，而同有管辖权的卫生监督管理机关结成医药卫生行政法律关系。

(二) 医药卫生法律关系的内容

医药卫生法律关系的内容是指医药卫生法律关系主体依法享有的权利和应承担的义务。医药卫生法律关系中的权利，指医药卫生法规定的、医药卫生法律关系主体根据自己的意愿实现某种利益的可能性。它包含三项内容：第一，权利主体有权在医药卫生法规定的范围内，根据自己的意愿为一定行为或者不为一定行为；第二，权利主体有权在医药卫生法规定的范围内，要求义务主体为一定行为或者不为一定行为，以便实现自己的某种利益；第三，当权利主体的卫生权利遭受侵害或者义务主体不履行卫生义务时，它可以依法请求人民法院给予法律保护。

医药卫生义务是医药卫生法律关系中的义务主体依照医药卫生法规定，为了满足权利主体的某种利益而为一定行为或者不为一定行为的必要性。它也包含三项内容：第一，义务主体应当依据医药卫生法的规定，为一定行为或者不为一定行为，以使权利主体的某种利益得以实现；第二，义务主体仅在医药卫生法规定的范围内为一定行为或者不为一定行为，对于权利主体超出法定范围的要求，义务主体不承担义务；第三，医药卫生义务是一种法定义务，如果义务主体不履行或者不适当履行这种义务，就会带来某种不利后果，承担相应的法律责任。医药卫生权利和医药卫生义务是医药卫生法律关系的两个不同方面，二者相互依存、密不可分。

(三) 医药卫生法律关系的客体

医药卫生法律关系的客体，是指医药卫生法律关系主体的卫生权利和卫生义务所共同指向的对象。医药卫生法的目的是保障公共卫生安全和人体健康，其调整范围涉及与人体健康相关的各个领域，因此医药卫生法律关系的客体具有广泛性和多层次性。公民的生命健康、医疗预防保健服务行为、药品和医疗器械、食品和保健品、公共场所、职业场所的卫生质量等均可成为某一具体医药卫生法律关系中的客体。根据不同的医药卫生法律关系，其客体大致可分为几类，即人的生命健康利益、行为、物和智力成果等。

1. 公民的生命健康利益　它是人身利益的一部分，包括公民的生命、身体、生理功能等。生命健康是每一个公民生存的客观基础，是公民正常生活和从事各种活动的重要前提。人的生命健康与自然人主体不能分离，但并非主体本身，它是人的生命健康权利关系的客体。保障公民的生命健康利益是我国医药卫生法的基本目的，因此，人的生命健康利益是医药卫生法律关系的最高层次的客体，也是各种医药卫生法律关系的共同客体。

2. 行为　是指医药卫生法律关系中的主体行使医药卫生权利和履行医药卫生义务的活动，它包括合法行为和违法行为两种形式。前者是一种积极的行为，应受到法律的确认和保护，如在医疗服务关系中，医疗机构向患者提供医疗保健服务的行为。后者是一种消极的行为，将受到法律制裁。如卫生行政管理关系中，管理相对人违反有关法律规定，不设置卫生防护设施、不组织从业人员进行健康检查、不进行环境测定等，或者故意将卫生防护设施拆除。

3. 物　是指现实存在的，能够被人所支配、利用，具有一定价值和使用价值的物质财富。它能够满足个人和社会对医疗保健的需要，包括进行各种医疗服务和卫生管理活动中所需的生产资料和生活资料，如食品、药品、化妆品、保健品、医疗器械等。

4. 人身　人身是由各种生理器官组成的有机体。它是人的物质形态，也是人的生命健康利益的载体。随着现代科技和医学科学的不断发展，器官移植、输血、人工生殖、植皮等医学技术和成果在临床中大量应用，角膜、血液、骨髓、脏器等人体器官成为可供捐献、交易的对象，由此产生了一系列法律问题，人身不再只是传统意义上的法律关系主体，而且在一定范围内、一定条件下成为法律关系的客体。但是，有生命的人的身体不是法律上的“物”，不能成为物权、债权等某些法律权利的客体，法律禁止任何人将他人或本人的整个身体作为民法上的“物”进行转让或买卖，刑法中专门制定相关的罪名惩罚拐卖或贩卖人口、买卖婚姻等犯罪行为。法律还禁止针对人身的违法行为或有伤风化的行为，如卖淫行为。在对人身行使权利时，必须严格依法进行。

5. 智力成果　是指人们的智力活动所创造的成果，又称精神财富。智力成果本身并不是物质财富，但可以通过一定形式物化，为权利人带来物质利益，成为物质财富。如通过多年的研究和积累完成的医学著作或论文、医疗仪器发明、新药的发明等。近年来，由于医学、生物科学的重大突破，出现了转基因技术、克隆技术，对于这些新技术的保护关系到医学科学的发展。

随着我国法制建设特别是医药卫生法的不断发展，对卫生领域智力成果的保护将日益加强，以推动和促进卫生事业。

（四）医药卫生法律关系的产生、变更和消灭

在实际生活中，各种各样的医药卫生法律关系不是自然产生、永恒不变的，而是处于不断产生、变更和消灭的运行过程中。产生，指在医药卫生法律关系主体之间形成某种权利和义务的联系；变更，指医药卫生法律关系主体、客体及内容发生变化；消灭，指主体之间权利义务关系的终止。医药卫生法律关系只有在一定条件下才能产生、变更和消灭，这些条件包括两个，一是法律规范，二是法律事实。医药卫生法律规范是一定的医药卫生法律关系产生、变更和消灭的前提，没有医药卫生法律规范，就不存在医药卫生法律关系。法律事实是具体的医药卫生法律关系产生、变更和消灭的直接原因。法律规范为人们的行为设定了一定的模式，使法律关系主体具备了享有权利和承担义务的可能性，但仅有这

种可能性是不够的，因为它并不能必然引起法律关系的产生、变更和消灭，只有同时具备某种法律事实，法律上所规定的权利义务关系才能转变为实际的权利义务关系。法理学上的法律事实，指法律规定的，能够引起法律关系产生、变更和消灭的客观情况或现象。依是否以人的意志为转移分为法律事件和法律行为。

法律行为是指法律规定的、以当事人的主观意志为转移的行为。医药卫生法规定的法律行为大致分为两类：一类是当事人依据医药卫生法的规定或授权，实施的能够引起预期的法律后果的行为。这种行为是合法行为，如当事人向卫生行政机关申请卫生许可，卫生行政管理机关依法定职权对相对人作出处罚等；另一类是当事人未履行或未能正确履行义务、行使职责，使对方的权利未能实现或受到损害，从而引起某种医药卫生法律关系产生、变化，以至终止。如销售伪劣化妆品、未取得药批号而制售新药，未取得行医执照而开办诊所，卫生行政机关滥用管理权利的行为等。

法律事件指法律规定的、不以当事人的主观意志为转移的客观现象。法律事件，也分为两类：一类是自然事件，如人的出生和正常死亡而引起的医患法律关系的变化，作为卫生行政相对人的企事业单位因洪水、地震等自然灾害而被迫停业；另一类是社会事件，即来自当事人主观意志之外的国家卫生政策的重大调整、医药卫生法律的重大修改、地方政府卫生行政措施的颁布实施等，从而导致医药卫生法律关系的产生、变更或消灭。

在医药卫生法领域中，法律行为所起的作用和意义比法律事件重要得多。医药卫生法律关系主体的行为有合法和违法之分。不论是合法行为还是违法行为都会引起医药卫生法律关系的产生、变更和消灭。

第四节　医药卫生法律责任

一、医药卫生法律责任的概念和特点

医药卫生法律责任是指医药卫生法律关系主体由于违反医药卫生法律规范规定的义务或约定义务，所应承担的带有强制性的法律后果。医药卫生法律责任主要有以下特点。

1. 医药卫生法律责任是违反医药卫生法律规范的后果。因此构成医药卫生违法，是行为人承担医药卫生法律责任的前提条件。但医药卫生法律责任分为几种不同性质的责任，行为人在承担医药卫生法规定的民事责任时，不一定都实施了违反医药卫生法的行为。

所谓医药卫生违法是法律关系主体实施的一切违反医药卫生法律规范的行为。医药卫生违法必须符合以下 4 个条件：

(1) 行为人在客观方面实施了违反医药卫生法律、法规的行为。这种行为必须是客观存在的，而且违反了医药卫生法律、法规和规章的规定。它可以分为两种基本表现形式：一是不作为；即消极的不实施医药卫生法要求的行为；二是作为，即积极地实施医药卫生法所禁止的行为。

(2) 医药卫生违法行为具有一定的社会危害性，侵害了医药卫生法所保护的社会关系和社会秩序。这种危害性包括两种情况：一是医药卫生违法行为已经给法律保护的社会关系和社会秩序造成了实际的损害结果；二是虽然尚未造成实际的损害，但已经使医药

卫生法所保护的社会关系和社会秩序处于某种危险之中，即可能使其受到损害。例如，出售瘟猪肉，也许在当时并没有立刻造成多人发病的危害后果，但可能在一段时间之后引发大规模的食源性疾病。

(3) 违法行为主体在主观方面必须有过错。过错，指违法行为实施者的某种主观心理状态，包括故意和过失两种形式。如果医药卫生违法行为是因不可抗力造成或者是由无行为能力者造成的，则不能构成医药卫生违法。

(4) 医药卫生违法的主体，必须是具有法定责任能力的公民、法人和其他组织。如果违法主体未达到法定责任年龄或不具有法定责任能力，不能辨别自己行为，则不能构成卫生违法。

2. 医药卫生法律责任必须有医药卫生法律、法规和规章的明确规定。医药卫生违法行为很多，但不是所有的违法行为都应承担法律责任。只有医药卫生法律、法规、规章在设定权限范围内作了某些明确规定，行为主体才承担某种相应的法律责任。

3. 医药卫生法律责任具有国家强制性，以国家强制力作为后盾。违法者拒绝承担由其违法而必须承担的法律责任时，国家强制力将强制其承担相应的法律责任。

4. 医药卫生法律责任必须由国家授权的专门机关在法定职权范围内依法予以追究。其他任何组织和个人都不能行使这种职权。

二、医药卫生法律责任的种类

根据行为人违反医药卫生法律规范的性质和社会危害程度不同，医药卫生法律责任可分为行政责任、民事责任和刑事责任 3 种。在不同情况下，行为人所承担的法律责任也不同。在某些情况下，行为人有可能同时承担两种或两种以上的责任。

(一) 行政责任

行政责任是指医药卫生法律关系主体双方的任何一方违反医药卫生行政法律规范，但尚未构成犯罪时，所应承担的法律后果。根据我国医药卫生行政管理法规的规定，主要包括行政处罚和行政处分两种形式。

1. 医药卫生行政处罚　指医药卫生行政机关对违反了医药卫生法律法规的管理相对人所实施的一种行政制裁。医药卫生行政处罚的主要特征为：①医药卫生行政处罚是医药卫生行政主体依法实施的一种外部行为；②医药卫生行政处罚是对已确定违反了医药卫生行政管理秩序的管理相对人所采取的一种行政制裁，是由医药卫生法律规范预先明确规定的；③医药卫生行政处罚具有鲜明的惩戒性，并由国家强制力作保证。

医药卫生行政处罚的种类主要有：警告、罚款、没收违法所得、没收非法财物、责令停产停业、暂扣或吊销有关许可证等。

2. 医药卫生行政处分　是医药卫生行政机关或企事业单位依据行政隶属关系，对违法、违纪或失职人员给予的一种行政制裁。

根据《国家公务员条例》、《国务院关于国家行政机关工作人员的奖惩暂行规定》和有关法规的规定，行政处分主要包括警告、记过、记大过、降级、降职、撤职、开除留用察看、开除八种。

3. 行政处分与行政处罚的区别　行政处分主要是对卫生行政机关或有关机关内部

的执法人员、公务人员，及医疗卫生机构内部的医疗卫生人员违反卫生行政管理秩序所给予的一种制裁。行政处分一般由国家机关、企事业单位或医疗卫生机构的行政领导做出，针对的是其内部所属人员的违法失职行为，而行政处罚则是由行政执法机关决定的，处罚的是行政相对人违反行政法律规范的行为，二者的制裁方式也不同。

（二）民事责任

医药卫生民事责任是指医疗卫生机构、卫生工作人员和从事生产经营健康相关产品的管理相对人及其他主体违反了法律规定，侵害公民的健康权利时，所应承担的损害赔偿责任。

医药卫生民事责任是一种民法上的侵权责任，构成该责任必须同时具备以下要件：行为人实施了违反医药卫生法律法规的行为；有损害事实的存在；行为人的行为与损害结果之间有因果关系；行为人主观方面有过错。

与行政责任、刑事责任相比，民事责任其主要特点是：①违反医药卫生法的民事责任，是以行为人实施了违反医药卫生法律规范的行为为前提，而侵害了他人合法权益所产生的法律责任；②违反医药卫生法的民事责任是与行政责任甚至刑事责任同时发生的民事法律责任；③违反医药卫生法的民事责任是以经济赔偿为主要形式的责任。

（三）刑事责任

刑事责任是指医药卫生行政机关的工作人员、医疗卫生工作人员及健康相关产品的生产、经营者违反医药卫生法律法规，实施了刑法所禁止的犯罪行为而应承担的法律后果。医药卫生法律规范中对刑事责任的规定是直接引用刑法中的有关条款。刑事责任有以下特征。

1. 它是以国家名义提出的、对犯罪分子的行为所作的否定评价和对行为人进行谴责的一种特殊的法定义务。

2. 它是由于行为人实施了犯罪行为而产生的。

3. 其确立的依据是与法定犯罪构成相符合的客观犯罪事实。

4. 它实现的方式仅限于刑法所规定的方式，主要以剥夺行为人自由和生命为主，是最为严厉的强制方法。

根据我国刑法规定，承担刑事责任的方式是刑罚，分为主刑和附加刑。主刑有：拘役、管制、有期徒刑、无期徒刑、死刑；附加刑有：罚金、剥夺政治权利、没收财产。附加刑也可以独立适用。对于犯罪的外国人，可以独立适用或者附加适用驱逐出境。

我国《刑法》对违反医药卫生法行为的刑事责任作了明确规定，规定了23个与违反医药卫生法有关的罪名，如生产销售假药罪，生产销售劣药罪，生产销售不符合卫生标准的食品罪，生产销售有害食品罪，生产销售不符合标准的医用器材罪，生产销售不符合标准的化妆品罪，非法经营罪（如非法经营麻醉药品、精神药品等特殊药品），传播性病罪，妨害传染病防治罪，妨害国境卫生检疫罪，非法组织卖血罪，强迫卖血罪，非法采集血液、制作供应血液制品罪，医疗事故罪，非法行医罪，破坏节育手术罪等。在有关的医药卫生法律法规中规定，行政机关工作人员或医疗卫生工作人员由于渎职、失职等行为造成重大卫生责任事故或医疗事故而构成犯罪的，应依刑法有关条文追究其刑事责任。

第二章　传染病防治法律制度

第一节　传染病防治法律制度概述

一、染病防治法的概述

传染病是危害人民身体健康，威胁人民生命的最严重疾病之一。传染病防治是预防、控制和消除传染病的发生与流行，保障人民健康的综合措施。预防，指在传染病发生前采取有效的措施以减少传染病的发生与流行。控制，指在传染病发生后及时采取综合性防疫措施，消除各种传播因素，对患者进行隔离治疗，以保护易感人群，使疫情不再继续蔓延。消除，指某种传染病在一定范围内经过一定时间的监测，不再出现，虽然发生这种传染病的可能性仍然存在，但可以认为在这一范围内该传染病已被消除。

传染病防治法是调整预防、控制和消除传染病的发生与流行，保障人民健康活动中产生的各种社会关系的法律规范的总称。由于传染病具有传染性、流行性、反复性和突发性的特点，因此，传染病防治是一项长期的社会性工作，既需要动员全社会共同参与，实行综合治理，更需要以法律形式明确公民、社会组织和政府的责任，使传染病防治工作法制化。

1950 年 10 月，中央人民政务院颁布了《关于发动秋季种痘的指示》，同年，卫生部制定了《种痘暂行办法》。1955 年经国务院批准，卫生部发布了《传染病管理办法》，首先对传染病进行分类管理。1978 年以后，随着国家法制建设的全面恢复，为了加快控制和消灭急性传染病的发生与流行，卫生部发布了《中华人民共和国急性传染病管理条例》。之后，卫生部又颁发了一系列规章制度，例如：《预防接种工作实施办法》、《家犬管理条例》、《全国计划免疫工作条例》、《流行性出血热防治方案(试行)》等，初步确立了疫情报告、计划免疫、家犬管理等传染病防治和管理的法律制度。为了更好地预防、控制和消灭各类传染病的发生和流行，保障人民身体健康，在总结新中国成立 40 年对传染病防治工作的方针、政策及成功经验的基础上，1989 年 2 月，七届人大常委会第六次会议通过了《中华人民共和国传染病防治法》，并于同年 9 月 1 日起施行。1991 年 12 月，经国务院批准，卫生部颁布了《传染病防治法实施办法》。这两部法律法规的实施，系统地确立了我国对传染病的预防、疫情报告与公布、控制和监督的法律制度，标志着我国传染病防治工作开始全面走上法制化管理轨道。

1997 年 3 月 14 日第八届全国人大第五次会议修订的《中华人民共和国刑法》以及 2001 年 12 月 29 日第九届全国人大常委会第二十五次会议通过的《中华人民共和国刑法修正案》对违反传染病防治法的犯罪及刑罚作了专门的补充与修改。2003 年 5 月，国务院依照《中华人民共和国传染病防治法》和其他有关法律的相关规定，在总结防治非典型肺炎工作实践经验的基础上，制定了《突发公共卫生事件应急条例》，将传染性非典型肺炎列入传染病防治法法定传染病管理。2003 年 5 月 12 日，卫生部发布了《传染性非典型肺炎防治管理办法》，2004 年 8 月 28 日第十届全国人民代表大会常务委员会第十一次会议通过了新修订的传染病防治法，从而完善了我国对于传染病防治的法律制度。

二、传染病防治法的适用范围

《传染病防治法》规定，在我国领域内的一切单位和个人，必须接受医疗保健机构、卫生防疫机构有关传染病的查询、检验、调查取证以及预防、控制措施，并有权检举、控告违反传染病的防治法的行为。

三、传染病防治的原则

传染病防治法，以保障人民生命健康为宗旨，总结了新中国成立以来传染病防治管理经验的基础上，确立了以预防为主、防治结合、分类管理、依靠科学、依靠群众五项基本原则。

预防为主是指对传染病要重视预防措施，从防治疾病的发生入手，通过采取各种防治措施，使疾病不发生、不流行。预防为主不是不重视治疗，而是要求有病治病，无病防病，立足于防。预防为主是建国初期确立的卫生工作方针之一，1978 年发布的《中华人民共和国急性传染病管理条例》，第一次以立法形式确认了预防为主的方针。

在实行预防为主方针的前提下，坚持防治结合，则要求由过去单纯的医疗服务扩展到医疗预防服务；从生理服务扩大到心理服务；从院内服务扩展到社会服务。是实施社会大卫生的必然要求，体现了向现代医学模式的转变。

分类管理是指传染病防治法根据传染病的危害程度、传播方式、传播速度的不同，和应采取的监督、监测、管理措施，参照国际上统一分类标准，结合我国实际情况，将全国发病率较高、流行面较大、危害严重的传染病，列为法定管理传染病，并分为甲、乙、丙类，实行分类管理。

1. 甲类传染病。指鼠疫、霍乱。对此类传染病发生后，报告疫情的时限、对患者、病源携带者的隔离、防治方式以及疫情、疫区的处理，均强制执行。所以，甲类传染病也称强制管理传染病。

2. 乙类传染病。指传染性非典型肺炎、艾滋病、病毒性肝炎、脊髓灰质炎、人感染高致病性禽流感、麻疹、流行性出血热、狂犬病、流行性乙型脑炎、登革热、炭疽、细菌性和阿米巴性痢疾、肺结核、伤寒和副伤寒、流行性脑脊髓膜炎、百日咳、白喉、新生儿破伤风、猩红热、布鲁菌病、淋病、梅毒、钩端螺旋体病、血吸虫病、疟疾。对此类传染病，要严格按照有关规定和防治方案，进行预防和控制。对其中的艾滋病、淋病、梅毒、狂犬病和炭疽患者，必要时可采取某些强制措施，控制其传播。所以，此类传染病也称严格管理传染病。

对乙类传染病中传染性非典型肺炎、炭疽中的肺炭疽和人感染高致病性禽流感，采取本法所称甲类传染病的预防、控制措施。其他乙类传染病和突发原因不明的传染病需要采取本法所称甲类传染病的预防、控制措施的，由国务院卫生行政部门及时报经国务院批准后予以公布、实施。

3. 丙类传染病。是指流行性感冒、流行性腮腺炎、风疹、急性出血性结膜炎、麻风病、流行性和地方性斑疹伤寒、黑热病、包虫病、丝虫病，除霍乱、细菌性和阿米巴性痢疾、伤寒和副伤寒以外的感染性腹泻病。为监测管理传染病，应按国务院卫生行政部门规定的监测管理方法进行管理。

上述规定以外的其他传染病，根据其暴发、流行情况和危害程度，需要列入乙类、丙类传染病的，由国务院卫生行政部门决定并予以公布。

依靠科学，依靠科学是战胜传染病的重要手段，重视科学、依靠科学是预防、控制和消除传染病的基本原则，人类占用疾病最终都是要依靠科学技术的进步与发展。

依靠群众，医药卫生事业需要全社会的参与，预防和控制传染病不能单纯依靠卫生部门，需要群众的参与和支持，这也是我国预防、控制和消除传染病的经验总结。

第二节　传染病预防与控制的法律规定

一、传染病预防的法律规定

传染病预防是传染病防治工作的首要环节。搞好传染病预防工作，对减少、控制和消灭传染病的发生和流行具有至关重要的意义。传染病防治法，对传染病预防工作的主体及其职责，防治措施和管理制度等作了具体规定。

（一）传染病预防工作的主体及其职责

1. 各级人民政府的职责

（1）各级政府应当组织领导辖区内新闻、广播、电视、出版、文化、教育、卫生、科协等部门有针对性地开展传染病预防知识和预防措施的卫生教育，使群众掌握预防传染病和识别传染病的知识，养成良好的卫生习惯，减少并防止传染病的发生或早期发现传染患者，及时得以控制与治疗。

（2）各级政府应组织开展群众性的爱国卫生运动，组织力量消除鼠害和蚊、蝇等病媒昆虫以及其他传播传染病的或者患有人畜共患传染病的动物的危害；铁路、交通、民航部门负责组织消除交通工具的鼠害和各种病媒昆虫的危害；农业、林业部门负责组织消除农田、牧场及林区的鼠害；国务院各有关部委按有关规定分工负责消除钉螺危害。

（3）地方各级政府应加强对公共卫生的管理，有计划地建造和改造公共卫生设施，对污水、污物、粪便进行无害化处理，改善饮用水卫生条件，包括水源选择、水源卫生防护及水质卫生监督与监测等，保证饮用水符合《生活饮用水卫生标准》(GB5749－85)。公共卫生设施包括公共厕所、粪便无害化处理场和再利用的配套设施、垃圾污物贮、运，无害化处理系统、污水和雨水排放系统等。在城市应当修建符合卫生要求的公共厕所、无害化处理场及污水处理排放系统，医院污水必须经过处理，符合《医院污水排放标准（试行）》(GBJ48－83)后排放；在农村，粪便、垃圾应进行无害化处理（堆肥或沼气发酵），符合《关于生活饮用水和粪便管理卫生要求（试行）》中规定。

2. 医疗保健机构的职责　各级各类医疗保健机构应当设立预防保健组织或人员，承担本单位和责任地段的传染病预防、控制和疫情管理工作。市、市辖区、县设立传染病医院或者指定医院设立传染病门诊和传染病病房。

县级以上医疗保健机构及城市街道医院，设立预防保健科（股、组）承担下列传染病防治工作：①本单位及责任地段内传染病疫情报告的管理工作；②在责任地段内开展传染病预防、治疗工作，进行卫生健康教育、计划免疫、预防性服药、疫源地管理；③完成卫生防疫机构交付各项传染病防治和监测任务。

乡镇卫生院(所)设立预防保健组(室、站),承担下列工作:①传染病的预防,计划免疫及传染病的疫情报告、管理和疫区处理;②深入各村(屯)进行巡诊,做到早发现传染病患者,做好患者的治疗,必要时指导患者进行现场隔离或协助转至最近的医疗单位住院治疗;③根据接触病种的不同,对密切接触者进行必要的应急接种或者预防性服药;④对传染病患者居住地进行必要的消毒、杀虫、灭鼠工作和指导患者及家属进行日常消毒、杀虫、灭鼠工作;⑤对乡镇居民进行卫生防病知识的教育,开展清除垃圾、污物、粪便和搞好食品卫生指导和管理工作。

3. 供水单位的职责　供水单位主要指城乡自来水厂和有自备水源的集中式供水单位。集中式供水必须符合国家《生活饮用水卫生标准》(GB5749－85),应具备必要的净化处理设备和消毒设备,加强对取水、净化蓄水、配水和输水等设备的管理,建立行之有效的放水、消毒、清洗、排污和检修等制度和操作规程。各单位自备水源,未经城市建设部门和卫生行政部门批准,一般不得与城镇集中式供水系统连接。

4. 畜牧兽医部门职责　各级政府畜牧兽医部门的职责有:

(1) 负责同人畜共患传染病有关的家畜、家禽的传染病防治管理,认真执行《家禽家畜防疫条例》。

(2) 负责同人畜共患传染病有关的野生动物的检疫,未经检疫禁止出售或运输。

(3) 会同卫生、公安部门按国务院规定,分工负责狂犬病的防治管理工作。

5. 其他单位和个人的职责

(1) 医疗保健机构、卫生防疫机构从事致病性微生物实验单位,必须严格执行国务院卫生行政部门规定的管理制度、操作规程,防止传染病的医源性感染、医院内感染、实验室感染和致病性微生物的扩散。

(2) 被甲类传染病病原体污染的污水、污物、粪便,有关单位和个人必须在卫生防疫机构的指导监督下进行消毒后处理,拒绝消毒处理的,当地政府可以采取强制措施。被乙类、丙类传染病病原体污染的污水、污物、粪便,有关单位和个人必须按照卫生防疫机构提出的卫生要求进行处理。

(3) 在自然疫源地和可能是自然疫源地区兴办的大型建设项目开工前,建设单位应当申请当地卫生防疫机构对施工环境进行卫生调查,并根据卫生防疫机构的意见,采取必要的卫生防疫措施。施工期间,建设单位应当设立专人负责工地上的卫生防疫工作。

(4) 对从事传染病预防、医疗、科研、教学的人员,现场处理疫情的人员以及在生产、工作中接触传染病病原体的其他人员,有关单位应当根据国家规定采取有效的防护措施和医疗保健措施。

(二) 传染病预防管理的主要制度

1. 计划免疫预防接种制度　计划免疫是根据疫情监测和人群免疫状况分析,按照规定的免疫程序、有计划地利用生物制品进行人群预防接种,以提高人群的免疫水平,达到控制直至消灭相应传染病的目的。用法律形式规定国家实行有计划的预防接种制度,是控制和消除某些传染病的有效手段之一。各级政府卫生行政部门负责制定本辖区内计划免疫工作规划、目标,并组织实施,各级卫生防疫机构负责辖区内计划免疫的技术指导。各级医疗保健机构和乡镇卫生院(所)具体实施预防接种工作。

预防接种对象是居住在我国境内的任何人，不分民族、信仰、性别和居住地区，服刑在押人员也应包括在内，均应按照有关规定接受预防接种。国家对儿童实行预防接种证制度。儿童预防接种制度特别规定了儿童预防接种的起始年龄、接种剂量、免疫次数、完成全程免疫和加强免疫接种的时限。

2. 菌种、毒种管理制度　对传染病菌种、毒种和传染病检测样本的采集、保藏、携带、运输和使用实行分类管理，建立健全严格的管理制度。

对可能导致甲类传染病传播的以及国务院卫生行政部门规定的菌种、毒种和传染病检测样本，确需采集、保藏、携带、运输和使用的，须经省级以上人民政府卫生行政部门批准。具体办法由国务院制定。

3. 消毒管理制度　严密消毒，是切断传染病传播途径的重要措施。消毒管理是指对传染病病原体所污染的环境、物品、空气、水源和可能被污染的物品、场所等，有关单位和个人必须在卫生防疫部门的指导监督下，同时、全面、彻底地进行消毒处理。拒绝执行的，当地政府可以采取强制措施。医疗保健机构必须严格执行消毒隔离制度和操作规程，防止医院内感染和医源性感染。其他消毒管理依照 1992 年 8 月卫生部颁发的《消毒管理办法》执行。

4. 健康检查制度　从事饮水、饮食、整容、体育等易使传染病扩散工作的从业人员，必须按照国家有关规定取得健康合格证后方可上岗，每年必须接受至少一次的健康检查。传染病患者、病源携带者和可疑似传染患者在治愈或者排除传染病嫌疑前，不得从事下列工作：①饮用水的生产、管理、供应等工作；②饮食服务行业的经营、服务等工作；③托幼机构的体育、教育等工作；④食品行业的生产、加工、销售、运输及保管等工作；⑤美容、整容等工作；⑥其他与人群接触密切的工作。

二、传染病疫情报告与公布的法律规定

疾病预防控制机构、医疗机构和采供血机构及其执行职务的人员发现本法规定的传染病疫情或者发现其他传染病暴发、流行以及突发原因不明的传染病时，应当遵循疫情报告属地管理原则，按照国务院规定的或者国务院卫生行政部门规定的内容、程序、方式和时限报告。

（一）疫情报告的规定

1. 疫情报告人　《传染病防治法》规定，疫情报告人分两种：一种为义务疫情报告人；一种为责任疫情报告人。义务报告人是指责任报告人之外的一切其他人员，在发现传染病患者、疑似传染病患者时，负有及时向附近医疗保健机构或卫生防疫机构报告的义务。执行职务的医疗保健人员、卫生防疫人员为责任报告人，在发现疫情或接到疫情报告时，必须按规定向卫生防疫站等卫生防疫机构报告疫情，并作好疫情登记，采取控制传染病传播的措施。责任疫情报告人的报告是了解疫情的主要来源。

2. 疫情报告时限和程序

（1）日常疫情报告。责任疫情报告人在发现甲类传染病和乙类传染病中的艾滋病、炭疽中的肺炭疽患者、疑似传染病患者、病原携带者时，在城镇应于 6 小时，在农村应于 12 小时内以最快方式报告至发病地所属县（区）卫生防疫机构，同时报出传染病报告卡；

发现乙类传染病患者、疑似传染病患者、病原携带者时，在有通信条件的地区，城镇应于12小时，农村应于24小时内向发病地所属县(区)卫生防疫机构报出传染病报告卡；监测区域内的责任疫情报告人，在发现丙类传染病时，应于24小时内向当地卫生防疫机构报出传染病报告卡。监测区域是指对丙类传染病施行监测管理的地区。

(2) 传染病暴发、流行时的疫情报告。依《突发公共卫生事件应急条例》之规定，发生或者可能发生传染病暴发、流行的省、自治区、直辖市人民政府应当在接到报告1小时内，向国务院卫生行政部门报告。

突发事件监测机构、医疗卫生机构和有关单位发现有发生或者可能发生传染病暴发、流行的，应当在2小时内向所在县级人民政府卫生行政主管部门报告；接到报告的卫生行政主管部门应当在2小时内向本级人民政府报告，并同时向上级人民政府卫生行政主管部门和国务院卫生行政主管部门报告。

县级人民政府应在接到报告2小时内向设区的市级人民政府或者上一级人民政府报告；设区的市级人民政府应当在接到报告后2小时内向省、自治区、直辖市人民政府报告。

举报有功的单位和个人，县级以上各级人民政府及其有关部门应当予以奖励。

(3) 港口、机场、铁路疾病预防控制机构以及国境卫生检疫机关发现甲类传染病患者、病原携带者、疑似传染病患者时，应当按照国家有关规定立即向国境口岸所在地的疾病预防控制机构或者所在地县级以上地方人民政府卫生行政部门报告并互相通报。

(4) 疾病预防控制机构应当主动收集、分析、调查、核实传染病疫情信息。接到甲类、乙类传染病疫情报告或者发现传染病暴发、流行时，应当立即报告当地卫生行政部门，由当地卫生行政部门立即报告当地人民政府，同时报告上级卫生行政部门和国务院卫生行政部门。

负有传染病疫情报告职责的人民政府有关部门、疾病预防控制机构、医疗机构、采供血机构及其工作人员，不得隐瞒、谎报、缓报传染病疫情。

(二) 疫情通报与公布的规定

国务院卫生行政部门定期公布全国传染病疫情信息。省、自治区、直辖市人民政府卫生行政部门定期公布本行政区域的传染病疫情信息。

传染病暴发、流行时，国务院卫生行政部门负责向社会公布传染病疫情信息，并可以授权省、自治区、直辖市人民政府卫生行政部门向社会公布本行政区域的传染病疫情信息。

公布传染病疫情信息应当及时、准确。

三、传染病控制的法律规定

传染病控制，指传染病发生或暴发、流行时，政府和有关部门为了阻止传染病的扩散和蔓延，而采取的必要措施。

(一) 一般控制措施

一般控制措施是指，针对传染病流行的3个环节(传染源、传播途径、易感人群)所采取的以针对其中一个环节为主或同时控制几个环节的综合措施，包括隔离治疗传染源、切断传播途径、保护易感人群。

1. 医疗机构发现甲类传染病时，应当及时采取下列措施：①对患者、病原携带者，予以隔离治疗，隔离期限根据医学检查结果确定；②对疑似患者，确诊前在指定场所单独隔离治疗；③对医疗机构内的患者、病原携带者、疑似患者的密切接触者，在指定场所进行医学观察和采取其他必要的预防措施。

医疗机构发现乙类或者丙类传染病患者，应当根据病情采取必要的治疗和控制传播措施。

医疗机构对本单位内被传染病病原体污染的场所、物品以及医疗废物，必须依照法律、法规的规定实施消毒和无害化处置。

2. 疾病预防控制机构发现传染病疫情或者接到传染病疫情报告时，应当及时采取下列措施：①对传染病疫情进行流行病学调查，根据调查情况提出划定疫点、疫区的建议，对被污染的场所进行卫生处理，对密切接触者，在指定场所进行医学观察和采取其他必要的预防措施，并向卫生行政部门提出疫情控制方案；②传染病暴发、流行时，对疫点、疫区进行卫生处理，向卫生行政部门提出疫情控制方案，并按照卫生行政部门的要求采取措施；③指导下级疾病预防控制机构实施传染病预防、控制措施，组织、指导有关单位对传染病疫情的处理。

（二）临时紧急措施

临时紧急措施也称即时强制。是指传染病暴发、流行时，当地政府应当立即组织力量进行防治，切断传染病的传播途径；必要时报经上级地方政府决定，可采取以下紧急措施：

1. 限制或者停止集市、影剧院演出或者其他人群聚集的活动。
2. 停工、停业、停课。
3. 封闭或者封存被传染病病原体污染的公共饮用水源、食品以及相关物品。
4. 控制或者扑杀染疫野生动物、家畜家禽。
5. 封闭可能造成传染病扩散的场所。

上级人民政府接到下级人民政府关于采取前款所列紧急措施的报告时，应当即时作出决定。

紧急措施的解除，由原决定机关决定并宣布。上一级政府接到下一级政府关于采取紧急措施的报告后，必须在24小时内作出决定。紧急措施的解除，由原决定机关宣布。

（三）疫区封锁

所谓疫区，指传染病在人群中暴发或者流行，其病原体向周围传播时可能波及的地区。疫区封锁就是限制疫区与非疫区之间的各种形式的交往。

《传染病防治法》规定，甲类、乙类传染病暴发、流行时，县级以上地方人民政府报经上一级人民政府决定，可以宣布本行政区域部分或者全部为疫区；国务院可以决定并宣布跨省、自治区、直辖市的疫区。县级以上地方人民政府可以在疫区内采取本法第四十二条规定的紧急措施，并可以对出入疫区的人员、物资和交通工具实施卫生检疫。

省、自治区、直辖市人民政府可以决定对本行政区域内的甲类传染病疫区实施封锁；但是，封锁大、中城市的疫区或者封锁跨省、自治区、直辖市的疫区以及封锁疫区导致中断干线交通或者封锁国境的，由国务院决定。

疫区封锁的解除，由原决定机关决定并宣布。

在疫区内可采取前述紧急措施,并可对出入疫区的人员、物资和交通工具实施卫生检疫。

传染病暴发、流行时,根据传染病疫情控制的需要,国务院有权在全国范围或者跨省、自治区、直辖市范围内,县级以上地方人民政府有权在本行政区域内紧急调集人员或者调用储备物资,临时征用房屋、交通工具以及相关设施、设备。

(四) 消毒、尸体处理

疫区中被传染病病原体污染或者可能被传染病病原体污染的物品,经消毒可以使用的,应当在当地疾病预防控制机构的指导下,进行消毒处理后,方可使用、出售和运输。

患甲类传染病、炭疽死亡的,应当将尸体立即进行卫生处理,就近火化。患其他传染病死亡的,必要时,应当将尸体进行卫生处理后火化或者按照规定深埋。

为了查找传染病病因,医疗机构在必要时可以按照国务院卫生行政部门的规定,对传染病患者尸体或者疑似传染病患者尸体进行解剖查验,并应当告知死者家属。

(五) 调查与保障措施

《传染病防治法》规定,发生传染病疫情时,疾病预防控制机构和省级以上人民政府卫生行政部门指派的其他与传染病有关的专业技术机构,可以进入传染病疫点、疫区进行调查、采集样本、技术分析和检验。

传染病暴发、流行时,药品和医疗器械生产、供应单位应当及时生产、供应防治传染病的药品和医疗器械。铁路、交通、民用航空经营单位必须优先运送处理传染病疫情的人员以及防治传染病的药品和医疗器械。县级以上人民政府有关部门应当做好组织协调工作。

第三节　传染病医疗救治与防治监督的法律规定

一、传染病医疗救治的法律规定

县级以上人民政府应当加强和完善传染病医疗救治服务网络的建设,指定具备传染病救治条件和能力的医疗机构承担传染病救治任务,或者根据传染病救治需要设置传染病医院。根据《传染病防治法》规定,医疗机构医疗救治义务有:

1. 医疗机构的基本标准、建筑设计和服务流程,应当符合预防传染病医院感染的要求。

2. 医疗机构应当按照规定对使用的医疗器械进行消毒;对按照规定一次使用的医疗器具,应当在使用后予以销毁。

3. 医疗机构应当按照国务院卫生行政部门规定的传染病诊断标准和治疗要求,采取相应措施,提高传染病医疗救治能力。

4. 医疗机构应当对传染病患者或者疑似传染病患者提供医疗救护、现场救援和接诊治疗,书写病历记录以及其他有关资料,并妥善保管。

5. 医疗机构应当实行传染病预检、分诊制度;对传染病患者、疑似传染病患者,应当引导至相对隔离的分诊点进行初诊。医疗机构不具备相应救治能力的,应当将患者及其病历记录复印件一并转至具备相应救治能力的医疗机构。具体办法由国务院卫生行政部门规定。

二、传染病防治监督的法律规定

（一）传染病防治部门的职责

县级以上人民政府卫生行政部门对传染病防治工作履行下列监督检查职责：

1. 下级人民政府卫生行政部门履行本法规定的传染病防治职责进行监督检查。

2. 对疾病预防控制机构、医疗机构的传染病防治工作进行监督检查。

3. 对采供血机构的采供血活动进行监督检查。

4. 对用于传染病防治的消毒产品及其生产单位进行监督检查，并对饮用水供水单位从事生产或者供应活动以及涉及饮用水卫生安全的产品进行监督检查。

5. 对传染病菌种、毒种和传染病检测样本的采集、保藏、携带、运输、使用进行监督检查。

6. 对公共场所和有关单位的卫生条件和传染病预防、控制措施进行监督检查。

省级以上人民政府卫生行政部门负责组织对传染病防治重大事项的处理。

县级以上人民政府卫生行政部门在履行监督检查职责时，有权进入被检查单位和传染病疫情发生现场调查取证，查阅或者复制有关的资料和采集样本。被检查单位应当予以配合，不得拒绝、阻挠。

县级以上地方人民政府卫生行政部门在履行监督检查职责时，发现被传染病病原体污染的公共饮用水源、食品以及相关物品，如不及时采取控制措施可能导致传染病传播、流行的，可以采取封闭公共饮用水源、封存食品以及相关物品或者暂停销售的临时控制措施，并予以检验或者进行消毒。经检验，属于被污染的食品，应当予以销毁；对未被污染的食品或者经消毒后可以使用的物品，应当解除控制措施。

（二）传染病防治管理人员的权利与义务

传染病防治部门应当依法建立健全内部监督制度，对其工作人员依据法定职权和程序履行职责的情况进行监督。上级卫生行政部门发现下级卫生行政部门不及时处理职责范围内的事项或者不履行职责的，应当责令纠正或者直接予以处理。

执法工作人员依法执行职务时，应当不少于两人，并出示执法证件，填写卫生执法文书。卫生执法文书经核对无误后，应当由卫生执法人员和当事人签名。当事人拒绝签名的，卫生执法人员应当注明情况。

传染病防治部门及其工作人员履行职责，应当自觉接受社会和公民的监督。单位和个人有权向上级人民政府及其卫生行政部门举报违反本法的行为。接到举报的有关人民政府或者其卫生行政部门，应当及时调查处理。

三、传染病防治的保障措施

国家将传染病防治工作纳入国民经济和社会发展计划，县级以上地方人民政府将传染病防治工作纳入本行政区域的国民经济和社会发展计划。

国务院卫生行政部门会同国务院有关部门，根据传染病流行趋势，确定全国传染病预防、控制、救治、监测、预测、预警、监督检查等项目。中央财政对困难地区实施重大传染病防治项目给予补助。

省、自治区、直辖市人民政府根据本行政区域内传染病流行趋势，在国务院卫生行政部门确定的项目范围内，确定传染病预防、控制、监督等项目，并保障项目的实施经费。

县级以上地方人民政府按照本级政府职责负责本行政区域内传染病预防、控制、监督工作的日常经费。地方各级人民政府应当保障城市社区、农村基层传染病预防工作的经费。

国家加强基层传染病防治体系建设，扶持贫困地区和少数民族地区的传染病防治工作。

国家对患有特定传染病的困难人群实行医疗救助，减免医疗费用。

县级以上人民政府负责储备防治传染病的药品、医疗器械和其他物资，以备调用。

对从事传染病预防、医疗、科研、教学、现场处理疫情的人员以及在生产、工作中接触传染病病原体的其他人员，有关单位应当按照国家规定，采取有效的卫生防护措施和医疗保健措施，并给予适当的津贴。

第四节　违反传染病防治法的法律责任

一、行政责任

（一）行政处罚

1. 疾病预防控制机构违反本法规定，有下列情形之一的，由县级以上人民政府卫生行政部门责令限期改正，通报批评，给予警告；对负有责任的主管人员和其他直接责任人员，依法给予降级、撤职、开除的处分，并可以依法吊销有关责任人员的执业证书；构成犯罪的，依法追究刑事责任：①未依法履行传染病监测职责的；②未依法履行传染病疫情报告、通报职责，或者隐瞒、谎报、缓报传染病疫情的；③未主动收集传染病疫情信息，或者对传染病疫情信息和疫情报告未及时进行分析、调查、核实的；④发现传染病疫情时，未依据职责及时采取本法规定的措施的；⑤故意泄露传染病患者、病原携带者、疑似传染病患者、密切接触者涉及个人隐私的有关信息、资料的。

2. 医疗机构违反本法规定，有下列情形之一的，由县级以上人民政府卫生行政部门责令改正，通报批评，给予警告；造成传染病传播、流行或者其他严重后果的，对负有责任的主管人员和其他直接责任人员，依法给予降级、撤职、开除的处分，并可以依法吊销有关责任人员的执业证书；构成犯罪的，依法追究刑事责任：①未按照规定承担本单位的传染病预防、控制工作、医院感染控制任务和责任区域内的传染病预防工作的；②未按照规定报告传染病疫情，或者隐瞒、谎报、缓报传染病疫情的；③发现传染病疫情时，未按照规定对传染病患者、疑似传染病患者提供医疗救护、现场救援、接诊、转诊的，或者拒绝接受转诊的；④未按照规定对本单位内被传染病病原体污染的场所、物品以及医疗废物实施消毒或者无害化处置的；⑤未按照规定对医疗器械进行消毒，或者对按照规定一次使用的医疗器具未予销毁，再次使用的；⑥在医疗救治过程中未按照规定保管医学记录资料的；⑦故意泄露传染病患者、病原携带者、疑似传染病患者、密切接触者涉及个人隐私的有关信息、资料的。

3. 违反本法规定，有下列情形之一，导致或者可能导致传染病传播、流行的，由县级以上人民政府卫生行政部门责令限期改正，没收违法所得，可以并处五万元以下的罚款；已取得许可证的，原发证部门可以依法暂扣或者吊销许可证；构成犯罪的，依法追究刑事责任：①饮用水供水单位供应的饮用水不符合国家卫生标准和卫生规范的；②涉及饮用水卫生安全的产品不符合国家卫生标准和卫生规范的；③用于传染病防治的消毒产品不符合国家卫生标准和卫生规范的；④出售、运输疫区中被传染病病原体污染或者可能被传染病病原体污染的物品，未进行消毒处理的；⑤生物制品生产单位生产的血液制品不符合国家质量标准的。

4. 违反本法规定，有下列情形之一的，由县级以上地方人民政府卫生行政部门责令改正，通报批评，给予警告，已取得许可证的，可以依法暂扣或者吊销许可证；造成传染病传播、流行以及其他严重后果的，对负有责任的主管人员和其他直接责任人员，依法给予降级、撤职、开除的处分，并可以依法吊销有关责任人员的执业证书；构成犯罪的，依法追究刑事责任：①疾病预防控制机构、医疗机构和从事病原微生物实验的单位，不符合国家规定的条件和技术标准，对传染病病原体样本未按照规定进行严格管理，造成实验室感染和病原微生物扩散的；②违反国家有关规定，采集、保藏、携带、运输和使用传染病菌种、毒种和传染病检测样本的；③疾病预防控制机构、医疗机构未执行国家有关规定，导致因输入血液、使用血液制品引起经血液传播疾病发生的。④未经检疫出售、运输与人畜共患传染病有关的野生动物、家畜家禽的，由县级以上地方人民政府畜牧兽医行政部门责令停止违法行为，并依法给予行政处罚。

（二）行政处分

1. 地方各级人民政府未依照本法的规定履行报告职责，或者隐瞒、谎报、缓报传染病疫情，或者在传染病暴发、流行时，未及时组织救治、采取控制措施的，由上级人民政府责令改正，通报批评；造成传染病传播、流行或者其他严重后果的，对负有责任的主管人员，依法给予行政处分；构成犯罪的，依法追究刑事责任。

2. 县级以上人民政府卫生行政部门违反本法规定，有下列情形之一的，由本级人民政府、上级人民政府卫生行政部门责令改正，通报批评；造成传染病传播、流行或者其他严重后果的，对负有责任的主管人员和其他直接责任人员，依法给予行政处分；构成犯罪的，依法追究刑事责任：①未依法履行传染病疫情通报、报告或者公布职责，或者隐瞒、谎报、缓报传染病疫情的；②发生或者可能发生传染病传播时未及时采取预防、控制措施的；③未依法履行监督检查职责，或者发现违法行为不及时查处的；④未及时调查、处理单位和个人对下级卫生行政部门不履行传染病防治职责的举报的；⑤违反本法的其他失职、渎职行为。

3. 县级以上人民政府有关部门未依照本法的规定履行传染病防治和保障职责的，由本级人民政府或者上级人民政府有关部门责令改正，通报批评；造成传染病传播、流行或者其他严重后果的，对负有责任的主管人员和其他直接责任人员，依法给予行政处分；构成犯罪的，依法追究刑事责任。

4. 采供血机构未按照规定报告传染病疫情，或者隐瞒、谎报、缓报传染病疫情，或者未执行国家有关规定，导致因输入血液引起经血液传播疾病发生的，由县级以上人民政府卫生行政部门责令改正，通报批评，给予警告；造成传染病传播、流行或者其他严重后果的，对负有责任的主管人员和其他直接责任人员，依法给予降级、撤职、开除的处分，并可以依法吊销采供血机构的执业许可证；构成犯罪的，依法追究刑事责任。

5. 国境卫生检疫机关、动物防疫机构未依法履行传染病疫情通报职责的，由有关部门在各自职责范围内责令改正，通报批评；造成传染病传播、流行或者其他严重后果的，对负有责任的主管人员和其他直接责任人员，依法给予降级、撤职、开除的处分；构成犯罪的，依法追究刑事责任。

二、刑事责任

对违反传染病防治法，情节严重，造成严重后果的，依法追究刑事责任。

《刑法》第三百三十条规定，违反《传染病防治法》规定，有下列情形之一，引起甲类传染病传播或者有传播严重危险的，处三年以下有期徒刑或者拘役；后果特别严重的，处三年以上七年以下有期徒刑：①供水单位供应的饮用水不符合国家规定的卫生标准的；②拒绝按照卫生防疫机构提出的卫生要求，对传染病病原体污染的污水、污物、粪便进行消毒处理的；③准许或者纵容传染病患者、病原携带者和疑似传染病患者，从事国务院卫生行政部门规定禁止从事的易使该传染病扩散的工作的；④拒绝执行卫生防疫机构依照传染病防治法提出的预防、控制措施的。

单位犯罪的，对单位判处罚金，并对其直接负责的主管人员和其他直接责任人员，依照上述规定处罚。

《刑法》第三百三十一条规定，从事实验、保藏、携带、运输传染病菌种、毒种的人员，违反国务院卫生行政部门的有关规定，造成传染病菌种、毒种扩散，后果严重的，处三年以下有期徒刑或者拘役；后果特别严重的，处三年以上七年以下有期徒刑。

《刑法》第三百六十条规定，明知自己患有梅毒、淋病等严重性病仍卖淫、嫖娼的，处五年以下有期徒刑、拘役或者管制，并处罚金。

《刑法》第四百零九条规定，从事传染病防治的政府卫生行政部门的工作人员严重不负责任，导致传染病传播或流行，情节严重的，处三年以下有期徒刑或者拘役。

2001 年 12 月 29 日公布施行的《中华人民共和国刑法修正案》对刑法作了以下补充和修改。

1. 将《刑法》第一百一十四条修改为：“放火、决水、爆炸以及投放毒害性、放射性、传染病病原体等物质或者以其他危险方法危害公共安全，尚未造成严重后果的，处三年以上十年以下有期徒刑。”

2. 将《刑法》第一百一十五条第一款修改为：“放火、决水、爆炸以及投放毒害性、放射性、传染病病原体等物质或者以其他危险方法致人重伤、死亡或者使公私财产遭受重大损失的，处十年以上有期徒刑、无期徒刑或者死刑。”

3. 将《刑法》第一百二十五条第二款修改为：“非法制造、买卖、运输、储存毒害性、放射性、传染病病原体等物质，危害公共安全的，依照前款的规定处罚。”

4. 将《刑法》第一百二十七条修改为：“盗窃、抢夺枪支、弹药、爆炸物的，或者盗窃、抢夺毒害性、放射性、传染病病原体等物质，危害公共安全的，处三年以上十年以下有期徒刑；情节严重的，处十年以上有期徒刑、无期徒刑或者死刑。

“抢劫枪支、弹药、爆炸物的，或者抢劫毒害性、放射性、传染病病原体等物质，危害公共安全的，或者盗窃、抢夺国家机关、军警人员、民兵的枪支、弹药、爆炸物的，处十年以上有期徒刑、无期徒刑或者死刑。”

5.《刑法》第二百九十一条后增加一条，作为第二百九十一条之一：“投放虚假的爆炸性、毒害性、放射性、传染病病原体等物质，或者编造爆炸威胁、生化威胁、放射威胁等恐怖信息，或者明知是编造的恐怖信息而故意传播，严重扰乱社会秩序的，处五年以下有期徒刑、拘役或者管制；造成严重后果的，处五年以上有期徒刑。”

附

中华人民共和国传染病防治法

第一章　总　　则

第一条　为了预防、控制和消除传染病的发生与流行，保障人体健康和公共卫生，制定本法。

第二条　国家对传染病防治实行预防为主的方针，防治结合、分类管理、依靠科学、依靠群众。

第三条　本法规定的传染病分为甲类、乙类和丙类。

甲类传染病是指：鼠疫、霍乱。

乙类传染病是指：传染性非典型肺炎、艾滋病、病毒性肝炎、脊髓灰质炎、人感染高致病性禽流感、麻疹、流行性出血热、狂犬病、流行性乙型脑炎、登革热、炭疽、细菌性和阿米巴性痢疾、肺结核、伤寒和副伤寒、流行性脑脊髓膜炎、百日咳、白喉、新生儿破伤风、猩红热、布鲁氏菌病、淋病、梅毒、钩端螺旋体病、血吸虫病、疟疾。

丙类传染病是指：流行性感冒、流行性腮腺炎、风疹、急性出血性结膜炎、麻风病、流行性和地方性斑疹伤寒、黑热病、包虫病、丝虫病，除霍乱、细菌性和阿米巴性痢疾、伤寒和副伤寒以外的感染性腹泻病。

上述规定以外的其他传染病，根据其暴发、流行情况和危害程度，需要列入乙类、丙类传染病的，由国务院卫生行政部门决定并予以公布。

第四条　对乙类传染病中传染性非典型肺炎、炭疽中的肺炭疽和人感染高致病性禽流感，采取本法所称甲类传染病的预防、控制措施。其他乙类传染病和突发原因不明的传染病需要采取本法所称甲类传染病的预防、控制措施的，由国务院卫生行政部门及时报经国务院批准后予以公布、实施。

省、自治区、直辖市人民政府对本行政区域内常见、多发的其他地方性传染病，可以根据情况决定按照乙类或者丙类传染病管理并予以公布，报国务院卫生行政部门备案。

第五条　各级人民政府领导传染病防治工作。

县级以上人民政府制定传染病防治规划并组织实施，建立健全传染病防治的疾病预防控制、医疗救治和监督管理体系。

第六条　国务院卫生行政部门主管全国传染病防治及其监督管理工作。县级以上地方人民政府卫生行政部门负责本行政区域内的传染病防治及其监督管理工作。

县级以上人民政府其他部门在各自的职责范围内负责传染病防治工作。

军队的传染病防治工作，依照本法和国家有关规定办理，由中国人民解放军卫生主管部门实施监督管理。

第七条　各级疾病预防控制机构承担传染病监测、预测、流行病学调查、疫情报告以及其他预防、控制工作。

医疗机构承担与医疗救治有关的传染病防治工作和责任区域内的传染病预防工作。城市社区和农村基层医疗机构在疾病预防控制机构的指导下，承担城市社区、农村基层相应的传染病防治工作。

第八条　国家发展现代医学和中医药等传统医学，支持和鼓励开展传染病防治的科学研究，提高传染病防治的科学技术水平。

国家支持和鼓励开展传染病防治的国际合作。

第九条　国家支持和鼓励单位和个人参与传染病防治工作。各级人民政府应当完善有关制度，方便单位和个人参与防治传染病的宣传教育、疫情报告、志愿服务和捐赠活动。

居民委员会、村民委员会应当组织居民、村民参与社区、农村的传染病预防与控制活动。

第十条　国家开展预防传染病的健康教育。新闻媒体应当无偿开展传染病防治和公共卫生教育的公益宣传。

各级各类学校应当对学生进行健康知识和传染病预防知识的教育。

医学院校应当加强预防医学教育和科学研究，对在校学生以及其他与传染病防治相关人员进行预防医学教育和培训，为传染病防治工作提供技术支持。

疾病预防控制机构、医疗机构应当定期对其工作人员进行传染病防治知识、技能的培训。

第十一条　对在传染病防治工作中做出显著成绩和贡献的单位和个人，给予表彰和奖励。

对因参与传染病防治工作致病、致残、死亡的人员，按照有关规定给予补助、抚恤。

第十二条　在中华人民共和国领域内的一切单位和个人，必须接受疾病预防控制机构、医疗机构有关传染病的调查、检验、采集样本、隔离治疗等预防、控制措施，如实提供有关情况。疾病预防控制机构、医疗机构不得泄露涉及个人隐私的有关信息、资料。

卫生行政部门以及其他有关部门、疾病预防控制机构和医疗机构因违法实施行政管理或者预防、控制措施，侵犯单位和个人合法权益的，有关单位和个人可以依法申请行政复议或者提起诉讼。

第二章　传染病预防

第十三条　各级人民政府组织开展群众性卫生活动，进行预防传染病的健康教育，倡导文明健康的生活方式，提高公众对传染病的防治意识和应对能力，加强环境卫生建设，消除鼠害和蚊、蝇等病媒生物的危害。

各级人民政府农业、水利、林业行政部门按照职责分工负责指导和组织消除农田、湖区、河流、牧场、林区的鼠害与血吸虫危害，以及其他传播传染病的动物和病媒生物的危害。

铁路、交通、民用航空行政部门负责组织消除交通工具以及相关场所的鼠害和蚊、蝇等病媒生物的危害。

第十四条　地方各级人民政府应当有计划地建设和改造公共卫生设施，改善饮用水卫生条件，对污水、污物、粪便进行无害化处置。

第十五条　国家实行有计划的预防接种制度。国务院卫生行政部门和省、自治区、直辖市人民政府卫生行政部门，根据传染病预防、控制的需要，制定传染病预防接种规划并组织实施。用于预防接种的疫苗必须符合国家质量标准。

国家对儿童实行预防接种证制度。国家免疫规划项目的预防接种实行免费。医疗机构、疾病预防控制机构与儿童的监护人应当相互配合，保证儿童及时接受预防接种。具体办法由国务院制定。

第十六条　国家和社会应当关心、帮助传染病患者、病原携带者和疑似传染病患者，使其得到及时救治。任何单位和个人不得歧视传染病患者、病原携带者和疑似传染病患者。

传染病患者、病原携带者和疑似传染病患者，在治愈前或者在排除传染病嫌疑前，不得从事法律、行政法规和国务院卫生行政部门规定禁止从事的易使该传染病扩散的工作。

第十七条　国家建立传染病监测制度。

国务院卫生行政部门制定国家传染病监测规划和方案。省、自治区、直辖市人民政府卫生行政部门根据国家传染病监测规划和方案，制定本行政区域的传染病监测计划和工作方案。

各级疾病预防控制机构对传染病的发生、流行以及影响其发生、流行的因素，进行监测；对国外发生、国内尚未发生的传染病或者国内新发生的传染病，进行监测。

第十八条　各级疾病预防控制机构在传染病预防控制中履行下列职责：

（一）实施传染病预防控制规划、计划和方案；

（二）收集、分析和报告传染病监测信息，预测传染病的发生、流行趋势；

（三）开展对传染病疫情和突发公共卫生事件的流行病学调查、现场处理及其效果评价；

（四）开展传染病实验室检测、诊断、病原学鉴定；

（五）实施免疫规划，负责预防性生物制品的使用管理；

（六）开展健康教育、咨询，普及传染病防治知识；

（七）指导、培训下级疾病预防控制机构及其工作人员开展传染病监测工作；

（八）开展传染病防治应用性研究和卫生评价，提供技术咨询。

国家、省级疾病预防控制机构负责对传染病发生、流行以及分布进行监测，对重大传染病流行趋势进行预测，提出预防控制对策，参与并指导对暴发的疫情进行调查处理，开展传染病病原学鉴定，建立检测质量控制体系，开展应用性研究和卫生评价。

设区的市和县级疾病预防控制机构负责传染病预防控制规划、方案的落实，组织实施免疫、消毒、控制病媒生物的危害，普及传染病防治知识，负责本地区疫情和突发公共卫生事件监测、报告，开展流行病学调查和常见病原微生物检测。

第十九条　国家建立传染病预警制度。

国务院卫生行政部门和省、自治区、直辖市人民政府根据传染病发生、流行趋势的预测，及时发出传染病预警，根据情况予以公布。

第二十条　县级以上地方人民政府应当制定传染病预防、控制预案，报上一级人民政府备案。

传染病预防、控制预案应当包括以下主要内容：

（一）传染病预防控制指挥部的组成和相关部门的职责；

（二）传染病的监测、信息收集、分析、报告、通报制度；

（三）疾病预防控制机构、医疗机构在发生传染病疫情时的任务与职责；

（四）传染病暴发、流行情况的分级以及相应的应急工作方案；

（五）传染病预防、疫点疫区现场控制，应急设施、设备、救治药品和医疗器械以及其他物资和技术的储备与调用。

地方人民政府和疾病预防控制机构接到国务院卫生行政部门或者省、自治区、直辖市人民政府发出的传染病预警后，应当按照传染病预防、控制预案，采取相应的预防、控制措施。

第二十一条　医疗机构必须严格执行国务院卫生行政部门规定的管理制度、操作规范，防止传染病的医源性感染和医院感染。

医疗机构应当确定专门的部门或者人员，承担传染病疫情报告、本单位的传染病预防、控制以及责任区域内的传染病预防工作；承担医疗活动中与医院感染有关的危险因素监测、安全防护、消毒、隔离和医疗废物处置工作。

疾病预防控制机构应当指定专门人员负责对医疗机构内传染病预防工作进行指导、考核，开展流行病学调查。

第二十二条　疾病预防控制机构、医疗机构的实验室和从事病原微生物实验的单位，应当符合国家规定的条件和技术标准，建立严格的监督管理制度，对传染病病原体样本按照规定的措施实行严格监督管理，严防传染病病原体的实验室感染和病原微生物的扩散。

第二十三条　采供血机构、生物制品生产单位必须严格执行国家有关规定，保证血液、血液制品的质量。禁止非法采集血液或者组织他人出卖血液。

疾病预防控制机构、医疗机构使用血液和血液制品，必须遵守国家有关规定，防止因输入血液、使用血液制品引起经血液传播疾病的发生。

第二十四条　各级人民政府应当加强艾滋病的防治工作，采取预防、控制措施，防止艾滋病的传播。具体办法由国务院制定。

第二十五条　县级以上人民政府农业、林业行政部门以及其他有关部门，依据各自的职责负责与人畜共患传染病有关的动物传染病的防治管理工作。

与人畜共患传染病有关的野生动物、家畜家禽，经检疫合格后，方可出售、运输。

第二十六条　国家建立传染病菌种、毒种库。

对传染病菌种、毒种和传染病检测样本的采集、保藏、携带、运输和使用实行分类管理，建立健全严格的管理制度。

对可能导致甲类传染病传播的以及国务院卫生行政部门规定的菌种、毒种和传染病检测样本，确需采集、保藏、携带、运输和使用的，须经省级以上人民政府卫生行政部门批准。具体办法由国务院制定。

第二十七条　对被传染病病原体污染的污水、污物、场所和物品，有关单位和个人必须在疾病预防控制机构的指导下或者按照其提出的卫生要求，进行严格消毒处理；拒绝消毒处理的，由当地卫生行政部门或者疾病预防控制机构进行强制消毒处理。

第二十八条　在国家确认的自然疫源地计划兴建水利、交通、旅游、能源等大型建设项目的，应当事先由省级以上疾病预防控制机构对施工环境进行卫生调查。建设单位应当根据疾病预防控制机构的意见，采取必要的传染病预防、控制措施。施工期间，建设单位应当设专人负责工地上的卫生防疫工作。工程竣工后，疾病预防控制机构应当对可能发生的传染病进行监测。

第二十九条　用于传染病防治的消毒产品、饮用水供水单位供应的饮用水和涉及饮用水卫生安全的产品，应当符合国家卫生标准和卫生规范。

饮用水供水单位从事生产或者供应活动，应当依法取得卫生许可证。

生产用于传染病防治的消毒产品的单位和生产用于传染病防治的消毒产品，应当经省级以上人民政府卫生行政部门审批。具体办法由国务院制定。

第三章　疫情报告、通报和公布

第三十条　疾病预防控制机构、医疗机构和采供血机构及其执行职务的人员发现本法规定的传染病疫情或者发现其他传染病暴发、流行以及突发原因不明的传染病时，应当遵循疫情报告属地管理原则，按照国务院规定的或者国务院卫生行政部门规定的内容、程序、方式和时限报告。

军队医疗机构向社会公众提供医疗服务，发现前款规定的传染病疫情时，应当按照国务院卫生行政部门的规定报告。

第三十一条　任何单位和个人发现传染病患者或者疑似传染病患者时，应当及时向附近的疾病预防控制机构或者医疗机构报告。

第三十二条　港口、机场、铁路疾病预防控制机构以及国境卫生检疫机关发现甲类传染病患者、病原携带者、疑似传染病患者时，应当按照国家有关规定立即向国境口岸所在地的疾病预防控制机构或者所在地县级以上地方人民政府卫生行政部门报告并互相通报。

第三十三条　疾病预防控制机构应当主动收集、分析、调查、核实传染病疫情信息。接到甲类、乙类传染病疫情报告或者发现传染病暴发、流行时，应当立即报告当地卫生行政部门，由当地卫生行政部门立即报告当地人民政府，同时报告上级卫生行政部门和国务院卫生行政部门。

疾病预防控制机构应当设立或者指定专门的部门、人员负责传染病疫情信息管理工作，及时对疫情报告进行核实、分析。

第三十四条　县级以上地方人民政府卫生行政部门应当及时向本行政区域内的疾病预防控制机构和医疗机构通报传染病疫情以及监测、预警的相关信息。接到通报的疾病预防控制机构和医疗机构应当及时告知本单位的有关人员。

第三十五条　国务院卫生行政部门应当及时向国务院其他有关部门和各省、自治区、直辖市人民政府卫生行政部门通报全国传染病疫情以及监测、预警的相关信息。

毗邻的以及相关的地方人民政府卫生行政部门，应当及时互相通报本行政区域的传染病疫情以及监测、预警的相关信息。

县级以上人民政府有关部门发现传染病疫情时，应当及时向同级人民政府卫生行政部门通报。

中国人民解放军卫生主管部门发现传染病疫情时，应当向国务院卫生行政部门通报。

第三十六条　动物防疫机构和疾病预防控制机构，应当及时互相通报动物间和人间发生的人畜共患传染病疫情以及相关信息。

第三十七条　依照本法的规定负有传染病疫情报告职责的人民政府有关部门、疾病预防控制机构、医疗机构、采供血机构及其工作人员，不得隐瞒、谎报、缓报传染病疫情。

第三十八条　国家建立传染病疫情信息公布制度。

国务院卫生行政部门定期公布全国传染病疫情信息。省、自治区、直辖市人民政府卫生行政部门定期公布本行政区域的传染病疫情信息。

传染病暴发、流行时，国务院卫生行政部门负责向社会公布传染病疫情信息，并可以授权省、自治区、直辖市人民政府卫生行政部门向社会公布本行政区域的传染病疫情信息。

公布传染病疫情信息应当及时、准确。

第四章　疫 情 控 制

第三十九条　医疗机构发现甲类传染病时，应当及时采取下列措施：

（一）对患者、病原携带者，予以隔离治疗，隔离期限根据医学检查结果确定；

（二）对疑似患者，确诊前在指定场所单独隔离治疗；

（三）对医疗机构内的患者、病原携带者、疑似患者的密切接触者，在指定场所进行医学观察和采取其他必要的预防措施。

拒绝隔离治疗或者隔离期未满擅自脱离隔离治疗的，可以由公安机关协助医疗机构采取强制隔离治疗措施。

医疗机构发现乙类或者丙类传染病患者，应当根据病情采取必要的治疗和控制传播措施。

医疗机构对本单位内被传染病病原体污染的场所、物品以及医疗废物，必须依照法律、法规的规定实施消毒和无害化处置。

第四十条　疾病预防控制机构发现传染病疫情或者接到传染病疫情报告时，应当及时采取下列措施：

（一）对传染病疫情进行流行病学调查，根据调查情况提出划定疫点、疫区的建议，对被污染的场所进行卫生处理，对密切接触者，在指定场所进行医学观察和采取其他必要的预防措施，并向卫生行政部门提出疫情控制方案；

（二）传染病暴发、流行时，对疫点、疫区进行卫生处理，向卫生行政部门提出疫情控制方案，并按照卫生行政部门的要求采取措施；

（三）指导下级疾病预防控制机构实施传染病预防、控制措施，组织、指导有关单位对传染病疫情的处理。

第四十一条　对已经发生甲类传染病病例的场所或者该场所内的特定区域的人员，所在地的县级以上地方人民政府可以实施隔离措施，并同时向上一级人民政府报告；接到报告的上级人民政府应当即时作出是否批准的决定。上级人民政府作出不予批准决定的，实施隔离措施的人民政府应当立即解除隔离措施。

在隔离期间，实施隔离措施的人民政府应当对被隔离人员提供生活保障；被隔离人员有工作单位的，所在单位不得停止支付其隔离期间的工作报酬。

隔离措施的解除，由原决定机关决定并宣布。

第四十二条　传染病暴发、流行时，县级以上地方人民政府应当立即组织力量，按照预防、控制预案进行防治，切断传染病的传播途径，必要时，报经上一级人民政府决定，可以采取下列紧急措施并予以公告：

（一）限制或者停止集市、影剧院演出或者其他人群聚集的活动；

（二）停工、停业、停课；

（三）封闭或者封存被传染病病原体污染的公共饮用水源、食品以及相关物品；

（四）控制或者扑杀染疫野生动物、家畜家禽；

（五）封闭可能造成传染病扩散的场所。

上级人民政府接到下级人民政府关于采取前款所列紧急措施的报告时，应当即时作出决定。

紧急措施的解除，由原决定机关决定并宣布。

第四十三条　甲类、乙类传染病暴发、流行时，县级以上地方人民政府报经上一级人民政府决定，可以宣布本行政区域部分或者全部为疫区；国务院可以决定并宣布跨省、自治区、直辖市的疫区。县级以上地方人民政府可以在疫区内采取本法第四十二条规定的紧急措施，并可以对出入疫区的人员、物资和交通工具实施卫生检疫。

省、自治区、直辖市人民政府可以决定对本行政区域内的甲类传染病疫区实施封锁；但是，封锁大、中城市的疫区或者封锁跨省、自治区、直辖市的疫区，以及封锁疫区导致中断干线交通或者封锁国境的，由国务院决定。

疫区封锁的解除，由原决定机关决定并宣布。

第四十四条　发生甲类传染病时，为了防止该传染病通过交通工具及其乘运的人员、物资传播，可以实施交通卫生检疫。具体办法由国务院制定。

第四十五条　传染病暴发、流行时，根据传染病疫情控制的需要，国务院有权在全国范围或者跨省、自治区、直辖市范围内，县级以上地方人民政府有权在本行政区域内紧急调集人员或者调用储备物资，临时征用房屋、交通工具以及相关设施、设备。

紧急调集人员的，应当按照规定给予合理报酬。临时征用房屋、交通工具以及相关设施、设备的，应当依法给予补偿；能返还的，应当及时返还。

第四十六条　患甲类传染病、炭疽死亡的，应当将尸体立即进行卫生处理，就近火化。患其他传染病死亡的，必要时，应当将尸体进行卫生处理后火化或者按照规定深埋。

为了查找传染病病因，医疗机构在必要时可以按照国务院卫生行政部门的规定，对传染病患者尸体或者疑似传染病患者尸体进行解剖查验，并应当告知死者家属。

第四十七条　疫区中被传染病病原体污染或者可能被传染病病原体污染的物品，经消毒可以使用的，应当在当地疾病预防控制机构的指导下，进行消毒处理后，方可使用、出售和运输。

第四十八条　发生传染病疫情时，疾病预防控制机构和省级以上人民政府卫生行政部门指派的其他与传染病有关的专业技术机构，可以进入传染病疫点、疫区进行调查、采集样本、技术分析和检验。

第四十九条　传染病暴发、流行时，药品和医疗器械生产、供应单位应当及时生产、供应防治传染病的药品和医疗器械。铁路、交通、民用航空经营单位必须优先运送处理传染病疫情的人员以及防治传染病的药品和医疗器械。县级以上人民政府有关部门应当做好组织协调工作。

第五章　医 疗 救 治

第五十条　县级以上人民政府应当加强和完善传染病医疗救治服务网络的建设，指定具备传染病救治条件和能力的医疗机构承担传染病救治任务，或者根据传染病救治需要设置传染病医院。

第五十一条　医疗机构的基本标准、建筑设计和服务流程，应当符合预防传染病医院感染的要求。

医疗机构应当按照规定对使用的医疗器械进行消毒；对按照规定一次使用的医疗器具，应当在使用后予以销毁。

医疗机构应当按照国务院卫生行政部门规定的传染病诊断标准和治疗要求，采取相应措施，提高传染病医疗救治能力。

第五十二条　医疗机构应当对传染病患者或者疑似传染病患者提供医疗救护、现场救援和接诊治疗，书写病历记录以及其他有关资料，并妥善保管。

医疗机构应当实行传染病预检、分诊制度；对传染病患者、疑似传染病患者，应当引导至相对隔离的分诊点进行初诊。医疗机构不具备相应救治能力的，应当将患者及其病历记录复印件一并转至具备相应救治能力的医疗机构。具体办法由国务院卫生行政部门规定。

第六章　监 督 管 理

第五十三条　县级以上人民政府卫生行政部门对传染病防治工作履行下列监督检查职责：

（一）对下级人民政府卫生行政部门履行本法规定的传染病防治职责进行监督检查；

（二）对疾病预防控制机构、医疗机构的传染病防治工作进行监督检查；

（三）对采供血机构的采供血活动进行监督检查；

（四）对用于传染病防治的消毒产品及其生产单位进行监督检查，并对饮用水供水单位从事生产或者供应活动以及涉及饮用水卫生安全的产品进行监督检查；

（五）对传染病菌种、毒种和传染病检测样本的采集、保藏、携带、运输、使用进行监督检查；

（六）对公共场所和有关单位的卫生条件和传染病预防、控制措施进行监督检查。

省级以上人民政府卫生行政部门负责组织对传染病防治重大事项的处理。

第五十四条　县级以上人民政府卫生行政部门在履行监督检查职责时，有权进入被检查单位和传染病疫情发生现场调查取证，查阅或者复制有关的资料和采集样本。被检查单位应当予以配合，不得拒绝、阻挠。

第五十五条　县级以上地方人民政府卫生行政部门在履行监督检查职责时，发现被传染病病原体污染的公共饮用水源、食品以及相关物品，如不及时采取控制措施可能导致传染病传播、流行的，可以采取封闭公共饮用水源、封存食品以及相关物品或者暂停销售的临时控制措施，并予以检验或者进行消毒。经检验，属于被污染的食品，应当予以销毁；对未被污染的食品或者经消毒后可以使用的物品，应当解除控制措施。

第五十六条　卫生行政部门工作人员依法执行职务时，应当不少于两人，并出示执法证件，填写卫生执法文书。

卫生执法文书经核对无误后，应当由卫生执法人员和当事人签名。当事人拒绝签名的，卫生执法人员应当注明情况。

第五十七条　卫生行政部门应当依法建立健全内部监督制度，对其工作人员依据法定职权和程序履行职责的情况进行监督。

上级卫生行政部门发现下级卫生行政部门不及时处理职责范围内的事项或者不履行职责的，应当责令纠正或者直接予以处理。

第五十八条　卫生行政部门及其工作人员履行职责，应当自觉接受社会和公民的监督。单位和个人有权向上级人民政府及其卫生行政部门举报违反本法的行为。接到举报的有关人民政府或者其卫生行政部门，应当及时调查处理。

第七章　保 障 措 施

第五十九条　国家将传染病防治工作纳入国民经济和社会发展计划，县级以上地方人民政府将传染病防治工作纳入本行政区域的国民经济和社会发展计划。

第六十条　县级以上地方人民政府按照本级政府职责负责本行政区域内传染病预防、控制、监督工作的日常经费。

国务院卫生行政部门会同国务院有关部门，根据传染病流行趋势，确定全国传染病预防、控制、救治、监测、预测、预警、监督检查等项目。中央财政对困难地区实施重大传染病防治项目给予补助。

省、自治区、直辖市人民政府根据本行政区域内传染病流行趋势，在国务院卫生行政部门确定的项目范围内，确定传染病预防、控制、监督等项目，并保障项目的实施经费。

第六十一条　国家加强基层传染病防治体系建设，扶持贫困地区和少数民族地区的传染病防治工作。

地方各级人民政府应当保障城市社区、农村基层传染病预防工作的经费。

第六十二条　国家对患有特定传染病的困难人群实行医疗救助，减免医疗费用。具体办法由国务院卫生行政部门会同国务院财政部门等部门制定。

第六十三条　县级以上人民政府负责储备防治传染病的药品、医疗器械和其他物资，以备调用。

第六十四条　对从事传染病预防、医疗、科研、教学、现场处理疫情的人员，以及在生产、工作中接触传染病病原体的其他人员，有关单位应当按照国家规定，采取有效的卫生防护措施和医疗保健措施，并给予适当的津贴。

第八章　法 律 责 任

第六十五条　地方各级人民政府未依照本法的规定履行报告职责，或者隐瞒、谎报、缓报传染病疫情，或者在传染病暴发、流行时，未及时组织救治、采取控制措施的，由上级人民政府责令改正，通报批评；造成传染病传播、流行或者其他严重后果的，对负有责任的主管人员，依法给予行政处分；构成犯罪的，依法追究刑事责任。

第六十六条　县级以上人民政府卫生行政部门违反本法规定，有下列情形之一的，由本级人民政府、上级人民政府卫生行政部门责令改正，通报批评；造成传染病传播、流行或者其他严重后果的，对负有责任的主管人员和其他直接责任人员，依法给予行政处分；构成犯罪的，依法追究刑事责任：

（一）未依法履行传染病疫情通报、报告或者公布职责，或者隐瞒、谎报、缓报传染病疫情的；

（二）发生或者可能发生传染病传播时未及时采取预防、控制措施的；

（三）未依法履行监督检查职责，或者发现违法行为不及时查处的；

（四）未及时调查、处理单位和个人对下级卫生行政部门不履行传染病防治职责的举报的；

（五）违反本法的其他失职、渎职行为。

第六十七条　县级以上人民政府有关部门未依照本法的规定履行传染病防治和保障职责的，由本级人民政府或者上级人民政府有关部门责令改正，通报批评；造成传染病传播、流行或者其他严重后果的，对负有责任的主管人员和其他直接责任人员，依法给予行政处分；构成犯罪的，依法追究刑事责任。

第六十八条　疾病预防控制机构违反本法规定，有下列情形之一的，由县级以上人民政府卫生行政部门责令限期改正，通报批评，给予警告；对负有责任的主管人员和其他直接责任人员，依法给予降级、撤职、开除的处分，并可以依法吊销有关责任人员的执业证书；构成犯罪的，依法追究刑事责任：

（一）未依法履行传染病监测职责的；

（二）未依法履行传染病疫情报告、通报职责，或者隐瞒、谎报、缓报传染病疫情的；

（三）未主动收集传染病疫情信息，或者对传染病疫情信息和疫情报告未及时进行分析、调查、核实的；

（四）发现传染病疫情时，未依据职责及时采取本法规定的措施的；

（五）故意泄露传染病患者、病原携带者、疑似传染病患者、密切接触者涉及个人隐私的有关信息、资料的。

第六十九条　医疗机构违反本法规定，有下列情形之一的，由县级以上人民政府卫生行政部门责令改正，通报批评，给予警告；造成传染病传播、流行或者其他严重后果的，对负有责任的主管人员和其他直接责任人员，依法给予降级、撤职、开除的处分，并可以依法吊销有关责任人员的执业证书；构成犯罪的，依法追究刑事责任：

（一）未按照规定承担本单位的传染病预防、控制工作、医院感染控制任务和责任区域内的传染病预防工作的；

（二）未按照规定报告传染病疫情，或者隐瞒、谎报、缓报传染病疫情的；

（三）发现传染病疫情时，未按照规定对传染病患者、疑似传染病患者提供医疗救护、现场救援、接诊、转诊的，或者拒绝接受转诊的；

（四）未按照规定对本单位内被传染病病原体污染的场所、物品以及医疗废物实施消毒或者无害化处置的；

（五）未按照规定对医疗器械进行消毒，或者对按照规定一次使用的医疗器具未予销毁，再次使用的；

（六）在医疗救治过程中未按照规定保管医学记录资料的；

（七）故意泄露传染病患者、病原携带者、疑似传染病患者、密切接触者涉及个人隐私的有关信息、资料的。

第七十条　采供血机构未按照规定报告传染病疫情，或者隐瞒、谎报、缓报传染病疫情，或者未执行国家有关规定，导致因输入血液引起经血液传播疾病发生的，由县级以上人民政府卫生行政部门责令改正，通报批评，给予警告；造成传染病传播、流行或者其他严重后果的，对负有责任的主管人员和其他直接责任人员，依法给予降级、撤职、开除的处分，并可以依法吊销采供血机构的执业许可证；构成犯罪的，依法追究刑事责任。

非法采集血液或者组织他人出卖血液的，由县级以上人民政府卫生行政部门予以取缔，没收违法所得，可以并处十万元以下的罚款；构成犯罪的，依法追究刑事责任。

第七十一条　国境卫生检疫机关、动物防疫机构未依法履行传染病疫情通报职责的，由有关部门在各自职责范围内责令改正，通报批评；造成传染病传播、流行或者其他严重后果的，对负有责任的主管人员和其他直接责任人员，依法给予降级、撤职、开除的处分；构成犯罪的，依法追究刑事责任。

第七十二条　铁路、交通、民用航空经营单位未依照本法的规定优先运送处理传染病疫情的人员以及防治传染病的药品和医疗器械的，由有关部门责令限期改正，给予警告；造成严重后果的，对负有责任的主管人员和其他直接责任人员，依法给予降级、撤职、开除的处分。

第七十三条　违反本法规定，有下列情形之一，导致或者可能导致传染病传播、流行的，由县级以上人民政府卫生行政部门责令限期改正，没收违法所得，可以并处五万元以下的罚款；已取得许可证的，原发证部门可以依法暂扣或者吊销许可证；构成犯罪的，依法追究刑事责任：

（一）饮用水供水单位供应的饮用水不符合国家卫生标准和卫生规范的；

（二）涉及饮用水卫生安全的产品不符合国家卫生标准和卫生规范的；

（三）用于传染病防治的消毒产品不符合国家卫生标准和卫生规范的；

（四）出售、运输疫区中被传染病病原体污染或者可能被传染病病原体污染的物品，未进行消毒处理的；

（五）生物制品生产单位生产的血液制品不符合国家质量标准的。

第七十四条　违反本法规定，有下列情形之一的，由县级以上地方人民政府卫生行政部门责令改正，通报批评，给予警告，已取得许可证的，可以依法暂扣或者吊销许可证；造成传染病传播、流行以及其他严重后果的，对负有责任的主管人员和其他直接责任人员，依法给予降级、撤职、开除的处分，并可以依法吊销有关责任人员的执业证书；构成犯罪的，依法追究刑事责任：

（一）疾病预防控制机构、医疗机构和从事病原微生物实验的单位，不符合国家规定的条件和技术标准，对传染病病原体样本未按照规定进行严格管理，造成实验室感染和病原微生物扩散的；

（二）违反国家有关规定，采集、保藏、携带、运输和使用传染病菌种、毒种和传染病检测样本的；

（三）疾病预防控制机构、医疗机构未执行国家有关规定，导致因输入血液、使用血液制品引起经血液传播疾病发生的。

第七十五条　未经检疫出售、运输与人畜共患传染病有关的野生动物、家畜家禽的，由县级以上地方人民政府畜牧兽医行政部门责令停止违法行为，并依法给予行政处罚。

第七十六条　在国家确认的自然疫源地兴建水利、交通、旅游、能源等大型建设项目，未经卫生调查进行施工的，或者未按照疾病预防控制机构的意见采取必要的传染病预防、控制措施的，由县级以上人民政府卫生行政部门责令限期改正，给予警告，处五千元以上三万元以下的罚款；逾期不改正的，处三万元以上十万元以下的罚款，并可以提请有关人民政府依据职责权限，责令停建、关闭。

第七十七条　单位和个人违反本法规定，导致传染病传播、流行，给他人人身、财产造成损害的，应当依法承担民事责任。

第九章　附　　则

第七十八条　本法中下列用语的含义：

（一）传染病患者、疑似传染病患者：指根据国务院卫生行政部门发布的《中华人民共和国传染病防治法规定管理的传染病诊断标准》，符合传染病患者和疑似传染病患者诊断标准的人。

（二）病原携带者：指感染病原体无临床症状但能排出病原体的人。

（三）流行病学调查：指对人群中疾病或者健康状况的分布及其决定因素进行调查研究，提出疾病预防控制措施及保健对策。

（四）疫点：指病原体从传染源向周围播散的范围较小或者单个疫源地。

（五）疫区：指传染病在人群中暴发、流行，其病原体向周围播散时所能波及的地区。

（六）人畜共患传染病：指人与脊椎动物共同罹患的传染病，如鼠疫、狂犬病、血吸虫病等。

（七）自然疫源地：指某些可引起人类传染病的病原体在自然界的野生动物中长期存在和循环的地区。

（八）病媒生物：指能够将病原体从人或者其他动物传播给人的生物，如蚊、蝇、蚤类等。

（九）医源性感染：指在医学服务中，因病原体传播引起的感染。

（十）医院感染：指住院患者在医院内获得的感染，包括在住院期间发生的感染和在医院内获得出院后发生的感染，但不包括入院前已开始或者入院时已处于潜伏期的感染。医院工作人员在医院内获得的感染也属医院感染。

（十一）实验室感染：指从事实验室工作时，因接触病原体所致的感染。

（十二）菌种、毒种：指可能引起本法规定的传染病发生的细菌菌种、病毒毒种。

（十三）消毒：指用化学、物理、生物的方法杀灭或者消除环境中的病原微生物。

（十四）疾病预防控制机构：指从事疾病预防控制活动的疾病预防控制中心以及与上述机构业务活动相同的单位。

（十五）医疗机构：指按照《医疗机构管理条例》取得医疗机构执业许可证，从事疾病诊断、治疗活动的机构。

第七十九条　传染病防治中有关食品、药品、血液、水、医疗废物和病原微生物的管理以及动物防疫和国境卫生检疫，本法未规定的，分别适用其他有关法律、行政法规的规定。

第八十条　本法自 2004 年 12 月 1 日起施行。

第三章 艾滋病防治法律制度

第一节 艾滋病防治法律制度概述

一、艾滋病防治的概念

艾滋病是联合国确定的当今三大国际公害之一，医学全称是“获得性免疫缺陷综合征”(AIDS)。这个命名表达了3个含义：第一，获得性，表示在病因方面是后天获得而不是先天具有的，是由艾滋病病毒(HIV)引起的传染病；第二，免疫缺陷，主要是病毒造成人体免疫系统的损伤而导致免疫系统的防护功能减低、丧失；第三，综合征，表示在临床症状方面，由于免疫缺陷导致的多种系统的机会性感染、肿瘤而出现的复杂症候群。

艾滋病在世界范围的快速扩散已引起各国政府的高度关注。艾滋病病毒的复制方式极为独特，很多国家花巨资研制药物和疫苗，到目前尚未解决治疗药物和预防疫苗。虽有几种药物可延续艾滋患者的生命，但价格昂贵，一旦停药，患者即死。唯一有效的方法是阻断艾滋病毒的传播途径。人一旦感染艾滋病病毒症状酷似普通感冒，很快恢复正常，转入长达7～15年的潜伏期，无任何症状，却具强传染性。一旦发病，很快死亡。

我国目前艾滋病发展的形势极为严峻，若引不起高度重视，采取切实有效措施，将对社会进步和稳定、经济发展产生无法挽回的灾难性后果。2002年10月14日联合国秘书长安南在访华演讲中谈到：“中国必须刻不容缓的防止艾滋病毒进一步大规模蔓延。中国正处于一个决定性时刻……艾滋病防治需要整个社会积极参与。艾滋病已经不仅仅是卫生问题，更是发展和安全问题。”2006年国务院颁布了《艾滋病防治条例》，制定了《中国遏制与防治艾滋病行动计划(2006～2010年)》，2007年公布了《中国艾滋病防治联合评估报告》，我国正依法、有效地开展各项艾滋病防治工作，以预防、控制艾滋病的发生与流行，保障人体健康和社会公共卫生。

二、艾滋病防治的原则

我国的艾滋病防治工作坚持预防为主、防治结合的方针，建立政府组织领导、部门各负其责、全社会共同参与的机制，加强宣传教育，采取行为干预和关怀救助等措施，实行综合防治。

(一) 预防为主原则

新中国成立后，党和政府就提出了“预防为主”的卫生工作方针，把防治严重危害人民生命健康的传染病、地方病和慢性非传染病作为卫生工作的主要任务。针对艾滋病这一严重的传染性疾病，预防是至关重要的，培养好的生活方式，不但可以减轻身体的病痛，而且能省下大量的医疗费用。坚持预防为主原则，是带有规律性的认识，也是预防艾滋病发生的最有效措施，对于增强人民健康意识，预防艾滋病的发生，提高群众健康水平和卫生文明水平能够起到积极的作用。

多年来，我国深入开展各级干部的艾滋病政策宣讲活动，提高领导干部对防治工作的认识，加强各级政府对艾滋病防治的领导。多部门合作逐步深入，开展了农民工预防艾滋病宣传教育工程、中国儿童青少年预防艾滋病活动、大学生预防艾滋病宣传教育活动等一系列重大专项防治活动。在全国范围内，艾滋病综合预防干预措施和宣传教育工作进一步深入。艾滋病的预防工作已取得重大进展，今后将继续深入、有效地进行。

（二）防治结合原则

在大力开展艾滋病预防工作的同时，艾滋病的治疗也必须加以足够重视。艾滋病病毒感染者和患者是疾病的受害者，深受病痛的折磨，为遏制艾滋病的流行蔓延，我国政府出台了“四免一关怀”政策。“四免一关怀”是当前和今后一个时期我国艾滋病防治最有力的政策措施。

目前，免费抗病毒治疗工作覆盖了31个省区市的1 190个县区。截至2007年10月底，累计接受抗病毒治疗的艾滋病患者数达39 298人，治疗的规范程度逐步提高，建立了艾滋病耐药的监测系统。同时，积极探索中医药治疗艾滋病的工作，关怀救助措施逐步落实(《中国艾滋病防治联合评估报告(2007)》)。

（三）全社会共同参与原则

艾滋病的防治工作不仅需要各级政府进行有效的指引和领导，更需要社会各界的共同参与，对艾滋病的预防和控制进行各种宣传和教育，以有效遏制艾滋病的流行。国家鼓励和支持工会、共产主义青年团、妇女联合会、红十字会等团体协助各级人民政府开展艾滋病防治工作。居民委员会和村民委员会应当协助地方各级人民政府和政府有关部门开展有关艾滋病防治的法律、法规、政策和知识的宣传教育，发展有关艾滋病防治的公益事业，做好艾滋病防治工作。

目前，在各级政府和社会舆论的指引下，社会团体、民间组织和企业正积极参与到艾滋病防治活动中来，参与领域越来越广，作用日益重要。以社区为基础的民间组织数量也不断增加，正在成为艾滋病防治工作中一支不可缺少的力量。社会名人在艾滋病宣传中的重要作用进一步显现。

但是，有关组织和个人依法参与艾滋病防治工作，离不开各级人民政府和政府有关部门的大力支持。各级人民政府和政府有关部门应当采取措施，鼓励和支持有关组织和个人依法参与艾滋病防治工作，对艾滋病防治工作提供捐赠，对有易感染艾滋病病毒危险行为的人群进行行为干预，对艾滋病病毒感染者、艾滋病患者及其家属提供关怀和救助。

此外，国家鼓励和支持开展与艾滋病预防、诊断、治疗等有关的科学研究，提高艾滋病防治的科学技术水平；鼓励和支持开展传统医药以及传统医药与现代医药相结合防治艾滋病的临床治疗与研究。国家鼓励和支持开展艾滋病防治工作的国际合作与交流。县级以上人民政府和政府有关部门对在艾滋病防治工作中做出显著成绩和贡献的单位和个人，应当给予表彰和奖励。

总之，各级人民政府和政府有关部门应当解放思想，开阔视野，大胆探索改革和创新相关的政策措施，为社会力量参与艾滋病防治工作创造适宜的环境和条件。要充分引导社会力量，形成全社会共同参与艾滋病防治的有效机制。

（四）加强宣传教育原则

1. 各级政府应当组织开展艾滋病防治以及关怀和不歧视艾滋病病毒感染者、艾滋病患者及其家属的宣传教育，提倡健康文明的生活方式，营造良好的艾滋病防治的社会环境。

2. 各级政府应当在车站、码头、机场、公园等公共场所以及旅客列车和从事旅客运输的船舶等公共交通工具显著位置，设置固定的艾滋病防治广告牌或者张贴艾滋病防治公益广告，组织发放艾滋病防治宣传材料。

3. 县级以上人民政府卫生主管部门应当加强艾滋病防治的宣传教育工作，对有关部门、组织和个人开展艾滋病防治的宣传教育工作提供技术支持。医疗卫生机构应当组织工作人员学习有关艾滋病防治的法律、法规、政策和知识；医务人员在开展艾滋病、性病等相关疾病咨询、诊断和治疗过程中，应当对就诊者进行艾滋病防治的宣传教育。

4. 县级以上人民政府教育主管部门应当指导、督促高等院校、中等职业学校和普通中学将艾滋病防治知识纳入有关课程，开展有关课外教育活动。高等院校、中等职业学校和普通中学应当组织学生学习艾滋病防治知识。

5. 县级以上人民政府人口和计划生育主管部门应当利用计划生育宣传和技术服务网络，组织开展艾滋病防治的宣传教育。计划生育技术服务机构向育龄人群提供计划生育技术服务和生殖健康服务时，应当开展艾滋病防治的宣传教育。

6. 各级政府应当采取措施，鼓励和支持有关组织和个人对有易感染艾滋病病毒危险行为的人群开展艾滋病防治的咨询、指导和宣传教育。广播、电视、报刊、互联网等新闻媒体应当开展艾滋病防治的公益宣传。机关、团体、企业事业单位、个体经济组织应当组织本单位从业人员学习有关艾滋病防治的法律、法规、政策和知识，支持本单位从业人员参与艾滋病防治的宣传教育活动。

（五）不歧视原则

艾滋病病毒在人体内的潜伏期平均为7～15年。在发展成艾滋病患者以前外表看上去正常，他们可以没有任何症状地生活和工作很多年。艾滋病的传播途径有三：一是血液传播，二是性接触传播，三是母婴传播。艾滋病的快速传播，让艾滋病毒携带者与患者在社会上形成一个特殊的群体。他们的权益保护面临困境，一方面处于受害的弱势地位，另一方面对不了解的大众而言又具有威胁性，于是对艾滋病患者的歧视由此产生。其实，正常生活下艾滋病的感染机会是微之甚微的。偶然的社交接触，包括日常工作、学校等中的接触、共同进餐、使用公共的卫生设施等都是不会传染艾滋病的。对于艾滋病患者及病毒携带者，社会应当给予更多的宽容和理解。

艾滋病歧视是对艾滋病患者的一种严重侮辱，是对他们人格的歧视。我们应当关心艾滋病患者，给予患者精神上的支持，这样艾滋病患者才可以得到社会的公平对待。《传染病防治法》明确规定："任何单位和个人不得歧视传染病患者、病原携带者和疑似传染病患者。"《艾滋病防治条例》中也明文规定："任何单位和个人不得歧视艾滋病病毒感染者、艾滋病患者及其家属。艾滋病病毒感染者、艾滋病患者及其家属享有的婚姻、就业、就医、入学等合法权益受法律保护。"

第二节　艾滋病的预防与控制

一、艾滋病监测制度

（一）艾滋病监测的含义

艾滋病监测，是指连续、系统地收集各类人群中艾滋病及其相关因素的分布资料，对这些资料进行综合分析，为有关部门制定预防控制策略和措施提供及时可靠的信息和依据，并对预防控制措施进行效果评价。

我国已建立起艾滋病监测网络，预防艾滋病从国外传入我国或者在我国发生和流行，保障人民身体健康。

（二）艾滋病监测的对象

艾滋病监测管理的对象主要有：艾滋病患者；艾滋病病毒感染者；疑似艾滋病患者及与艾滋病患者、艾滋病病毒感染者有密切接触者；被艾滋病病毒污染或可能造成艾滋病传播的血液和血液制品、毒株、生物组织、动物及其他物品。

（三）艾滋病监测的主体

国务院卫生主管部门制定国家艾滋病监测规划和方案。省、自治区、直辖市人民政府卫生主管部门根据国家艾滋病监测规划和方案，制定本行政区域的艾滋病监测计划和工作方案，组织开展艾滋病监测和专题调查，掌握艾滋病疫情变化情况和流行趋势。

各级卫生行政部门主管辖区内的艾滋病监测管理工作。公安、外事、海关、旅游、教育、航空、铁路、交通等有关部门及企业、事业单位和群众团体，应协助卫生行政部门采取措施，防止艾滋病传播。

疾病预防控制机构负责对艾滋病发生、流行以及影响其发生、流行的因素开展监测活动。

出入境检验检疫机构负责对出入境人员进行艾滋病监测，并将监测结果及时向卫生主管部门报告。

各省、自治区、直辖市卫生行政部门应当组织开展艾滋病监测工作。监测工作的主要内容是：疫情收集、整理、分析；重点人群的血清学检查；流行病学因素调查、分析。

二、艾滋病自愿咨询和自愿检测制度

艾滋病检测，是指采用实验室方法对人体血液、其他体液、组织器官、血液衍生物等进行艾滋病病毒、艾滋病病毒抗体及相关免疫指标检测，包括监测、检验检疫、自愿咨询检测、临床诊断、血液及血液制品筛查工作中的艾滋病检测。

县级以上地方人民政府卫生主管部门指定的医疗卫生机构，应当按照国务院卫生主管部门会同国务院其他有关部门制定的艾滋病自愿咨询和检测办法，为自愿接受艾滋病咨询、检测的人员免费提供咨询和初筛检测。国务院卫生主管部门会同国务院其他有关部门根据预防、控制艾滋病的需要，可以规定应当进行艾滋病检测的情形。

省级以上人民政府卫生主管部门根据医疗卫生机构布局和艾滋病流行情况，按照国家有关规定确定承担艾滋病检测工作的实验室。国家出入境检验检疫机构按照国务院卫

生主管部门规定的标准和规范，确定承担出入境人员艾滋病检测工作的实验室。

艾滋病病毒感染者和艾滋病患者应当履行下列义务：接受疾病预防控制机构或者出入境检验检疫机构的流行病学调查和指导；将感染或者发病的事实及时告知与其有性关系者；就医时，将感染或者发病的事实如实告知接诊医生；采取必要的防护措施，防止感染他人。艾滋病病毒感染者和艾滋病患者不得以任何方式故意传播艾滋病。

三、艾滋病患者隐私权的保护

隐私权作为一种基本人格权利，是公民享有的私人生活安宁与私人信息依法受到保护，不被他人非法侵扰、知悉、搜集、利用和公开的一种人格权。2010 年 7 月 1 日实施的《侵权责任法》第六十二条明确规定：医疗机构及其医务人员应当对患者的隐私保密。

艾滋病患者的病情状况属于个人隐私的范畴，受法律的保护。未经本人或者其监护人同意，任何单位或者个人不得公开艾滋病病毒感染者、艾滋病患者及其家属的姓名、住址、工作单位、肖像、病史资料以及其他可能推断出其具体身份的信息。

第三节　艾滋病的治疗与救助

一、医疗卫生机构的治疗义务

1. 医疗卫生机构应当为艾滋病病毒感染者和艾滋病患者提供艾滋病防治咨询、诊断和治疗服务。医疗卫生机构不得因就诊的患者是艾滋病病毒感染者或者艾滋病患者，推诿或者拒绝对其其他疾病进行治疗。

2. 对确诊的艾滋病病毒感染者和艾滋病患者，医疗卫生机构的工作人员应当将其感染或者发病的事实告知本人；本人为无行为能力人或者限制行为能力人的，应当告知其监护人。

3. 医疗卫生机构应当按照国务院卫生主管部门制定的预防艾滋病母婴传播技术指导方案的规定，对孕产妇提供艾滋病防治咨询和检测，对感染艾滋病病毒的孕产妇及其婴儿，提供预防艾滋病母婴传播的咨询、产前指导、阻断、治疗、产后访视、婴儿随访和检测等服务。

二、行政机关的救助义务

1. 县级以上人民政府应当采取下列艾滋病防治关怀、救助措施：向农村艾滋病患者和城镇经济困难的艾滋病患者免费提供抗艾滋病病毒治疗药品；对农村和城镇经济困难的艾滋病病毒感染者、艾滋病患者适当减免抗机会性感染治疗药品的费用；向接受艾滋病咨询、检测的人员免费提供咨询和初筛检测；向感染艾滋病病毒的孕产妇免费提供预防艾滋病母婴传播的治疗和咨询。

2. 生活困难的艾滋病患者遗留的孤儿和感染艾滋病病毒的未成年人接受义务教育的，应当免收杂费、书本费；接受学前教育和高中阶段教育的，应当减免学费等相关费用。

3. 县级以上地方人民政府应当对生活困难并符合社会救助条件的艾滋病病毒感染者、艾滋病患者及其家属给予生活救助。

4. 县级以上地方人民政府有关部门应当创造条件，扶持有劳动能力的艾滋病病毒感染者和艾滋病患者，从事力所能及的生产和工作。

第四节　法 律 责 任

一、行政机关的法律责任

1. 地方各级人民政府未依法履行组织、领导、保障艾滋病防治工作职责，或者未采取艾滋病防治和救助措施的，由上级人民政府责令改正，通报批评；造成艾滋病传播、流行或者其他严重后果的，对负有责任的主管人员依法给予行政处分；构成犯罪的，依法追究刑事责任。

2. 县级以上人民政府卫生主管部门违反法律法规规定，未履行艾滋病防治宣传教育职责的；或者对有证据证明可能被艾滋病病毒污染的物品，未采取控制措施的；或者有其他有关失职、渎职行为的，由本级人民政府或者上级人民政府卫生主管部门责令改正，通报批评；造成艾滋病传播、流行或者其他严重后果的，对负有责任的主管人员和其他直接责任人员依法给予行政处分；构成犯罪的，依法追究刑事责任。

3. 县级以上人民政府有关部门未依法履行宣传教育、预防控制职责的，由本级人民政府或者上级人民政府有关部门责令改正，通报批评；造成艾滋病传播、流行或者其他严重后果的，对负有责任的主管人员和其他直接责任人员依法给予行政处分；构成犯罪的，依法追究刑事责任。

二、医疗卫生机构的法律责任

1. 医疗卫生机构未依照本条例规定履行职责，有下列情形之一的，由县级以上人民政府卫生主管部门责令限期改正，通报批评，给予警告；造成艾滋病传播、流行或者其他严重后果的，对负有责任的主管人员和其他直接责任人员依法给予降级、撤职、开除的处分，并可以依法吊销有关机构或者责任人员的执业许可证件；构成犯罪的，依法追究刑事责任：①未履行艾滋病监测职责的；②未按照规定免费提供咨询和初筛检测的；③对临时应急采集的血液未进行艾滋病检测，对临床用血艾滋病检测结果未进行核查，或者将艾滋病检测阳性的血液用于临床的；④未遵守标准防护原则，或者未执行操作规程和消毒管理制度，发生艾滋病医院感染或者医源性感染的；⑤未采取有效的卫生防护措施和医疗保健措施的；⑥推诿、拒绝治疗艾滋病病毒感染者或者艾滋病患者的其他疾病，或者对艾滋病病毒感染者、艾滋病患者未提供咨询、诊断和治疗服务的；⑦未对艾滋病病毒感染者或者艾滋病患者进行医学随访的；⑧未按照规定对感染艾滋病病毒的孕产妇及其婴儿提供预防艾滋病母婴传播技术指导的。

2. 医疗卫生机构违法公开艾滋病病毒感染者、艾滋病患者或者其家属的信息的，依照传染病防治法的规定予以处罚。

3. 医疗卫生机构违反法律、行政法规的规定，造成他人感染艾滋病病毒的，应当依法承担民事赔偿责任。

三、其他组织和个人的法律责任

1. 出入境检验检疫机构、计划生育技术服务机构或者其他单位、个人违法公开艾滋病病毒感染者、艾滋病患者或者其家属的信息的，由其上级主管部门责令改正，通报批评，给予警告，对负有责任的主管人员和其他直接责任人员依法给予处分；情节严重的，由原发证部门吊销有关机构或者责任人员的执业许可证件。

2. 血站、单采血浆站违反法律法规规定，有下列情形之一，构成犯罪的，依法追究刑事责任；尚不构成犯罪的，由县级以上人民政府卫生主管部门依照献血法和《血液制品管理条例》的规定予以处罚；造成艾滋病传播、流行或者其他严重后果的，对负有责任的主管人员和其他直接责任人员依法给予降级、撤职、开除的处分，并可以依法吊销血站、单采血浆站的执业许可证：①对采集的人体血液、血浆未进行艾滋病检测，或者发现艾滋病检测阳性的人体血液、血浆仍然采集的；②将未经艾滋病检测的人体血液、血浆，或者艾滋病检测阳性的人体血液、血浆供应给医疗机构和血液制品生产单位的。

3. 血站、单采血浆站和血液制品生产单位违反法律、行政法规的规定，造成他人感染艾滋病病毒的，应当依法承担民事赔偿责任。

4. 公共场所的经营者未查验服务人员的健康合格证明或者允许未取得健康合格证明的人员从事服务工作，省、自治区、直辖市人民政府确定的公共场所的经营者未在公共场所内放置安全套或者设置安全套发售设施的，由县级以上人民政府卫生主管部门责令限期改正，给予警告，可以并处500元以上5 000元以下的罚款；逾期不改正的，责令停业整顿；情节严重的，由原发证部门依法吊销其执业许可证件。

5. 艾滋病病毒感染者或者艾滋病患者故意传播艾滋病的，依法承担民事赔偿责任；构成犯罪的，依法追究刑事责任。

附

艾滋病防治条例

第一章　总　　则

第一条　为了预防、控制艾滋病的发生与流行，保障人体健康和公共卫生，根据传染病防治法，制定本条例。

第二条　艾滋病防治工作坚持预防为主、防治结合的方针，建立政府组织领导、部门各负其责、全社会共同参与的机制，加强宣传教育，采取行为干预和关怀救助等措施，实行综合防治。

第三条　任何单位和个人不得歧视艾滋病病毒感染者、艾滋病患者及其家属。艾滋病病毒感染者、艾滋病患者及其家属享有的婚姻、就业、就医、入学等合法权益受法律保护。

第四条　县级以上人民政府统一领导艾滋病防治工作，建立健全艾滋病防治工作协调机制和工作责任制，对有关部门承担的艾滋病防治工作进行考核、监督。

县级以上人民政府有关部门按照职责分工负责艾滋病防治及其监督管理工作。

第五条　国务院卫生主管部门会同国务院其他有关部门制定国家艾滋病防治规划；县级以上地方人民政府依照本条例规定和国家艾滋病防治规划，制定并组织实施本行政区域的艾滋病防治行动计划。

第六条　国家鼓励和支持工会、共产主义青年团、妇女联合会、红十字会等团体协助各级人民政府开展艾滋病防治工作。

居民委员会和村民委员会应当协助地方各级人民政府和政府有关部门开展有关艾滋病防治的法律、法规、政策和知识的宣传教育，发展有关艾滋病防治的公益事业，做好艾滋病防治工作。

第七条　各级人民政府和政府有关部门应当采取措施，鼓励和支持有关组织和个人依照本条例规定以及国家艾滋病防治规划和艾滋病防治行动计划的要求，参与艾滋病防治工作，对艾滋病防治工作提供捐赠，对有易感染艾滋病病毒危险行为的人群进行行为干预，对艾滋病病毒感染者、艾滋病患者及其家属提供关怀和救助。

第八条　国家鼓励和支持开展与艾滋病预防、诊断、治疗等有关的科学研究，提高艾滋病防治的科学技术水平；鼓励和支持开展传统医药以及传统医药与现代医药相结合防治艾滋病的临床治疗与研究。

国家鼓励和支持开展艾滋病防治工作的国际合作与交流。

第九条　县级以上人民政府和政府有关部门对在艾滋病防治工作中做出显著成绩和贡献的单位和个人，给予表彰和奖励。

对因参与艾滋病防治工作或者因执行公务感染艾滋病病毒，以及因此致病、丧失劳动能力或者死亡的人员，按照有关规定给予补助、抚恤。

第二章　宣 传 教 育

第十条　地方各级人民政府和政府有关部门应当组织开展艾滋病防治以及关怀和不歧视艾滋病病毒感染者、艾滋病患者及其家属的宣传教育，提倡健康文明的生活方式，营造良好的艾滋病防治的社会环境。

第十一条　地方各级人民政府和政府有关部门应当在车站、码头、机场、公园等公共场所以及旅客列车和从事旅客运输的船舶等公共交通工具显著位置，设置固定的艾滋病防治广告牌或者张贴艾滋病防治公益广告，组织发放艾滋病防治宣传材料。

第十二条　县级以上人民政府卫生主管部门应当加强艾滋病防治的宣传教育工作，对有关部门、组织和个人开展艾滋病防治的宣传教育工作提供技术支持。

医疗卫生机构应当组织工作人员学习有关艾滋病防治的法律、法规、政策和知识；医务人员在开展艾滋病、性病等相关疾病咨询、诊断和治疗过程中，应当对就诊者进行艾滋病防治的宣传教育。

第十三条　县级以上人民政府教育主管部门应当指导、督促高等院校、中等职业学校和普通中学将艾滋病防治知识纳入有关课程，开展有关课外教育活动。

高等院校、中等职业学校和普通中学应当组织学生学习艾滋病防治知识。

第十四条　县级以上人民政府人口和计划生育主管部门应当利用计划生育宣传和技术服务网络，组织开展艾滋病防治的宣传教育。

计划生育技术服务机构向育龄人群提供计划生育技术服务和生殖健康服务时，应当开展艾滋病防治的宣传教育。

第十五条　县级以上人民政府有关部门和从事劳务中介服务的机构，应当对进城务工人员加强艾滋病防治的宣传教育。

第十六条　出入境检验检疫机构应当在出入境口岸加强艾滋病防治的宣传教育工作，对出入境人员有针对性地提供艾滋病防治咨询和指导。

第十七条　国家鼓励和支持妇女联合会、红十字会开展艾滋病防治的宣传教育，将艾滋病防治的宣传教育纳入妇女儿童工作内容，提高妇女预防艾滋病的意识和能力，组织红十字会会员和红十字会志愿者开展艾滋病防治的宣传教育。

第十八条　地方各级人民政府和政府有关部门应当采取措施，鼓励和支持有关组织和个人对有易感染艾滋病病毒危险行为的人群开展艾滋病防治的咨询、指导和宣传教育。

第十九条　广播、电视、报刊、互联网等新闻媒体应当开展艾滋病防治的公益宣传。

第二十条　机关、团体、企业事业单位、个体经济组织应当组织本单位从业人员学习有关艾滋病防治的法律、法规、政策和知识，支持本单位从业人员参与艾滋病防治的宣传教育活动。

第二十一条　县级以上地方人民政府应当在医疗卫生机构开通艾滋病防治咨询服务电话，向公众提供艾滋病防治咨询服务和指导。

第三章　预防与控制

第二十二条　国家建立健全艾滋病监测网络。

国务院卫生主管部门制定国家艾滋病监测规划和方案。省、自治区、直辖市人民政府卫生主管部门根据国家艾滋病监测规划和方案，制定本行政区域的艾滋病监测计划和工作方案，组织开展艾滋病监测和专题调查，掌握艾滋病疫情变化情况和流行趋势。

疾病预防控制机构负责对艾滋病发生、流行以及影响其发生、流行的因素开展监测活动。

出入境检验检疫机构负责对出入境人员进行艾滋病监测，并将监测结果及时向卫生主管部门报告。

第二十三条　国家实行艾滋病自愿咨询和自愿检测制度。

县级以上地方人民政府卫生主管部门指定的医疗卫生机构，应当按照国务院卫生主管部门会同国务院其他有关部门制定的艾滋病自愿咨询和检测办法，为自愿接受艾滋病咨询、检测的人员免费提供咨询和初筛检测。

第二十四条　国务院卫生主管部门会同国务院其他有关部门根据预防、控制艾滋病的需要，可以规定应当进行艾滋病检测的情形。

第二十五条　省级以上人民政府卫生主管部门根据医疗卫生机构布局和艾滋病流行情况，按照国家有关规定确定承担艾滋病检测工作的实验室。

国家出入境检验检疫机构按照国务院卫生主管部门规定的标准和规范，确定承担出入境人员艾滋病检测工作的实验室。

第二十六条　县级以上地方人民政府和政府有关部门应当依照本条例规定，根据本行政区域艾滋病的流行情况，制定措施，鼓励和支持居民委员会、村民委员会以及其他有关组织和个人推广预防艾滋病的行为干预措施，帮助有易感染艾滋病病毒危险行为的人群改变行为。

有关组织和个人对有易感染艾滋病病毒危险行为的人群实施行为干预措施，应当符合本条例的规定以及国家艾滋病防治规划和艾滋病防治行动计划的要求。

第二十七条　县级以上人民政府应当建立艾滋病防治工作与禁毒工作的协调机制，组织有关部门落实针对吸毒人群的艾滋病防治措施。

省、自治区、直辖市人民政府卫生、公安和药品监督管理部门应当互相配合，根据本行政区域艾滋病流行和吸毒者的情况，积极稳妥地开展对吸毒成瘾者的药物维持治疗工作，并有计划地实施其他干预措施。

第二十八条　县级以上人民政府卫生、人口和计划生育、工商、药品监督管理、质量监督检验检疫、广播电影电视等部门应当组织推广使用安全套，建立和完善安全套供应网络。

第二十九条　省、自治区、直辖市人民政府确定的公共场所的经营者应当在公共场所内放置安全套或者设置安全套发售设施。

第三十条　公共场所的服务人员应当依照《公共场所卫生管理条例》的规定，定期进行相关健康检查，取得健康合格证明；经营者应当查验其健康合格证明，不得允许未取得健康合格证明的人员从事服务工作。

第三十一条　公安、司法行政机关对被依法逮捕、拘留和在监狱中执行刑罚以及被依法收容教育、强制戒毒和劳动教养的艾滋病病毒感染者和艾滋病患者，应当采取相应的防治措施，防止艾滋病传播。

对公安、司法行政机关依照前款规定采取的防治措施，县级以上地方人民政府应当给予经费保障，疾病预防控制机构应当予以技术指导和配合。

第三十二条　对卫生技术人员和在执行公务中可能感染艾滋病病毒的人员，县级以上人民政府卫生主管部门和其他有关部门应当组织开展艾滋病防治知识和专业技能的培训，有关单位应当采取有效的卫生防护措施和医疗保健措施。

第三十三条　医疗卫生机构和出入境检验检疫机构应当按照国务院卫生主管部门的规定，遵守标准防护原则，严格执行操作规程和消毒管理制度，防止发生艾滋病医院感染和医源性感染。

第三十四条　疾病预防控制机构应当按照属地管理的原则，对艾滋病病毒感染者和艾滋病患者进行医学随访。

第三十五条　血站、单采血浆站应当对采集的人体血液、血浆进行艾滋病检测；不得向医疗机构和血液制品生产单位供应未经艾滋病检测或者艾滋病检测阳性的人体血液、血浆。

血液制品生产单位应当在原料血浆投料生产前对每一份血浆进行艾滋病检测；未经艾滋病检测或者艾滋病检测阳性的血浆，不得作为原料血浆投料生产。

医疗机构应当对因应急用血而临时采集的血液进行艾滋病检测，对临床用血艾滋病检测结果进行核查；对未经艾滋病检测、核查或者艾滋病检测阳性的血液，不得采集或者使用。

第三十六条　采集或者使用人体组织、器官、细胞、骨髓等的，应当进行艾滋病检测；未经艾滋病检测或者艾滋病检测阳性的，不得采集或者使用。但是，用于艾滋病防治科研、教学的除外。

第三十七条　进口人体血液、血浆、组织、器官、细胞、骨髓等，应当经国务院卫生主管部门批准；进口人体血液制品，应当依照药品管理法的规定，经国务院药品监督管理部门批准，取得进口药品注册证书。

经国务院卫生主管部门批准进口的人体血液、血浆、组织、器官、细胞、骨髓等，应当依照国境卫生检疫法律、行政法规的有关规定，接受出入境检验检疫机构的检疫。未经检疫或者检疫不合格的，不得进口。

第三十八条　艾滋病病毒感染者和艾滋病患者应当履行下列义务：

(一) 接受疾病预防控制机构或者出入境检验检疫机构的流行病学调查和指导；

(二) 将感染或者发病的事实及时告知与其有性关系者；

(三) 就医时，将感染或者发病的事实如实告知接诊医生；

(四) 采取必要的防护措施，防止感染他人。

艾滋病病毒感染者和艾滋病患者不得以任何方式故意传播艾滋病。

第三十九条　疾病预防控制机构和出入境检验检疫机构进行艾滋病流行病学调查时，被调查单位和个人应当如实提供有关情况。

未经本人或者其监护人同意，任何单位或者个人不得公开艾滋病病毒感染者、艾滋病患者及其家属的姓名、住址、工作单位、肖像、病史资料以及其他可能推断出其具体身份的信息。

第四十条　县级以上人民政府卫生主管部门和出入境检验检疫机构可以封存有证据证明可能被艾滋病病毒污染的物品，并予以检验或者进行消毒。经检验，属于被艾滋病病毒污染的物品，应当进行卫生处理或者予以销毁；对未被艾滋病病毒污染的物品或者经消毒后可以使用的物品，应当及时解除封存。

第四章　治疗与救助

第四十一条　医疗机构应当为艾滋病病毒感染者和艾滋病患者提供艾滋病防治咨询、诊断和治疗服务。

医疗机构不得因就诊的患者是艾滋病病毒感染者或者艾滋病患者，推诿或者拒绝对其其他疾病进行治疗。

第四十二条　对确诊的艾滋病病毒感染者和艾滋病患者，医疗卫生机构的工作人员应当将其感染或者发病的事实告知本人；本人为无行为能力人或者限制行为能力人的，应当告知其监护人。

第四十三条　医疗卫生机构应当按照国务院卫生主管部门制定的预防艾滋病母婴传播技术指导方案的规定，对孕产妇提供艾滋病防治咨询和检测，对感染艾滋病病毒的孕产妇及其婴儿，提供预防艾滋病母婴传播的咨询、产前指导、阻断、治疗、产后访视、婴儿随访和检测等服务。

第四十四条　县级以上人民政府应当采取下列艾滋病防治关怀、救助措施：

(一) 向农村艾滋病患者和城镇经济困难的艾滋病患者免费提供抗艾滋病病毒治疗药品；

(二) 对农村和城镇经济困难的艾滋病病毒感染者、艾滋病患者适当减免抗机会性感染治疗药品的费用；

(三) 向接受艾滋病咨询、检测的人员免费提供咨询和初筛检测；

(四) 向感染艾滋病病毒的孕产妇免费提供预防艾滋病母婴传播的治疗和咨询。

第四十五条　生活困难的艾滋病患者遗留的孤儿和感染艾滋病病毒的未成年人接受义务教育的，应当免收杂费、书本费；接受学前教育和高中阶段教育的，应当减免学费等相关费用。

第四十六条　县级以上地方人民政府应当对生活困难并符合社会救助条件的艾滋病病毒感染者、艾滋病患者及其家属给予生活救助。

第四十七条　县级以上地方人民政府有关部门应当创造条件，扶持有劳动能力的艾滋病病毒感染者和艾滋病患者，从事力所能及的生产和工作。

第五章　保 障 措 施

第四十八条　县级以上人民政府应当将艾滋病防治工作纳入国民经济和社会发展规划，加强和完善艾滋病预防、检测、控制、治疗和救助服务网络的建设，建立健全艾滋病防治专业队伍。

各级人民政府应当根据艾滋病防治工作需要，将艾滋病防治经费列入本级财政预算。

第四十九条　县级以上地方人民政府按照本级政府的职责，负责艾滋病预防、控制、监督工作所需经费。

国务院卫生主管部门会同国务院其他有关部门，根据艾滋病流行趋势，确定全国与艾滋病防治相关的宣传、培训、监测、检测、流行病学调查、医疗救治、应急处置以及监督检查等项目。中央财政对在艾滋病流行严重地区和贫困地区实施的艾滋病防治重大项目给予补助。

省、自治区、直辖市人民政府根据本行政区域的艾滋病防治工作需要和艾滋病流行趋势，确定与艾滋病防治相关的项目，并保障项目的实施经费。

第五十条　县级以上人民政府应当根据艾滋病防治工作需要和艾滋病流行趋势，储备抗艾滋病病毒治疗药品、检测试剂和其他物资。

第五十一条　地方各级人民政府应当制定扶持措施，对有关组织和个人开展艾滋病防治活动提供必要的资金支持和便利条件。有关组织和个人参与艾滋病防治公益事业，依法享受税收优惠。

第六章　法 律 责 任

第五十二条　地方各级人民政府未依照本条例规定履行组织、领导、保障艾滋病防治工作职责，或者未采取艾滋病防治和救助措施的，由上级人民政府责令改正，通报批评；造成艾滋病传播、流行或者其他严重后果的，对负有责任的主管人员依法给予行政处分；构成犯罪的，依法追究刑事责任。

第五十三条　县级以上人民政府卫生主管部门违反本条例规定，有下列情形之一的，由本级人民政府或者上级人民政府卫生主管部门责令改正，通报批评；造成艾滋病传播、流行或者其他严重后果的，对负有责任的主管人员和其他直接责任人员依法给予行政处分；构成犯罪的，依法追究刑事责任：

(一) 未履行艾滋病防治宣传教育职责的；

（二）对有证据证明可能被艾滋病病毒污染的物品，未采取控制措施的；

（三）其他有关失职、渎职行为。

出入境检验检疫机构有前款规定情形的，由其上级主管部门依照本条规定予以处罚。

第五十四条　县级以上人民政府有关部门未依照本条例规定履行宣传教育、预防控制职责的，由本级人民政府或者上级人民政府有关部门责令改正，通报批评；造成艾滋病传播、流行或者其他严重后果的，对负有责任的主管人员和其他直接责任人员依法给予行政处分；构成犯罪的，依法追究刑事责任。

第五十五条　医疗卫生机构未依照本条例规定履行职责，有下列情形之一的，由县级以上人民政府卫生主管部门责令限期改正，通报批评，给予警告；造成艾滋病传播、流行或者其他严重后果的，对负有责任的主管人员和其他直接责任人员依法给予降级、撤职、开除的处分，并可以依法吊销有关机构或者责任人员的执业许可证件；构成犯罪的，依法追究刑事责任：

（一）未履行艾滋病监测职责的；

（二）未按照规定免费提供咨询和初筛检测的；

（三）对临时应急采集的血液未进行艾滋病检测，对临床用血艾滋病检测结果未进行核查，或者将艾滋病检测阳性的血液用于临床的；

（四）未遵守标准防护原则，或者未执行操作规程和消毒管理制度，发生艾滋病医院感染或者医源性感染的；

（五）未采取有效的卫生防护措施和医疗保健措施的；

（六）推诿、拒绝治疗艾滋病病毒感染者或者艾滋病患者的其他疾病，或者对艾滋病病毒感染者、艾滋病患者未提供咨询、诊断和治疗服务的；

（七）未对艾滋病病毒感染者或者艾滋病患者进行医学随访的；

（八）未按照规定对感染艾滋病病毒的孕产妇及其婴儿提供预防艾滋病母婴传播技术指导的。

出入境检验检疫机构有前款第（一）项、第（四）项、第（五）项规定情形的，由其上级主管部门依照前款规定予以处罚。

第五十六条　医疗卫生机构违反本条例第三十九条第二款规定，公开艾滋病病毒感染者、艾滋病患者或者其家属的信息的，依照传染病防治法的规定予以处罚。

出入境检验检疫机构、计划生育技术服务机构或者其他单位、个人违反本条例第三十九条第二款规定，公开艾滋病病毒感染者、艾滋病患者或者其家属的信息的，由其上级主管部门责令改正，通报批评，给予警告，对负有责任的主管人员和其他直接责任人员依法给予处分；情节严重的，由原发证部门吊销有关机构或者责任人员的执业许可证件。

第五十七条　血站、单采血浆站违反本条例规定，有下列情形之一，构成犯罪的，依法追究刑事责任；尚不构成犯罪的，由县级以上人民政府卫生主管部门依照献血法和《血液制品管理条例》的规定予以处罚；造成艾滋病传播、流行或者其他严重后果的，对负有责任的主管人员和其他直接责任人员依法给予降级、撤职、开除的处分，并可以依法吊销血站、单采血浆站的执业许可证：

（一）对采集的人体血液、血浆未进行艾滋病检测，或者发现艾滋病检测阳性的人体血液、血浆仍然采集的；

（二）将未经艾滋病检测的人体血液、血浆，或者艾滋病检测阳性的人体血液、血浆供应给医疗机构和血液制品生产单位的。

第五十八条　违反本条例第三十六条规定采集或者使用人体组织、器官、细胞、骨髓等的，由县级人民政府卫生主管部门责令改正，通报批评，给予警告；情节严重的，责令停业整顿，有执业许可证件的，由原发证部门暂扣或者吊销其执业许可证件。

第五十九条　未经国务院卫生主管部门批准进口的人体血液、血浆、组织、器官、细胞、骨髓等，进口口岸出入境检验检疫机构应当禁止入境或者监督销毁。提供、使用未经出入境检验检疫机构检疫的进口人体血液、血浆、组织、器官、细胞、骨髓等的，由县级以上人民政府卫生主管部门没收违法物品以及违法所得，并处违法物品货值金额3倍以上5倍以下的罚款；对负有责任的主管人员和其他直接责任人员由其所在单位或者上级主管部门依法给予处分。

未经国务院药品监督管理部门批准，进口血液制品的，依照药品管理法的规定予以处罚。

第六十条　血站、单采血浆站、医疗卫生机构和血液制品生产单位违反法律、行政法规的规定，造成他人感染艾滋病病毒的，应当依法承担民事赔偿责任。

第六十一条　公共场所的经营者未查验服务人员的健康合格证明或者允许未取得健康合格证明的人员从事服务工作，省、自治区、直辖市人民政府确定的公共场所的经营者未在公共场所内放置安全套或者设置安全套发售设施的，由县级以上人民政府卫生主管部门责令限期改正，给予警告，可以并处500元以上5 000元以下的罚款；逾期不改正的，责令停业整顿；情节严重的，由原发证部门依法吊销其执业许可证件。

第六十二条　艾滋病病毒感染者或者艾滋病患者故意传播艾滋病的，依法承担民事赔偿责任；构成犯罪的，依法追究刑事责任。

第七章　附　　则

第六十三条　本条例下列用语的含义：

艾滋病，是指人类免疫缺陷病毒（艾滋病病毒）引起的获得性免疫缺陷综合征。

对吸毒成瘾者的药物维持治疗，是指在批准开办戒毒治疗业务的医疗卫生机构中，选用合适的药物，对吸毒成瘾者进行维持治疗，以减轻对毒品的依赖，减少注射吸毒引起艾滋病病毒的感染和扩散，减少毒品成瘾引起的疾病、死亡和引发的犯罪。

标准防护原则，是指医务人员将所有患者的血液、其他体液以及被血液、其他体液污染的物品均视为具有传染性的病原物质，医务人员在接触这些物质时，必须采取防护措施。

有易感染艾滋病病毒危险行为的人群，是指有卖淫、嫖娼、多性伴、男性同性性行为、注射吸毒等危险行为的人群。

艾滋病监测，是指连续、系统地收集各类人群中艾滋病（或者艾滋病病毒感染）及其相关因素的分布资料，对这些资料综合分析，为有关部门制定预防控制策略和措施提供及时可靠的信息和依据，并对预防控制措施进行效果评价。

艾滋病检测，是指采用实验室方法对人体血液、其他体液、组织器官、血液衍生物等进行艾滋病病毒、艾滋病病毒抗体及相关免疫指标检测，包括监测、检验检疫、自愿咨询检测、临床诊断、血液及血液制品筛查工作中的艾滋病检测。

行为干预措施，是指能够有效减少艾滋病传播的各种措施，包括：针对经注射吸毒传播艾滋病的美沙酮维持治疗等措施；针对经性传播艾滋病的安全套推广使用措施，以及规范、方便的性病诊疗措施；针对母婴传播艾滋病的抗病毒药物预防和人工代乳品喂养等措施；早期发现感染者和有助于危险行为改变的自愿咨询检测措施；健康教育措施；提高个人规范意识以及减少危险行为的针对性同伴教育措施。

第六十四条　本条例自2006年3月1日起施行。1987年12月26日经国务院批准，1988年1月14日由卫生部、外交部、公安部、原国家教育委员会、国家旅游局、原中国民用航空局、国家外国专家局发布的《艾滋病监测管理的若干规定》同时废止。

第四章 突发公共卫生事件应急法律制度

第一节 突发公共卫生事件应急法律制度概述

一、突发公共卫生事件的基本概念

突发公共卫生事件(以下简称突发事件)是指突然发生,造成或者可能造成社会公众健康严重损害的重大传染病疫情、群体性不明原因疾病、重大食物和职业中毒以及其他严重影响公众健康的事件。

自美国发生“9・11”恐怖袭击事件,及随后发生的以邮件方式感染炭疽病例以来,如何加强突发公共卫生事件应急管理,已成为全球瞩目的焦点问题,受到了世界各国的普遍重视。2003年,我国公布了《突发公共卫生事件应急条例》。2007年,卫生部发布了2007年1~9月全国突发公共卫生事件信息。信息显示,2007年1~9月报告的各级别突发公共卫生事件中,以一般事件为主,占事件总数的87.56%。重大及较大突发公共卫生事件分别占事件总数的0.20%和12.24%。无特别重大突发公共卫生事件。各类突发公共卫生事件中,以传染病事件为主,其次为食物中毒事件、职业中毒和环境因素事件。

处理好公共卫生突发事件,必须建立长效的卫生应急管理机制体制,提高应急能力,完善相关政策,加强对突发卫生事件的预防。

二、突发公共卫生事件的立法目的和工作原则

(一) 立法目的

1. 有效预防、及时控制和消除突发公共卫生事件及其危害。

2. 指导和规范各类突发公共卫生事件的应急处理工作,最大程度地减少突发公共卫生事件对公众健康造成的危害。

3. 保障公众身心健康与生命安全,维护正常的社会秩序。

(二) 工作原则

突发事件应急工作,应当遵循预防为主、常备不懈的方针,贯彻统一领导、分级负责、反应及时、措施果断、依靠科学、加强合作的原则。

1. 预防为主,常备不懈。提高全社会对突发公共卫生事件的防范意识,落实各项防范措施,做好人员、技术、物资和设备的应急储备工作。对各类可能引发突发公共卫生事件的情况要及时进行分析、预警,做到早发现、早报告、早处理。

2. 统一领导,分级负责。根据突发公共卫生事件的范围、性质和危害程度,对突发公共卫生事件实行分级管理。各级人民政府负责突发公共卫生事件应急处理的统一领导和指挥,各有关部门按照预案规定,在各自的职责范围内做好突发公共卫生事件应急处理的有关工作。

3. 依法规范,措施果断。地方各级人民政府和卫生行政部门要按照相关法律、法规

和规章的规定，完善突发公共卫生事件应急体系，建立健全系统、规范的突发公共卫生事件应急处理工作制度，对突发公共卫生事件和可能发生的公共卫生事件做出快速反应，及时、有效开展监测、报告和处理工作。

4. 依靠科学，加强合作。突发公共卫生事件应急工作要充分尊重和依靠科学，要重视开展防范和处理突发公共卫生事件的科研和培训，为突发公共卫生事件应急处理提供科技保障。各有关部门和单位要通力合作、资源共享，有效应对突发公共卫生事件。要广泛组织、动员公众参与突发公共卫生事件的应急处理。

三、突发公共卫生事件处置的职能设置

1. 突发事件发生后，国务院设立全国突发事件应急处理指挥部，由国务院有关部门和军队有关部门组成，国务院主管领导人担任总指挥，负责对全国突发事件应急处理的统一领导、统一指挥。国务院卫生行政主管部门和其他有关部门，在各自的职责范围内做好突发事件应急处理的有关工作。

2. 突发事件发生后，省、自治区、直辖市人民政府成立地方突发事件应急处理指挥部，省、自治区、直辖市人民政府主要领导人担任总指挥，负责领导、指挥本行政区域内突发事件应急处理工作。县级以上地方人民政府卫生行政主管部门，具体负责组织突发事件的调查、控制和医疗救治工作。县级以上地方人民政府有关部门，在各自的职责范围内做好突发事件应急处理的有关工作。

3. 县级以上各级人民政府应当组织开展防治突发事件相关科学研究，建立突发事件应急流行病学调查、传染源隔离、医疗救护、现场处置、监督检查、监测检验、卫生防护等有关物资、设备、设施、技术与人才资源储备，所需经费列入本级政府财政预算。

4. 国务院有关部门和县级以上地方人民政府及其有关部门，应当建立严格的突发事件防范和应急处理责任制，切实履行各自的职责，保证突发事件应急处理工作的正常进行。

第二节　突发公共卫生事件的预防与应急准备

一、概述

根据突发公共卫生事件的性质、危害程度、涉及范围，突发公共卫生事件划分为特别重大（Ⅰ级）、重大（Ⅱ级）、较大（Ⅲ级）和一般（Ⅳ级）4 级。

国务院卫生行政主管部门按照分类指导、快速反应的要求，制定全国突发事件应急预案，报请国务院批准。省、自治区、直辖市人民政府根据全国突发事件应急预案，结合本地实际情况，制定本行政区域的突发事件应急预案。突发事件应急预案应当根据突发事件的变化和实施中发现的问题及时进行修订、补充。

二、突发公共卫生事件应急预案

在我国，突发事件应急预案体系是指全国性的国家突发事件应急预案体系，由国务院制定国家突发事件总体应急预案，组织制定国家突发事件专项应急预案；国务院有关部门根据各自的职责和国务院相关应急预案，制定国家突发事件部门应急预案。并且涉及地

方各级人民政府和县级以上地方各级人民政府有关部门，都要根据有关法律、法规、规章、上级人民政府及其有关部门的应急预案以及本地区的实际情况，制定相应的突发事件应急预案，从而形成的体系。

突发公共卫生事件应急预案的内容主要包括：突发事件应急处理指挥部的组成和相关部门的职责；突发事件的监测与预警；突发事件信息的收集、分析、报告、通报制度；突发事件应急处理技术和监测机构及其任务；突发事件的分级和应急处理工作方案；突发事件预防、现场控制，应急设施、设备、救治药品和医疗器械以及其他物资和技术的储备与调度；突发事件应急处理专业队伍的建设和培训。

三、突发公共卫生事件的监测和预警制度

（一）监测制度

国家建立统一的突发公共卫生事件监测、预警与报告网络体系。各级医疗、疾病预防控制、卫生监督和出入境检疫机构负责开展突发公共卫生事件的日常监测工作。

省级人民政府卫生行政部门要按照国家统一规定和要求，结合实际，组织开展重点传染病和突发公共卫生事件的主动监测。

国务院卫生行政部门和地方各级人民政府卫生行政部门要加强对监测工作的管理和监督，保证监测质量。

（二）预警制度

各级人民政府卫生行政部门根据医疗机构、疾病预防控制机构、卫生监督机构提供的监测信息，按照公共卫生事件的发生、发展规律和特点，及时分析其对公众身心健康的危害程度、可能的发展趋势，及时做出预警。

县级以上各级人民政府卫生行政主管部门，应当指定机构负责开展突发事件的日常监测，并确保监测与预警系统的正常运行。监测与预警工作应当根据突发事件的类别，制定监测计划，科学分析、综合评价监测数据。对早期发现的潜在隐患以及可能发生的突发事件，应当依照本条例规定的报告程序和时限及时报告。

第三节　突发公共卫生事件的报告与信息发布

一、突发公共卫生事件的报告制度

（一）报告主体

任何单位和个人都有权向国务院卫生行政部门和地方各级人民政府及其有关部门报告突发公共卫生事件及其隐患，也有权向上级政府部门举报不履行或者不按照规定履行突发公共卫生事件应急处理职责的部门、单位及个人。

县级以上各级人民政府卫生行政部门指定的突发公共卫生事件监测机构、各级各类医疗卫生机构、卫生行政部门、县级以上地方人民政府和检验检疫机构、食品药品监督管理机构、环境保护监测机构、教育机构等有关单位为突发公共卫生事件的责任报告单位。执行职务的各级各类医疗卫生机构的医疗卫生人员、个体开业医生为突发公共卫生事件的责任报告人。

国务院卫生行政主管部门制定突发事件应急报告规范，建立重大、紧急疫情信息报告系统。任何单位和个人对突发事件，不得隐瞒、缓报、谎报或者授意他人隐瞒、缓报、谎报。

（二）报告时限

1. 发生或者可能发生传染病暴发、流行的，发生或者发现不明原因的群体性疾病的，发生传染病菌种、毒种丢失的，发生或者可能发生重大食物和职业中毒事件的，省、自治区、直辖市人民政府应当在接到报告1小时内，向国务院卫生行政主管部门报告。

2. 国务院卫生行政主管部门对可能造成重大社会影响的突发事件，应当立即向国务院报告。

3. 突发事件监测机构、医疗卫生机构和有关单位发现突发公共卫生事件的，应当在2小时内向所在地县级人民政府卫生行政主管部门报告；接到报告的卫生行政主管部门应当在2小时内向本级人民政府报告，并同时向上级人民政府卫生行政主管部门和国务院卫生行政主管部门报告。县级人民政府应当在接到报告后2小时内向设区的市级人民政府或者上一级人民政府报告；设区的市级人民政府应当在接到报告后2小时内向省、自治区、直辖市人民政府报告。

（三）通报制度

国务院卫生行政主管部门应当根据发生突发事件的情况，及时向国务院有关部门和各省、自治区、直辖市人民政府卫生行政主管部门以及军队有关部门通报。突发事件发生地的省、自治区、直辖市人民政府卫生行政主管部门，应当及时向毗邻省、自治区、直辖市人民政府卫生行政主管部门通报。接到通报的省、自治区、直辖市人民政府卫生行政主管部门，必要时应当及时通知本行政区域内的医疗卫生机构。县级以上地方人民政府有关部门，已经发生或者发现可能引起突发事件的情形时，应当及时向同级人民政府卫生行政主管部门通报。

（四）举报制度

国家建立突发事件举报制度，公布统一的突发事件报告、举报电话。任何单位和个人有权向人民政府及其有关部门报告突发事件隐患，有权向上级人民政府及其有关部门举报地方人民政府及其有关部门不履行突发事件应急处理职责，或者不按照规定履行职责的情况。接到报告、举报的有关人民政府及其有关部门，应当立即组织对突发事件隐患、不履行或者不按照规定履行突发事件应急处理职责的情况进行调查处理。

对举报突发事件有功的单位和个人，县级以上各级人民政府及其有关部门应当予以奖励。

二、突发公共卫生事件的信息发布制度

（一）概述

信息发布制度的设置，是为了及时向社会通报和公布突发公共卫生事件信息，引导舆论，满足公民的知情需求，增强人民群众的预防意识，妥善处置突发公共卫生事件。

国务院卫生行政主管部门负责向社会发布突发事件的信息。必要时，可以授权省、自治区、直辖市人民政府卫生行政主管部门向社会发布本行政区域内突发事件的信息。

信息发布应当及时、准确、全面。

(二) 信息发布的主要内容

1. 突发公共卫生事件个案信息　以个案形式发布的突发公共卫生事件的信息主要包括：突发公共卫生事件性质、原因；突发公共卫生事件发生地及范围；突发公共卫生事件的发病、伤亡及涉及的人员范围；突发公共卫生事件处理措施和控制情况；突发公共卫生事件发生地强制措施的解除等。

2. 突发公共卫生事件总体信息　以总体形式发布的突发公共卫生事件信息主要包括：急性重大传染病、急性食物中毒、急性职业中毒、群体性不明原因疾病以及其他严重影响公众健康的突发公共卫生事件的总体情况、分布情况，包括发生各类各级突发公共卫生事件的起数、涉及的发病和伤亡人数、应急处置情况等。

(三) 信息定期发布制度。

1. 卫生部以月报、年报方式在《卫生部公报》和卫生部网站上公布我国法定传染病疫情和突发公共卫生事件总体信息，必要时授权主要新闻媒体发布或召开新闻发布会通报有关情况。

2. 卫生部每月 10 日前公布上月情况，每年的 2 月 10 日前公布上年度情况。根据疫情网络直报系统监测结果，如果发现冬春季的呼吸道传染病、夏秋季的消化道传染病疫情达到重大突发公共卫生事件（Ⅱ级）以上标准，应增加相关传染病疫情公布的频次，必要时实行疫情每周发布制度或每日发布制度。

3. 卫生部定期发布的法定传染病疫情和突发公共卫生事件信息由主管业务司局提供，经主管司局长审定后，以卫生部新闻办公室的名义对外发布。

4. 各省、自治区、直辖市卫生行政部门按照月报、年报的要求定期发布本辖区内法定报告传染病疫情和突发公共卫生事件总体信息，具体发布时间、方式和程序自行确定。必要时，可实行相关传染病疫情周发布和日报发布。

第四节　突发公共卫生事件的应急处理

一、职能机构

突发事件发生后，卫生行政主管部门应当组织专家对突发事件进行综合评估，初步判断突发事件的类型，提出是否启动突发事件应急预案的建议。

在全国范围内或者跨省、自治区、直辖市范围内启动全国突发事件应急预案，由国务院卫生行政主管部门报国务院批准后实施。省、自治区、直辖市启动突发事件应急预案，由省、自治区、直辖市人民政府决定，并向国务院报告。

全国突发事件应急处理指挥部对突发事件应急处理工作进行督察和指导，地方各级人民政府及其有关部门应当予以配合。省、自治区、直辖市突发事件应急处理指挥部对本行政区域内突发事件应急处理工作进行督察和指导。

省级以上人民政府卫生行政主管部门或者其他有关部门指定的突发事件应急处理专业技术机构，负责突发事件的技术调查、确证、处置、控制和评价工作。

二、应急处理措施

1. 应急预案启动前，县级以上各级人民政府有关部门应当根据突发事件的实际情况，做好应急处理准备，采取必要的应急措施。应急预案启动后，突发事件发生地的人民政府有关部门，应当根据预案规定的职责要求，服从突发事件应急处理指挥部的统一指挥，立即到达规定岗位，采取有关的控制措施。医疗卫生机构、监测机构和科学研究机构，应当服从突发事件应急处理指挥部的统一指挥，相互配合、协作，集中力量开展相关的科学研究工作。

2. 突发事件发生后，国务院有关部门和县级以上地方人民政府及其有关部门，应当保证突发事件应急处理所需的医疗救护设备、救治药品、医疗器械等物资的生产、供应；铁路、交通、民用航空行政主管部门应当保证及时运送。

3. 根据突发事件应急处理的需要，突发事件应急处理指挥部有权紧急调集人员、储备的物资、交通工具以及相关设施、设备；必要时，对人员进行疏散或者隔离，并可以依法对传染病疫区实行封锁。

4. 突发事件应急处理指挥部根据突发事件应急处理的需要，可以对食物和水源采取控制措施。县级以上地方人民政府卫生行政主管部门应当对突发事件现场等采取控制措施，宣传突发事件防治知识，及时对易受感染的人群和其他易受损害的人群采取应急接种、预防性投药、群体防护等措施。

5. 国务院卫生行政主管部门或者其他有关部门指定的专业技术机构，有权进入突发事件现场进行调查、采样、技术分析和检验，对地方突发事件的应急处理工作进行技术指导，有关单位和个人应当予以配合；任何单位和个人不得以任何理由予以拒绝。

6. 对新发现的突发传染病、不明原因的群体性疾病、重大食物和职业中毒事件，国务院卫生行政主管部门应当尽快组织力量制定相关的技术标准、规范和控制措施。

7. 交通工具上发现根据国务院卫生行政主管部门的规定需要采取应急控制措施的传染病患者、疑似传染病患者，其负责人应当以最快的方式通知前方停靠点，并向交通工具的营运单位报告。交通工具的前方停靠点和营运单位应当立即向交通工具营运单位行政主管部门和县级以上地方人民政府卫生行政主管部门报告。卫生行政主管部门接到报告后，应当立即组织有关人员采取相应的医学处置措施。

交通工具上的传染病患者密切接触者，由交通工具停靠点的县级以上各级人民政府卫生行政主管部门或者铁路、交通、民用航空行政主管部门，根据各自的职责，依照传染病防治法律、行政法规的规定，采取控制措施。

涉及国境口岸和入出境的人员、交通工具、货物、集装箱、行李、邮包等需要采取传染病应急控制措施的，依照国境卫生检疫法律、行政法规的规定办理。

8. 医疗卫生机构应当对因突发事件致病的人员提供医疗救护和现场救援，对就诊患者必须接诊治疗，并书写详细、完整的病历记录；对需要转送的患者，应当按照规定将患者及其病历记录的复印件转送至接诊的或者指定的医疗机构。

医疗卫生机构内应当采取卫生防护措施，防止交叉感染和污染。医疗卫生机构应当对传染病患者密切接触者采取医学观察措施，传染病患者密切接触者应当予以配合。

医疗机构收治传染病患者、疑似传染病患者，应当依法报告所在地的疾病预防控制机构。接到报告的疾病预防控制机构应当立即对可能受到危害的人员进行调查，根据需要采取必要的控制措施。

有关部门、医疗卫生机构应当对传染病做到早发现、早报告、早隔离、早治疗，切断传播途径，防止扩散。

第五节 法律责任

一、行政机关的法律责任

1. 县级以上地方人民政府及其卫生行政主管部门未依法履行报告职责，对突发事件隐瞒、缓报、谎报或者授意他人隐瞒、缓报、谎报的，对政府主要领导人及其卫生行政主管部门主要负责人，依法给予降级或者撤职的行政处分；造成传染病传播、流行或者对社会公众健康造成其他严重危害后果的，依法给予开除的行政处分；构成犯罪的，依法追究刑事责任。

2. 国务院有关部门、县级以上地方人民政府及其有关部门未依法完成突发事件应急处理所需要的设施、设备、药品和医疗器械等物资的生产、供应、运输和储备的，对政府主要领导人和政府部门主要负责人依法给予降级或者撤职的行政处分；造成传染病传播、流行或者对社会公众健康造成其他严重危害后果的，依法给予开除的行政处分；构成犯罪的，依法追究刑事责任。

3. 突发事件发生后，县级以上地方人民政府及其有关部门对上级人民政府有关部门的调查不予配合，或者采取其他方式阻碍、干涉调查的，对政府主要领导人和政府部门主要负责人依法给予降级或者撤职的行政处分；构成犯罪的，依法追究刑事责任。

4. 县级以上各级人民政府卫生行政主管部门和其他有关部门在突发事件调查、控制、医疗救治工作中玩忽职守、失职、渎职的，由本级人民政府或者上级人民政府有关部门责令改正、通报批评、给予警告；对主要负责人、负有责任的主管人员和其他责任人员依法给予降级、撤职的行政处分；造成传染病传播、流行或者对社会公众健康造成其他严重危害后果的，依法给予开除的行政处分；构成犯罪的，依法追究刑事责任。

5. 县级以上各级人民政府有关部门拒不履行应急处理职责的，由同级人民政府或者上级人民政府有关部门责令改正、通报批评、给予警告；对主要负责人、负有责任的主管人员和其他责任人员依法给予降级、撤职的行政处分；造成传染病传播、流行或者对社会公众健康造成其他严重危害后果的，依法给予开除的行政处分；构成犯罪的，依法追究刑事责任。

二、医疗卫生机构的法律责任

医疗卫生机构有以下行为之一的，由卫生行政主管部门责令改正、通报批评、给予警告；情节严重的，吊销《医疗机构执业许可证》；对主要负责人、负有责任的主管人员和其他直接责任人员依法给予降级或者撤职的纪律处分；造成传染病传播、流行或者对社会公众健康造成其他严重危害后果，构成犯罪的，依法追究刑事责任：①未依照本条例的规定履行报告职责，隐瞒、缓报或者谎报的；②未依照本条例的规定及时采取控制措施的；③未依照本条例的规定履行突发事件监测职责的；④拒绝接诊患者的；⑤拒不服从突发事件应急处理指挥部调度的。

三、其他组织和个人的法律责任

1. 在突发事件应急处理工作中，有关单位和个人未依法履行报告职责，隐瞒、缓报或者谎报，阻碍突发事件应急处理工作人员执行职务，拒绝国务院卫生行政主管部门或者其他有关部门指定的专业技术机构进入突发事件现场，或者不配合调查、采样、技术分析和检验的，对有关责任人员依法给予行政处分或者纪律处分；触犯《中华人民共和国治安管理处罚条例》，构成违反治安管理行为的，由公安机关依法予以处罚；构成犯罪的，依法追究刑事责任。

2. 在突发事件发生期间，散布谣言、哄抬物价、欺骗消费者，扰乱社会秩序、市场秩序的，由公安机关或者工商行政管理部门依法给予行政处罚；构成犯罪的，依法追究刑事责任。

附

突发公共卫生事件应急条例

第一章　总　　则

第一条　为了有效预防、及时控制和消除突发公共卫生事件的危害，保障公众身体健康与生命安全，维护正常的社会秩序，制定本条例。

第二条　本条例所称突发公共卫生事件(以下简称突发事件)，是指突然发生，造成或者可能造成社会公众健康严重损害的重大传染病疫情、群体性不明原因疾病、重大食物和职业中毒以及其他严重影响公众健康的事件。

第三条　突发事件发生后，国务院设立全国突发事件应急处理指挥部，由国务院有关部门和军队有关部门组成，国务院主管领导人担任总指挥，负责对全国突发事件应急处理的统一领导、统一指挥。

国务院卫生行政主管部门和其他有关部门，在各自的职责范围内做好突发事件应急处理的有关工作。

第四条　突发事件发生后，省、自治区、直辖市人民政府成立地方突发事件应急处理指挥部，省、自治区、直辖市人民政府主要领导人担任总指挥，负责领导、指挥本行政区域内突发事件应急处理工作。

县级以上地方人民政府卫生行政主管部门，具体负责组织突发事件的调查、控制和医疗救治工作。

县级以上地方人民政府有关部门，在各自的职责范围内做好突发事件应急处理的有关工作。

第五条　突发事件应急工作，应当遵循预防为主、常备不懈的方针，贯彻统一领导、分级负责、反应及时、措施果断、依靠科学、加强合作的原则。

第六条　县级以上各级人民政府应当组织开展防治突发事件相关科学研究，建立突发事件应急流行病学调查、传染源隔离、医疗救护、现场处置、监督检查、监测检验、卫生防护等有关物资、设备、设施、技术与人才资源储备，所需经费列入本级政府财政预算。

国家对边远贫困地区突发事件应急工作给予财政支持。

第七条　国家鼓励、支持开展突发事件监测、预警、反应处理有关技术的国际交流与合作。

第八条　国务院有关部门和县级以上地方人民政府及其有关部门，应当建立严格的突发事件防范和应急处理责任制，切实履行各自的职责，保证突发事件应急处理工作的正常进行。

第九条　县级以上各级人民政府及其卫生行政主管部门，应当对参加突发事件应急处理的医疗卫生人员，给予适当补助和保健津贴；对参加突发事件应急处理作出贡献的人员，给予表彰和奖励；对因参与应急处理工作致病、致残、死亡的人员，按照国家有关规定，给予相应的补助和抚恤。

第二章 预防与应急准备

第十条 国务院卫生行政主管部门按照分类指导、快速反应的要求，制定全国突发事件应急预案，报请国务院批准。

省、自治区、直辖市人民政府根据全国突发事件应急预案，结合本地实际情况，制定本行政区域的突发事件应急预案。

第十一条 全国突发事件应急预案应当包括以下主要内容：

（一）突发事件应急处理指挥部的组成和相关部门的职责；

（二）突发事件的监测与预警；

（三）突发事件信息的收集、分析、报告、通报制度；

（四）突发事件应急处理技术和监测机构及其任务；

（五）突发事件的分级和应急处理工作方案；

（六）突发事件预防、现场控制，应急设施、设备、救治药品和医疗器械以及其他物资和技术的储备与调度；

（七）突发事件应急处理专业队伍的建设和培训。

第十二条 突发事件应急预案应当根据突发事件的变化和实施中发现的问题及时进行修订、补充。

第十三条 地方各级人民政府应当依照法律、行政法规的规定，做好传染病预防和其他公共卫生工作，防范突发事件的发生。

县级以上各级人民政府卫生行政主管部门和其他有关部门，应当对公众开展突发事件应急知识的专门教育，增强全社会对突发事件的防范意识和应对能力。

第十四条 国家建立统一的突发事件预防控制体系。

县级以上地方人民政府应当建立和完善突发事件监测与预警系统。

县级以上各级人民政府卫生行政主管部门，应当指定机构负责开展突发事件的日常监测，并确保监测与预警系统的正常运行。

第十五条 监测与预警工作应当根据突发事件的类别，制定监测计划，科学分析、综合评价监测数据。对早期发现的潜在隐患以及可能发生的突发事件，应当依照本条例规定的报告程序和时限及时报告。

第十六条 国务院有关部门和县级以上地方人民政府及其有关部门，应当根据突发事件应急预案的要求，保证应急设施、设备、救治药品和医疗器械等物资储备。

第十七条 县级以上各级人民政府应当加强急救医疗服务网络的建设，配备相应的医疗救治药物、技术、设备和人员，提高医疗卫生机构应对各类突发事件的救治能力。设区的市级以上地方人民政府应当设置与传染病防治工作需要相适应的传染病专科医院，或者指定具备传染病防治条件和能力的医疗机构承担传染病防治任务。

第十八条 县级以上地方人民政府卫生行政主管部门，应当定期对医疗卫生机构和人员开展突发事件应急处理相关知识、技能的培训，定期组织医疗卫生机构进行突发事件应急演练，推广最新知识和先进技术。

第三章 报告与信息发布

第十九条 国家建立突发事件应急报告制度。

国务院卫生行政主管部门制定突发事件应急报告规范，建立重大、紧急疫情信息报告系统。

有下列情形之一的，省、自治区、直辖市人民政府应当在接到报告 1 小时内，向国务院卫生行政主管部门报告：

（一）发生或者可能发生传染病暴发、流行的；

（二）发生或者发现不明原因的群体性疾病的；

（三）发生传染病菌种、毒种丢失的；

（四）发生或者可能发生重大食物和职业中毒事件的。

国务院卫生行政主管部门对可能造成重大社会影响的突发事件，应当立即向国务院报告。

第二十条　突发事件监测机构、医疗卫生机构和有关单位发现有本条例第十九条规定情形之一的，应当在2小时内向所在地县级人民政府卫生行政主管部门报告；接到报告的卫生行政主管部门应当在2小时内向本级人民政府报告，并同时向上级人民政府卫生行政主管部门和国务院卫生行政主管部门报告。

县级人民政府应当在接到报告后2小时内向设区的市级人民政府或者上一级人民政府报告；设区的市级人民政府应当在接到报告后2小时内向省、自治区、直辖市人民政府报告。

第二十一条　任何单位和个人对突发事件，不得隐瞒、缓报、谎报或者授意他人隐瞒、缓报、谎报。

第二十二条　接到报告的地方人民政府、卫生行政主管部门依照本条例规定报告的同时，应当立即组织力量对报告事项调查核实、确证，采取必要的控制措施，并及时报告调查情况。

第二十三条　国务院卫生行政主管部门应当根据发生突发事件的情况，及时向国务院有关部门和各省、自治区、直辖市人民政府卫生行政主管部门以及军队有关部门通报。

突发事件发生地的省、自治区、直辖市人民政府卫生行政主管部门，应当及时向毗邻省、自治区、直辖市人民政府卫生行政主管部门通报。

接到通报的省、自治区、直辖市人民政府卫生行政主管部门，必要时应当及时通知本行政区域内的医疗卫生机构。

县级以上地方人民政府有关部门，已经发生或者发现可能引起突发事件的情形时，应当及时向同级人民政府卫生行政主管部门通报。

第二十四条　国家建立突发事件举报制度，公布统一的突发事件报告、举报电话。

任何单位和个人有权向人民政府及其有关部门报告突发事件隐患，有权向上级人民政府及其有关部门举报地方人民政府及其有关部门不履行突发事件应急处理职责，或者不按照规定履行职责的情况。接到报告、举报的有关人民政府及其有关部门，应当立即组织对突发事件隐患、不履行或者不按照规定履行突发事件应急处理职责的情况进行调查处理。

对举报突发事件有功的单位和个人，县级以上各级人民政府及其有关部门应当予以奖励。

第二十五条　国家建立突发事件的信息发布制度。

国务院卫生行政主管部门负责向社会发布突发事件的信息。必要时，可以授权省、自治区、直辖市人民政府卫生行政主管部门向社会发布本行政区域内突发事件的信息。信息发布应当及时、准确、全面。

第四章　应 急 处 理

第二十六条　突发事件发生后，卫生行政主管部门应当组织专家对突发事件进行综合评估，初步判断突发事件的类型，提出是否启动突发事件应急预案的建议。

第二十七条　在全国范围内或者跨省、自治区、直辖市范围内启动全国突发事件应急预案，由国务院卫生行政主管部门报国务院批准后实施。省、自治区、直辖市启动突发事件应急预案，由省、自治区、直辖市人民政府决定，并向国务院报告。

第二十八条　全国突发事件应急处理指挥部对突发事件应急处理工作进行督察和指导，地方各级人民政府及其有关部门应当予以配合。

省、自治区、直辖市突发事件应急处理指挥部对本行政区域内突发事件应急处理工作进行督察和指导。

第二十九条　省级以上人民政府卫生行政主管部门或者其他有关部门指定的突发事件应急处理专业技术机构，负责突发事件的技术调查、确证、处置、控制和评价工作。

第三十条　国务院卫生行政主管部门对新发现的突发传染病，根据危害程度、流行强度，依照《中华人民共和国传染病防治法》的规定及时宣布为法定传染病；宣布为甲类传染病的，由国务院决定。

第三十一条　应急预案启动前，县级以上各级人民政府有关部门应当根据突发事件的实际情况，做好应急处理准备，采取必要的应急措施。

应急预案启动后，突发事件发生地的人民政府有关部门，应当根据预案规定的职责要求，服从突发事件应急处理指挥部的统一指挥，立即到达规定岗位，采取有关的控制措施。

医疗卫生机构、监测机构和科学研究机构，应当服从突发事件应急处理指挥部的统一指挥，相互配合、协作，集中力量开展相关的科学研究工作。

第三十二条　突发事件发生后，国务院有关部门和县级以上地方人民政府及其有关部门，应当保证突发事件应急处理所需的医疗救护设备、救治药品、医疗器械等物资的生产、供应；铁路、交通、民用航空行政主管部门应当保证及时运送。

第三十三条　根据突发事件应急处理的需要，突发事件应急处理指挥部有权紧急调集人员、储备的物资、交通工具以及相关设施、设备；必要时，对人员进行疏散或者隔离，并可以依法对传染病疫区实行封锁。

第三十四条　突发事件应急处理指挥部根据突发事件应急处理的需要，可以对食物和水源采取控制措施。

县级以上地方人民政府卫生行政主管部门应当对突发事件现场等采取控制措施，宣传突发事件防治知识，及时对易受感染的人群和其他易受损害的人群采取应急接种、预防性投药、群体防护等措施。

第三十五条　参加突发事件应急处理的工作人员，应当按照预案的规定，采取卫生防护措施，并在专业人员的指导下进行工作。

第三十六条　国务院卫生行政主管部门或者其他有关部门指定的专业技术机构，有权进入突发事件现场进行调查、采样、技术分析和检验，对地方突发事件的应急处理工作进行技术指导，有关单位和个人应当予以配合；任何单位和个人不得以任何理由予以拒绝。

第三十七条　对新发现的突发传染病、不明原因的群体性疾病、重大食物和职业中毒事件，国务院卫生行政主管部门应当尽快组织力量制定相关的技术标准、规范和控制措施。

第三十八条　交通工具上发现根据国务院卫生行政主管部门的规定需要采取应急控制措施的传染病患者、疑似传染病患者，其负责人应当以最快的方式通知前方停靠点，并向交通工具的营运单位报告。交通工具的前方停靠点和营运单位应当立即向交通工具营运单位行政主管部门和县级以上地方人民政府卫生行政主管部门报告。卫生行政主管部门接到报告后，应当立即组织有关人员采取相应的医学处置措施。

交通工具上的传染病患者密切接触者，由交通工具停靠点的县级以上各级人民政府卫生行政主管部门或者铁路、交通、民用航空行政主管部门，根据各自的职责，依照传染病防治法律、行政法规的规定，采取控制措施。

涉及国境口岸和入出境的人员、交通工具、货物、集装箱、行李、邮包等需要采取传染病应急控制措施的，依照国境卫生检疫法律、行政法规的规定办理。

第三十九条　医疗卫生机构应当对因突发事件致病的人员提供医疗救护和现场救援，对就诊患者必须接诊治疗，并书写详细、完整的病历记录；对需要转送的患者，应当按照规定将患者及其病历记录的复印件转送至接诊的或者指定的医疗机构。

医疗卫生机构内应当采取卫生防护措施，防止交叉感染和污染。

医疗卫生机构应当对传染病患者密切接触者采取医学观察措施，传染病患者密切接触者应当予以配合。

医疗机构收治传染病患者、疑似传染病患者，应当依法报告所在地的疾病预防控制机构。接到报告的疾病预防控制机构应当立即对可能受到危害的人员进行调查，根据需要采取必要的控制措施。

第四十条　传染病暴发、流行时，街道、乡镇以及居民委员会、村民委员会应当组织力量，团结协作，群防群治，协助卫生行政主管部门和其他有关部门、医疗卫生机构做好疫情信息的收集和报告、人员的分散隔离、公共卫生措施的落实工作，向居民、村民宣传传染病防治的相关知识。

第四十一条　对传染病暴发、流行区域内流动人口，突发事件发生地的县级以上地方人民政府应当做好预防工作，落实有关卫生控制措施；对传染病患者和疑似传染病患者，应当采取就地隔离、就地观察、就地治疗的措施。对需要治疗和转诊的，应当依照本条例第三十九条第一款的规定执行。

第四十二条　有关部门、医疗卫生机构应当对传染病做到早发现、早报告、早隔离、早治疗，切断传播途径，防止扩散。

第四十三条　县级以上各级人民政府应当提供必要资金，保障因突发事件致病、致残的人员得到及时、有效的救治。具体办法由国务院财政部门、卫生行政主管部门和劳动保障行政主管部门制定。

第四十四条　在突发事件中需要接受隔离治疗、医学观察措施的患者、疑似患者和传染病患者密切接触者在卫生行政主管部门或者有关机构采取医学措施时应当予以配合；拒绝配合的，由公安机关依法协助强制执行。

第五章　法 律 责 任

第四十五条　县级以上地方人民政府及其卫生行政主管部门未依照本条例的规定履行报告职责，对突发事件隐瞒、缓报、谎报或者授意他人隐瞒、缓报、谎报的，对政府主要领导人及其卫生行政主管部门主要负责人，依法给予降级或者撤职的行政处分；造成传染病传播、流行或者对社会公众健康造成其他严重危害后果的，依法给予开除的行政处分；构成犯罪的，依法追究刑事责任。

第四十六条　国务院有关部门、县级以上地方人民政府及其有关部门未依照本条例的规定，完成突发事件应急处理所需要的设施、设备、药品和医疗器械等物资的生产、供应、运输和储备的，对政府主要领导人和政府部门主要负责人依法给予降级或者撤职的行政处分；造成传染病传播、流行或者对社会公众健康造成其他严重危害后果的，依法给予开除的行政处分；构成犯罪的，依法追究刑事责任。

第四十七条　突发事件发生后，县级以上地方人民政府及其有关部门对上级人民政府有关部门的调查不予配合，或者采取其他方式阻碍、干涉调查的，对政府主要领导人和政府部门主要负责人依法给予降级或者撤职的行政处分；构成犯罪的，依法追究刑事责任。

第四十八条　县级以上各级人民政府卫生行政主管部门和其他有关部门在突发事件调查、控制、医疗救治工作中玩忽职守、失职、渎职的，由本级人民政府或者上级人民政府有关部门责令改正、通报批评、给予警告；对主要负责人、负有责任的主管人员和其他责任人员依法给予降级、撤职的行政处分；造成传染病传播、流行或者对社会公众健康造成其他严重危害后果的，依法给予开除的行政处分；构成犯罪的，依法追究刑事责任。

第四十九条　县级以上各级人民政府有关部门拒不履行应急处理职责的，由同级人民政府或者上级人民政府有关部门责令改正、通报批评、给予警告；对主要负责人、负有责任的主管人员和其他责任人员依法给予降级、撤职的行政处分；造成传染病传播、流行或者对社会公众健康造成其他严重危害后果的，依法给予开除的行政处分；构成犯罪的，依法追究刑事责任。

第五十条　医疗卫生机构有下列行为之一的，由卫生行政主管部门责令改正、通报批评、给予警告；情节严重的，吊销《医疗机构执业许可证》；对主要负责人、负有责任的主管人员和其他直接责任人员依法给予降级或者撤职的纪律处分；造成传染病传播、流行或者对社会公众健康造成其他严重危害后果，构成犯罪的，依法追究刑事责任：

（一）未依照本条例的规定履行报告职责，隐瞒、缓报或者谎报的；

（二）未依照本条例的规定及时采取控制措施的；

（三）未依照本条例的规定履行突发事件监测职责的；

（四）拒绝接诊患者的；

（五）拒不服从突发事件应急处理指挥部调度的。

第五十一条　在突发事件应急处理工作中，有关单位和个人未依照本条例的规定履行报告职责，隐瞒、缓报或者谎报，阻碍突发事件应急处理工作人员执行职务，拒绝国务院卫生行政主管部门或者其他有关部门指定的专业技术机构进入突发事件现场，或者不配合调查、采样、技术分析和检验的，对有关责任人员依法给予行政处分或者纪律处分；触犯《中华人民共和国治安管理处罚条例》，构成违反治安管理行为的，由公安机关依法予以处罚；构成犯罪的，依法追究刑事责任。

第五十二条　在突发事件发生期间，散布谣言、哄抬物价、欺骗消费者，扰乱社会秩序、市场秩序的，由公安机关或者工商行政管理部门依法给予行政处罚；构成犯罪的，依法追究刑事责任。

第六章　附　　则

第五十三条　中国人民解放军、武装警察部队医疗卫生机构参与突发事件应急处理的，依照本条例的规定和军队的相关规定执行。

第五十四条　本条例自公布之日起施行。

第五章　国境卫生检疫法律制度

第一节　国境卫生检疫法概述

一、国境卫生检疫法的概念

近年来，世界经济、科技、文化的高度发展和交流，国际间交往日益频繁，导致未被有效控制的或新的传染病的再度出现和流行，如艾滋病、传染性非典型肺炎等，使国际间传染病防治的形势更加严峻。为最大限度地防止传染病在国际间的传播，防止和控制传染病传入我国或由我国传出，以保障我国人民身体健康和经济建设的快速发展，1986 年 12 月 2 日正式通过了《中华人民共和国国境卫生检疫法》，并于 1987 年 5 月 1 日起正式实施。为适应国际社会的发展形势，2010 年 4 月 19 日国务院公布了《中华人民共和国国境卫生检疫法实施细则》，自公布之日起施行。

国境卫生检疫是指为了防止传染病由国外传入或由国内传出，在国境关口、口岸对出、入境人员、交通工具、运输设备以及可能传播传染病的行李、货物、邮包等物品，实施传染病检疫、监测和卫生监督的行政执法活动。

国境卫生检疫法是调整在防止传染病从国外传入或者由国内传出，实施国境检疫查验、传染病监督等活动中产生的各种社会关系的法律规范的总和。

二、国境卫生检疫的机构设置及职责

（一）卫生检疫机关的职责

1. 执行《国境卫生检疫法》及其实施细则和国家有关卫生法规。

2. 收集、整理、报告国际和国境口岸传染病的发生、流行和终息情况。

3. 对国境口岸的卫生状况实施卫生监督；对入境、出境的交通工具、人员、集装箱、尸体、骸骨以及可能传播检疫传染病的行李、货物、邮包等实施检疫查验、传染病监测、卫生监督和卫生处理。

4. 对入境、出境的微生物、生物制品、人体组织、血液及其制品等特殊物品以及能传播人类传染病的动物，实施卫生检疫。

5. 对入境、出境人员进行预防接种、健康检查、医疗服务、国际旅行健康咨询和卫生宣传。

6. 签发卫生检疫证件。

7. 进行流行病学调查研究，开展科学实验。

8. 执行国务院卫生行政部门指定的其他工作。

（二）国境口岸卫生监督员的职责

1. 对国境口岸和停留在国境口岸的入境、出境交通工具进行卫生监督和卫生宣传。

2. 在消毒、除鼠、除虫等卫生处理方面进行技术指导。

3. 对造成传染病传播、啮齿动物和病媒昆虫扩散、食物中毒、食物污染等事故进行调查，并提出控制措施。

国境口岸卫生监督员在执行任务时，有权对国境口岸和入境、出境的交通工具进行卫生监督和技术指导，对卫生状况不良和可能引起传染病传播的因素提出改进意见，协同有关部门采取必要的措施，进行卫生处理。

卫生检疫机关工作人员、国境口岸卫生监督员在执行任务时，应当穿着检疫制服，佩戴检疫标志；卫生检疫机关的交通工具在执行任务期间，应当悬挂检疫旗帜。

三、国境卫生检疫的法律规定

（一）检疫传染病的种类

本法规定的传染病是指检疫传染病和监测传染病。

（二）检疫范围

入境、出境的人员、交通工具、运输设备以及可能传播检疫传染病的行李、货物、邮包等物品，都应当接受检疫，经国境卫生检疫机关许可，方准入境或者出境。

卫生检疫机关对已在到达本口岸前的其他口岸实施卫生处理的交通工具不再重复实施卫生处理。但对在原实施卫生处理的口岸或者该交通工具上，发生流行病学上有重要意义的事件、卫生处理没有实际效果的，仍需实施卫生处理。卫生检疫机关对入境、出境的废旧物品和曾行驶于境外港口的废旧交通工具，根据污染程度，分别实施消毒、除鼠、除虫，对污染严重的实施销毁。

入境、出境的尸体、骸骨托运人或者代理人应当申请卫生检疫，并出示死亡证明或者其他有关证件，对不符合卫生要求的，必须接受卫生检疫机关实施的卫生处理。经卫生检疫机关签发尸体、骸骨入境、出境许可证后，方准运进或者运出。对因患检疫传染病而死亡的患者尸体，必须就近火化，不准移运。

在国境口岸或者交通工具上发现啮齿动物有反常死亡或者死因不明的，国境口岸有关单位或者交通工具的负责人，必须立即向卫生检疫机关报告，迅速查明原因，实施卫生处理。

（三）疫情报告

国境卫生检疫机关发现检疫传染病或者疑似检疫传染病时，除采取必要措施外，必须立即通知当地卫生行政部门，同时用最快方法报告国务院卫生行政部门，最迟不得超过24小时。邮电部门对疫情报告应当优先传送。

（四）卫生处理

1. 卫生检疫机关的工作人员在实施卫生处理时，必须注意下列事项：①防止对任何人的健康造成危害；②防止对交通工具的结构和设备造成损害；③防止发生火灾；④防止对行李、货物造成损害。

入境、出境的集装箱、行李、货物、邮包等物品需要卫生处理的，由卫生检疫机关实施。

2. 入境、出境的交通工具有下列情形之一的，应当由卫生检疫机关实施消毒、除鼠、除虫或者其他卫生处理：①来自检疫传染病疫区的；②被检疫传染病污染的；③发现有与人类健康有关的啮齿动物或者病媒昆虫，超过国家卫生标准的。

第二节　检疫传染病管理

一、鼠疫

1. 鼠疫的潜伏期为6日。船舶、航空器在到达时，有下列情形之一的，为染有鼠疫：①船舶、航空器上有鼠疫病例的；②船舶、航空器上发现有感染鼠疫的啮齿动物的；③船舶上曾经有人在上船6日以后患鼠疫的。

船舶在到达时，船舶上没有鼠疫病例，但曾经有人在上船后6日以内患鼠疫的；船上啮齿动物有反常死亡，并且死因不明的为染有鼠疫嫌疑。

对染有鼠疫的船舶、航空器应当对染疫人实施隔离；对染疫嫌疑人实施除虫，并且从到达时算起，实施不超过6日的就地诊验或者留验。

2. 对染疫人、染疫嫌疑人的行李、使用过的其他物品和卫生检疫机关认为有污染嫌疑的物品，实施除虫，必要时实施消毒。

3. 船舶、航空器上有感染鼠疫的啮齿动物，卫生检疫机关必须实施除鼠。如果船舶上发现只有未感染鼠疫的啮齿动物，卫生检疫机关也可以实施除鼠。实施除鼠可以在隔离的情况下进行。对船舶的除鼠应当在卸货以前进行。

卸货应当在卫生检疫机关的监督下进行，并且防止卸货的工作人员遭受感染，必要时，对卸货的工作人员从卸货完毕时算起，实施不超过6日的就地诊验或者留验。

对染有鼠疫嫌疑的列车、船舶、航空器，应当实施卫生处理。对没有染疫的列车、船舶、航空器，如果来自鼠疫疫区，卫生检疫机关认为必要时，可以实施卫生处理。

二、霍乱

1. 霍乱潜伏期为5日。船舶在到达的时候载有霍乱病例，或者在到达前5日以内，船上曾经有霍乱病例发生，为染有霍乱。船舶在航行中曾经有霍乱病例发生，但是在到达前5日以内，没有发生新病例，为染有霍乱嫌疑。航空器在到达的时候载有霍乱病例，为染有霍乱，曾经有霍乱病例发生，但在到达以前该病员已经离去，为染有霍乱嫌疑。

2. 对染有霍乱的船舶、航空器，应当实施下列卫生处理：①对染疫人实施隔离；②对离船、离航空器的员工、旅客，从卫生处理完毕时算起，实施不超过5日的就地诊验或者留验；从船舶到达时算起5日内，船上的船员除因工作需要，并且经卫生检疫机关许可外，不准上岸；③对染疫人、染疫嫌疑人的行李，使用过的其他物品和有污染嫌疑的物品、食品实施消毒；④对染疫人占用的部位，污染嫌疑部位，实施消毒；⑤对污染或者有污染嫌疑的饮用水，应当实施消毒后排放，并在储水容器消毒后再换清洁饮用水；⑥人的排泄物、垃圾、废水、废物和装自霍乱疫区的压舱水，未经消毒，不准排放和移下；⑦卸货必须在卫生检疫机关监督下进行，并且防止工作人员遭受感染，必要时，对卸货工作人员从卸货完毕时算起，实施不超过5日的就地诊验或者留验。

3. 对染有霍乱嫌疑的船舶、航空器的员工、旅客从到达时算起，实施不超过5日的就地诊验或者留验。在此期间，船上的船员除因工作需要，并经卫生检疫机关许可外，不准离开口岸区域；或者对离船、离航空器的员工、旅客，从离开疫区时算起，实施不超过5日的就地诊验或者留验。

对没有染疫的船舶、航空器，如果来自霍乱疫区，卫生检疫机关认为必要时，可以对离船、离航空器的员工、旅客，从离开疫区时算起，实施不超过 5 日的就地诊验或者留验。

对到达时载有霍乱病例的列车和其他车辆应当对染疫嫌疑人从到达时算起，实施不超过 5 日的就地诊验或者留验。

4. 对来自霍乱疫区的或者染有霍乱嫌疑的交通工具，卫生检疫机关认为必要时，可以实施除虫、消毒；如果交通工具载有水产品、水果、蔬菜、饮料及其他食品，除装在密封容器内没有被污染外，未经卫生检疫机关许可，不准卸下，必要时可以实施卫生处理。

对来自霍乱疫区的水产品、水果、蔬菜、饮料以及装有这些制品的邮包，卫生检疫机关在查验时，为了判明是否被污染，可以抽样检验，必要时可以实施卫生处理。

三、黄热病

1. 黄热病的潜伏期为 6 日。

来自黄热病疫区的人员，在入境时，必须向卫生检疫机关出示有效的黄热病预防接种证书。对无有效的黄热病预防接种证书的人员，卫生检疫机关可以从该人员离开感染环境的时候算起，实施 6 日的留验，或者实施预防接种并留验到黄热病预防接种证书生效时为止。

来自黄热病疫区的航空器，应当出示在疫区起飞前的灭蚊证书；如果在到达时不出示灭蚊证书，或者卫生检疫机关认为出示的灭蚊证书不符合要求，并且在航空器上发现活蚊，为染有黄热病嫌疑。

船舶在到达时载有黄热病病例，或者在航行中曾经有黄热病病例发生，为染有黄热病。船舶在到达时，如果离开黄热病疫区没有满 6 日，或者没有满 30 日并且在船上发现埃及伊蚊或者其他黄热病媒介，为染有黄热病嫌疑。

2. 对染有黄热病的船舶、航空器，应当实施下列卫生处理。

(1) 对染疫人实施隔离。

(2) 对离船、离航空器又无有效的黄热病预防接种证书的员工、旅客，实施本细则第八十五条规定的卫生处理。

(3) 彻底杀灭船舶、航空器上的埃及伊蚊及其虫卵、幼虫和其他黄热病媒介，并且在没有完成灭蚊以前限制该船与陆地和其他船舶的距离不少于 400 米。

(4) 卸货应当在灭蚊以后进行，如果在灭蚊以前卸货，应当在卫生检疫机关监督下进行，并且采取预防措施，使卸货的工作人员免受感染，必要时，对卸货的工作人员，从卸货完毕时算起，实施 6 日的就地诊验或者留验。

对染有黄热病嫌疑的船舶、航空器，应当实施卫生处理；对没有染疫的船舶、航空器，如果来自黄热病疫区，卫生检疫机关认为必要时，可以实施卫生处理。

第三节 传染病监测

一、传染病监测的概念和种类

传染病监测是指对特定环境、人群进行流行病学、血清学、病原学、临床症状以及其他有关影响因素的调查研究，预测有关传染病的发生、发展和流行。

1. 传染病监测对象　入境、出境的交通工具、人员、食品、饮用水和其他物品以及病媒昆虫、动物，均为传染病监测的对象。

2. 传染病监测内容

(1) 首发病例的个案调查。

(2) 暴发流行的流行病学调查。

(3) 传染源调查。

(4) 国境口岸内监测传染病的回顾性调查。

(5) 病原体的分离、鉴定，人群、有关动物血清学调查以及流行病学调查。

(6) 有关动物、病媒昆虫、食品、饮用水和环境因素的调查。

(7) 消毒、除鼠、除虫的效果观察与评价。

(8) 国境口岸以及国内外监测传染病疫情的收集、整理、分析和传递。

(9) 对监测对象开展健康检查和对监测传染病患者、疑似患者、密切接触人员的管理。

二、传染病监测的规定

卫生检疫机关应当阻止患有严重精神病、传染性肺结核病或者有可能对公共卫生造成重大危害的其他传染病的外国人入境。对国境口岸的涉外宾馆、饭店内居住的入境、出境人员及工作人员实施传染病监测，并区别情况采取必要的预防、控制措施。

卫生检疫机关、医疗卫生单位遇到持有就诊方便卡的人员请求医学检查时，应当视同急诊给予医学检查；如果发现其患检疫传染病或者监测传染病，疑似检疫传染病或者疑似监测传染病，应当立即实施必要的卫生措施，并且将情况报告当地卫生防疫机构和签发就诊方便卡的卫生检疫机关。

凡申请出境居住 1 年以上的中国籍人员，必须持有卫生检疫机关签发的健康证明。中国公民出境、入境管理机关凭卫生检疫机关签发的健康证明办理出境手续。

凡在境外居住 1 年以上的中国籍人员，入境时必须向卫生检疫机关申报健康情况，并在入境后 1 个月内到就近的卫生检疫机关或者县级以上的医院进行健康检查。公安机关凭健康证明办理有关手续。健康证明的副本应当寄送到原入境口岸的卫生检疫机关备案。

国际通行交通工具上的中国籍员工，应当持有卫生检疫机关或者县级以上医院出具的健康证明。健康证明的项目、格式由国务院卫生行政部门统一规定，有效期为 12 个月。

第四节　卫 生 监 督

卫生检疫机关依照《国境卫生检疫法》的规定，对国境口岸和交通工具实施卫生监督。

一、国境口岸的卫生要求

1. 国境口岸和国境口岸内涉外的宾馆、生活服务单位以及候船、候车、候机厅(室)应当有健全的卫生制度和必要的卫生设施，并保持室内外环境整洁、通风良好。

2. 国境口岸有关部门应当采取切实可行的措施，控制啮齿动物、病媒昆虫，使其数量降低到不足为害的程度。仓库、货场必须具有防鼠设施。

3. 国境口岸的垃圾、废物、污水、粪便必须进行无害化处理，保持国境口岸环境整洁卫生。

二、交通工具的卫生要求

1. 交通工具上的宿舱、车厢必须保持清洁卫生，通风良好。

2. 交通工具上必须备有足够的消毒、除鼠、除虫药物及器械，并备有防鼠装置。

3. 交通工具上的货舱、行李舱、货车车厢在装货前或者卸货后应当进行彻底清扫，有毒物品和食品不得混装，防止污染。

4. 对不符合卫生要求的入境、出境交通工具，必须接受卫生检疫机关的督导立即进行改进。

三、饮用水、食品及从业人员的卫生要求

1. 国境口岸和交通工具上的食品、饮用水必须符合有关的卫生标准。

2. 国境口岸内的涉外宾馆，以及向入境、出境的交通工具提供饮食服务的部门，营业前必须向卫生检疫机关申请卫生许可证。

3. 国境口岸内涉外的宾馆和入境、出境交通工具上的食品、饮用水从业人员应当持有卫生检疫机关签发的健康证书。该证书自签发之日起12个月内有效。

第五节 法律责任

一、行政责任

(一) 行政处罚

1. 对应当受入境检疫的船舶，不悬挂检疫信号的；入境、出境的交通工具，在入境检疫之前或者在出境检疫之后，擅自上下人员，装卸行李、货物、邮包等物品的；拒绝接受检疫或者抵制卫生监督，拒不接受卫生处理的；伪造或者涂改检疫单、证，不如实申报疫情的；瞒报携带禁止进口的微生物、人体组织、生物制品、血液及其制品或者其他可能引起传染病传播的动物和物品的处以警告或者100元以上5 000元以下的罚款。

2. 对未经检疫的入境、出境交通工具，擅自离开检疫地点，逃避查验的；隐瞒疫情或者伪造情节的；未经卫生检疫机关实施卫生处理，擅自排放压舱水，移下垃圾、污物等控制的物品的；未经卫生检疫机关实施卫生处理，擅自移运尸体、骸骨的，处以1 000元以上1万元以下的罚款。

3. 对废旧物品、废旧交通工具，未向卫生检疫机关申报，未经卫生检疫机关实施卫生处理和签发卫生检疫证书而擅自入境、出境或者使用、拆卸的；未经卫生检疫机关检查，从交通工具上移下传染病患者造成传染病传播危险的，处以5 000元以上3万元以下的罚款。

（二）行政处分

出入境检验检疫机关工作人员，对入境、出境的交通工具和人员，不及时进行检疫，违法失职的，给予行政处分。

二、刑事责任

1.《中华人民共和国刑法》规定：违反国境卫生检疫规定，引起检疫传染病传播或者有传播严重危险的，处 3 年以下有期徒刑或者拘役、并处或者单处罚金。

单位犯前款罪的，对单位判处罚金，并对其直接负责的主管人员和其他直接责任人员，依照前款的规定处罚。

2. 国境卫生检疫机关工作人员，应当对出、入境的交通工具和人员，及时进行检疫；违法失职的，给予行政处分，情节严重构成犯罪的，依法追究刑事责任。

附

中华人民共和国国境卫生检疫法

第一章 总 则

第一条 为了防止传染病由国外传入或者由国内传出，实施国境卫生检疫，保护人体健康，制定本法。

第二条 在中华人民共和国国际通航的港口、机场以及陆地边境和国界江河的口岸（以下简称国境口岸），设立国境卫生检疫机关，依照本法规定实施传染病检疫、监测和卫生监督。

国务院卫生行政部门主管全国国境卫生检疫工作。

第三条 本法规定的传染病是指检疫传染病和监测传染病。

检疫传染病，是指鼠疫、霍乱、黄热病以及国务院确定和公布的其他传染病。

监测传染病，由国务院卫生行政部门确定和公布。

第四条 入境、出境的人员、交通工具、运输设备以及可能传播检疫传染病的行李、货物、邮包等物品，都应当接受检疫，经国境卫生检疫机关许可，方准入境或者出境。具体办法由本法实施细则规定。

第五条 国境卫生检疫机关发现检疫传染病或者疑似检疫传染病时，除采取必要措施外，必须立即通知当地卫生行政部门，同时用最快的方法报告国务院卫生行政部门，最迟不得超过二十四小时。邮电部门对疫情报告应当优先传送。

中华人民共和国与外国之间的传染病疫情通报，由国务院卫生行政部门会同有关部门办理。

第六条 在国外或者国内有检疫传染病大流行的时候，国务院可以下令封锁有关的国境或者采取其他紧急措施。

第二章 检 疫

第七条 入境的交通工具和人员，必须在最先到达的国境口岸的指定地点接受检疫。除引航员外，未经国境卫生检疫机关许可，任何人不准上下交通工具，不准装卸行李、货物、邮包等物品。具体办法由本法实施细则规定。

第八条 出境的交通工具和人员，必须在最后离开的国境口岸接受检疫。

第九条 来自国外的船舶、航空器因故停泊、降落在中国境内非口岸地点的时候，船舶、航空器的负责人应当立即向就近的国境卫生检疫机关或者当地卫生行政部门报告。除紧急情况外，未经国境卫生检疫机关或者当地卫生行政部门许可，任何人不准上下船舶、航空器，不准装卸行李、货物、邮包等物品。

第十条　在国境口岸发现检疫传染病、疑似检疫传染病，或者有人非因意外伤害而死亡并死因不明的，国境口岸有关单位和交通工具的负责人，应当立即向国境卫生检疫机关报告，并申请临时检疫。

第十一条　国境卫生检疫机关依据检疫医师提供的检疫结果，对未染有检疫传染病或者已实施卫生处理的交通工具，签发入境检疫证或者出境检疫证。

第十二条　国境卫生检疫机关对检疫传染病染疫人必须立即将其隔离，隔离期限根据医学检查结果确定；对检疫传染病染疫嫌疑人应当将其留验，留验期限根据该传染病的潜伏期确定。

因患检疫传染病而死亡的尸体，必须就近火化。

第十三条　接受入境检疫的交通工具有下列情形之一的，应当实施消毒、除鼠、除虫或者其他卫生处理：

（一）来自检疫传染病疫区的；

（二）被检疫传染病污染的；

（三）发现有与人类健康有关的啮齿动物或者病媒昆虫的。

如果外国交通工具的负责人拒绝接受卫生处理，除有特殊情况外，准许该交通工具在国境卫生检疫机关的监督下，立即离开中华人民共和国国境。

第十四条　国境卫生检疫机关对来自疫区的、被检疫传染病污染的或者可能成为检疫传染病传播媒介的行李、货物、邮包等物品，应当进行卫生检查，实施消毒、除鼠、除虫或者其他卫生处理。

入境、出境的尸体、骸骨的托运人或者其代理人，必须向国境卫生检疫机关申报，经卫生检查合格后发给入境、出境许可证，方准运进或者运出。

第三章　传染病监测

第十五条　国境卫生检疫机关对入境、出境的人员实施传染病监测，并且采取必要的预防、控制措施。

第十六条　国境卫生检疫机关有权要求入境、出境的人员填写健康申明卡，出示某种传染病的预防接种证书、健康证明或者其他有关证件。

第十七条　对患有监测传染病的人、来自国外监测传染病流行区的人或者与监测传染患者密切接触的人，国境卫生检疫机关应当区别情况，发给就诊方便卡，实施留验或者采取其他预防、控制措施，并及时通知当地卫生行政部门。各地医疗单位对持有就诊方便卡的人员，应当优先诊治。

第四章　卫生监督

第十八条　国境卫生检疫机关根据国家规定的卫生标准，对国境口岸的卫生状况和停留在国境口岸的入境、出境的交通工具的卫生状况实施卫生监督：

（一）监督和指导有关人员对啮齿动物、病媒昆虫的根除；

（二）检查和检验食品、饮用水及其储存、供应、运输设施；

（三）监督从事食品、饮用水供应的从业人员的健康状况，检查其健康证明书；

（四）监督和检查垃圾、废物、污水、粪便、压舱水的处理。

第十九条　国境卫生检疫机关设立国境口岸卫生监督员，执行国境卫生检疫机关交给的任务。

国境口岸卫生监督员在执行任务时，有权对国境口岸和入境、出境的交通工具进行卫生监督和技术指导，对卫生状况不良和可能引起传染病传播的因素提出改进意见，协同有关部门采取必要的措施，进行卫生处理。

第五章　法律责任

第二十条　对违反本法规定，有下列行为之一的单位或者个人，国境卫生检疫机关可以根据情节轻重，给予警告或者罚款：

（一）逃避检疫，向国境卫生检疫机关隐瞒真实情况的；

（二）入境的人员未经国境卫生检疫机关许可，擅自上下交通工具，或者装卸行李、货物、邮包等物品，不听劝阻的。

罚款全部上缴国库。

第二十一条　当事人对国境卫生检疫机关给予的罚款决定不服的，可以在接到通知之日起十五日内，向当地人民法院起诉。逾期不起诉又不履行的，国境卫生检疫机关可以申请人民法院强制执行。

第二十二条　违反本法规定，引起检疫传染病传播或者有引起检疫传染病传播严重危险的，依照《中华人民共和国刑法》第一百七十八条的规定追究刑事责任。

第二十三条　国境卫生检疫机关工作人员，应当秉公执法，忠于职守，对入境、出境的交通工具和人员，及时进行检疫；违法失职的，给予行政处分，情节严重构成犯罪的，依法追究刑事责任。

第六章　附　　则

第二十四条　中华人民共和国缔结或者参加的有关卫生检疫的国际条约同本法有不同规定的，适用该国际条约的规定。但是，中华人民共和国声明保留的条款除外。

第二十五条　中华人民共和国边防机关与邻国边防机关之间在边境地区的往来，居住在两国边境接壤地区的居民在边境指定地区的临时往来，双方的交通工具和人员的入境、出境检疫，依照双方协议办理，没有协议的，依照中国政府的有关规定办理。

第二十六条　国境卫生检疫机关实施卫生检疫，按照国家规定收取费用。

第二十七条　国务院卫生行政部门根据本法制定实施细则，报国务院批准后施行。

第二十八条　本法自1987年5月1日起施行。1957年12月23日公布的《中华人民共和国国境卫生检疫条例》同时废止。

第六章　药品管理法律制度

第一节　药品管理法律制度概述

一、药品概念及其特性

（一）药品的概念

药品与其他商品一样，通过交换渠道进入消费领域，因而具有商品的一般属性。但是，由于药品直接关系到人体健康与生命安全，并可影响下一代的生长发育，关系到千家万户的幸福与安宁，所以又是特殊商品，又是有与其他商品不同的特殊性。

按照《中华人民共和国药品管理法》（以下简称《药品管理法》）的规定，所谓“药品”，是指用于预防、治疗、诊断人的疾病，有目的地调节人的生理机能，并规定有适用症或者功能主治、用法、用量的物质，包括中药材、中成药、中药饮片、化学原料药及其制剂、抗生素、生化药品、放射性药品、血清、疫苗、血液制品和诊断药品等。

（二）药品的特性

1. 药品作用的两重性。药品既能防病治病、康复保健，而多数药品同时又有不同程度的毒副作用。所以对于药品，如果用之得当，可以治病救人保护健康；失于管理，用之不当，则可能影响健康，甚至危及生命。

2. 药品质量的重要性。符合质量标准的药品，才能保证疗效，否则可能影响疗效，甚至不仅疾病得不到治愈，还可能产生副作用。因此，进入流通和消费领域的药品，必须保证质量，只允许是合格产品，绝对不允许有不合格产品。

3. 药品鉴定的专业性。对药品质量的优劣、真伪，一般消费者难以从直觉去识别，必需由具备专业知识的技术人员借助科学的检测仪器，依照法定的程序和标准，运用科学的方法，才能作出科学的鉴定和评价。

4. 药品的专用性。大多数药品需要医生通过诊断疾病并在医生的指导下，有针对性地用药，有的甚至还要在医护人员的监督下，才能合理用药，方能达到防病治病和保护健康的目的。如仅凭感觉用药就可能引起中毒产生药源性疾病或其他不利影响。

二、药品管理法的概念

所谓药品管理，指对药品的经济、技术、质量、行政等方面的管理。由于药品是人类防治疾病必不可少的特殊商品，为了保证药品的优质、安全和有效，任何国家对药品都采取了比其他商品更为严格的监督管理措施。

为了进一步地加强药品的监督管理，1984 年 9 月 20 日六届全国人大常委会第七次会议通过了《中华人民共和国药品管理法》，并于次年 7 月 1 日开始实施。这是新中国成立以来我国第一部药品管理法律，它用法典的形式将党和国家有关药品监督管理的方针政策和原则以及基本制度纳入法律的范畴，对公民的用药安全提供了重要的保证，是我国药品法制化的重要标志。为了保证药品管理法的贯彻实施并完善药品管理法律制度，国务院又批准发布了《药品管理法实施办法》和麻醉药品、医疗用毒性药品、精神药品、放射性药品等管理办法。并于 2001 年 2 月 28 日经九届全国人大常委会第 20 次会议通过，对《中华人民共和国药品管理法》进行了修订，于 2001 年 12 月 1 日起施行。

药品管理法是调整药品监督管理，确保药品质量，增进药品疗效，保障用药安全，维持人体健康活动中产生的各种社会关系的法律规范的总和，是国家对药品事业管理的依据和行为准则。

我国药品管理法主要是从药品的研制、生产、流通到使用等各个环节，针对药品质量这个核心作出一系列明确的规定，因此，从一定意义上说，药品管理法也是药品质量监督管理法律规范的总和。

国家对药品的管理主要通过两种方式来实现：一是制定颁发药品标准的统一技术规范；二是建立一套完整有效的药品监督管理制度。

三、药品管理的职责

（一）国务院药品监督管理部门（国家食品药品监督管理局 SFDA）

国务院药品监督管理部门负责全国药品监督管理工作。省及省以下各级药品监督管理部门负责本辖区药品的监管工作。国务院有关部门在各自的职责范围内负责与药品有关的工作。这些部门主要有：

物价主管部门——有关药品价格

卫生行政部门——有关医疗机构执业证书的吊销、医疗机构配制制剂的同意和卫生部与 SFDA 对处方药介绍刊物的共同指定和《药品临床实验质量管理规范》(GCP)的共同制定等

中医药管理部门——有关中药材和中药饮片的科研

工商行政管理部门——药品生产经营企业的工商登记、药品广告处罚和药品回扣处罚等

海关——药品进口口岸的设置

国务院经济综合主管部门（国家发展与改革委员会）——药品行业发展规划和产业政策

国务院科学技术行政部门——《药物非临床研究质量管理规范》(GLP)的共同制定

监察部门——执法监察

（二）药品检验机构

SFDA 设置的药检机构为：中国药品生物制品检定所。各省根据本省实际可以设置药检机构，但要报省一级人民政府批准。必要时可确定符合药品检验条件的机构（如药科大学的相关检验室等）承担药品检验工作。其主要工作范围是在以下两方面。

一是依法实施药品审批所需的检验。主要有：①新药审批过程中的检验；②对仿制已有国家标准药品品种进行审批时的检验；③对进口药品的检验。

二是在药品监督检查过程中的检验职责：①日常监督检查时的抽检（不收费）；②国务院药品监督管理部门规定的生物制品、首次在中国销售的药品及国务院规定的其他药品，在销售前或进口时的强制检验；③对进口药品的检验。

第二节 药品生产与经营企业、医疗机构的制剂管理法律规定

一、药品生产企业管理的法律规定

（一）药品生产企业许可制度

药品的生产过程会对药品质量产生决定性影响，因此，加强对药品生产企业的管理是保证药品质量的中心环节。为此，药品管理法对药品的生产管理作了严格规定。注册成立药品生产企业，须经企业所在地省、自治区、直辖市人民政府药品监督管理部门批准并发给《药品生产许可证》，凭《药品生产许可证》到工商行政管理部门办理登记注册。

《药品生产许可证》应当标明有效期和生产范围；药品生产许可证有效期为5年，到期重新审查发证。

（二）药品生产企业开办条件

开办药品生产企业，必须具备以下条件：

1. 具有依法经过资格认定的药学技术人员、工程技术人员及相应的技术工人。
2. 具有与其药品生产相适应的厂房、设施和卫生环境。
3. 具有能对所生产药品进行质量管理和质量检验的机构、人员以及必要的仪器设备。
4. 具有保证药品质量的规章制度。

（三）药品生产企业质量认证制度

根据《药品管理法》的规定，国家药品监督管理局1998年制定了《药品生产质量管理规范》，该规范是目前我国药品生产和质量管理的基本准则。药品生产企业必须按照国务院药品监督管理部门制定的《药品生产质量管理规范》(GMP)的要求，并经GMP认证，取得认证证书方可进行药品生产或继续生产。GMP是世界制药企业一致公认的药品生产必须遵循的准则，是制药企业进行质量管理的必备制度，它的指导思想是，用全面质量管理来保证药品的安全、有效、稳定、均一和质量优良，确保产品全部符合质量要求。

二、药品经营企业管理的法律规定

（一）药品经营许可证制度

药品经营许可证制度是指国家对药品经营企业的药品经营条件进行审核，确定企业是否具有经营药品的资格。根据《药品管理法》第十四条的规定，开办药品批发企业，须经企业所在地省、自治区、直辖市人民政府药品监督管理部门批准并发给《药品经营许可证》；开办药品零售企业，须经企业所在地县级以上地方药品监督管理部门批准并发给《药品经营许可证》，凭《药品经营许可证》到工商行政管理部门办理登记注册。药品经营许可证有效期为5年，到期重新审查发证。

（二）药品经营企业的开办条件

开办药品经营企业必须具备以下条件。

1. 具有依法经过资格认定的药学技术人员。
2. 具有与所经营药品相适应的营业场所、设备、仓储设施、卫生环境。
3. 具有与所经营药品相适应的质量管理机构或者人员。

4. 具有保证所经营药品质量的规章制度。

（三）药品经营质量管理规范认证制度

药品经营企业必须按照国务院药品监督管理部门制定的《药品经营质量管理规范》（GMP）经营药品。GMP主要包括：

1. 药品经营企业购进药品，必须建立并执行进货检查验收制度，验明药品合格证明和其他标识；不符合规定要求的，不得购进。

2. 药品经营企业购销药品，必须有真实完整的购销记录。

3. 销售药品必须准确无误，并正确说明用法、用量和注意事项；调配处方必须经过核对，对处方所列药品不得擅自更改或者代用。

4. 对有配伍禁忌或者超剂量的处方，应当拒绝调配；必要时，经处方医师更正或者重新签字，方可调配。

5. 销售中药必须标明产地。

6. 药品经营企业必须制定和执行药品保管制度，采取必要的冷藏、防冻、防潮、防虫、防鼠等措施，保证药品质量。药品入库和出库必须执行检查制度。

7. 城乡集市贸易市场不得出售中药材以外的药品，但持有《药品经营许可证》的药品零售企业在规定的范围内可以在城乡集市贸易市场设点出售中药材以外的药品。

三、医疗单位制剂管理的法律规定

制剂许可证制度

医疗机构配制制剂须经所在地省、自治区、直辖市人民政府卫生行政部门审核同意，由省、自治区、直辖市人民政府药品监督管理部门批准，发给《医疗机构制剂许可证》。无《医疗机构制剂许可证》的，不得配制制剂。《医疗机构制剂许可证》制剂许可证有效期为5年，到期重新审查发证。

1. 配制制剂的条件。医疗机构配制制剂，必须具有能够保证制剂质量的设施、管理制度、检验仪器和卫生条件。

2. 配制制剂的管理。医疗机构配制的制剂，应当是本单位临床需要而市场上没有供应的品种，并须经所在地省、自治区、直辖市人民政府药品监督管理部门批准后方可配制。配制的制剂必须按照规定进行质量检验；合格的，凭医师处方在本医疗机构使用。特殊情况下，经国务院或者省、自治区、直辖市人民政府的药品监督管理部门批准，医疗机构配制的制剂可以在指定的医疗机构之间调剂使用。医疗机构配制的制剂，不得在市场销售。

3. 国家药品监督管理局已经制定发布了《医疗机构药剂质量管理规范》（GPP），并逐步推行GPP认证制度。

第三节　药品管理法律制度

一、药品的审批制度

（一）药品标准

药品标准是国家对药品质量规格及检验方法所作的技术规定。内容包括：药品名称、成分或处方组成、规格、含量、适应证、用法、用量、储藏、包装、有效期、注意事项、技术要求和检查、检验方法等。根据国家标准化规定,任何药品均需有产品标准的编号,以明确产品的质量等级标准。

《中国药典》及卫生部颁药品标准属国家级药品标准。药品标准是药品生产、使用、检验、供应和管理部门必须共同遵守的法定依据,是药品管理的一种特殊法律制度。

(二) 一般药品的审批

一般药品是指中国药品标准中所收载的药品。凡经整顿验收并发给《药品生产许可证》的单位,生产已有国家标准的药品的,须经国务院药品监督管理部门批准,并发给药品批准文号。生产没有实施批准文号管理的中药材和中药饮片除外。

药品生产企业在取得药品批准文号后,方可生产该药品。

(三) 新药研制与审批

新药是指我国未生产过的药品。它包括国内外增色未生产过的创制药品;国外已有生产或仅有资料报道的仿制药品;由一般药品配伍的新组方药品;凡增加新的适应证,改变给药途径或改变剂型的亦属新药管理范围。

1999 年,国家药品监督管理局重新审订修改发布了《新药审批办法》,对新药的分类与命名、新药的研制、新药的临床、新药的审批和生产等作了规定,此外,还有一系列与之配套的细则、规定等,组成了我国新药管理法律制度。

新药从研究到生产,大致需经过临床前研究、临床研究和生产上市三个阶段。新药研制必须向国家或省级药品监督管理部门报送研究方法、质量标准、药理及毒理试验报告等有关资料及样品,经批准后,方可进行临床试验或验证。临床研究必须符合国家药品监督管理局制订的《药品临床试验管理规范》(GCP)有关规定。

完成临床验证后,通过新药鉴定,由国家药品监督管理部门批准,发给新药证书和批准文号,方能生产新药。

二、药品评审、不良反应检测和淘汰制度

(一) 药品评审

药品的评审是指通过药品不良反应检测、药物流行病学调查和临床实验等评价方法和手段,对药品在使用过程中的不良反应、疗效、药物相互作用、特殊人群的用药情况及用药风险/效益比等进行检测和评价,并根据再评价结果可以采取责令修改说明书、暂停生产销售和使用、撤消批准证明文件等行政强制性措施。

药品评审包括通过临床用药评定新药,老药的再评价,以及淘汰危害严重、疗效不确定或不合理的组方,这是药品管理的一个重要内容。它有利于保护人们用药安全、有效,提高医疗质量,促进医药企业的发展和新品种开发,提高经济效益。药品管理法规定,省级以上药品监督管理部门可成立药品评审委员会,对新药进行评审,对已经生产的药品进行再评价。经再评价,对疗效不确定。不良反应明确或者其他危害的药品,则予以撤销批号文号,该药品不得再生产和继续销售。

(二) 药品不良反应监测

药品不良反应是指人们为了预防、治疗诊断疾病,或为了调整生理功能,正常使用药

物而发生的一种有害的、非预期的反应。

《药品不良反应检测管理办法》规定：国家对药品不良反应实行逐级、定期报告制度。对上市5年以内的药品列为国家重点检测的药品，报告该药品引起的所有的不良反应；对上市五年以上的药品，主要报告其引起的严重、罕见或新的不良反应。医疗预防保健机构和药品经营企业要随时收集本单位经营、使用药物发生不良反应情况，每季度向省药品不良反应检测专业机构集中报告(河北省的该机构设在河北医科大学第二附属医院)。防疫药品、普查普治用药品、预防用生物制品出现的不良反应群体或个体病例，须随时向所在地卫生厅、FDA和药品不良反应检测专业机构报告，并于10个工作日内报卫生部、SFDA和国家药品不良反应检测专业机构。《药品管理法》规定，药品生产企业、药品经营企业、和医疗单位，必须经常考察本单位所生产、经营、使用的药品质量、疗效和反应。发现可能与用药有关的严重不良反应必须及时向当地省级人民政府药品监督管理部门和卫生行政部门报告。卫生部及省属医疗单位、医学院校附属医院和其他指定医院为重点监测单位。

对已确认发生严重不良反应的药品SFDA或省级FDA可采取停止生产、销售、使用的紧急控制措施。

(三) 药品淘汰

药品淘汰包括自然淘汰和法定淘汰两种方式。①自然淘汰。即药品自动被淘汰的方式，其原因是出现了质量更好的或更经济的替代药品。被自然淘汰的药品不受法律的控制，药品生产企业只需重新申报生产，该药品即可重新生产、销售和使用。②法定淘汰。是指国家药品监督管理局撤销批准文号的淘汰方式。这种淘汰方式是建立在药品审评委员会再评价的意见基础上的。被法定淘汰的药品受到法律的控制，不得继续生产、销售和使用，违反者按生产、销售、使用假药处理。

三、进出口药品管理法律规定

(一) 进口药品管理

进口药品是指由国外进口的原料药、制剂、制剂半成品和药用辅料等。国家药品监督管理部门发布的《进口药品管理办法》规定，SFDA和国家海关总署于2003年8月18日联合下发了《进口药品管理办法》(局长令第4号)，2004年1月1日起实施。

1. 进口药品范围　首先是在药品生产的国家或地区已获得上市许可的药品；其次，即使未在生产国家或地区获得上市许可的，经SFDA确认该药品安全、有效且临床需要的照样可以依法批准进口。进口口岸由SFDA和海关总署共同提出，报国务院批准。

2. 进口流程　国家对进口药品实行注册审批制度。进口药品必须经过申请注册审批程序，取得国家药品监督管理局核发的《进口药品注册证》，并经国家药品监督管理局授权的口岸药品检验所检验合格，方可进口。申请注册的进口药品必须获得生产国药品主管部门注册批准和上市许可，并按照法定程序和要求在中国进行临床试验。

3. 其他要求　①禁止进口疗效不确、不良反应大或其他原因危害人体健康的药品。②国务院对国内供应不足的药品有权限制或禁止进口。

(二) 出口药品管理

出口药品必须保证质量,不合格的药品不准出口。凡是我国制造销售的药品,在保证质量的前提下,经省级药品监督管理部门审核批准,方可根据国外药商需要出具出口证明。对国内供应不足的中药材、中成药按国家药品监督管理部门批准的品种出口。限制或禁止的品种不得办理出口业务。出口麻醉药品、精神药品等必须持有国家药品监督管理部门发给的《出口许可证》。

四、处方药与非处方药管理的法律规定

处方药指必须凭执业医师或执业助理医师处方才能调配购买和使用的药品。

非处方药是相对于处方药而言,即不通过医生诊断和开具处方,消费者根据自己所掌握的医药常识,借助阅读药品标识,从而针对小病小伤选择应用的药品,其特点是安全、有效、稳定、方便。

长期以来,我国的药品市场一直处于自由买卖状态,除特殊药品外,其他药品几乎均可在药店里买到,这对人们的健康埋下了极大隐患。为加强管理,国家药品监督管理局于1999年公布了《处方药与非处方药分类管理办法》,次年又公布了《第一批国家非处方药目录》,对处方药及非处方药各自的生产、包装、经营、使用以及宣传广告等方面作出了规定。按照规定,处方药只准在专业性医药报刊进行广告宣传。经营处方药、非处方药的企业必须具有《药品经营企业许可证》,其他商业企业,经省级药品监督管理部门或其授权部门批准,可以零售乙类非处方药。

对处方药和非处方药进行分类管理,是我国药品监督管理的一项重大改革,它有助于保护药品消费者的合法权益,有利于我国药品管理模式与国际接轨。

五、禁止生产和销售假药、劣药

国家禁止生产和销售假药和劣药。

(一) 关于假药的规定

所谓假药是指药品所含成分与国家药品标准规定的成分不符者,或者以非药品冒充药品,以他种药品冒充此种药品者。

根据《药品管理法》第四十八条的规定,有下列情形之一的,按假药论处:国务院药品监督管理部门规定禁止使用的;依照本法必须批准而未经批准生产、进口,或者依照本法必须检验而未经检验即销售的;变质的;被污染的;使用依照本法必须取得批准文号而未取得批准文号的原料药生产的;所标明的适应证或者功能主治超过规定范围的。

(二) 关于劣药的规定

所谓劣药是指药品成分的含量不符合国家药品标准者。

根据《药品管理法》第四十九条的规定,有下列情形之一的药品,按劣药论处:未标明有效期或者更改有效期的;未标明或者更改生产批号的;超过有效期的;直接接触药品的包装材料和容器未经批准的;擅自添加着色剂、防腐剂、香料、矫味剂及辅料的;其他不符合药品标准规定的。

第四节　麻醉药品和精神药品管理法律制度

一、概述

麻醉药品和精神药品，是指列入麻醉药品目录、精神药品目录(以下称目录)的药品和其他物质。精神药品分为第一类精神药品和第二类精神药品。

国家对麻醉药品药用原植物以及麻醉药品和精神药品实行管制。除法律另有规定的外，任何单位、个人不得进行麻醉药品药用原植物的种植以及麻醉药品和精神药品的实验研究、生产、经营、使用、储存、运输等活动。

国务院药品监督管理部门负责全国麻醉药品和精神药品的监督管理工作，并会同国务院农业主管部门对麻醉药品药用原植物实施监督管理。省、自治区、直辖市人民政府药品监督管理部门负责本行政区域内麻醉药品和精神药品的监督管理工作。县级以上地方公安机关负责对本行政区域内造成麻醉药品和精神药品流入非法渠道的行为进行查处。县级以上地方人民政府其他有关主管部门在各自的职责范围内负责与麻醉药品和精神药品有关的管理工作。

二、种植、实验研究和生产

(一) 种植

国家根据麻醉药品和精神药品的医疗、国家储备和企业生产所需原料的需要确定需求总量，对麻醉药品药用原植物的种植、麻醉药品和精神药品的生产实行总量控制。

国务院药品监督管理部门根据麻醉药品和精神药品的需求总量制定年度生产计划。并和国务院农业主管部门一起根据麻醉药品年度生产计划，制定麻醉药品药用原植物年度种植计划。

原植物种植企业由国务院药品监督管理部门和国务院农业主管部门共同确定。企业应当根据年度种植计划，种植麻醉药品药用原植物。并向国务院药品监督管理部门和国务院农业主管部门定期报告种植情况。其他单位和个人不得种植麻醉药品药用原植物。

(二) 实验研究

开展麻醉药品和精神药品实验研究活动应当具备下列条件，并经国务院药品监督管理部门批准。

1. 以医疗、科学研究或者教学为目的；
2. 有保证实验所需麻醉药品和精神药品安全的措施和管理制度；
3. 单位及其工作人员 2 年内没有违反有关禁毒的法律、行政法规规定的行为。

药品研究单位在普通药品的实验研究过程中，产生法律管制品种的，应当立即停止实验研究活动，并向国务院药品监督管理部门报告。国务院药品监督管理部门应当根据情况，及时作出是否同意其继续实验研究的决定。

麻醉药品和第一类精神药品的临床试验，不得以健康人为受试对象。

(三) 生产

国务院药品监督管理部门应当根据麻醉药品和精神药品的需求总量，确定麻醉药品和精神药品定点生产企业的数量和布局，并根据年度需求总量对数量和布局进行调整、公布。

麻醉药品和精神药品的定点生产企业应当具备下列条件。

1. 有药品生产许可证。

2. 有麻醉药品和精神药品实验研究批准文件。

3. 有符合规定的麻醉药品和精神药品生产设施、储存条件和相应的安全管理设施。

4. 有通过网络实施企业安全生产管理和向药品监督管理部门报告生产信息的能力。

5. 有保证麻醉药品和精神药品安全生产的管理制度。

6. 有与麻醉药品和精神药品安全生产要求相适应的管理水平和经营规模。

7. 麻醉药品和精神药品生产管理、质量管理部门的人员应当熟悉麻醉药品和精神药品管理以及有关禁毒的法律、行政法规。

8. 没有生产、销售假药、劣药或者违反有关禁毒的法律、行政法规规定的行为。

9. 符合国务院药品监督管理部门公布的麻醉药品和精神药品定点生产企业数量和布局的要求。

从事麻醉药品、第一类精神药品生产以及第二类精神药品原料药生产的企业，应当经所在地省、自治区、直辖市人民政府药品监督管理部门初步审查，由国务院药品监督管理部门批准；从事第二类精神药品制剂生产的企业，应当经所在地省、自治区、直辖市人民政府药品监督管理部门批准。

定点生产企业生产麻醉药品和精神药品，应当依照药品管理法的规定取得药品批准文号。国务院药品监督管理部门应当组织医学、药学、社会学、伦理学和禁毒等方面的专家成立专家组，由专家组对申请首次上市的麻醉药品和精神药品的社会危害性和被滥用的可能性进行评价，并提出是否批准的建议。

未取得药品批准文号的，不得生产麻醉药品和精神药品。

麻醉药品和精神药品的标签应当印有国务院药品监督管理部门规定的标志。

三、经营

国务院药品监督管理部门根据麻醉药品和第一类精神药品的需求总量，确定麻醉药品和第一类精神药品的定点批发企业布局，并应当根据年度需求总量对布局进行调整、公布。

麻醉药品和精神药品定点批发企业除应当具备药品管理法第十五条规定的药品经营企业的开办条件外，还应当具备下列条件。

1. 有符合本条例规定的麻醉药品和精神药品储存条件。

2. 有通过网络实施企业安全管理和向药品监督管理部门报告经营信息的能力。

3. 单位及其工作人员 2 年内没有违反有关禁毒的法律、行政法规规定的行为。

4. 符合国务院药品监督管理部门公布的定点批发企业布局。

跨省、自治区、直辖市从事麻醉药品和第一类精神药品批发业务的企业（以下称全国性批发企业），应当经国务院药品监督管理部门批准；在本省、自治区、直辖市行政区域内从事麻醉药品和第一类精神药品批发业务的企业（以下称区域性批发企业），应当经所在地省、自治区、直辖市人民政府药品监督管理部门批准。

专门从事第二类精神药品批发业务的企业，应当经所在地省、自治区、直辖市人民政府药品监督管理部门批准。

经医疗机构所在地省、自治区、直辖市人民政府药品监督管理部门批，全国性批发企业向取得麻醉药品和第一类精神药品使用资格的医疗机构销售麻醉药品和第一类精神药品，明确其所承担供药责任的区域。

区域性批发企业可以向本省、自治区、直辖市行政区域内取得麻醉药品和第一类精神药品使用资格的医疗机构销售麻醉药品和第一类精神药品；由于特殊地理位置的原因，需要就近向其他省、自治区、直辖市行政区域内取得麻醉药品和第一类精神药品使用资格的医疗机构销售的，应当经国务院药品监督管理部门批准，并明确其所承担供药责任的区域。

全国性批发企业应当从定点生产企业购进麻醉药品和第一类精神药品；区域性批发企业可以从全国性批发企业购进麻醉药品和第一类精神药品。

全国性批发企业和区域性批发企业向医疗机构销售麻醉药品和第一类精神药品，应当将药品送至医疗机构。医疗机构不得自行提货。

麻醉药品和第一类精神药品不得零售。禁止使用现金进行麻醉药品和精神药品交易，但是个人合法购买麻醉药品和精神药品的除外。

经所在地设区的市级药品监督管理部门批准，实行统一进货、统一配送、统一管理的药品零售连锁企业可以从事第二类精神药品零售业务。第二类精神药品零售企业应当凭执业医师出具的处方，按规定剂量销售第二类精神药品，并将处方保存 2 年备查；禁止超剂量或者无处方销售第二类精神药品；不得向未成年人销售第二类精神药品。

麻醉药品和精神药品实行政府定价，在制定出厂和批发价格的基础上，逐步实行全国统一零售价格。

四、使用

医疗机构需要使用麻醉药品和第一类精神药品的，应当经所在地设区的市级人民政府卫生主管部门批准，取得麻醉药品、第一类精神药品购用印鉴卡(以下称印鉴卡)。医疗机构应当凭印鉴卡向本省、自治区、直辖市行政区域内的定点批发企业购买麻醉药品和第一类精神药品。

设区的市级人民政府卫生主管部门发给医疗机构印鉴卡时，应当将取得印鉴卡的医疗机构情况抄送所在地设区的市级药品监督管理部门，并报省、自治区、直辖市人民政府卫生主管部门备案。省、自治区、直辖市人民政府卫生主管部门应当将取得印鉴卡的医疗机构名单向本行政区域内的定点批发企业通报。

医疗机构取得印鉴卡应当具备下列条件。

1. 有专职的麻醉药品和第一类精神药品管理人员。
2. 有获得麻醉药品和第一类精神药品处方资格的执业医师。
3. 有保证麻醉药品和第一类精神药品安全储存的设施和管理制度。

医疗机构应当按照国务院卫生主管部门的规定，对本单位执业医师进行有关麻醉药品和精神药品使用知识的培训、考核,经考核合格的,授予麻醉药品和第一类精神药品处方资格。执业医师取得麻醉药品和第一类精神药品的处方资格后,方可在本医疗机构开具麻醉药品和第一类精神药品处方,但不得为自己开具该种处方。

具有麻醉药品和第一类精神药品处方资格的执业医师,根据临床应用指导原则,对确需使用麻醉药品或者第一类精神药品的患者,应当满足其合理用药需求。在医疗机构就诊的癌症疼痛患者和其他危重患者得不到麻醉药品或者第一类精神药品时,患者或者其亲属可以向执业医师提出申请。具有麻醉药品和第一类精神药品处方资格的执业医师认为要求合理的,应当及时为患者提供所需麻醉药品或者第一类精神药品。执业医师应当使用专用处方开具麻醉药品和精神药品,单张处方的最大用量应当符合国务院卫生主管部门的规定。

对麻醉药品和第一类精神药品处方,处方的调配人、核对人应当仔细核对,签署姓名,并予以登记;对不符合本条例规定的,处方的调配人、核对人应当拒绝发药。医疗机构应当对麻醉药品和精神药品处方进行专册登记,加强管理。麻醉药品处方至少保存 3 年,精神药品处方至少保存 2 年。

医疗机构抢救患者急需麻醉药品和第一类精神药品而本医疗机构无法提供时,可以从其他医疗机构或者定点批发企业紧急借用;抢救工作结束后,应当及时将借用情况报所在地设区的市级药品监督管理部门和卫生主管部门备案。

五、储存

麻醉药品药用原植物种植企业、定点生产企业、全国性批发企业和区域性批发企业以及国家设立的麻醉药品储存单位,应当配备专人负责管理工作,并建立储存麻醉药品和第一类精神药品的专用账册。药品入库双人验收,出库双人复核,做到账物相符。专用账册的保存期限应当自药品有效期期满之日起不少于 5 年。应当设置储存麻醉药品和第一类精神药品的专库。该专库应当符合下列要求。

1. 安装专用防盗门,实行双人双锁管理;
2. 具有相应的防火设施;
3. 具有监控设施和报警装置,报警装置应当与公安机关报警系统联网。

麻醉药品定点生产企业应当将麻醉药品原料药和制剂分别存放。

麻醉药品和第一类精神药品的使用单位应当设立专库或者专柜储存麻醉药品和第一类精神药品。专库应当设有防盗设施并安装报警装置;专柜应当使用保险柜。专库和专柜应当实行双人双锁管理。

第二类精神药品经营企业应当在药品库房中设立独立的专库或者专柜储存第二类精神药品,并建立专用账册,实行专人管理。专用账册的保存期限应当自药品有效期期满之日起不少于 5 年。

六、运输

托运、承运和自行运输麻醉药品和精神药品的,应当采取安全保障措施,防止麻醉药品和精神药品在运输过程中被盗、被抢、丢失。

通过铁路运输麻醉药品和第一类精神药品的，应当使用集装箱或者铁路行李车运输，具体办法由国务院药品监督管理部门会同国务院铁路主管部门制定。没有铁路需要通过公路或者水路运输麻醉药品和第一类精神药品的，应当由专人负责押运。

托运或者自行运输麻醉药品和第一类精神药品的单位，应当向所在地省、自治区、直辖市人民政府药品监督管理部门申请领取运输证明。运输证明有效期为1年。运输证明应当由专人保管，不得涂改、转让、转借。没有运输证明或者货物包装不符合规定的，承运人不得承运。

邮寄麻醉药品和精神药品，寄件人应当提交所在地省、自治区、直辖市人民政府药品监督管理部门出具的准予邮寄证明。邮政营业机构应当查验、收存准予邮寄证明；没有准予邮寄证明的，邮政营业机构不得收寄。邮政营业机构收寄麻醉药品和精神药品，应当依法对收寄的麻醉药品和精神药品予以查验。

第五节　药品包装、商标、广告、价格管理的法律规定

一、药品的包装

（一）药品的包装一般规定

药品包装分为外包装和内包装，其中外包装又分为中包装和大包装。药品包装标签说明书必须按照SFDA的规定的要求印制，其文字及图案不得加入任何未经审批同意的内容。包装内不得夹带任何未经批准的介绍或宣传产品、企业的文字、音像及其他资料；提供药品信息的标志及文字说明，字迹清晰易辨，用字规范，标示清楚醒目，不得有印字脱落或粘贴不牢等现象，不得用粘贴、剪贴等方式进行修改或补充。药品的每个最小销售单元必须按照规定印有或贴有标签并附有说明书。

（二）关于内包装的规定

直接接触药品包装材料和容器，即平常我们所说的“小包装”或“内包装”。其要符合药用要求和保障人体健康、安全的标准，能保证药品在生产、运储藏和使用过程中的质量，并便于医疗使用。并经SFDA在审批药品时一并审批。（其中，医疗机构配制制剂所使用的内包装、制剂的标签、说明书由省级FDA批准）。其标签的文字表达应与SFDA批准的药品说明书相一致。内包装因为尺寸的原因而无法写下所有内容但必须有“药品名称、规格和批号”这三项。中药饮片必须有包装，必须印有或贴有标签（没有要求附有说明书）。其标签必须注明“品名、规格、产地、生产企业、产品批号、生产日期，批准文号”；有效期的表述形式为“有效期至×年×月”。

（三）中包装

中包装上因为尺寸的原因无法全部注明有关规定事项的，只有“不良反应、禁忌证和注意事项”的可“详见说明书”。

（四）其他

对精神药品、麻醉药品、医疗用毒性药品、放射性药品、非处方药（OTC）、外用药必须印有规定的标志。

二、药品商标的规定

除中药材、中药饮片外，药品必须使用注册商标，并在药品包装和标签上注明注册商标，否则不得出售。企业新增加药品品种，如超出原核定使用范围，必须重新申请注册商标。

三、药品广告的规定

（一）药品广告批准文号管理制度

发布药品广告必须取得广告批准文号。药品广告须经企业所在地省、自治区、直辖市人民政府药品监督管理部门批准，并发给药品广告批准文号；未取得药品广告批准文号的，不得发布。省、自治区、直辖市人民政府药品监督管理部门应当对其批准的药品广告进行检查，对于违反本法和《中华人民共和国广告法》的广告，应当向广告监督管理机关通报并提出处理建议，广告监督管理机关应当依法作出处理。

处方药可以在国务院卫生行政部门和国务院药品监督管理部门共同指定的医学、药学专业刊物上介绍，但不得在大众传播媒介发布广告或者以其他方式进行以公众为对象的广告宣传。

（二）药品广告的限制

1. 广告内容的限制　根据《中华人民共和国广告法》和《药品管理法》的规定。药品广告必须真实、合法，以 SFDA 批准的药品说明书为准，不得出现以下内容：①中华人民共和国国旗、国徽和国歌；②使用国家机关和国家机关工作人员的名义；③使用国家级、最高级、最佳等用语；④含有淫秽、迷信、恐怖、暴力、丑恶内容；⑤含有民族、种族、宗教、性别歧视的内容；⑥妨碍社会安定和危害人身、财产安全，损害社会公共利益；⑦妨碍社会公共秩序和违背社会良好风尚；⑧妨碍环境和自然资源保护；⑨药品含有不科学的表示功效的断言或者保证的；⑩药品说明治愈率或有效率的；▮与其他药品的功效和安全性比较的；▮利用医药科研单位、学术机构、医疗机构或者专家、医生、患者的名义和形象作证明的；▮法律行政法规规定的其他禁止内容。

2. 药品广告品种的限制　大众传播媒介不得以新闻报道形式发布药品广告。

下列药品不允许做广告：①精神药品、麻醉药品、医疗用毒性药品、放射性药品等特殊药品；②戒毒药品；③试生产的药品；④医疗机构配制的制剂；⑤SFDA 和省级 FDA 责令暂停生产、销售、使用的药品的暂停期间；⑥处方药不允许在大众媒介上做广告，只能在卫生部和 SFDA 共同指定的专业刊物上做介绍。

3. 建立违法药品广告公告制度，每月定期发布公告，对以下违法行为应立即停止，加大监管力度：①未经审批的；②伪造药品广告批准文号的；③冒用药品广告批准文号的；④使用过期失效的药品广告批准文号的；⑤禁止发布广告的药品发布广告的。

四、药品价格管理的法律规定

药品价格管理的法律依据是《药品管理法》和《价格法》。

（一）药品价格体系

我国药品价格体系为政府定价（不能浮动）和政府指导价（政府价格部门制定最高零

售价，药品零售单位和医疗机构在不突破这一价格的前提下，制定药品的实际价格）、市场调节价。逐步实施药品价格公示制度和在药品外包装上印制零售价格的制度。

1. 实行政府定价和政府指导价的药品仅限于列入国家基本医疗保险目录的药品及其以外的具有垄断性生产经营的药品（包括国家计划生产供应的精神、麻醉、预防免疫和计划生育药品等）。实行的是两级价格制定制度。国家基本医疗保险目录中的甲类目录和具有垄断性生产经营的药品由国家定价。国家基本医疗保险目录中的乙类目录和民族药由省级物价局制定。中药饮片和医院制剂的价格管理形式由省级物价局决定。其定价依据是：社会平均成本、市场供求状况和社会承受能力三个方面。价格制定后还须在制定的刊物上公布并明确其实施的日期。

药品的生产企业、经营企业和医疗机构必须执行政府定价、政府指导价，不得以任何形式擅自提高价格。

2. 市场调节价，以上药品以外的其他药品实行市场调节价，由企业自主定价。定价原则是：公平合理、诚实信用和质价相符。

（二）实行价格检测报告制度

价格主管部门可指定部分药品生产经营企业和医疗机构作为价格定点检测单位。各定点单位要按期向价格主管部门如实提供生产、经营成本，购销价格和购销数量等资料，不得拒报、虚报和瞒报。医疗机构应当明示其医疗价格和药品价格，并向患者提供所用药品的价格清单。

（三）药品购销禁止性规定

禁止药品的生产企业、经营企业和医疗机构在药品购销中给予、收受回扣或者其他利益。

禁止药品的生产企业、经营企业或者其代理人以任何名义给予使用其药品的医疗机构的负责人、药品采购人员、医师等有关人员以财物或者其他利益。禁止医疗机构的负责人、药品采购人员、医师等有关人员以任何名义收受药品的生产企业、经营企业或者其代理人给予的财物或者其他利益。

第六节　药品监督管理法律制度

一、药品监督管理制度的含义

药品监督管理制度是指国家通过立法授权政府药品监督管理部门，依法对药品的研究、生产、流通和使用活动强制实行质量监督的管理的法律制度。我国对药品实行严格的监督管理制度。只有依法对药品质量进行强制性监督管理，才能从根本上保证人民群众用药的安全、有效，维护人民健康和社会稳定。

二、药品监督管理部门及其职责

《药品管理法》第五条规定：“国务院药品监督管理部门主管全国药品监督管理工作。省、自治区、直辖市人民政府药品监督管理部门负责本行政区域内的药品监督管理工作”。药品监督管理部门作为药品监督管理主体，依法具有药品审批权、药品监督检查权和行政处罚权。它通过运用法律手段，宣传教育方法等，对药品的研制、生产、流通、使用等全过程进行统一的集中的监督管理。概括起来，国家药品监督管理局的主要职责是：

1. 拟定、修订药品管理法律、法规，并监督实施。

2. 拟定、修订和颁布药品法定标准，制定国家基本药物目录。

3. 注册新药、仿制药品、进口药品、中药保护品种；组织制定非处方药制度，审定并公布非处方药目录；负责药品的再评价、不良反应检测、临床试验、临床药理基地、淘汰药品的审核工作。

4. 医疗器械的监督管理（包括拟定、修订和经授权颁布医疗器械产品法定标准，制定产品分类管理目录；注册进口医疗器械、临床试验基地；核发医疗器械产品注册证和生产许可证；负责医疗器械质量体系认证和产品安全认证工作）。

5. 拟定、修订药品生产质量、经营质量、医疗单位制剂规范并监督实施；依法核发药品生产企业、经营企业、医疗单位制剂许可证。

6. 拟定、修订药物非临床研究质量、临床试验质量管理规范并监督实施。

7. 监督、检定、抽验药品的生产、经营和医疗单位的药品质量，发布国家药品质量公报、依法查处制、售假劣药品的行为和责任人，监督中药材集市贸易市场。

8. 审核药品广告、负责药品的行政保护、指导全国药品检验机构的业务工作。

9. 依法监督麻醉药品、精神药品、毒性药品、放射性药品及特种药械。

10. 研究药品流通的法律、法规，实行药品批发、零售企业资格认证制度，制定非处方药、中药材、中药饮片的购销规划。

11. 制订执业药师（含执业中药师）资格认定制度，指导执业药师（含执业中药师）资格考试和注册工作。

12. 利用监督管理手段，配合宏观调控部门贯彻实施国家医药产业政策。

13. 组织、指导与政府、国际组织间药品监督管理方面的合作系统。

14. 承办国务院交办的其他事项。

三、药检机构及其职责

药检机构是由政府药品监督管理部门依法设立的执行国家对药品质量实施监督检验的法定专业机构。按《药品管理法》及其实施办法和《药品检验所工作管理办法》的规定，全国各级药品检验所，按行政区划设置，以地域管辖为主，分为：中国药品生物制品检定所，省、自治区、直辖市药品检验所，地（市、州、盟）药品检验所，县（市、旗）药品检验所。

国务院和省、自治区、直辖市人民政府的药品监督管理部门应当定期公告药品质量抽查检验的结果。当事人对药品检验机构的检验结果有异议的，可以自收到药品检验结果之日起7日内向原药品检验机构或者上一级药品监督管理部门设置或者确定的药品检验机构申请复验，也可以直接向国务院药品监督管理部门设置或者确定的药品检验机构申请复验。受理复验的药品检验机构必须在国务院药品监督管理部门规定的时间内作出复验结论。

四、药品监督员及其职责

药品管理法规定，县级以上药品监督管理部门设药品监督员。是国家对药品质量行使监督检查的专业技术人员，应由药学技术人员担任。国家药品监督员由国务院药品监督管理部门审核发给证书。省（自治区、直辖市）、市（州）、县的药品监督员由药品监督管理部门提名，同级人民政府审核发给证书。各级药品监督员在辖区内履行职责。

第七节　违反药品管理法的法律责任

《药品管理法》及其《实施办法》规定了违反《药品管理法》应承担的法律责任，按违法行为的性质及轻重程度，分为行政责任、民事责任、刑事责任，并相应地规定了行政处分、行政处罚、民事损害赔偿和刑事制裁。

一、行政责任

（一）行政处分

指在药品管理中国家药品监督管理部门及各药品生产、经营企事业组织对所属工作人员或职工因违反药品管理法所进行的处分。

（二）行政处罚

1. 生产、销售、使用假药、劣药的行政处罚

(1) 属下列情形的生产、销售、使用的假药、劣药是以婴儿为主要对象的；生产、销售、使用的假药、劣药已造成人身伤害后果的；生产、销售、使用假药、劣药经处理后又重犯的；以麻醉药品、精神药品、毒性药品、放射性药品冒充其他药品，或以其他药品冒充上述药品的情节严重应从重给予行政处罚。

(2) 知道或应当知道属于假药劣药而为其提供运输、保管、存储便利条件的，没收全部非法收入，并可处违法收入倍数不等的罚款。

(3) 未取得“三证”擅自生产、经营药品和配制制剂的，除依法予以取缔外，没收全部药品和违法所得，并处以违法生产、销售药品（已出售和未出售）的不同货值金额倍数不等的罚款。对直接负责的主管人员和直接责任人员也分别处以罚款。

(4) 药品生产企业、经营企业和药品评价研究机构、临床检验机构未按规定，实施相关“质量管理规范”（指药品生产质量管理规范、药品经营质量管理规范、药品非临床规范质量管理规范、药品临床试验质量管理规范，下同），给予警告、限期改正、逾期不改正的，责令停产、停业整顿，并可处以罚款；情节严重的，直至吊销许可证和资格。

(5) 药品生产、经营企业和医疗机构，违反《药品管理法》第三十四条的规定，从无生产、经营许可证的企业购进药品的，责令改正、没收违法购进的药品，并处罚款；有违法所得的，没收违法所得，直至吊销“三证”。

(6) 医疗机构将其配制制剂在市场销售的，责令改正、没收违法销售的制剂及违法所得，并处罚款。

(7) 药品标识不符合药品管理法规定的，除按假药、劣药论处外，责令改正、给予警告；直至撤消药品批准证明文件。

2. 违反药品证照有关规定的处罚

(1) 伪造、变造、买卖、出租、出借许可证或者药品批准证明文件的，没收违法所得，并

处违法所得数倍不等的罚款；没有违法所得的，处2万元以上10万元以下罚款；直至吊销卖方、出租、出借方的许可证或药品批准证明文件。

(2) 提供虚假证明、文件资料、样品或以其他骗取手段取得"三证"或药品批准证明文件的，吊销"三证"或证明文件。五年内不受理其申请，并处罚款。

(3) 药品检验机构出具虚假报告，尚不构成犯罪的，责令改正，给予警告，对单位处以罚款；对直接负责的主管人员和直接责任人员给予适宜的行政处分；没收违法所得，直至撤销检验资格，其出具的虚假不实报告，造成损失的，承担赔偿责任。

3. 对违法进口药品的处罚　进口已获得药品进口证书的药品未按规定登记备案的，对首次进口的药品未经药品检验所检验的，给予警告、限期改正，处以罚款；逾期不改的，撤销进口药品注册证书。

4. 对药品广告违法的处罚　违反药品广告管理规定，依《广告法》规定处罚，并由发给广告批准文号的药品监督管理部门撤销广告批准文号，1年内不受理该品种广告申请。

5. 对违法收受回扣或其他利益的处罚

(1) 药品生产、经营企业、医疗机构在药品购销中，暗中给予、收受回扣或者其他利益的，药品生产企业、经营企业、采购人员、医师等有关人员的财物或其他利益的，由工商行政管理部门处以罚款，没收违法所得，直至吊销营业执照，并通知药品监督管理部吊销"三证"。

(2) 药品生产、经营企业负责人、采购人员等有关人员在药品购销中，收受其他企业或其代理人的财物或其他利益的，依法给予处分，没收违法所得。

医疗机构负责人、药品采购人员、医师等有关人员收受药品生产、经营企业或其他利益的，由卫生行政部门或本单位给以处分，没收违法所得，情节严重的执业医师，吊销其执业证书。

6. 对药品监督管理部门、药品检验机构违法的处罚

(1) 药品监督管理部门违反药品管理规定，对不符合药品生产、经营、制剂质量管理规范的企业发给认证证书的，或对取得认证证书企业未履行跟踪检查职责，对不符合认证条件的企业未依法责令其改正的，或撤销证书的；对不符合法定条件的单位发给"三证"的；对不符合进口条件的药品发给进口注册证书的；对不具有临床试验条件或生产条件而批准进行临床试验，发给新药证书或药品批准文号的，由上级主管机关或监察机关责令收回发给的证书，撤销药品批准证明文件，对直接负责的主管人员和其他直接责任人员和其他直接责任人员依法给予行政处分。

(2) 药品监督管理部门或其设置的药品检验机构，或其确认的专业药品检验机构，参与药品生产经营活动的，由其上级机关或监察机关责令改正，没收违法所得；情节严重的，对直接负责的主管人员和其他直接责任人员依法给予行政处分。

(3) 药品监督管理部门或其设置、确定的药品检验机构，在药品监督检验中，违法收取费用的，由政府有关部门责令退出，对直接负责的主管人员和其他直接责任人员，给予行政处分，没收违法收取的费用，情节严重的，撤销检验资格。

(4) 已取得药品"三证"的药品生产、经营企业生产、销售假、劣药品的，除依法追究该企业的法律责任外，对有失职、渎职行为的药品监督管理部门的直接负责人员和其他直接

责任人员，给予行政处分。

（5）药品监督管理人员滥用职权、徇私舞弊、玩忽职守，尚不构成犯罪的，给予行政处分。

二、民事责任

《药品管理法》第九十三条规定：“药品的生产企业、经营企业、医疗机构违反本法规定，给药品使用者造成损害的，依法承担赔偿责任。”

第八十七条规定，药品检验机构出具的检验结果不实，造成损失的，应当承担相应的赔偿责任。

三、刑事责任

《刑法》第一百四十一条规定，生产、销售假药，足以严重危害人体健康的，处三年以下有期徒刑或者拘役，并处或者单处销售金额百分之五十以上二倍以下罚金；对人体健康造成严重危害的，处三年以上十年以下有期徒刑，并处销售金额百分之五十以上二倍以下罚金；致人死亡或者对人体健康造成特别严重危害的，处十年以上有期徒刑、无期徒刑或者死刑，并处销售金额百分之五十以上二倍以下罚金或者没收财产。

《刑法》第一百四十二条规定，生产、销售劣药，对人体健康造成严重危害的，处三年以上十年以下有期徒刑，并处销售金额百分之五十以上二倍以下罚金；后果特别严重的，处十年以上有期徒刑或者无期徒刑，并处销售金额百分之五十以上二倍以下罚金或者没收财产。

《刑法》第三百五十五条规定，依法从事生产、运输、管理、使用国家管制的麻醉药品、精神药品的人员，违反国家规定，向吸食、注射毒品的人提供国家规定管制的能够使人形成瘾癖的麻醉药品、精神药品的，处三年以下有期徒刑或者拘役，并处罚金；情节严重的处三年以上七年以下有期徒刑，并处罚金。向走私、贩卖毒品的犯罪分子或者以牟利为目的，向吸食、注射毒品的人提供国家规定管制的能够使人形成瘾癖的麻醉药品、精神药品的，依照《刑法》第三百四十七条关于走私、贩卖、运输、制造毒品的规定予以刑事处罚。单位犯前款罪的，对单位判处罚金，并对其直接负责的主管人员和其他直接责任人员，依照前款的规定处罚。

附

中华人民共和国药品管理法

第一章　总　　则

第一条　为加强药品监督管理，保证药品质量，保障人体用药安全，维护人民身体健康和用药的合法权益，特制定本法。

第二条　在中华人民共和国境内从事药品的研制、生产、经营、使用和监督管理的单位或者个人，必须遵守本法。

第三条　国家发展现代药和传统药，充分发挥其在预防、医疗和保健中的作用。

国家保护野生药材资源，鼓励培育中药材。

第四条　国家鼓励研究和创制新药，保护公民、法人和其他组织研究、开发新药的合法权益。

第五条　国务院药品监督管理部门主管全国药品监督管理工作。国务院有关部门在各自的职责范围内负责与药品有关的监督管理工作。

省、自治区、直辖市人民政府药品监督管理部门负责本行政区域内的药品监督管理工作。省、自治区、直辖市人民政府有关部门在各自的职责范围内负责与药品有关的监督管理工作。

国务院药品监督管理部门应当配合国务院经济综合主管部门，执行国家制定的药品行业发展规划和产业政策。

第六条　药品监督管理部门设置或者确定的药品检验机构，承担依法实施药品审批和药品质量监督检查所需的药品检验工作。

第二章　药品生产企业管理

第七条　开办药品生产企业，须经企业所在地省、自治区、直辖市人民政府药品监督管理部门批准并发给《药品生产许可证》，凭《药品生产许可证》到工商行政管理部门办理登记注册。无《药品生产许可证》的，不得生产药品。

《药品生产许可证》应当标明有效期和生产范围，到期重新审查发证。

药品监督管理部门批准开办药品生产企业，除依据本法第八条规定的条件外，还应当符合国家制定的药品行业发展规划和产业政策，防止重复建设。

第八条　开办药品生产企业，必须具备以下条件：

（一）具有依法经过资格认定的药学技术人员、工程技术人员及相应的技术工人；

（二）具有与其药品生产相适应的厂房、设施和卫生环境；

（三）具有能对所生产药品进行质量管理和质量检验的机构、人员以及必要的仪器设备；

（四）具有保证药品质量的规章制度。

第九条　药品生产企业必须按照国务院药品监督管理部门依据本法制定的《药品生产质量管理规范》组织生产。药品监督管理部门按照规定对药品生产企业是否符合《药品生产质量管理规范》的要求进行认证；对认证合格的，发给认证证书。

《药品生产质量管理规范》的具体实施办法、实施步骤由国务院药品监督管理部门规定。

第十条　除中药饮片的炮制外，药品必须按照国家药品标准和国务院药品监督管理部门批准的生产工艺进行生产，生产记录必须完整准确。药品生产企业改变影响药品质量的生产工艺的，必须报原批准部门审核批准。

中药饮片必须按照国家药品标准炮制；国家药品标准没有规定的，必须按照省、自治区、直辖市人民政府药品监督管理部门制定的炮制规范炮制。省、自治区、直辖市人民政府药品监督管理部门制定的炮制规范应当报国务院药品监督管理部门备案。

第十一条　生产药品所需的原料、辅料，必须符合药用要求。

第十二条　药品生产企业必须对其生产的药品进行质量检验；不符合国家药品标准或者不按照省、自治区、直辖市人民政府药品监督管理部门制定的中药饮片炮制规范炮制的，不得出厂。

第十三条　经国务院药品监督管理部门或者国务院药品监督管理部门授权的省、自治区、直辖市人民政府药品监督管理部门批准，药品生产企业可以接受委托生产药品。

第三章　药品经营企业管理

第十四条　开办药品批发企业，须经企业所在地省、自治区、直辖市人民政府药品监督管理部门批准并发给《药品经营许可证》；开办药品零售企业，须经企业所在地县级以上地方药品监督管理部门批准并发给《药品经营许可证》，凭《药品经营许可证》到工商行政管理部门办理登记注册。无《药品经营许可证》的，不得经营药品。

《药品经营许可证》应当标明有效期和经营范围，到期重新审查发证。

药品监督管理部门批准开办药品经营企业，除依据本法第十五条规定的条件外，还应当遵循合理布局和方便群众购药的原则。

第十五条　开办药品经营企业必须具备以下条件：

(一) 具有依法经过资格认定的药学技术人员；

(二) 具有与所经营药品相适应的营业场所、设备、仓储设施、卫生环境；

(三) 具有与所经营药品相适应的质量管理机构或者人员；

(四) 具有保证所经营药品质量的规章制度。

第十六条　药品经营企业必须按照国务院药品监督管理部门依据本法制定的《药品经营质量管理规范》经营药品。药品监督管理部门按照规定对药品经营企业是否符合《药品经营质量管理规范》的要求进行认证；对认证合格的，发给认证证书。

《药品经营质量管理规范》的具体实施办法、实施步骤由国务院药品监督管理部门规定。

第十七条　药品经营企业购进药品，必须建立并执行进货检查验收制度，验明药品合格证明和其他标识；不符合规定要求的，不得购进。

第十八条　药品经营企业购销药品，必须有真实完整的购销记录。购销记录必须注明药品的通用名称、剂型、规格、批号、有效期、生产厂商、购(销)货单位、购(销)货数量、购销价格、购(销)货日期及国务院药品监督管理部门规定的其他内容。

第十九条　药品经营企业销售药品必须准确无误，并正确说明用法、用量和注意事项；调配处方必须经过核对，对处方所列药品不得擅自更改或者代用。对有配伍禁忌或者超剂量的处方，应当拒绝调配；必要时，经处方医师更正或者重新签字，方可调配。

药品经营企业销售中药材，必须标明产地。

第二十条　药品经营企业必须制定和执行药品保管制度，采取必要的冷藏、防冻、防潮、防虫、防鼠等措施，保证药品质量。

药品入库和出库必须执行检查制度。

第二十一条　城乡集市贸易市场可以出售中药材，国务院另有规定的除外。

城乡集市贸易市场不得出售中药材以外的药品，但持有《药品经营许可证》的药品零售企业在规定的范围内可以在城乡集市贸易市场设点出售中药材以外的药品。具体办法由国务院规定。

第四章　医疗机构的药剂管理

第二十二条　医疗机构必须配备依法经过资格认定的药学技术人员。非药学技术人员不得直接从事药剂技术工作。

第二十三条　医疗机构配制制剂，须经所在地省、自治区、直辖市人民政府卫生行政部门审核同意，由省、自治区、直辖市人民政府药品监督管理部门批准，发给《医疗机构制剂许可证》。无《医疗机构制剂许可证》的，不得配制制剂。

《医疗机构制剂许可证》应当标明有效期，到期重新审查发证。

第二十四条　医疗机构配制制剂，必须具有能够保证制剂质量的设施、管理制度、检验仪器和卫生条件。

第二十五条　医疗机构配制的制剂，应当是本单位临床需要而市场上没有供应的品种，并须经所在地省、自治区、直辖市人民政府药品监督管理部门批准后方可配制。配制的制剂必须按照规定进行质量检验；合格的，凭医师处方在本医疗机构使用。特殊情况下，经国务院或者省、自治区、直辖市人民政府的药品监督管理部门批准，医疗机构配制的制剂可以在指定的医疗机构之间调剂使用。

医疗机构配制的制剂,不得在市场销售。

第二十六条 医疗机构购进药品,必须建立并执行进货检查验收制度,验明药品合格证明和其他标识;不符合规定要求的,不得购进和使用。

第二十七条 医疗机构的药剂人员调配处方,必须经过核对,对处方所列药品不得擅自更改或者代用。对有配伍禁忌或者超剂量的处方,应当拒绝调配;必要时,经处方医师更正或者重新签字,方可调配。

第二十八条 医疗机构必须制定和执行药品保管制度,采取必要的冷藏、防冻、防潮、防虫、防鼠等措施,保证药品质量。

第五章 药品管理

第二十九条 研制新药,必须按照国务院药品监督管理部门的规定如实报送研制方法、质量指标、药理及毒理试验结果等有关资料和样品,经国务院药品监督管理部门批准后,方可进行临床试验。药物临床试验机构资格的认定办法,由国务院药品监督管理部门、国务院卫生行政部门共同制定。

完成临床试验并通过审批的新药,由国务院药品监督管理部门批准,发给新药证书。

第三十条 药物的非临床安全性评价研究机构和临床试验机构必须分别执行药物非临床研究质量管理规范、药物临床试验质量管理规范。

药物非临床研究质量管理规范、药物临床试验质量管理规范由国务院确定的部门制定。

第三十一条 生产新药或者已有国家标准的药品的,须经国务院药品监督管理部门批准,并发给药品批准文号;但是,生产没有实施批准文号管理的中药材和中药饮片除外。实施批准文号管理的中药材、中药饮片品种目录由国务院药品监督管理部门会同国务院中医药管理部门制定。

药品生产企业在取得药品批准文号后,方可生产该药品。

第三十二条 药品必须符合国家药品标准。中药饮片依照本法第十条第二款的规定执行。

国务院药品监督管理部门颁布的《中华人民共和国药典》和药品标准为国家药品标准。

国务院药品监督管理部门组织药典委员会,负责国家药品标准的制定和修订。

国务院药品监督管理部门的药品检验机构负责标定国家药品标准品、对照品。

第三十三条 国务院药品监督管理部门组织药学、医学和其他技术人员,对新药进行审评,对已经批准生产的药品进行再评价。

第三十四条 药品生产企业、药品经营企业、医疗机构必须从具有药品生产、经营资格的企业购进药品;但是,购进没有实施批准文号管理的中药材除外。

第三十五条 国家对麻醉药品、精神药品、医疗用毒性药品、放射性药品,实行特殊管理。管理办法由国务院制定。

第三十六条 国家实行中药品种保护制度。具体办法由国务院制定。

第三十七条 国家对药品实行处方药与非处方药分类管理制度。具体办法由国务院制定。

第三十八条 禁止进口疗效不确、不良反应大或者其他原因危害人体健康的药品。

第三十九条 药品进口,须经国务院药品监督管理部门组织审查,经审查确认符合质量标准、安全有效的,方可批准进口,并发给进口药品注册证书。

医疗单位临床急需或者个人自用进口的少量药品,按照国家有关规定办理进口手续。

第四十条 药品必须从允许药品进口的口岸进口,并由进口药品的企业向口岸所在地药品监督管理部门登记备案。海关凭药品监督管理部门出具的《进口药品通关单》放行。无《进口药品通关单》的,海关不得放行。

口岸所在地药品监督管理部门应当通知药品检验机构按照国务院药品监督管理部门的规定对进口药品进行抽查检验,并依照本法第四十一条第二款的规定收取检验费。

允许药品进口的口岸由国务院药品监督管理部门会同海关总署提出，报国务院批准。

第四十一条　国务院药品监督管理部门对下列药品在销售前或者进口时，指定药品检验机构进行检验；检验不合格的，不得销售或者进口：

（一）国务院药品监督管理部门规定的生物制品；

（二）首次在中国销售的药品；

（三）国务院规定的其他药品。

前款所列药品的检验费项目和收费标准由国务院财政部门会同国务院价格主管部门核定并公告。检验费收缴办法由国务院财政部门会同国务院药品监督管理部门制定。

第四十二条　国务院药品监督管理部门对已经批准生产或者进口的药品，应当组织调查；对疗效不确、不良反应大或者其他原因危害人体健康的药品，应当撤销批准文号或者进口药品注册证书。

已被撤销批准文号或者进口药品注册证书的药品，不得生产或者进口、销售和使用；已经生产或者进口的，由当地药品监督管理部门监督销毁或者处理。

第四十三条　国家实行药品储备制度。

国内发生重大灾情、疫情及其他突发事件时，国务院规定的部门可以紧急调用企业药品。

第四十四条　对国内供应不足的药品，国务院有权限制或者禁止出口。

第四十五条　进口、出口麻醉药品和国家规定范围内的精神药品，必须持有国务院药品监督管理部门发给的《进口准许证》、《出口准许证》。

第四十六条　新发现和从国外引种的药材，经国务院药品监督管理部门审核批准后，方可销售。

第四十七条　地区性民间习用药材的管理办法，由国务院药品监督管理部门会同国务院中医药管理部门制定。

第四十八条　禁止生产（包括配制，下同）、销售假药。

有下列情形之一的，为假药：

（一）药品所含成分与国家药品标准规定的成分不符的；

（二）以非药品冒充药品或者以他种药品冒充此种药品的。

有下列情形之一的药品，按假药论处：

（一）国务院药品监督管理部门规定禁止使用的；

（二）依照本法必须批准而未经批准生产、进口，或者依照本法必须检验而未经检验即销售的；

（三）变质的；

（四）被污染的；

（五）使用依照本法必须取得批准文号而未取得批准文号的原料药生产的；

（六）所标明的适应症或者功能主治超出规定范围的。

第四十九条　禁止生产、销售劣药。

药品成分的含量不符合国家药品标准的，为劣药。

有下列情形之一的药品，按劣药论处：

（一）未标明有效期或者更改有效期的；

（二）不注明或者更改生产批号的；

（三）超过有效期的；

（四）直接接触药品的包装材料和容器未经批准的；

（五）擅自添加着色剂、防腐剂、香料、矫味剂及辅料的；

（六）其他不符合药品标准规定的。

第五十条　列入国家药品标准的药品名称为药品通用名称。已经作为药品通用名称的，该名称不得作为药品商标使用。

第五十一条　药品生产企业、药品经营企业和医疗机构直接接触药品的工作人员，必须每年进行健康检查。患有传染病或者其他可能污染药品的疾病的，不得从事直接接触药品的工作。

第六章　药品包装的管理

第五十二条　直接接触药品的包装材料和容器，必须符合药用要求，符合保障人体健康、安全的标准，并由药品监督管理部门在审批药品时一并审批。

药品生产企业不得使用未经批准的直接接触药品的包装材料和容器。

对不合格的直接接触药品的包装材料和容器，由药品监督管理部门责令停止使用。

第五十三条　药品包装必须适合药品质量的要求，方便储存、运输和医疗使用。

发运中药材必须有包装。在每件包装上，必须注明品名、产地、日期、调出单位，并附有质量合格的标志。

第五十四条　药品包装必须按照规定印有或者贴有标签并附有说明书。

标签或者说明书上必须注明药品的通用名称、成分、规格、生产企业、批准文号、产品批号、生产日期、有效期、适应症或者功能主治、用法、用量、禁忌、不良反应和注意事项。

麻醉药品、精神药品、医疗用毒性药品、放射性药品、外用药品和非处方药的标签，必须印有规定的标志。

第七章　药品价格和广告的管理

第五十五条　依法实行政府定价、政府指导价的药品，政府价格主管部门应当依照《中华人民共和国价格法》规定的定价原则，依据社会平均成本、市场供求状况和社会承受能力合理制定和调整价格，做到质价相符，消除虚高价格，保护用药者的正当利益。

药品的生产企业、经营企业和医疗机构必须执行政府定价、政府指导价，不得以任何形式擅自提高价格。

药品生产企业应当依法向政府价格主管部门如实提供药品的生产经营成本，不得拒报、虚报、瞒报。

第五十六条　依法实行市场调节价的药品，药品的生产企业、经营企业和医疗机构应当按照公平、合理和诚实信用、质价相符的原则制定价格，为用药者提供价格合理的药品。

药品的生产企业、经营企业和医疗机构应当遵守国务院价格主管部门关于药价管理的规定，制定和标明药品零售价格，禁止暴利和损害用药者利益的价格欺诈行为。

第五十七条药品的生产企业、经营企业、医疗机构应当依法向政府价格主管部门提供其药品的实际购销价格和购销数量等资料。

第五十八条　医疗机构应当向患者提供所用药品的价格清单；医疗保险定点医疗机构还应当按照规定的办法如实公布其常用药品的价格，加强合理用药的管理。具体办法由国务院卫生行政部门规定。

第五十九条　禁止药品的生产企业、经营企业和医疗机构在药品购销中帐外暗中给予、收受回扣或者其他利益。

禁止药品的生产企业、经营企业或者其代理人以任何名义给予使用其药品的医疗机构的负责人、药品采购人员、医师等有关人员以财物或者其他利益。禁止医疗机构的负责人、药品采购人员、医师等有关人员以任何名义收受药品的生产企业、经营企业或者其代理人给予的财物或者其他利益。

第六十条　药品广告须经企业所在地省、自治区、直辖市人民政府药品监督管理部门批准，并发给药品广告批准文号；未取得药品广告批准文号的，不得发布。

处方药可以在国务院卫生行政部门和国务院药品监督管理部门共同指定的医学、药学专业刊物上介绍，但不得在大众传播媒介发布广告或者以其他方式进行以公众为对象的广告宣传。

第六十一条　药品广告的内容必须真实、合法，以国务院药品监督管理部门批准的说明书为准，不得含有虚假的内容。

药品广告不得含有不科学的表示功效的断言或者保证；不得利用国家机关、医药科研单位、学术机构或者专家、学者、医师、患者的名义和形象作证明。

非药品广告不得有涉及药品的宣传。

第六十二条　省、自治区、直辖市人民政府药品监督管理部门应当对其批准的药品广告进行检查，对于违反本法和《中华人民共和国广告法》的广告，应当向广告监督管理机关通报并提出处理建议，广告监督管理机关应当依法作出处理。

第六十三条　药品价格和广告，本法未规定的，适用《中华人民共和国价格法》、《中华人民共和国广告法》的规定。

第八章　药 品 监 督

第六十四条　药品监督管理部门有权按照法律、行政法规的规定对报经其审批的药品研制和药品的生产、经营以及医疗机构使用药品的事项进行监督检查，有关单位和个人不得拒绝和隐瞒。

药品监督管理部门进行监督检查时，必须出示证明文件，对监督检查中知悉的被检查人的技术秘密和业务秘密应当保密。

第六十五条　药品监督管理部门根据监督检查的需要，可以对药品质量进行抽查检验。抽查检验应当按照规定抽样，并不得收取任何费用。所需费用按照国务院规定列支。

药品监督管理部门对有证据证明可能危害人体健康的药品及其有关材料可以采取查封、扣押的行政强制措施，并在七日内作出行政处理决定；药品需要检验的，必须自检验报告书发出之日起十五日内作出行政处理决定。

第六十六条　国务院和省、自治区、直辖市人民政府的药品监督管理部门应当定期公告药品质量抽查检验的结果；公告不当的，必须在原公告范围内予以更正。

第六十七条　当事人对药品检验机构的检验结果有异议的，可以自收到药品检验结果之日起七日内向原药品检验机构或者上一级药品监督管理部门设置或者确定的药品检验机构申请复验，也可以直接向国务院药品监督管理部门设置或者确定的药品检验机构申请复验。受理复验的药品检验机构必须在国务院药品监督管理部门规定的时间内作出复验结论。

第六十八条　药品监督管理部门应当按照规定，依据《药品生产质量管理规范》、《药品经营质量管理规范》，对经其认证合格的药品生产企业、药品经营企业进行认证后的跟踪检查。

第六十九条　地方人民政府和药品监督管理部门不得以要求实施药品检验、审批等手段限制或者排斥非本地区药品生产企业依照本法规定生产的药品进入本地区。

第七十条　药品监督管理部门及其设置的药品检验机构和确定的专业从事药品检验的机构不得参与药品生产经营活动，不得以其名义推荐或者监制、监销药品。

药品监督管理部门及其设置的药品检验机构和确定的专业从事药品检验的机构的工作人员不得参与药品生产经营活动。

第七十一条　国家实行药品不良反应报告制度。药品生产企业、药品经营企业和医疗机构必须经常考察本单位所生产、经营、使用的药品质量、疗效和反应。发现可能与用药有关的严重不良反应，必须及时向当地省、自治区、直辖市人民政府药品监督管理部门和卫生行政部门报告。具体办法由国务院药品监督管理部门会同国务院卫生行政部门制定。

对已确认发生严重不良反应的药品，国务院或者省、自治区、直辖市人民政府的药品监督管理部门可以采取停止生产、销售、使用的紧急控制措施，并应当在五日内组织鉴定，自鉴定结论作出之日起十五日内依法作出行政处理决定。

第七十二条　药品生产企业、药品经营企业和医疗机构的药品检验机构或者人员，应当接受当地药品监督管理部门设置的药品检验机构的业务指导。

第九章 法 律 责 任

第七十三条 未取得《药品生产许可证》、《药品经营许可证》或者《医疗机构制剂许可证》生产药品、经营药品的，依法予以取缔，没收违法生产、销售的药品和违法所得，并处违法生产、销售的药品（包括已售出的和未售出的药品，下同）货值金额二倍以上五倍以下的罚款；构成犯罪的，依法追究刑事责任。

第七十四条 生产、销售假药的，没收违法生产、销售的药品和违法所得，并处违法生产、销售药品货值金额二倍以上五倍以下的罚款；有药品批准证明文件的予以撤销，并责令停产、停业整顿；情节严重的，吊销《药品生产许可证》、《药品经营许可证》或者《医疗机构制剂许可证》；构成犯罪的，依法追究刑事责任。

第七十五条 生产、销售劣药的，没收违法生产、销售的药品和违法所得，并处违法生产、销售药品货值金额一倍以上三倍以下的罚款；情节严重的，责令停产、停业整顿或者撤销药品批准证明文件、吊销《药品生产许可证》、《药品经营许可证》或者《医疗机构制剂许可证》；构成犯罪的，依法追究刑事责任。

第七十六条 从事生产、销售假药及生产、销售劣药情节严重的企业或者其他单位，其直接负责的主管人员和其他直接责任人员十年内不得从事药品生产、经营活动。

对生产者专门用于生产假药、劣药的原辅材料、包装材料、生产设备，予以没收。

第七十七条 知道或者应当知道属于假劣药品而为其提供运输、保管、仓储等便利条件的，没收全部运输、保管、仓储的收入，并处违法收入百分之五十以上三倍以下的罚款；构成犯罪的，依法追究刑事责任。

第七十八条 对假药、劣药的处罚通知，必须载明药品检验机构的质量检验结果；但是，本法第四十八条第三款第（一）、（二）、（五）、（六）项和第四十九条第三款规定的情形除外。

第七十九条 药品的生产企业、经营企业、药物非临床安全性评价研究机构、药物临床试验机构未按照规定实施《药品生产质量管理规范》、《药品经营质量管理规范》、药物非临床研究质量管理规范、药物临床试验质量管理规范的，给予警告，责令限期改正；逾期不改正的，责令停产、停业整顿，并处五千元以上二万元以下的罚款；情节严重的，吊销《药品生产许可证》、《药品经营许可证》和药物临床试验机构的资格。

第八十条 药品的生产企业、经营企业或者医疗机构违反本法第三十四条的规定，从无《药品生产许可证》、《药品经营许可证》的企业购进药品的，责令改正，没收违法购进的药品，并处违法购进药品货值金额二倍以上五倍以下的罚款；有违法所得的，没收违法所得；情节严重的，吊销《药品生产许可证、《药品经营许可证》或者医疗机构执业许可证书。

第八十一条 进口已获得药品进口注册证书的药品，未按照本法规定向允许药品进口的口岸所在地的药品监督管理部门登记备案的，给予警告，责令限期改正；逾期不改正的，撤销进口药品注册证书。

第八十二条 伪造、变造、买卖、出租、出借许可证或者药品批准证明文件的，没收违法所得，并处违法所得一倍以上三倍以下的罚款；没有违法所得的，处二万元以上十万元以下的罚款；情节严重的，并吊销卖方、出租方、出借方的《药品生产许可证》、《药品经营许可证》、《医疗机构制剂许可证》或者撤销药品批准证明文件；构成犯罪的，依法追究刑事责任。

第八十三条 违反本法规定，提供虚假的证明、文件资料样品或者采取其他欺骗手段取得《药品生产许可证》、《药品经营许可证》、《医疗机构制剂许可证》或者药品批准证明文件的，吊销《药品生产许可证》、《药品经营许可证》、《医疗机构制剂许可证》或者撤销药品批准证明文件，五年内不受理其申请，并处一万元以上三万元以下的罚款。

第八十四条 医疗机构将其配制的制剂在市场销售的，责令改正，没收违法销售的制剂，并处违法销售制剂货值金额一倍以上三倍以下的罚款；有违法所得的，没收违法所得。

第八十五条　药品经营企业违反本法第十八条、第十九条规定的，责令改正，给予警告；情节严重的，吊销《药品经营许可证》。

第八十六条　药品标识不符合本法第五十四条规定的，除依法应当按照假药、劣药论处的外，责令改正，给予警告；情节严重的，撤销该药品的批准证明文件。

第八十七条　药品检验机构出具虚假检验报告，构成犯罪的，依法追究刑事责任；不构成犯罪的，责令改正，给予警告，对单位并处三万元以上五万元以下的罚款；对直接负责的主管人员和其他直接责任人员依法给予降级、撤职、开除的处分，并处三万元以下的罚款；有违法所得的，没收违法所得；情节严重的，撤销其检验资格。药品检验机构出具的检验结果不实，造成损失的，应当承担相应的赔偿责任。

第八十八条　本法第七十三条至第八十七条规定的行政处罚，由县级以上药品监督管理部门按照国务院药品监督管理部门规定的职责分工决定；吊销《药品生产许可证》、《药品经营许可证》、《医疗机构制剂许可证》、医疗机构执业许可证书或者撤销药品批准证明文件的，由原发证、批准的部门决定。

第八十九条　违反本法第五十五条、第五十六条、第五十七条关于药品价格管理的规定的，依照《中华人民共和国价格法》的规定处罚。

第九十条　药品的生产企业、经营企业、医疗机构在药品购销中暗中给予、收受回扣或者其他利益的，药品的生产企业、经营企业或者其代理人给予使用其药品的医疗机构的负责人、药品采购人员、医师等有关人员以财物或者其他利益的，由工商行政管理部门处一万元以上二十万元以下的罚款，有违法所得的，予以没收；情节严重的，由工商行政管理部门吊销药品生产企业、药品经营企业的营业执照，并通知药品监督管理部门，由药品监督管理部门吊销其《药品生产许可证》、《药品经营许可证》；构成犯罪的，依法追究刑事责任。

第九十一条　药品的生产企业、经营企业的负责人、采购人员等有关人员在药品购销中收受其他生产企业、经营企业或者其代理人给予的财物或者其他利益的，依法给予处分，没收违法所得；构成犯罪的，依法追究刑事责任。

医疗机构的负责人、药品采购人员、医师等有关人员收受药品生产企业、药品经营企业或者其代理人给予的财物或者其他利益的，由卫生行政部门或者本单位给予处分，没收违法所得；对违法行为情节严重的执业医师，由卫生行政部门吊销其执业证书；构成犯罪的，依法追究刑事责任。

第九十二条　违反本法有关药品广告的管理规定的，依照《中华人民共和国广告法》的规定处罚，并由发给广告批准文号的药品监督管理部门撤销广告批准文号，一年内不受理该品种的广告审批申请；构成犯罪的，依法追究刑事责任。

药品监督管理部门对药品广告不依法履行审查职责，批准发布的广告有虚假或者其他违反法律、行政法规的内容的，对直接负责的主管人员和其他直接责任人员依法给予行政处分；构成犯罪的，依法追究刑事责任。

第九十三条　药品的生产企业、经营企业、医疗机构违反本法规定，给药品使用者造成损害的，依法承担赔偿责任。

第九十四条　药品监督管理部门违反本法规定，有下列行为之一的，由其上级主管机关或者监察机关责令收回违法发给的证书、撤销药品批准证明文件，对直接负责的主管人员和其他直接责任人员依法给予行政处分；构成犯罪的，依法追究刑事责任：

（一）对不符合《药品生产质量管理规范》、《药品经营质量管理规范》的企业发给符合有关规范的认证证书的，或者对取得认证证书的企业未按照规定履行跟踪检查的职责，对不符合认证条件的企业未依法责令其改正或者撤销其认证证书的；

（二）对不符合法定条件的单位发给《药品生产许可证》、《药品经营许可证》或者《医疗机构制剂许可证》的；

（三）对不符合进口条件的药品发给进口药品注册证书的；

(四) 对不具备临床试验条件或者生产条件而批准进行临床试验、发给新药证书、发给药品批准文号的。

第九十五条　药品监督管理部门或者其设置的药品检验机构或者其确定的专业从事药品检验的机构参与药品生产经营活动的，由其上级机关或者监察机关责令改正，有违法收入的予以没收；情节严重的，对直接负责的主管人员和其他直接责任人员依法给予行政处分。

药品监督管理部门或者其设置的药品检验机构或者其确定的专业从事药品检验的机构的工作人员参与药品生产经营活动的，依法给予行政处分。

第九十六条　药品监督管理部门或者其设置、确定的药品检验机构在药品监督检验中违法收取检验费用的，由政府有关部门责令退还，对直接负责的主管人员和其他直接责任人员依法给予行政处分。对违法收取检验费用情节严重的药品检验机构，撤销其检验资格。

第九十七条　药品监督管理部门应当依法履行监督检查职责，监督已取得《药品生产许可证》、《药品经营许可证》的企业依照本法规定从事药品生产、经营活动。

已取得《药品生产许可证》、《药品经营许可证》的企业生产、销售假药、劣药的，除依法追究该企业的法律责任外，对有失职、渎职行为的药品监督管理部门直接负责的主管人员和其他直接责任人员依法给予行政处分；构成犯罪的，依法追究刑事责任。

第九十八条　药品监督管理部门对下级药品监督管理部门违反本法的行政行为，责令限期改正；逾期不改正的，有权予以改变或者撤销。

第九十九条　药品监督管理人员滥用职权、徇私舞弊、玩忽职守，构成犯罪的，依法追究刑事责任；尚不构成犯罪的，依法给予行政处分。

第一百条　依照本法被吊销《药品生产许可证》、《药品经营许可证》的，由药品监督管理部门通知工商行政管理部门办理变更或者注销登记。

第一百零一条　本章规定的货值金额以违法生产、销售药品的标价计算；没有标价的，按照同类药品的市场价格计算。

第十章　附　　则

第一百零二条　本法下列用语的含义是：

药品，是指用于预防、治疗、诊断人的疾病，有目的地调节人的生理机能并规定有适应症或者功能主治、用法和用量的物质，包括中药材、中药饮片、中成药、化学原料药及其制剂、抗生素、生化药品、放射性药品、血清、疫苗、血液制品和诊断药品等。

辅料，是指生产药品和调配处方时所用的赋形剂和附加剂。

药品生产企业，是指生产药品的专营企业或者兼营企业。

药品经营企业，是指经营药品的专营企业或者兼营企业。

第一百零三条　中药材的种植、采集和饲养的管理办法，由国务院另行制定。

第一百零四条　国家对预防性生物制品的流通实行特殊管理。具体办法由国务院制定。

第一百零五条　中国人民解放军执行本法的具体办法，由国务院、中央军事委员会依据本法制定。

第一百零六条　本法自 2001 年 12 月 1 日起施行。

第七章　食品安全法律制度

第一节　《食品安全法》概述

《食品安全法》的起草情况和立法思路

（一）起草情况

1995年10月30日实施的《中华人民共和国食品卫生法》，发挥了积极作用，但已不适应新形势、新情况变化的要求，表现为：

1. 食品生产经营的产业化、规模化和多元化。

2. 食品安全问题比较突出，隐患和事故增加，人民群众缺乏安全感，我国的国际形象受损。

3. 现行的有关食品卫生安全制度和监管体制不完善，主要是：①食品标准不完善、不统一和不够科学；②对食品生产经营者的责任不明确、不严格，对违法行为的处罚力度不够；③食品检验制度不完善，涉及机构、责任、方法、规程等方面；④食品安全信息公布不规范，造成社会负面影响；⑤监管部门权责不明，监管不到位，特别是缺乏综合性监督管理等。

2004年9月国务院发布《国务院关于进一步加强食品安全的决定》，并成立食品卫生法修改领导小组。2007年10月31日国务院195次常务会通过，将《食品安全法》提请全国人大常委会审议，2007年12月26日一审。会后，于2008年4月向全社会全文公布征求意见，全国人大共收到意见1.1万件，在进一步修改的基础上，2008年8月25日全国人大常委会二审。《中华人民共和国食品安全法》（简称《食品安全法》）已由中华人民共和国第十一届全国人民代表大会常务委员会第七次会议于2009年2月28日通过，并予以公布，自2009年6月1日起施行。

（二）立法思路

1. 建立以食品安全风险评估为基础的科学管理制度。

2. 遵循食品安全监管规律，坚持预防为主。

3. 强化食品生产经营者作为保证食品安全第一责任人的责任。

4. 建立以行政责任制度为基础的食品安全监督体制。

5. 建立畅通、便利的消费者权益救济渠道。

（三）立法目的

保证食品安全，保障公众身体健康和生命安全。

（四）相关术语

1. 食源性疾病监测　指通过医疗机构、疾病控制机构对食源性疾病及其致病因素的报告、调查和检测等收集的人群食源性疾病发病信息。

2. 食品污染　指根据国际食品安全管理的一般规则，在食品生产、加工或流通等过程中因非故意原因进入食品的外来污染物，一般包括金属污染物、农药残留、兽药残留、超范围或超剂量使用的食品添加剂、真菌毒素以及致病微生物、寄生虫等。

3. 食品中有害因素　指在食品生产、流通、餐饮服务等环节，除了食品污染以外的其他可能途径进入食品的有害因素，包括自然存在的有害物、违法添加的非食用物质以及被作为食品添加剂使用的对人体健康有害的物质。

第二节　《食品安全法》的适用范围和行政主体

一、《食品安全法》的适用范围

《食品安全法》规定，在中华人民共和国境内从事下列活动的应当遵守本法。

1. 食品生产和加工(以下称食品生产)，食品流通和餐饮服务(以下称食品经营)。

2. 食品添加剂的生产经营。

3. 用于食品的包装材料、容器、洗涤剂、消毒剂和用于食品生产经营的工具、设备(以下称食品相关产品)的生产经营。

4. 食品生产经营者使用食品添加剂、食品相关产品。

5. 对食品、食品添加剂和食品相关产品的安全管理。

供食用的源于农业的初级产品(以下称食用农产品)的质量安全管理，遵守《中华人民共和国农产品质量安全法》的规定。但是，制定有关食用农产品的质量安全标准、公布食用农产品安全有关信息，应当遵守《食品安全法》的有关规定。

二、食品安全监管主体

(一) 国家食品安全监管机构设置与职责

国务院设立食品安全委员会，国务院食品安全委员会承担下列职责，日常工作由国务院卫生行政部门承担。

1. 分析食品安全形势，研究部署、统筹指导食品安全工作。

2. 协调解决食品安全中的重大问题。

3. 提出食品安全监督管理的重大政策措施。

4. 国务院规定的其他职责。

国务院卫生行政部门承担食品安全综合协调职责，负责食品安全风险评估、食品安全标准制定、食品安全信息公布、食品检验机构的资质认定条件和检验规范的制定，组织查处食品安全重大事故。

国务院质量监督、工商行政管理和国家食品药品监督管理部门依照本法和国务院规定的职责，分别对食品生产、食品流通、餐饮服务活动实施监督管理。

(二) 地方食品安全监管机构与职责

1. 领导机制　县级以上地方人民政府统一负责、领导、组织、协调本行政区域的食品安全监督管理工作，建立健全食品安全全程监督管理的工作机制；统一领导、指挥食品安全突发事件应对工作；完善、落实食品安全监督管理责任制，对食品安全监督管理部门进行评议、考核。

2. 保障机制　县级以上地方人民政府应当履行《食品安全法》规定的职责；加强食品安全监督管理能力建设，为食品安全监督管理工作提供保障；建立健全食品安全监督管理部门的协调配合机制，整合、完善食品安全信息网络，实现食品安全信息共享和食品检验等技术资源的共享。

3. 协调机制　县级以上地方人民政府依照《食品安全法》和国务院的规定确定本级卫生行政、农业行政、质量监督、工商行政管理、食品药品监督管理部门的食品安全监督管理职责。有关部门在各自职责范围内负责本行政区域的食品安全监督管理工作。

上级人民政府所属部门在下级行政区域设置的机构应当在所在地人民政府的统一组织、协调下，依法做好食品安全监督管理工作。

4. 发展机制　国务院工业和信息化、商务等部门制定食品行业的发展规划和产业政策，推进产业结构优化升级，指导食品行业诚信体系建设，促进食品行业健康发展。

第三节　食品安全风险评估制度

一、食品安全风险监测制度

（一）食品安全风险监测的概念

保障食品安全是国际社会面临的共同挑战和责任。各国政府和相关国际组织在解决食品安全问题、减少食源性疾病、强化食品安全体系方面不断探索，积累了许多经验，食品安全管理水平不断提高，特别是在风险评估、风险管理和风险交流构成的风险分析理论与实践上得到广泛认同和应用。作为发展中国家，中国生产力发展水平仍然较低，多数食品企业规模小、分布广，区域发展不平衡，食品安全监管能力与世界先进水平相比还有一定差距，食品安全风险监测评估和标准基础还较薄弱。

食品安全风险监测，是通过系统和持续地收集食源性疾病、食品污染以及食品中有害因素的监测数据及相关信息，并进行综合分析和及时通报的活动。

我国已经于2010年初通过了《食品安全风险监测管理规定》，对食品安全风险监测第一次进行了法律界定与约束。

（二）国家食品安全风险监测制度建立

国家建立食品安全风险监测制度，对食源性疾病、食品污染以及食品中的有害因素进行监测。

国务院卫生行政部门会同国务院有关部门制定、实施国家食品安全风险监测计划。省、自治区、直辖市人民政府卫生行政部门根据国家食品安全风险监测计划，结合本行政区域的具体情况，组织制定、实施本行政区域的食品安全风险监测方案。

国家食品安全风险监测计划应根据食品安全风险评估、食品安全标准制定与修订和食品安全监督管理等工作的需要制定。

国务院有关部门根据食品安全监督管理等工作的需要，提出列入国家食品安全风险监测计划的建议。建议的内容应包括食源性疾病、食品污染和食品中有害因素的名称、相关食品类别及检测方法、经费预算等。

国家食品安全风险评估专家委员会负责根据食品安全风险评估工作的需要，提出制定国家食品安全风险监测计划的建议，于每年6月底前报送卫生部。卫生部会同国务院有关部门于每年9月底以前制定并印发下年度国家食品安全风险监测计划。

在制定国家食品安全风险监测计划时，应征求行业协会、国家食品安全标准审评委员会以及农产品质量安全评估专家委员会的意见。

(三) 国家食品安全风险监测的重点

国家食品安全风险监测应遵循优先选择原则，兼顾常规监测范围和年度重点，将以下情况作为优先监测的内容。

1. 健康危害较大、风险程度较高以及污染水平呈上升趋势的。

2. 易于对婴幼儿、孕产妇、老年人、患者造成健康影响的。

3. 流通范围广、消费量大的。

4. 以往在国内导致食品安全事故或者受到消费者关注的。

5. 已在国外导致健康危害并有证据表明可能在国内存在的。

二、食品安全风险评估

(一) 食品安全风险评估的概述

食品安全风险评估，指对食品、食品添加剂中生物性、化学性和物理性危害对人体健康可能造成的不良影响所进行的科学评估，包括危害识别、危害特征描述、暴露评估、风险特征描述等。

风险评估是针对食品生产供应过程中所涉及的各种危害对人体健康不良影响的科学评估，是世贸组织和国际食品法典委员会强调的用于指定食品安全控制措施的必要技术手段，是政府制定食品安全法规、标准和政策的重要基础。为规范食品安全风险评估工作，2010 年 2 月卫生部根据《中华人民共和国食品安全法》和《中华人民共和国食品安全法实施条例》的有关规定，制定了《食品安全风险评估管理规定(试行)》。

(二) 食品安全风险评估委员会的设立和职能

1. 食品安全风险评估委员会的设立　卫生部负责组织食品安全风险评估工作，成立国家食品安全风险评估专家委员会，并及时将食品安全风险评估结果通报国务院有关部门。国务院卫生行政部门负责组织食品安全风险评估工作，成立由医学、农业、食品、营养等方面的专家组成的食品安全风险评估专家委员会进行食品安全风险评估。

食品安全风险评估应当运用科学方法，根据食品安全风险监测信息、科学数据以及其他有关信息进行。对农药、肥料、生长调节剂、兽药、饲料和饲料添加剂等的安全性评估，应当有食品安全风险评估专家委员会的专家参加。

国务院卫生行政部门通过食品安全风险监测或者接到举报发现食品可能存在安全隐患的，应当立即组织进行检验和食品安全风险评估。

2. 食品安全风险评估的情形

(1) 有下列情形之一的，国务院卫生行政部门应当组织食品安全风险评估工作。

1) 为制定或者修订食品安全国家标准提供科学依据需要进行风险评估的。

2) 为确定监督管理的重点领域、重点品种需要进行风险评估的。

3) 发现新的可能危害食品安全的因素的。

4) 需要判断某一因素是否构成食品安全隐患的。

5) 国务院卫生行政部门认为需要进行风险评估的其他情形。

(2) 对于下列情形之一的，卫生部可以作出不予评估的决定。

1) 通过现有的监督管理措施可以解决的。

2) 通过检验和产品安全性评估可以得出结论的。

3) 国际政府组织有明确资料对风险进行了科学描述且适于我国膳食暴露模式的。

对作出不予评估决定和因缺乏数据信息难以做出评估结论的，卫生部应当向有关方面说明原因和依据；如果国际组织已有评估结论的，应一并通报相关部门。

(3) 发生下列情形之一的，卫生部可以要求国家食品安全风险评估专家委员会立即研究分析，对需要开展风险评估的事项，国家食品安全风险评估专家委员会应当立即成立临时工作组，制订应急评估方案。

1) 处理重大食品安全事故需要的。

2) 公众高度关注的食品安全问题需要尽快解答的。

3) 国务院有关部门监督管理工作需要并提出应急评估建议的。

4) 处理与食品安全相关的国际贸易争端需要的。

医疗卫生机构发现其接收的患者属于食源性疾病患者、食物中毒患者，或者疑似食源性疾病患者、疑似食物中毒患者的，应当及时向所在地县级人民政府卫生行政部门报告有关疾病信息。

接到报告的卫生行政部门应当汇总、分析有关疾病信息，并及时向上级卫生行政部门报告；必要时，可以直接向国务院卫生行政部门报告。有关疾病信息的报告办法由国务院卫生行政部门制定。

(三) 食品安全风险评估结果和应用

国务院农业行政、质量监督、工商行政管理和国家食品药品监督管理等有关部门应当向国务院卫生行政部门提出食品安全风险评估的建议，并提供有关信息和资料。

国务院卫生行政部门应当及时向国务院有关部门通报食品安全风险评估的结果。

食品安全风险评估结果是制定、修订食品安全标准和对食品安全实施监督管理的科学依据。

食品安全风险评估结果得出食品不安全结论的，国务院质量监督、工商行政管理和国家食品药品监督管理部门应当依据各自职责立即采取相应措施，确保该食品停止生产经营，并告知消费者停止食用；需要制定、修订相关食品安全国家标准的，国务院卫生行政部门应当立即制定、修订。

第四节　食品安全标准制度

一、食品安全的概述

(一) 食品安全的概念

食品安全，指食品无毒、无害，符合应当有的营养要求，对人体健康不造成任何急性、亚急性或者慢性危害。食品安全与人体健康密切相关。很多疾病发病率的快速增长，都和食品安全有很大的关系。人类肿瘤的85%～90%为环境因素所致。通过食物链的富集，人类从食品中摄取了种类繁多并且浓度高于环境浓度的有毒有害物质。

(二) 食品安全的内容

1996 年《世界粮食安全罗马宣言》和《世界粮食首脑会议行动计划》中,对食品安全的概念作了重申,“只有当所有人,在任何时候,都能够在物质和经济上获得足够、安全和富有营养的食物,来满足其积极和健康生活的膳食需要,及食物喜好时,才实现了食品安全”。

这说明食品安全有 3 个基本内涵:

1. 供应安全 没饭吃,是食品行业,也是国家和社会最大的不安全。因此,必须保证有稳定、足够的食物供给,以使每个人都有可能得到维持自身生存和健康的食物。

2. 卫生安全 人们所获取的食物中,必须无毒无害,不会对人体产生副作用。

3. 质量安全 指的是富有营养,并且为正常的人所吸收,能够提供人们健康对食物的基本需要,而且,没有不必要的虽然无害但也无益的杂质。

二、食品安全标准制度

(一) 食品安全标准制度的建立

1. 制度建立 《中华人民共和国食品安全法实施条例》规定:食品生产经营者应当依照法律、法规和食品安全标准从事生产经营活动,建立健全食品安全管理制度,采取有效管理措施,保证食品安全。食品生产经营者对其生产经营的食品安全负责,对社会和公众负责,承担社会责任。食品安全标准是强制执行的标准。食品安全标准应当供公众免费查阅。

2. 食品安全标准的宗旨 制定食品安全标准,应当以保障公众身体健康为宗旨,做到科学合理、安全可靠。

(二) 我国食品安全标准的规定

1. 食品安全标准设立权限 国务院卫生行政部门应当对现行的食用农产品质量安全标准、食品卫生标准、食品质量标准和有关食品的行业标准中强制执行的标准予以整合,统一公布为食品安全国家标准。

没有食品安全国家标准的,省、自治区、直辖市人民政府卫生行政部门可以组织制定食品安全地方标准,但应当参照执行有关食品安全国家标准制定的规定,并报国务院卫生行政部门备案。

2. 食品安全标准内容 应当包括下列内容。

(1) 食品、食品相关产品中的致病性微生物、农药残留、兽药残留、重金属、污染物质以及其他危害人体健康物质的限量规定。

(2) 食品添加剂的品种、使用范围、用量。

(3) 专供婴幼儿和其他特定人群的主辅食品的营养成分要求。

(4) 对与食品安全、营养有关的标签、标识、说明书的要求。

(5) 食品生产经营过程的卫生要求。

(6) 与食品安全有关的质量要求。

(7) 食品检验方法与规程。

(8) 其他需要制定为食品安全标准的内容。

(三) 食品安全标准评审委员会的建立

国家建立食品安全标准评审委员会。食品安全国家标准审评委员会由医学、农业、食品、营养等方面的专家以及国务院有关部门的代表组成。食品安全国家标准应当经食品安全国家标准审评委员会审查通过。

第五节　食品检验制度

一、食品检验的概念

食品检验内容十分丰富，包括食品营养成分分析，食品中污染物质分析，食品辅助材料及食品添加剂分析，食品感官鉴定等。

广义的食品检验是指研究和评定食品质量及其变化的一门学科，它依据物理、化学、生物化学的一些基本理论和各种技术，按照制订的技术标准，对原料、辅助材料、成品的质量进行检验。

狭义的食品检验通常是指食品检验机构依据《中华人民共和国食品卫生法》规定的卫生标准，对食品质量所进行的检验，包括对食品的外包装、内包装、标志、唛头和商品体外观的特性、理化指标以及其他一些卫生指标所进行的检验。

二、食品检验主体

食品检验机构按照国家有关认证认可的规定取得资质认定后，方可从事食品检验活动。

食品检验由食品检验机构指定的检验人独立进行。

检验人应当依照有关法律、法规的规定，并依照食品安全标准和检验规范对食品进行检验，尊重科学，恪守职业道德，保证出具的检验数据和结论客观、公正，不得出具虚假的检验报告。县级以上质量监督、工商行政管理、食品药品监督管理部门应当对食品进行定期或者不定期的抽样检验。进行抽样检验，应当购买抽取的样品，不收取检验费和其他任何费用。

县级以上质量监督、工商行政管理、食品药品监督管理部门在执法工作中需要对食品进行检验的，应当委托符合本法规定的食品检验机构进行。对检验结论有异议的，可以依法进行复检。

三、食品检验的有关规定

食品安全监督管理部门对食品不得实施免检。

食品检验实行食品检验机构与检验人负责制。食品检验报告应当加盖食品检验机构公章，并有检验人的签名或者盖章。食品检验机构和检验人对出具的食品检验报告负责。

第六节　食品生产经营管理

一、食品生产经营的主要制度

（一）食品生产经营许可制度

国家对食品生产经营实行许可制度。从事食品生产、食品流通、餐饮服务，应当依法取得食品生产许可、食品流通许可、餐饮服务许可。

取得食品生产许可的食品生产者在其生产场所销售其生产的食品，不需要取得食品流通的许可；取得餐饮服务许可的餐饮服务提供者在其餐饮服务场所出售其制作加工的食品，不需要取得食品生产和流通的许可；农民个人销售其自产的食用农产品，不需要取得食品流通的许可。

食品生产加工小作坊和食品摊贩从事食品生产经营活动，应当符合本法规定的与其生产经营规模、条件相适应的食品安全要求，保证所生产经营的食品卫生、无毒、无害。有关部门应当对其加强监督管理。

(二) 从业人员健康检查制度

食品生产经营者应当建立并执行从业人员健康管理制度。患有痢疾、伤寒、病毒性肝炎等消化道传染病的人员，以及患有活动性肺结核、化脓性或者渗出性皮肤病等有碍食品安全的疾病的人员，不得从事接触直接入口食品的工作。

食品生产经营人员每年应当进行健康检查，取得健康证明后方可参加工作。

(三) 食品安全管理制度

食品生产经营企业应当建立健全本单位的食品安全管理制度，加强对职工食品安全知识的培训，配备专职或者兼职食品安全管理人员，做好对所生产经营食品的检验工作，依法从事食品生产经营活动。

(四) 进货查验记录制度

食品生产者采购食品原料、食品添加剂、食品相关产品，应当查验供货者的许可证和产品合格证明文件；对无法提供合格证明文件的食品原料，应当依照食品安全标准进行检验；不得采购或者使用不符合食品安全标准的食品原料、食品添加剂、食品相关产品。

食品生产企业应当建立食品原料、食品添加剂、食品相关产品进货查验记录制度，如实记录食品原料、食品添加剂、食品相关产品的名称、规格、数量、供货者名称及联系方式、进货日期等内容。保存期限不得少于 2 年。

实行统一配送经营方式的食品经营企业，可以由企业总部统一查验供货者的许可证和食品合格的证明文件，进行食品进货查验记录。

(五) 食品出厂检验记录制度

食品生产企业应当建立食品出厂检验记录制度，查验出厂食品的检验合格证和安全状况，并如实记录食品的名称、规格、数量、生产日期、生产批号、检验合格证号、购货者名称及联系方式、销售日期等内容。保存期限不得少于 2 年。

食品、食品添加剂和食品相关产品的生产者，应当依照食品安全标准对所生产的食品、食品添加剂和食品相关产品进行检验，检验合格后方可出厂或者销售。

(六) 食用农产品生产记录制度

食用农产品生产者应当依照食品安全标准和国家有关规定使用农药、肥料、生长调节剂、兽药、饲料和饲料添加剂等农业投入品。食用农产品的生产企业和农民专业合作经济组织应当建立食用农产品生产记录制度。

县级以上农业行政部门应当加强对农业投入品使用的管理和指导，建立健全农业投入品的安全使用制度。

（七）食品添加剂的生产实行许可制度

国家对食品添加剂的生产实行许可制度。申请食品添加剂生产许可的条件、程序，按照国家有关工业产品生产许可证管理的规定执行。

食品生产者应当依照食品安全标准关于食品添加剂的品种、使用范围、用量的规定使用食品添加剂；不得在食品生产中使用食品添加剂以外的化学物质和其他可能危害人体健康的物质。

食品添加剂应当有标签、说明书和包装。食品和食品添加剂的标签、说明书，不得含有虚假、夸大的内容，不得涉及疾病预防、治疗功能。生产者对标签、说明书上所载明的内容负责。食品和食品添加剂的标签、说明书应当清楚、明显，容易辨识。

食品和食品添加剂与其标签、说明书所载明的内容不符的，不得上市销售。

（八）食品召回制度

国家建立食品召回制度。食品生产者发现其生产的食品不符合食品安全标准，应当立即停止生产，召回已经上市销售的食品，通知相关生产经营者和消费者，并记录召回和通知情况。

食品经营者发现其经营的食品不符合食品安全标准，应当立即停止经营，通知相关生产经营者和消费者，并记录停止经营和通知情况。食品生产者应当对召回的食品采取补救、无害化处理、销毁等措施，并将食品召回和处理情况向县级以上质量监督部门报告。食品生产者认为应当召回的，应当立即召回。

食品生产经营者未依照本条规定召回或者停止经营不符合食品安全标准的食品的，县级以上质量监督、工商行政管理、食品药品监督管理部门可以责令其召回或者停止经营。

二、食品生产经营的法律规定

（一）对食品生产经营者的要求

食品生产经营者应当符合食品安全标准，并符合下列要求。

1. 具有与生产经营的食品品种、数量相适应的食品原料处理和食品加工、包装、贮存等场所，保持该场所环境整洁，并与有毒、有害场所以及其他污染源保持规定的距离。

2. 具有与生产经营的食品品种、数量相适应的生产经营设备或者设施，有相应的消毒、更衣、盥洗、采光、照明、通风、防腐、防尘、防蝇、防鼠、防虫、洗涤以及处理废水、存放垃圾和废弃物的设备或者设施。

3. 有食品安全专业技术人员、管理人员和保证食品安全的规章制度。

4. 具有合理的设备布局和工艺流程，防止待加工食品与直接入口食品、原料与成品交叉污染，避免食品接触有毒物、不洁物。

5. 餐具、饮具和盛放直接入口食品的容器，使用前应当洗净、消毒，炊具、用具用后应当洗净，保持清洁。

6. 贮存、运输和装卸食品的容器、工具和设备应当安全、无害，保持清洁，防止食品污染，并符合保证食品安全所需的温度等特殊要求，不得将食品与有毒、有害物品一同运输。

7. 直接入口的食品应当有小包装或者使用无毒、清洁的包装材料、餐具。

8. 食品生产经营人员应当保持个人卫生，生产经营食品时，应当将手洗净，穿戴清洁的工作衣、帽；销售无包装的直接入口食品时，应当使用无毒、清洁的售货工具。

9. 用水应当符合国家规定的生活饮用水卫生标准。

10. 使用的洗涤剂、消毒剂应当对人体安全、无害。

11. 法律、法规规定的其他要求。

（二）对食品生产经营的禁令

食品生产经营者禁止生产经营下列食品。

1. 用非食品原料生产的食品或者添加食品添加剂以外的化学物质和其他可能危害人体健康物质的食品，或者用回收食品作为原料生产的食品。

2. 致病性微生物、农药残留、兽药残留、重金属、污染物质以及其他危害人体健康的物质含量超过食品安全标准限量的食品。

3. 营养成分不符合食品安全标准的专供婴幼儿和其他特定人群的主辅食品。

4. 腐败变质、油脂酸败、霉变生虫、污秽不洁、混有异物、掺假掺杂或者感官性状异常的食品。

5. 病死、毒死或者死因不明的禽、畜、兽、水产动物肉类及其制品。

6. 未经动物卫生监督机构检疫或者检疫不合格的肉类，或者未经检验或者检验不合格的肉类制品。

7. 被包装材料、容器、运输工具等污染的食品。

8. 超过保质期的食品。

9. 无标签的预包装食品。

10. 国家为防病等特殊需要明令禁止生产经营的食品。

11. 其他不符合食品安全标准或者要求的食品。

（三）对食品包装的要求

食品经营者销售散装食品，应当在散装食品的容器、外包装上标明食品的名称、生产日期、保质期、生产经营者名称及联系方式等内容。食品经营者贮存散装食品，应当在贮存位置标明食品的名称、生产日期、保质期、生产者名称及联系方式等内容。

预包装食品的包装上应当有标签。标签应当标明下列事项：①名称、规格、净含量、生产日期；②成分或者配料表；③生产者的名称、地址、联系方式；④保质期；⑤产品标准代号；⑥贮存条件；⑦所使用的食品添加剂在国家标准中的通用名称；⑧生产许可证编号；⑨法律、法规或者食品安全标准规定必须标明的其他事项。

专供婴幼儿和其他特定人群的主辅食品，其标签还应当标明主要营养成分及其含量。

（四）对食品广告的管理

食品广告的内容应当真实合法，不得含有虚假、夸大的内容，不得涉及疾病预防、治疗功能。

食品安全监督管理部门或者承担食品检验职责的机构、食品行业协会、消费者协会不得以广告或者其他形式向消费者推荐食品。

第七节 食品进出口制度

一、进口食品的有关规定

进口的食品、食品添加剂以及食品相关产品应当符合我国食品安全国家标准。经出入境检验检疫机构检验合格后，海关凭出入境检验检疫机构签发的通关证明放行。

进口尚无食品安全国家标准的食品，或者首次进口食品添加剂新品种、食品相关产品新品种，进口商应当向国务院卫生行政部门提出申请并提交相关的安全性评估材料。国务院卫生行政部门作出是否准予许可的决定，并及时制定相应的食品安全国家标准。

境外发生的食品安全事件可能对我国境内造成影响，或者在进口食品中发现严重食品安全问题的，国家出入境检验检疫部门应当及时采取风险预警或者控制措施，并向国务院卫生行政、农业行政、工商行政管理和国家食品药品监督管理部门通报。接到通报的部门应当及时采取相应措施。

向我国境内出口食品的出口商或者代理商应当向国家出入境检验检疫部门备案。向我国境内出口食品的境外食品生产企业应当经国家出入境检验检疫部门注册。国家出入境检验检疫部门应当定期公布已经备案的出口商、代理商和已经注册的境外食品生产企业名单。

进口的预包装食品应当有中文标签、中文说明书。标签、说明书应当符合本法以及我国其他有关法律、行政法规的规定和食品安全国家标准的要求，载明食品的原产地以及境内代理商的名称、地址、联系方式。预包装食品没有中文标签、中文说明书或者标签、说明书不符合本条规定的，不得进口。

进口商应当建立食品进口和销售记录制度，如实记录食品的名称、规格、数量、生产日期、生产或者进口批号、保质期、出口商和购货者名称及联系方式、交货日期等内容。

食品进口和销售记录应当真实，保存期限不得少于 2 年。

二、出口食品的有关规定

国家出入境检验检疫部门应当建立进出口食品的进口商、出口商和出口食品生产企业的信誉记录，并予以公布。对有不良记录的进口商、出口商和出口食品生产企业，应当加强对其进出口食品的检验检疫。

出口的食品由出入境检验检疫机构进行监督、抽检，海关凭出入境检验检疫机构签发的通关证明放行。

出口食品生产企业和出口食品原料种植、养殖场应当向国家出入境检验检疫部门备案。

第八节 食品安全事故的预防和处置制度

一、制定食品安全事故应急预案

国务院组织制定国家食品安全事故应急预案。

县级以上地方人民政府应当根据有关法律、法规的规定和上级人民政府的食品安全事故应急预案以及本地区的实际情况，制定本行政区域的食品安全事故应急预案，并报上一级人民政府备案。

食品生产经营企业应当制定食品安全事故处置方案，定期检查本企业各项食品安全防范措施的落实情况，及时消除食品安全事故隐患。

二、发生食品安全事故各有关方的责任

1. 发生食品安全事故的单位应当立即予以处置，防止事故扩大。事故发生单位和接收患者进行治疗的单位应当及时向事故发生地县级卫生行政部门报告。

2. 农业行政、质量监督、工商行政管理、食品药品监督管理部门在日常监督管理中发现食品安全事故，或者接到有关食品安全事故的举报，应当立即向卫生行政部门通报。

3. 县级卫生行政部门接到发生重大食品安全事故的报告，应当按照规定向本级人民政府和上级人民政府卫生行政部门报告。县级人民政府和上级人民政府卫生行政部门应当按照规定上报。任何单位或者个人不得对食品安全事故隐瞒、谎报、缓报，不得毁灭有关证据。

4. 县级以上卫生行政部门接到食品安全事故的报告后，应当立即会同有关农业行政、质量监督、工商行政管理、食品药品监督管理部门进行调查处理，并采取下列措施，防止或者减轻社会危害。

(1) 开展应急救援工作，对因食品安全事故导致人身伤害的人员，卫生行政部门应当立即组织救治。

(2) 封存可能导致食品安全事故的食品及其原料，并立即进行检验；对确认属于被污染的食品及其原料，责令食品生产经营者依照本法第五十三条的规定予以召回、停止经营并销毁。

(3) 封存被污染的食品用工具及用具，并责令进行清洗消毒。

(4) 做好信息发布工作，依法对食品安全事故及其处理情况进行发布，并对可能产生的危害加以解释、说明。

发生重大食品安全事故的，县级以上人民政府应当立即成立食品安全事故处置指挥机构，启动应急预案，依照前款规定进行处置。

三、事故责任的调查处理

1. 发生重大食品安全事故，设区的市级以上人民政府卫生行政部门应当立即会同有关部门进行事故责任调查，督促有关部门履行职责，向本级人民政府提出事故责任调查处理报告。

重大食品安全事故涉及两个以上省、自治区、直辖市的，由国务院卫生行政部门依照前款规定组织事故责任调查。

2. 发生食品安全事故，县级以上疾病预防控制机构应当协助卫生行政部门和有关部门对事故现场进行卫生处理，并对与食品安全事故有关的因素开展流行病学调查。

3. 调查食品安全事故，除了查明事故单位的责任，还应当查明负有监督管理和认证

职责的监督管理部门、认证机构的工作人员失职、渎职情况。

第九节 监督管理制度

一、制定监督管理计划

县级以上地方人民政府组织本级卫生行政、农业行政、质量监督、工商行政管理、食品药品监督管理部门制定本行政区域的食品安全年度监督管理计划，并按照年度计划组织开展工作。

二、监督管理部门职责

1. 县级以上质量监督、工商行政管理、食品药品监督管理部门履行各自食品安全监督管理职责，有权采取下列措施。

（1）进入生产经营场所实施现场检查。

（2）对生产经营的食品进行抽样检验。

（3）查阅、复制有关合同、票据、账簿以及其他有关资料。

（4）查封、扣押有证据证明不符合食品安全标准的食品，违法使用的食品原料、食品添加剂、食品相关产品，以及用于违法生产经营或者被污染的工具、设备。

（5）查封违法从事食品生产经营活动的场所。

2. 县级以上质量监督、工商行政管理、食品药品监督管理部门对食品生产经营者进行监督检查，应当记录监督检查的情况和处理结果。监督检查记录经监督检查人员和食品生产经营者签字后归档。

3. 县级以上质量监督、工商行政管理、食品药品监督管理部门应当建立食品生产经营者食品安全信用档案，记录许可颁发、日常监督检查结果、违法行为查处等情况；根据食品安全信用档案的记录，对有不良信用记录的食品生产经营者增加监督检查频次。

4. 县级以上卫生行政、质量监督、工商行政管理、食品药品监督管理部门接到咨询、投诉、举报，对属于本部门职责的，应当受理，并及时进行答复、核实、处理；对不属于本部门职责的，应当书面通知并移交有权处理的部门处理。有权处理的部门应当及时处理，不得推诿；属于食品安全事故的，依照本法第七章有关规定进行处置。

5. 县级以上卫生行政、质量监督、工商行政管理、食品药品监督管理部门应当按照法定权限和程序履行食品安全监督管理职责；对生产经营者的同一违法行为，不得给予 2 次以上罚款的行政处罚；涉嫌犯罪的，应当依法向公安机关移送。

三、建立食品安全信息统一公布制度

国家建立食品安全信息统一公布制度。下列信息由国务院卫生行政部门统一公布。

1. 国家食品安全总体情况。
2. 食品安全风险评估信息和食品安全风险警示信息。
3. 重大食品安全事故及其处理信息。
4. 其他重要的食品安全信息和国务院确定的需要统一公布的信息。

以上第2项、第3项规定的信息，其影响限于特定区域的，也可以由有关省、自治区、直辖市人民政府卫生行政部门公布。县级以上农业行政、质量监督、工商行政管理、食品药品监督管理部门依据各自职责公布食品安全日常监督管理信息。

食品安全监督管理部门公布信息，应当做到准确、及时、客观。

第十节 法律责任

一、行政责任

（一）食品生产经营者的行政责任

1. 未经相关许可从事食品生产经营活动或者未经许可生产食品添加剂的，严重的构成非法经营罪，尚不构成犯罪给予行政处罚。

2. 生产经营者有下列情形之一的，由有关主管部门按照各自职责分工，没收违法所得、违法生产经营的食品和用于违法生产经营的工具、设备、原料等物品；违法生产经营的食品货值金额不足一万元的，并处二千元以上五万元以下罚款；货值金额一万元以上的，并处货值金额五倍以上十倍以下罚款；情节严重的，吊销许可证。

（1）用非食品原料生产食品或者在食品中添加食品添加剂以外的化学物质和其他可能危害人体健康的物质，或者用回收食品作为原料生产食品。

（2）生产经营致病性微生物、农药残留、兽药残留、重金属、污染物质以及其他危害人体健康的物质含量超过食品安全标准限量的食品。

（3）生产经营营养成分不符合食品安全标准的专供婴幼儿和其他特定人群的主辅食品。

（4）经营腐败变质、油脂酸败、霉变生虫、污秽不洁、混有异物、掺假掺杂或者感官性状异常的食品。

（5）经营病死、毒死或者死因不明的禽、畜、兽、水产动物肉类，或者生产经营病死、毒死或者死因不明的禽、畜、兽、水产动物肉类的制品。

（6）经营未经动物卫生监督机构检疫或者检疫不合格的肉类，或者生产经营未经检验或者检验不合格的肉类制品。

（7）经营超过保质期的食品。

（8）生产经营国家为防病等特殊需要明令禁止生产经营的食品。

（9）利用新的食品原料从事食品生产或者从事食品添加剂新品种、食品相关产品新品种生产，未经过安全性评估。

（10）食品生产经营者在有关主管部门责令其召回或者停止经营不符合食品安全标准的食品后，仍拒不召回或者停止经营的。

3. 生产经营者违反《食品安全法》的规定，有下列情形之一的，由有关主管部门按照各自职责分工，没收违法所得、违法生产经营的食品和用于违法生产经营的工具、设备、原料等物品；违法生产经营的食品货值金额不足一万元的，并处二千元以上五万元以下罚款；货值金额一万元以上的，并处货值金额二倍以上五倍以下罚款；情节严重的，责令停产停业，直至吊销许可证。

(1) 经营被包装材料、容器、运输工具等污染的食品。

(2) 生产经营无标签的预包装食品、食品添加剂或者标签、说明书不符合本法规定的食品、食品添加剂。

(3) 食品生产者采购、使用不符合食品安全标准的食品原料、食品添加剂、食品相关产品。

(4) 食品生产经营者在食品中添加药品。

4. 生产经营者违反《食品安全法》的规定,有下列情形之一的,由有关主管部门按照各自职责分工,责令改正,给予警告;拒不改正的,处二千元以上二万元以下罚款;情节严重的,责令停产停业,直至吊销许可证。

(1) 未对采购的食品原料和生产的食品、食品添加剂、食品相关产品进行检验。

(2) 未建立并遵守查验记录制度、出厂检验记录制度。

(3) 制定食品安全企业标准未依照本法规定备案。

(4) 未按规定要求贮存、销售食品或者清理库存食品。

(5) 进货时未查验许可证和相关证明文件。

(6) 生产的食品、食品添加剂的标签、说明书涉及疾病预防、治疗功能。

(7) 安排患有《食品安全法》第三十四条所列疾病的人员从事接触直接入口食品的工作。

5. 被吊销食品生产、流通或者餐饮服务许可证的单位,其直接负责的主管人员自处罚决定作出之日起5年内不得从事食品生产经营管理工作。

食品生产经营者聘用不得从事食品生产经营管理工作的人员从事管理工作的,由原发证部门吊销许可证。

(二) 对事故单位的行政处罚

事故单位违反《食品安全法》的规定,在发生食品安全事故后未进行处置、报告的,由有关主管部门按照各自职责分工,责令改正,给予警告;毁灭有关证据的,责令停产停业,并处二千元以上十万元以下罚款;造成严重后果的,由原发证部门吊销许可证。

(三) 对违反进出口规定行为的处罚

违反《食品安全法》规定,有下列情形之一的,依照法律规定给予处罚。

1. 进口不符合我国食品安全国家标准的食品。

2. 进口尚无食品安全国家标准的食品,或者首次进口食品添加剂新品种、食品相关产品新品种,未经过安全性评估。

3. 出口商未遵守《食品安全法》的规定出口食品。

进口商未建立并遵守食品进口和销售记录制度的,依照法律的规定给予处罚。

(四) 集中交易高层的开办者、柜台出租者、展销会的举办者的违反行为处罚

集中交易市场的开办者、柜台出租者、展销会的举办者允许未取得许可的食品经营者进入市场销售食品,或者未履行检查、报告等义务的,由有关主管部门按照各自职责分工,处二千元以上五万元以下罚款;造成严重后果的,责令停业,由原发证部门吊销许可证。

(五) 从事违法食品运输活动的处罚

违反《食品安全法》规定,未按照要求进行食品运输的,由有关主管部门按照各自职责

分工，责令改正，给予警告；拒不改正的，责令停产停业，并处二千元以上五万元以下罚款；情节严重的，由原发证部门吊销许可证。

（六）食品检验机构、食品检验人员

食品检验机构、食品检验人员违反《食品安全法》规定，出具虚假检验报告的，由授予其资质的主管部门或者机构撤销该检验机构的检验资格；依法对检验机构直接负责的主管人员和食品检验人员给予撤职或者开除的处分。

违反《食品安全法》规定，受到刑事处罚或者开除处分的食品检验机构人员，自刑罚执行完毕或者处分决定作出之日起 10 年内不得从事食品检验工作。食品检验机构聘用不得从事食品检验工作的人员的，由授予其资质的主管部门或者机构撤销该检验机构的检验资格。

（七）违法食品广告

在食品广告中对食品质量作虚假宣传，欺骗消费者的，依照《中华人民共和国广告法》的规定给予处罚。

食品安全监督管理部门或者承担食品检验职责的机构、食品行业协会、消费者协会违反本法规定，以广告或者其他形式向消费者推荐食品的，由有关主管部门没收违法所得，依法对直接负责的主管人员和其他直接责任人员给予记大过、降级或者撤职的处分。

（八）行政机关的违法处罚

违反《食品安全法》规定，县级以上地方人民政府在食品安全监督管理中未履行职责，本行政区域出现重大食品安全事故、造成严重社会影响的，依法对直接负责的主管人员和其他直接责任人员给予记大过、降级、撤职或者开除的处分。

违反《食品安全法》规定，县级以上卫生行政、农业行政、质量监督、工商行政管理、食品药品监督管理部门或者其他有关行政部门不履行本法规定的职责或者滥用职权、玩忽职守、徇私舞弊的，依法对直接负责的主管人员和其他直接责任人员给予记大过或者降级的处分；造成严重后果的，给予撤职或者开除的处分；其主要负责人应当引咎辞职。

二、民事责任

法律规定，造成人身、财产或者其他损害的，依法承担赔偿责任。为保障受害人的权益，法律还规定，如果违法者应当承担民事赔偿责任和缴纳罚款、罚金，其财产不足以同时支付时，先承担民事赔偿责任。

生产不符合食品安全标准的食品或者销售明知是不符合食品安全标准的食品，消费者除要求赔偿损失外，还可以向生产者或者销售者要求支付价款十倍的赔偿金。

三、刑事责任

违反《食品安全法》，造成严重食物中毒事故或者严重食源性疾病，致人死亡或者致人残疾因而丧失劳动能力的，可根据案件的不同情况，依据《中华人民共和国刑法》第一百四十三条、一百四十四条、一百四十条追究刑事责任。

附

中华人民共和国食品安全法

第一章　总　　则

第一条　为保证食品安全，保障公众身体健康和生命安全，制定本法。

第二条　在中华人民共和国境内从事下列活动，应当遵守本法：

（一）食品生产和加工（以下称食品生产），食品流通和餐饮服务（以下称食品经营）；

（二）食品添加剂的生产经营；

（三）用于食品的包装材料、容器、洗涤剂、消毒剂和用于食品生产经营的工具、设备（以下称食品相关产品）的生产经营；

（四）食品生产经营者使用食品添加剂、食品相关产品；

（五）对食品、食品添加剂和食品相关产品的安全管理。

供食用的源于农业的初级产品（以下称食用农产品）的质量安全管理，遵守《中华人民共和国农产品质量安全法》的规定。但是，制定有关食用农产品的质量安全标准、公布食用农产品安全有关信息，应当遵守本法的有关规定。

第三条　食品生产经营者应当依照法律、法规和食品安全标准从事生产经营活动，对社会和公众负责，保证食品安全，接受社会监督，承担社会责任。

第四条　国务院设立食品安全委员会，其工作职责由国务院规定。

国务院卫生行政部门承担食品安全综合协调职责，负责食品安全风险评估、食品安全标准制定、食品安全信息公布、食品检验机构的资质认定条件和检验规范的制定，组织查处食品安全重大事故。

国务院质量监督、工商行政管理和国家食品药品监督管理部门依照本法和国务院规定的职责，分别对食品生产、食品流通、餐饮服务活动实施监督管理。

第五条　县级以上地方人民政府统一负责、领导、组织、协调本行政区域的食品安全监督管理工作，建立健全食品安全全程监督管理的工作机制；统一领导、指挥食品安全突发事件应对工作；完善、落实食品安全监督管理责任制，对食品安全监督管理部门进行评议、考核。

县级以上地方人民政府依照本法和国务院的规定确定本级卫生行政、农业行政、质量监督、工商行政管理、食品药品监督管理部门的食品安全监督管理职责。有关部门在各自职责范围内负责本行政区域的食品安全监督管理工作。

上级人民政府所属部门在下级行政区域设置的机构应当在所在地人民政府的统一组织、协调下，依法做好食品安全监督管理工作。

第六条　县级以上卫生行政、农业行政、质量监督、工商行政管理、食品药品监督管理部门应当加强沟通、密切配合，按照各自职责分工，依法行使职权，承担责任。

第七条　食品行业协会应当加强行业自律，引导食品生产经营者依法生产经营，推动行业诚信建设，宣传、普及食品安全知识。

第八条　国家鼓励社会团体、基层群众性自治组织开展食品安全法律、法规以及食品安全标准和知识的普及工作，倡导健康的饮食方式，增强消费者食品安全意识和自我保护能力。

新闻媒体应当开展食品安全法律、法规以及食品安全标准和知识的公益宣传，并对违反本法的行为进行舆论监督。

第九条　国家鼓励和支持开展与食品安全有关的基础研究和应用研究，鼓励和支持食品生产经营者为提高食品安全水平采用先进技术和先进管理规范。

第十条　任何组织或者个人有权举报食品生产经营中违反本法的行为，有权向有关部门了解食品安全信息,对食品安全监督管理工作提出意见和建议。

第二章 食品安全风险监测和评估

第十一条 国家建立食品安全风险监测制度,对食源性疾病、食品污染以及食品中的有害因素进行监测。

国务院卫生行政部门会同国务院有关部门制定、实施国家食品安全风险监测计划。省、自治区、直辖市人民政府卫生行政部门根据国家食品安全风险监测计划,结合本行政区域的具体情况,组织制定、实施本行政区域的食品安全风险监测方案。

第十二条 国务院农业行政、质量监督、工商行政管理和国家食品药品监督管理等有关部门获知有关食品安全风险信息后,应当立即向国务院卫生行政部门通报。国务院卫生行政部门会同有关部门对信息核实后,应当及时调整食品安全风险监测计划。

第十三条 国家建立食品安全风险评估制度,对食品、食品添加剂中生物性、化学性和物理性危害进行风险评估。

国务院卫生行政部门负责组织食品安全风险评估工作,成立由医学、农业、食品、营养等方面的专家组成的食品安全风险评估专家委员会进行食品安全风险评估。

对农药、肥料、生长调节剂、兽药、饲料和饲料添加剂等的安全性评估,应当有食品安全风险评估专家委员会的专家参加。

食品安全风险评估应当运用科学方法,根据食品安全风险监测信息、科学数据以及其他有关信息进行。

第十四条 国务院卫生行政部门通过食品安全风险监测或者接到举报发现食品可能存在安全隐患的,应当立即组织进行检验和食品安全风险评估。

第十五条 国务院农业行政、质量监督、工商行政管理和国家食品药品监督管理等有关部门应当向国务院卫生行政部门提出食品安全风险评估的建议,并提供有关信息和资料。

国务院卫生行政部门应当及时向国务院有关部门通报食品安全风险评估的结果。

第十六条 食品安全风险评估结果是制定、修订食品安全标准和对食品安全实施监督管理的科学依据。

食品安全风险评估结果得出食品不安全结论的,国务院质量监督、工商行政管理和国家食品药品监督管理部门应当依据各自职责立即采取相应措施,确保该食品停止生产经营,并告知消费者停止食用;需要制定、修订相关食品安全国家标准的,国务院卫生行政部门应当立即制定、修订。

第十七条 国务院卫生行政部门应当会同国务院有关部门,根据食品安全风险评估结果、食品安全监督管理信息,对食品安全状况进行综合分析。对经综合分析表明可能具有较高程度安全风险的食品,国务院卫生行政部门应当及时提出食品安全风险警示,并予以公布。

第三章 食品安全标准

第十八条 制定食品安全标准,应当以保障公众身体健康为宗旨,做到科学合理、安全可靠。

第十九条 食品安全标准是强制执行的标准。除食品安全标准外,不得制定其他的食品强制性标准。

第二十条 食品安全标准应当包括下列内容:

(一) 食品、食品相关产品中的致病性微生物、农药残留、兽药残留、重金属、污染物质以及其他危害人体健康物质的限量规定;

(二) 食品添加剂的品种、使用范围、用量;

(三) 专供婴幼儿和其他特定人群的主辅食品的营养成分要求;

（四）对与食品安全、营养有关的标签、标识、说明书的要求；

（五）食品生产经营过程的卫生要求；

（六）与食品安全有关的质量要求；

（七）食品检验方法与规程；

（八）其他需要制定为食品安全标准的内容。

第二十一条　食品安全国家标准由国务院卫生行政部门负责制定、公布，国务院标准化行政部门提供国家标准编号。

食品中农药残留、兽药残留的限量规定及其检验方法与规程由国务院卫生行政部门、国务院农业行政部门制定。

屠宰畜、禽的检验规程由国务院有关主管部门会同国务院卫生行政部门制定。

有关产品国家标准涉及食品安全国家标准规定内容的，应当与食品安全国家标准相一致。

第二十二条　国务院卫生行政部门应当对现行的食用农产品质量安全标准、食品卫生标准、食品质量标准和有关食品的行业标准中强制执行的标准予以整合，统一公布为食品安全国家标准。

本法规定的食品安全国家标准公布前，食品生产经营者应当按照现行食用农产品质量安全标准、食品卫生标准、食品质量标准和有关食品的行业标准生产经营食品。

第二十三条　食品安全国家标准应当经食品安全国家标准审评委员会审查通过。食品安全国家标准审评委员会由医学、农业、食品、营养等方面的专家以及国务院有关部门的代表组成。

制定食品安全国家标准，应当依据食品安全风险评估结果并充分考虑食用农产品质量安全风险评估结果，参照相关的国际标准和国际食品安全风险评估结果，并广泛听取食品生产经营者和消费者的意见。

第二十四条　没有食品安全国家标准的，可以制定食品安全地方标准。

省、自治区、直辖市人民政府卫生行政部门组织制定食品安全地方标准，应当参照执行本法有关食品安全国家标准制定的规定，并报国务院卫生行政部门备案。

第二十五条　企业生产的食品没有食品安全国家标准或者地方标准的，应当制定企业标准，作为组织生产的依据。国家鼓励食品生产企业制定严于食品安全国家标准或者地方标准的企业标准。企业标准应当报省级卫生行政部门备案，在本企业内部适用。

第二十六条　食品安全标准应当供公众免费查阅。

第四章　食品生产经营

第二十七条　食品生产经营应当符合食品安全标准，并符合下列要求：

（一）具有与生产经营的食品品种、数量相适应的食品原料处理和食品加工、包装、贮存等场所，保持该场所环境整洁，并与有毒、有害场所以及其他污染源保持规定的距离；

（二）具有与生产经营的食品品种、数量相适应的生产经营设备或者设施，有相应的消毒、更衣、盥洗、采光、照明、通风、防腐、防尘、防蝇、防鼠、防虫、洗涤以及处理废水、存放垃圾和废弃物的设备或者设施；

（三）有食品安全专业技术人员、管理人员和保证食品安全的规章制度；

（四）具有合理的设备布局和工艺流程，防止待加工食品与直接入口食品、原料与成品交叉污染，避免食品接触有毒物、不洁物；

（五）餐具、饮具和盛放直接入口食品的容器，使用前应当洗净、消毒，炊具、用具用后应当洗净，保持清洁；

（六）贮存、运输和装卸食品的容器、工具和设备应当安全、无害，保持清洁，防止食品污染，并符合保证食品安全所需的温度等特殊要求，不得将食品与有毒、有害物品一同运输；

（七）直接入口的食品应当有小包装或者使用无毒、清洁的包装材料、餐具；

（八）食品生产经营人员应当保持个人卫生，生产经营食品时，应当将手洗净，穿戴清洁的工作衣、帽；销售无包装的直接入口食品时，应当使用无毒、清洁的售货工具；

（九）用水应当符合国家规定的生活饮用水卫生标准；

（十）使用的洗涤剂、消毒剂应当对人体安全、无害；

（十一）法律、法规规定的其他要求。

第二十八条　禁止生产经营下列食品：

（一）用非食品原料生产的食品或者添加食品添加剂以外的化学物质和其他可能危害人体健康物质的食品，或者用回收食品作为原料生产的食品；

（二）致病性微生物、农药残留、兽药残留、重金属、污染物质以及其他危害人体健康的物质含量超过食品安全标准限量的食品；

（三）营养成分不符合食品安全标准的专供婴幼儿和其他特定人群的主辅食品；

（四）腐败变质、油脂酸败、霉变生虫、污秽不洁、混有异物、掺假掺杂或者感官性状异常的食品；

（五）病死、毒死或者死因不明的禽、畜、兽、水产动物肉类及其制品；

（六）未经动物卫生监督机构检疫或者检疫不合格的肉类，或者未经检验或者检验不合格的肉类制品；

（七）被包装材料、容器、运输工具等污染的食品；

（八）超过保质期的食品；

（九）无标签的预包装食品；

（十）国家为防病等特殊需要明令禁止生产经营的食品；

（十一）其他不符合食品安全标准或者要求的食品。

第二十九条　国家对食品生产经营实行许可制度。从事食品生产、食品流通、餐饮服务，应当依法取得食品生产许可、食品流通许可、餐饮服务许可。

取得食品生产许可的食品生产者在其生产场所销售其生产的食品，不需要取得食品流通的许可；取得餐饮服务许可的餐饮服务提供者在其餐饮服务场所出售其制作加工的食品，不需要取得食品生产和流通的许可；农民个人销售其自产的食用农产品，不需要取得食品流通的许可。

食品生产加工小作坊和食品摊贩从事食品生产经营活动，应当符合本法规定的与其生产经营规模、条件相适应的食品安全要求，保证所生产经营的食品卫生、无毒、无害，有关部门应当对其加强监督管理，具体管理办法由省、自治区、直辖市人民代表大会常务委员会依照本法制定。

第三十条　县级以上地方人民政府鼓励食品生产加工小作坊改进生产条件；鼓励食品摊贩进入集中交易市场、店铺等固定场所经营。

第三十一条　县级以上质量监督、工商行政管理、食品药品监督管理部门应当依照《中华人民共和国行政许可法》的规定，审核申请人提交的本法第二十七条第一项至第四项规定要求的相关资料，必要时对申请人的生产经营场所进行现场核查；对符合规定条件的，决定准予许可；对不符合规定条件的，决定不予许可并书面说明理由。

第三十二条　食品生产经营企业应当建立健全本单位的食品安全管理制度，加强对职工食品安全知识的培训，配备专职或者兼职食品安全管理人员，做好对所生产经营食品的检验工作，依法从事食品生产经营活动。

第三十三条　国家鼓励食品生产经营企业符合良好生产规范要求，实施危害分析与关键控制点体系，提高食品安全管理水平。

对通过良好生产规范、危害分析与关键控制点体系认证的食品生产经营企业，认证机构应当依法实施跟踪调查；对不再符合认证要求的企业，应当依法撤销认证，及时向有关质量监督、工商行政管理、食品药品监督管理部门通报，并向社会公布。认证机构实施跟踪调查不收取任何费用。

第三十四条 食品生产经营者应当建立并执行从业人员健康管理制度。患有痢疾、伤寒、病毒性肝炎等消化道传染病的人员，以及患有活动性肺结核、化脓性或者渗出性皮肤病等有碍食品安全的疾病的人员，不得从事接触直接入口食品的工作。

食品生产经营人员每年应当进行健康检查，取得健康证明后方可参加工作。

第三十五条 食用农产品生产者应当依照食品安全标准和国家有关规定使用农药、肥料、生长调节剂、兽药、饲料和饲料添加剂等农业投入品。食用农产品的生产企业和农民专业合作经济组织应当建立食用农产品生产记录制度。

县级以上农业行政部门应当加强对农业投入品使用的管理和指导，建立健全农业投入品的安全使用制度。

第三十六条 食品生产者采购食品原料、食品添加剂、食品相关产品，应当查验供货者的许可证和产品合格证明文件；对无法提供合格证明文件的食品原料，应当依照食品安全标准进行检验；不得采购或者使用不符合食品安全标准的食品原料、食品添加剂、食品相关产品。

食品生产企业应当建立食品原料、食品添加剂、食品相关产品进货查验记录制度，如实记录食品原料、食品添加剂、食品相关产品的名称、规格、数量、供货者名称及联系方式、进货日期等内容。

食品原料、食品添加剂、食品相关产品进货查验记录应当真实，保存期限不得少于二年。

第三十七条 食品生产企业应当建立食品出厂检验记录制度，查验出厂食品的检验合格证和安全状况，并如实记录食品的名称、规格、数量、生产日期、生产批号、检验合格证号、购货者名称及联系方式、销售日期等内容。

食品出厂检验记录应当真实，保存期限不得少于二年。

第三十八条 食品、食品添加剂和食品相关产品的生产者，应当依照食品安全标准对所生产的食品、食品添加剂和食品相关产品进行检验，检验合格后方可出厂或者销售。

第三十九条 食品经营者采购食品，应当查验供货者的许可证和食品合格的证明文件。

食品经营企业应当建立食品进货查验记录制度，如实记录食品的名称、规格、数量、生产批号、保质期、供货者名称及联系方式、进货日期等内容。

食品进货查验记录应当真实，保存期限不得少于二年。

实行统一配送经营方式的食品经营企业，可以由企业总部统一查验供货者的许可证和食品合格的证明文件，进行食品进货查验记录。

第四十条 食品经营者应当按照保证食品安全的要求贮存食品，定期检查库存食品，及时清理变质或者超过保质期的食品。

第四十一条 食品经营者贮存散装食品，应当在贮存位置标明食品的名称、生产日期、保质期、生产者名称及联系方式等内容。

食品经营者销售散装食品，应当在散装食品的容器、外包装上标明食品的名称、生产日期、保质期、生产经营者名称及联系方式等内容。

第四十二条 预包装食品的包装上应当有标签。标签应当标明下列事项：

（一）名称、规格、净含量、生产日期；

（二）成分或者配料表；

（三）生产者的名称、地址、联系方式；

（四）保质期；

（五）产品标准代号；

（六）贮存条件；

（七）所使用的食品添加剂在国家标准中的通用名称；

（八）生产许可证编号；

（九）法律、法规或者食品安全标准规定必须标明的其他事项。

专供婴幼儿和其他特定人群的主辅食品，其标签还应当标明主要营养成分及其含量。

第四十三条　国家对食品添加剂的生产实行许可制度。申请食品添加剂生产许可的条件、程序，按照国家有关工业产品生产许可证管理的规定执行。

第四十四条　申请利用新的食品原料从事食品生产或者从事食品添加剂新品种、食品相关产品新品种生产活动的单位或者个人，应当向国务院卫生行政部门提交相关产品的安全性评估材料。国务院卫生行政部门应当自收到申请之日起六十日内组织对相关产品的安全性评估材料进行审查；对符合食品安全要求的，依法决定准予许可并予以公布；对不符合食品安全要求的，决定不予许可并书面说明理由。

第四十五条　食品添加剂应当在技术上确有必要且经过风险评估证明安全可靠，方可列入允许使用的范围。国务院卫生行政部门应当根据技术必要性和食品安全风险评估结果，及时对食品添加剂的品种、使用范围、用量的标准进行修订。

第四十六条　食品生产者应当依照食品安全标准关于食品添加剂的品种、使用范围、用量的规定使用食品添加剂；不得在食品生产中使用食品添加剂以外的化学物质和其他可能危害人体健康的物质。

第四十七条　食品添加剂应当有标签、说明书和包装。标签、说明书应当载明本法第四十二条第一款第一项至第六项、第八项、第九项规定的事项，以及食品添加剂的使用范围、用量、使用方法，并在标签上载明“食品添加剂”字样。

第四十八条　食品和食品添加剂的标签、说明书，不得含有虚假、夸大的内容，不得涉及疾病预防、治疗功能。生产者对标签、说明书上所载明的内容负责。

食品和食品添加剂的标签、说明书应当清楚、明显，容易辨识。

食品和食品添加剂与其标签、说明书所载明的内容不符的，不得上市销售。

第四十九条　食品经营者应当按照食品标签标示的警示标志、警示说明或者注意事项的要求，销售预包装食品。

第五十条　生产经营的食品中不得添加药品，但是可以添加按照传统既是食品又是中药材的物质。按照传统既是食品又是中药材的物质的目录由国务院卫生行政部门制定、公布。

第五十一条　国家对声称具有特定保健功能的食品实行严格监管。有关监督管理部门应当依法履职，承担责任。具体管理办法由国务院规定。

声称具有特定保健功能的食品不得对人体产生急性、亚急性或者慢性危害，其标签、说明书不得涉及疾病预防、治疗功能，内容必须真实，应当载明适宜人群、不适宜人群、功效成分或者标志性成分及其含量等；产品的功能和成分必须与标签、说明书相一致。

第五十二条　集中交易市场的开办者、柜台出租者和展销会举办者，应当审查入场食品经营者的许可证，明确入场食品经营者的食品安全管理责任，定期对入场食品经营者的经营环境和条件进行检查，发现食品经营者有违反本法规定的行为的，应当及时制止并立即报告所在地县级工商行政管理部门或者食品药品监督管理部门。

集中交易市场的开办者、柜台出租者和展销会举办者未履行前款规定义务，本市场发生食品安全事故的，应当承担连带责任。

第五十三条　国家建立食品召回制度。食品生产者发现其生产的食品不符合食品安全标准，应当立即停止生产，召回已经上市销售的食品，通知相关生产经营者和消费者，并记录召回和通知情况。

食品经营者发现其经营的食品不符合食品安全标准，应当立即停止经营，通知相关生产经营者和消费者，并记录停止经营和通知情况。食品生产者认为应当召回的，应当立即召回。

食品生产者应当对召回的食品采取补救、无害化处理、销毁等措施，并将食品召回和处理情况向县级以上质量监督部门报告。

食品生产经营者未依照本条规定召回或者停止经营不符合食品安全标准的食品的，县级以上质量监督、工商行政管理、食品药品监督管理部门可以责令其召回或者停止经营。

第五十四条　食品广告的内容应当真实合法，不得含有虚假、夸大的内容，不得涉及疾病预防、治疗功能。

食品安全监督管理部门或者承担食品检验职责的机构、食品行业协会、消费者协会不得以广告或者其他形式向消费者推荐食品。

第五十五条　社会团体或者其他组织、个人在虚假广告中向消费者推荐食品，使消费者的合法权益受到损害的，与食品生产经营者承担连带责任。

第五十六条　地方各级人民政府鼓励食品规模化生产和连锁经营、配送。

第五章　食 品 检 验

第五十七条　食品检验机构按照国家有关认证认可的规定取得资质认定后，方可从事食品检验活动。但是，法律另有规定的除外。

食品检验机构的资质认定条件和检验规范，由国务院卫生行政部门规定。

本法施行前经国务院有关主管部门批准设立或者经依法认定的食品检验机构，可以依照本法继续从事食品检验活动。

第五十八条　食品检验由食品检验机构指定的检验人独立进行。

检验人应当依照有关法律、法规的规定，并依照食品安全标准和检验规范对食品进行检验，尊重科学，恪守职业道德，保证出具的检验数据和结论客观、公正，不得出具虚假的检验报告。

第五十九条　食品检验实行食品检验机构与检验人负责制。食品检验报告应当加盖食品检验机构公章，并有检验人的签名或者盖章。食品检验机构和检验人对出具的食品检验报告负责。

第六十条　食品安全监督管理部门对食品不得实施免检。

县级以上质量监督、工商行政管理、食品药品监督管理部门应当对食品进行定期或者不定期的抽样检验。进行抽样检验，应当购买抽取的样品，不收取检验费和其他任何费用。

县级以上质量监督、工商行政管理、食品药品监督管理部门在执法工作中需要对食品进行检验的，应当委托符合本法规定的食品检验机构进行，并支付相关费用。对检验结论有异议的，可以依法进行复检。

第六十一条　食品生产经营企业可以自行对所生产的食品进行检验，也可以委托符合本法规定的食品检验机构进行检验。

食品行业协会等组织、消费者需要委托食品检验机构对食品进行检验的，应当委托符合本法规定的食品检验机构进行。

第六章　食 品 进 出 口

第六十二条　进口的食品、食品添加剂以及食品相关产品应当符合我国食品安全国家标准。

进口的食品应当经出入境检验检疫机构检验合格后，海关凭出入境检验检疫机构签发的通关证明放行。

第六十三条　进口尚无食品安全国家标准的食品，或者首次进口食品添加剂新品种、食品相关产品新品种，进口商应当向国务院卫生行政部门提出申请并提交相关的安全性评估材料。国务院卫生行政部门依照本法第四十四条的规定作出是否准予许可的决定，并及时制定相应的食品安全国家标准。

第六十四条　境外发生的食品安全事件可能对我国境内造成影响，或者在进口食品中发现严重食品安全问题的，国家出入境检验检疫部门应当及时采取风险预警或者控制措施，并向国务院卫生行政、农业行政、工商行政管理和国家食品药品监督管理部门通报。接到通报的部门应当及时采取相应措施。

第六十五条　向我国境内出口食品的出口商或者代理商应当向国家出入境检验检疫部门备案。向我国境内出口食品的境外食品生产企业应当经国家出入境检验检疫部门注册。

国家出入境检验检疫部门应当定期公布已经备案的出口商、代理商和已经注册的境外食品生产企业名单。

第六十六条　进口的预包装食品应当有中文标签、中文说明书。标签、说明书应当符合本法以及我国其他有关法律、行政法规的规定和食品安全国家标准的要求，载明食品的原产地以及境内代理商的名称、地址、联系方式。预包装食品没有中文标签、中文说明书或者标签、说明书不符合本条规定的，不得进口。

第六十七条　进口商应当建立食品进口和销售记录制度，如实记录食品的名称、规格、数量、生产日期、生产或者进口批号、保质期、出口商和购货者名称及联系方式、交货日期等内容。

食品进口和销售记录应当真实，保存期限不得少于二年。

第六十八条　出口的食品由出入境检验检疫机构进行监督、抽检，海关凭出入境检验检疫机构签发的通关证明放行。

出口食品生产企业和出口食品原料种植、养殖场应当向国家出入境检验检疫部门备案。

第六十九条　国家出入境检验检疫部门应当收集、汇总进出口食品安全信息，并及时通报相关部门、机构和企业。

国家出入境检验检疫部门应当建立进出口食品的进口商、出口商和出口食品生产企业的信誉记录，并予以公布。对有不良记录的进口商、出口商和出口食品生产企业，应当加强对其进出口食品的检验检疫。

第七章　食品安全事故处置

第七十条　国务院组织制定国家食品安全事故应急预案。

县级以上地方人民政府应当根据有关法律、法规的规定和上级人民政府的食品安全事故应急预案以及本地区的实际情况，制定本行政区域的食品安全事故应急预案，并报上一级人民政府备案。

食品生产经营企业应当制定食品安全事故处置方案，定期检查本企业各项食品安全防范措施的落实情况，及时消除食品安全事故隐患。

第七十一条　发生食品安全事故的单位应当立即予以处置，防止事故扩大。事故发生单位和接收患者进行治疗的单位应当及时向事故发生地县级卫生行政部门报告。

农业行政、质量监督、工商行政管理、食品药品监督管理部门在日常监督管理中发现食品安全事故，或者接到有关食品安全事故的举报，应当立即向卫生行政部门通报。

发生重大食品安全事故的，接到报告的县级卫生行政部门应当按照规定向本级人民政府和上级人民政府卫生行政部门报告。县级人民政府和上级人民政府卫生行政部门应当按照规定上报。

任何单位或者个人不得对食品安全事故隐瞒、谎报、缓报，不得毁灭有关证据。

第七十二条　县级以上卫生行政部门接到食品安全事故的报告后，应当立即会同有关农业行政、质量监督、工商行政管理、食品药品监督管理部门进行调查处理，并采取下列措施，防止或者减轻社会危害：

(一) 开展应急救援工作，对因食品安全事故导致人身伤害的人员，卫生行政部门应当立即组织救治；

(二) 封存可能导致食品安全事故的食品及其原料，并立即进行检验；对确认属于被污染的食品及其原料，责令食品生产经营者依照本法第五十三条的规定予以召回、停止经营并销毁；

（三）封存被污染的食品用工具及用具，并责令进行清洗消毒；

（四）做好信息发布工作，依法对食品安全事故及其处理情况进行发布，并对可能产生的危害加以解释、说明。

发生重大食品安全事故的，县级以上人民政府应当立即成立食品安全事故处置指挥机构，启动应急预案，依照前款规定进行处置。

第七十三条　发生重大食品安全事故，设区的市级以上人民政府卫生行政部门应当立即会同有关部门进行事故责任调查，督促有关部门履行职责，向本级人民政府提出事故责任调查处理报告。

重大食品安全事故涉及两个以上省、自治区、直辖市的，由国务院卫生行政部门依照前款规定组织事故责任调查。

第七十四条　发生食品安全事故，县级以上疾病预防控制机构应当协助卫生行政部门和有关部门对事故现场进行卫生处理，并对与食品安全事故有关的因素开展流行病学调查。

第七十五条　调查食品安全事故，除了查明事故单位的责任，还应当查明负有监督管理和认证职责的监督管理部门、认证机构的工作人员失职、渎职情况。

第八章　监 督 管 理

第七十六条　县级以上地方人民政府组织本级卫生行政、农业行政、质量监督、工商行政管理、食品药品监督管理部门制定本行政区域的食品安全年度监督管理计划，并按照年度计划组织开展工作。

第七十七条　县级以上质量监督、工商行政管理、食品药品监督管理部门履行各自食品安全监督管理职责，有权采取下列措施：

（一）进入生产经营场所实施现场检查；

（二）对生产经营的食品进行抽样检验；

（三）查阅、复制有关合同、票据、账簿以及其他有关资料；

（四）查封、扣押有证据证明不符合食品安全标准的食品，违法使用的食品原料、食品添加剂、食品相关产品，以及用于违法生产经营或者被污染的工具、设备；

（五）查封违法从事食品生产经营活动的场所。

县级以上农业行政部门应当依照《中华人民共和国农产品质量安全法》规定的职责，对食用农产品进行监督管理。

第七十八条　县级以上质量监督、工商行政管理、食品药品监督管理部门对食品生产经营者进行监督检查，应当记录监督检查的情况和处理结果。监督检查记录经监督检查人员和食品生产经营者签字后归档。

第七十九条　县级以上质量监督、工商行政管理、食品药品监督管理部门应当建立食品生产经营者食品安全信用档案，记录许可颁发、日常监督检查结果、违法行为查处等情况；根据食品安全信用档案的记录，对有不良信用记录的食品生产经营者增加监督检查频次。

第八十条　县级以上卫生行政、质量监督、工商行政管理、食品药品监督管理部门接到咨询、投诉、举报，对属于本部门职责的，应当受理，并及时进行答复、核实、处理；对不属于本部门职责的，应当书面通知并移交有权处理的部门处理。有权处理的部门应当及时处理，不得推诿；属于食品安全事故的，依照本法第七章有关规定进行处置。

第八十一条　县级以上卫生行政、质量监督、工商行政管理、食品药品监督管理部门应当按照法定权限和程序履行食品安全监督管理职责；对生产经营者的同一违法行为，不得给予二次以上罚款的行政处罚；涉嫌犯罪的，应当依法向公安机关移送。

第八十二条　国家建立食品安全信息统一公布制度。下列信息由国务院卫生行政部门统一公布：

（一）国家食品安全总体情况；

（二）食品安全风险评估信息和食品安全风险警示信息；

（三）重大食品安全事故及其处理信息；

（四）其他重要的食品安全信息和国务院确定的需要统一公布的信息。

前款第二项、第三项规定的信息，其影响限于特定区域的，也可以由有关省、自治区、直辖市人民政府卫生行政部门公布。县级以上农业行政、质量监督、工商行政管理、食品药品监督管理部门依据各自职责公布食品安全日常监督管理信息。

食品安全监督管理部门公布信息，应当做到准确、及时、客观。

第八十三条　县级以上地方卫生行政、农业行政、质量监督、工商行政管理、食品药品监督管理部门获知本法第八十二条第一款规定的需要统一公布的信息，应当向上级主管部门报告，由上级主管部门立即报告国务院卫生行政部门；必要时，可以直接向国务院卫生行政部门报告。

县级以上卫生行政、农业行政、质量监督、工商行政管理、食品药品监督管理部门应当相互通报获知的食品安全信息。

第九章　法 律 责 任

第八十四条　违反本法规定，未经许可从事食品生产经营活动，或者未经许可生产食品添加剂的，由有关主管部门按照各自职责分工，没收违法所得、违法生产经营的食品、食品添加剂和用于违法生产经营的工具、设备、原料等物品；违法生产经营的食品、食品添加剂货值金额不足一万元的，并处二千元以上五万元以下罚款；货值金额一万元以上的，并处货值金额五倍以上十倍以下罚款。

第八十五条　违反本法规定，有下列情形之一的，由有关主管部门按照各自职责分工，没收违法所得、违法生产经营的食品和用于违法生产经营的工具、设备、原料等物品；违法生产经营的食品货值金额不足一万元的，并处二千元以上五万元以下罚款；货值金额一万元以上的，并处货值金额五倍以上十倍以下罚款；情节严重的，吊销许可证：

（一）用非食品原料生产食品或者在食品中添加食品添加剂以外的化学物质和其他可能危害人体健康的物质，或者用回收食品作为原料生产食品；

（二）生产经营致病性微生物、农药残留、兽药残留、重金属、污染物质以及其他危害人体健康的物质含量超过食品安全标准限量的食品；

（三）生产经营营养成分不符合食品安全标准的专供婴幼儿和其他特定人群的主辅食品；

（四）经营腐败变质、油脂酸败、霉变生虫、污秽不洁、混有异物、掺假掺杂或者感官性状异常的食品；

（五）经营病死、毒死或者死因不明的禽、畜、兽、水产动物肉类，或者生产经营病死、毒死或者死因不明的禽、畜、兽、水产动物肉类的制品；

（六）经营未经动物卫生监督机构检疫或者检疫不合格的肉类，或者生产经营未经检验或者检验不合格的肉类制品；

（七）经营超过保质期的食品；

（八）生产经营国家为防病等特殊需要明令禁止生产经营的食品；

（九）利用新的食品原料从事食品生产或者从事食品添加剂新品种、食品相关产品新品种生产，未经过安全性评估；

（十）食品生产经营者在有关主管部门责令其召回或者停止经营不符合食品安全标准的食品后，仍拒不召回或者停止经营的。

第八十六条　违反本法规定，有下列情形之一的，由有关主管部门按照各自职责分工，没收违法所得、违法生产经营的食品和用于违法生产经营的工具、设备、原料等物品；违法生产经营的食品货值金额不足一万元的，并处二千元以上五万元以下罚款；货值金额一万元以上的，并处货值金额二倍以上五倍以下罚款；情节严重的，责令停产停业，直至吊销许可证：

（一）经营被包装材料、容器、运输工具等污染的食品；

（二）生产经营无标签的预包装食品、食品添加剂或者标签、说明书不符合本法规定的食品、食品添加剂；

（三）食品生产者采购、使用不符合食品安全标准的食品原料、食品添加剂、食品相关产品；

（四）食品生产经营者在食品中添加药品。

第八十七条　违反本法规定，有下列情形之一的，由有关主管部门按照各自职责分工，责令改正，给予警告；拒不改正的，处二千元以上二万元以下罚款；情节严重的，责令停产停业，直至吊销许可证：

（一）未对采购的食品原料和生产的食品、食品添加剂、食品相关产品进行检验；

（二）未建立并遵守查验记录制度、出厂检验记录制度；

（三）制定食品安全企业标准未依照本法规定备案；

（四）未按规定要求贮存、销售食品或者清理库存食品；

（五）进货时未查验许可证和相关证明文件；

（六）生产的食品、食品添加剂的标签、说明书涉及疾病预防、治疗功能；

（七）安排患有本法第三十四条所列疾病的人员从事接触直接入口食品的工作。

第八十八条　违反本法规定，事故单位在发生食品安全事故后未进行处置、报告的，由有关主管部门按照各自职责分工，责令改正，给予警告；毁灭有关证据的，责令停产停业，并处二千元以上十万元以下罚款；造成严重后果的，由原发证部门吊销许可证。

第八十九条　违反本法规定，有下列情形之一的，依照本法第八十五条的规定给予处罚：

（一）进口不符合我国食品安全国家标准的食品；

（二）进口尚无食品安全国家标准的食品，或者首次进口食品添加剂新品种、食品相关产品新品种，未经过安全性评估；

（三）出口商未遵守本法的规定出口食品。

违反本法规定，进口商未建立并遵守食品进口和销售记录制度的，依照本法第八十七条的规定给予处罚。

第九十条　违反本法规定，集中交易市场的开办者、柜台出租者、展销会的举办者允许未取得许可的食品经营者进入市场销售食品，或者未履行检查、报告等义务的，由有关主管部门按照各自职责分工，处二千元以上五万元以下罚款；造成严重后果的，责令停业，由原发证部门吊销许可证。

第九十一条　违反本法规定，未按照要求进行食品运输的，由有关主管部门按照各自职责分工，责令改正，给予警告；拒不改正的，责令停产停业，并处二千元以上五万元以下罚款；情节严重的，由原发证部门吊销许可证。

第九十二条　被吊销食品生产、流通或者餐饮服务许可证的单位，其直接负责的主管人员自处罚决定作出之日起五年内不得从事食品生产经营管理工作。

食品生产经营者聘用不得从事食品生产经营管理工作的人员从事管理工作的，由原发证部门吊销许可证。

第九十三条　违反本法规定，食品检验机构、食品检验人员出具虚假检验报告的，由授予其资质的主管部门或者机构撤销该检验机构的检验资格；依法对检验机构直接负责的主管人员和食品检验人员给予撤职或者开除的处分。

违反本法规定，受到刑事处罚或者开除处分的食品检验机构人员，自刑罚执行完毕或者处分决定作出之日起十年内不得从事食品检验工作。食品检验机构聘用不得从事食品检验工作的人员的，由授予其资质的主管部门或者机构撤销该检验机构的检验资格。

第九十四条　违反本法规定，在广告中对食品质量作虚假宣传，欺骗消费者的，依照《中华人民共和国广告法》的规定给予处罚。

违反本法规定，食品安全监督管理部门或者承担食品检验职责的机构、食品行业协会、消费者协会以广告或者其他形式向消费者推荐食品的，由有关主管部门没收违法所得，依法对直接负责的主管人员和其他直接责任人员给予记大过、降级或者撤职的处分。

第九十五条　违反本法规定，县级以上地方人民政府在食品安全监督管理中未履行职责，本行政区域出现重大食品安全事故、造成严重社会影响的，依法对直接负责的主管人员和其他直接责任人员给予记大过、降级、撤职或者开除的处分。

违反本法规定，县级以上卫生行政、农业行政、质量监督、工商行政管理、食品药品监督管理部门或者其他有关行政部门不履行本法规定的职责或者滥用职权、玩忽职守、徇私舞弊的，依法对直接负责的主管人员和其他直接责任人员给予记大过或者降级的处分；造成严重后果的，给予撤职或者开除的处分；其主要负责人应当引咎辞职。

第九十六条　违反本法规定，造成人身、财产或者其他损害的，依法承担赔偿责任。

生产不符合食品安全标准的食品或者销售明知是不符合食品安全标准的食品，消费者除要求赔偿损失外，还可以向生产者或者销售者要求支付价款十倍的赔偿金。

第九十七条　违反本法规定，应当承担民事赔偿责任和缴纳罚款、罚金，其财产不足以同时支付时，先承担民事赔偿责任。

第九十八条　违反本法规定，构成犯罪的，依法追究刑事责任。

第十章　附　　则

第九十九条　本法下列用语的含义：

食品，指各种供人食用或者饮用的成品和原料以及按照传统既是食品又是药品的物品，但是不包括以治疗为目的的物品。

食品安全，指食品无毒、无害，符合应当有的营养要求，对人体健康不造成任何急性、亚急性或者慢性危害。

预包装食品，指预先定量包装或者制作在包装材料和容器中的食品。

食品添加剂，指为改善食品品质和色、香、味以及为防腐、保鲜和加工工艺的需要而加入食品中的人工合成或者天然物质。

用于食品的包装材料和容器，指包装、盛放食品或者食品添加剂用的纸、竹、木、金属、搪瓷、陶瓷、塑料、橡胶、天然纤维、化学纤维、玻璃等制品和直接接触食品或者食品添加剂的涂料。

用于食品生产经营的工具、设备，指在食品或者食品添加剂生产、流通、使用过程中直接接触食品或者食品添加剂的机械、管道、传送带、容器、用具、餐具等。

用于食品的洗涤剂、消毒剂，指直接用于洗涤或者消毒食品、餐饮具以及直接接触食品的工具、设备或者食品包装材料和容器的物质。

保质期，指预包装食品在标签指明的贮存条件下保持品质的期限。

食源性疾病，指食品中致病因素进入人体引起的感染性、中毒性等疾病。

食物中毒，指食用了被有毒有害物质污染的食品或者食用了含有毒有害物质的食品后出现的急性、亚急性疾病。

食品安全事故，指食物中毒、食源性疾病、食品污染等源于食品，对人体健康有危害或者可能有危害的事故。

第一百条　食品生产经营者在本法施行前已经取得相应许可证的，该许可证继续有效。

第一百零一条　乳品、转基因食品、生猪屠宰、酒类和食盐的食品安全管理，适用本法；法律、行政法规另有规定的，依照其规定。

第一百零二条　铁路运营中食品安全的管理办法由国务院卫生行政部门会同国务院有关部门依照本法制定。

军队专用食品和自供食品的食品安全管理办法由中央军事委员会依照本法制定。

第一百零三条　国务院根据实际需要，可以对食品安全监督管理体制作出调整。

第一百零四条　本法自 2009 年 6 月 1 日起施行。《中华人民共和国食品卫生法》同时废止。

第八章　血液管理法律制度

第一节　献血法律制度概述

一、献血法的概念

(一)《献血法》和国际献血立法

血液是生命之源，自人类发现血型以来，输血就成了临床医学重要的治疗手段，是医疗抢救中不可缺少的，其功能和作用是药物所不能替代的。自19世纪20年代英国妇产科医生布伦德采用人血注入法开始，输血已救治了无数人的生命，无偿献血事业也在持续发展。

医学科研日新月异，创造了无数奇迹。然而，至今却没有研制出一种能完全代替人体血液全部功能的人造血液，供给临床医疗、急救和战备使用。因此，目前血液还只能从健康适龄的人体中获取。公民献血，救死扶伤，发扬人道主义精神，是履行社会义务、遵守社会公德的一种表现。

献血法是调整保证临床用血需要和安全，保证献血者和用血者身体健康活动中产生的各种社会关系的法律规范的总和。

国际红十字会、世界卫生组织、国际献血协会和世界各国历来都有十分关注临床用血的来源和方式。为了解决血液的来源问题，各国纷纷探求合乎社会公德、符合医学发展需要的供血方式及政策，并力求从法律角度加以认定。1946年国际红十字会与红新月会首先倡导无偿献血。1948年召开的第17次红十字会国际委员会会议确定各国采取无偿献血制，明确提出医疗用血应该来自无偿献血者，而患者也应该无偿地使用血液，即供者和受者均应贯彻无偿原则；并敦促成员国制定法律。1975年世界卫生组织决定敦促成员国加速志愿献血的发展。1981年马尼拉第24届红十字国际会议通过了《献血与输血的道德规范》。1991年红十字联合会第8届大会作出决议，确定了自愿无偿献血者的定义：出于自愿提供自身的血液、血浆或其他血液成分而不取任何报酬的人被称为自愿无偿献血者。无论是金钱或礼品都可视为金钱的替代，包括休假和旅游等，而小型纪念品和茶点及支付交通费则是合理的。经过几十年的努力，如今美国、日本、法国、印度尼西亚、马来西亚等国都已实现了献血立法。随着血液需求量的增长，各国各地区献血人数占总人口的比例也在逐年提高。瑞士每年参加无偿献血的人数占人口的比例已近9.1%，日本是6%，许多国家和地区也达到4%～5%。自愿献血已在许多国家和地区成为风尚，都做到了临床用血全部来自无偿捐献。

各国在组织无偿献血工作中有如下明显特征：①政府对献血工作高度重视；②高级官员身体力行，以身作则带头献血；③名人效应在献血组织宣传工作中起到重要作用；④采血车上街采血，成为临床用血的主要来源；⑤各种群众团体的参与是无偿献血事业发展的重要推动力。

(二) 我国的献血立法

我国过去医疗临床用血基本依靠个体卖血，血源和血液质量难以得到保证。为加强管理，1964 年卫生部颁布了《关于加强输血管理的通知》，要求发展血源，扩大志愿献血者队伍。1979 年 12 月，卫生部又发布了《全国血站工作条例》(试行 44 条)，从而我国公民无偿献血活动于 20 世纪 70 年代后期开始起步，开始有组织、有计划地按部门、单位开展义务献血，规定了公民义务献血的范围、献血量及时间间隔，还设立了健康检查制度。1984 年我国开始倡导无偿献血。1987 年 6 月 8 日，卫生部和中国红十字会总会联合发布的《无偿志愿献血奖励办法(试行稿)》指出：无偿自愿献血系献血者在献血单位和本人工作单位均不领取营养费、各种补助费和其他各种报酬者。但由于诸多的历史原因，无偿献血在中国发展缓慢。同时，由于现有法规调控功能和监督机制的不完善，卖血和非法采供血的问题仍很突出，使得血液质量难以保证，经血液传播的疾病威胁着献血者和受血者的安全和健康。为了保证临床用血的需要和安全，保障献血者和用血者的身体健康，发扬人道主义精神，促进现代化建设事业，1997 年 12 月八届全国人大第二十九次会议通过了《中华人民共和国献血法》(以下简称《献血法》)，并于 1998 年 10 月 1 日起施行。

《献血法》共 24 条，对我国《献血法》的目的和血液事业的基本制度诸如血液供者、采集、包装、储存、运输都作了严格规定，并制定了相应的惩罚措施。

然而，贯彻《献血法》还有许多实际困难，群众中献血有损健康的传统观念仍很普遍，无偿采供与临床有偿用血并存造成管理困难，因而卫生部正在抓紧制定和发布配套文件，要求各地卫生部门指导、督促采供血机构，正确评估当地临床用血供求情况，层层制定献血制度，动员更多群众加入无偿献血行列；各地医疗机构要制定临床用血规范，使我国血液管理工作真正走上法制化轨道。

二、我国《献血法》立法目的

根据《献血法》第一条规定，我国《献血法》立法的目的主要有以下 3 个方面。

(一) 保证医疗临床用血需要和安全

医疗临床用血范围广、用量大，现阶段人造血液价格昂贵不能广泛应用，因此，医疗临床用血只能靠公民献血来解决。由于传统观念的影响，而且缺乏法律的推动，我国开展无偿献血虽经努力，但远远不能满足实际需要，医疗临床用血大部分来自有偿的供血或卖血，不仅血源不足，且血液质量难以保证，影响医疗临床用血的安全。所以，通过立法确立无偿献血制度，促进无偿献血事业的发展，保证医疗临床用血的需要和安全，是我国血液事业的当务之急。

(二) 保障献血者和用血者的身体健康

为保障输血安全，虽然我国对血液的采集、检验、监控、储存和运输都有严格的规定。但是，有的不法分子组织卖血队伍甚至强迫他人卖血，从中牟取暴利的情况依然存在。有的医疗机构擅自自采自供，甚至允许供血者违章重复登记，频繁抽血，严重破坏了血液管理工作，影响了供血者的身体健康，也为血源性疾病的传播提供了温床，对用血者的身体健康构成严重的威胁。因此，只有依法实行公民无偿献血制度，禁止血液买卖，才能杜绝经血液途径传播疾病的隐患，保证医疗临床用血安全。为了确保血液质量，保证献血者和用血者的身体健康，《献血法》对输血的各个环节规定了严格的管理措施。

(三) 促进社会主义物质文明和精神文明建设

实行无偿献血,不仅能保障医疗临床用血的需要,保证输血安全,达到治病救人的目的,它还是一种"我为人人,人人为我"的社会共济行为,是一种无私的奉献,是人道主义精神的重要体现。献血事业的发展程度,是社会文明程度的标志之一。实行无偿献血,有助于弘扬中华民族团结、友爱、互助的传统美德,是建设社会主义精神文明的具体表现。因此,《献血法》规定实行无偿献血制度,也是促进精神文明建设的一项具体措施,每个公民都应当积极参与。

三、无偿献血制度

(一) 无偿献血制度的设立

《献血法》第二条明确规定:"国家实行无偿献血制度"。多年来,我国存在着 3 种献血形式:个体供血、义务献血、无偿献血。

个体供血,是公民向采供血机构提供自身血液而获取一定报酬的行为。在一个相当长的时期里,我国的医疗临床用血主要靠个体供血支撑。

义务献血,是 1978 年国务院批准卫生部《关于加强输血工作的请示报告》后,各省、自治区、直辖市相继开展的公民义务献血活动。义务献血是通过政府献血领导小组或者献血委员会向机关、企事业单位分配献血指标,下达献血任务,献血后给予献血者一定营养补助费的献血制度。义务献血对保障医疗临床用血起到重要作用。但是,义务献血制度是我国当时的计划经济在输血工作中的反映,在这种制度下献血者是为了完成单位任务,被动地献血,没有充分调动献血者的积极性。

无偿献血,是指公民向血站自愿、无报酬地提供自身血液的行为。几十年来,我国临床医疗、战备、备灾储备和生物制品用血,一直依靠少数人卖血来获取,供血者和受血者的健康得不到保障。而无偿献血的人是健康人,依法半年以上才献血一次,不但血液质量高,血源性传染病大大降低,而且血型也更多样化。通过无偿献血,还会激起人们奉献爱心的自豪感,增加社会责任感和公民义务感,增进人与人之间的友谊。

(二) 无偿献血的主体

我国各省、直辖市规定的关于无偿献血的主体有一些差别。如上海市、吉林省规定为 20 周岁至 55 周岁的男性公民和 20 周岁至 50 周岁的女性公民;山西省、山东省、河南省规定为男性 20 周岁至 50 周岁和女性 20 周岁至 45 周岁;北京市、天津市规定为男性 18 周岁至 55 周岁和女性 18 周岁至 50 周岁;也有的地方不分男女,统一规定为 18 周岁至 55 周岁的公民;还有的地方统一规定为 18 周岁至 60 周岁的公民。

《献血法》第二条规定:"国家提倡 18 周岁至 55 周岁的健康公民自愿献血"。这是根据我国公民的身体素质和满足用血的需要等因素来确立的。国家机关、军队、各社会团体、单位要动员和组织适龄公民参加献血,对无偿献血者由血站发给国务院卫生行政部门制作的"无偿献血证书"。无偿献血证书既是无偿献血者的荣誉证书,又是其享受法定优惠的主要凭证。国家鼓励国家工作人员、现役军人和高等学校学生率先献血,为树立社会新风尚作表率。

无偿献血者有以下权利:一是凡无偿献血者,有受表彰奖励的权利,献血者无偿献血后，本单位或血站可以给予献血者适当补贴。各级人民政府和红十字会对积极参加献血和在献血中作出显著成绩的单位和个人给予奖励。二是无偿献血者本人及其直系亲属医疗用血时，可免费使用其无偿献血等量或几倍的血液。三是献血者参加献血时，可享受免费体验、化验的待遇。四是献血者人格应受到尊重，保护献血者的个人隐私。

（三）无偿献血工作的组织与管理

1. 我国无偿献血工作的组织管理 无偿献血关系到全体公民，涉及面广，做好无偿献血工作不仅是各级卫生行政部门的职责，也需要各级政府统一规划、组织、协调。《献血法》第三条、第四条规定："地方各级人民政府领导本行政区域内的献血工作，统一规划并负责组织、协调有关部门共同做好献血工作"。"县级以上各级人民政府卫生行政部门监督管理献血工作"。"各级红十字会依法参与、推动献血工作"。要加强政府的领导作用；各部门要积极参与，通力协作，各尽其责，密切配合，共同做好无偿献血工作。

献血法规定了国务院卫生行政部门的主要职责是制定献血者的身体健康检查标准，制定血站技术操作规程、血液质量标准，制定血站的设立条件和管理办法等。

2. 采血机构的管理 根据本行政区域人口、医疗资源、临床用血需要等实际情况设立血站。血站是指不以营利为目的地采集、制备、储存血液并向临床提供用血的公益卫生机构。血液是指用于临床的全血、成分血。

根据《血站管理办法（暂行）》规定，血站分为血液中心、中心血站（血站）、中心血库等，负责指定区域的采血供血工作。其中血液中心是所在省、自治区、直辖市采供血工作的业务、教学和科研中心，负责直辖市、省会所在市和自治区首府所在地的采供血工作，一般设在省会城市。中心血站（血站）是设区的市的血站，负责所在市及所辖县（市）的采供血工作。基层血站或中心血库是县或县级市的血站，负责所在县、市的采供血工作。

血站管理办法规定，血液中心的设置必须经国务院卫生行政部门批准，中心血站、基层血站或中心血库的设置，必须经省、自治区、直辖市人民政府卫生行政部门批准。

血站执业以及中心血库开展采供血业务，必须经执业验收和注册登记，并分别领取《血站执业许可证》或《中心血库采供血许可证》后方可进行。验收合格的出具合格证明，验收不合格的书面通知申请人，未经验收合格的血站不准执业。血站注册登记机关为批准其设置的人民政府卫生行政部门，许可证注册登记的有效期为 3 年，期满前 3 个月可以申请再次办理注册登记。许可证不得伪造、涂改、出卖、转让、出借，若遗失，应向注册机构报告，并办理有关手续。

（四）无偿献血的使用

《献血法》第十一条规定：无偿献血的血液必须用于临床，不得买卖。血站、医疗机构不得将无偿献血的血液出售给单采血浆站或者血液制品生产单位。

为保证急用血，医疗机构可以临时采集血液，但应依照献血法规定，确保采血用血安全。临床用血的包装、储存、运输必须符合国家规定的卫生标准和要求。医疗机构对临床用血必须进行核查，不得将不符合国家规定的血液用于临床。

根据目前我国血液管理工作的法律法规规定，将血液分为医疗临床用血和血液制品生产用血两部分分别进行管理。医疗临床用血，根据《献血法》的规定，实行无偿献血制度。血液制品生产用原料血浆，根据国务院 1996 年 12 月 30 日发布的《血液制品管理条例》进行管理，供血浆者提供的原料血浆是有偿的。

国家提倡患者自身储血，动员家庭、亲友所在单位和社会互助献血。公民临床用血时，须交付用于血液采集、储存、分离、检验等的费用，无偿献血者临床需要血时可免交上述费用。无偿献血者配偶和直系亲属临床需血，可免交或减交前述费用。

第二节 采供血管理

一、采血法律规定

(一) 执业规定

按《血站管理办法》规定，血站必须按注册登记的项目、内容、范围开展采血供血业务。为献血者提供各种安全、卫生、便利的条件。血站采供血必须严格遵守各项技术操作规程和制度。血站技术人员必须经输血业务知识技术考试，取得考试合格证后方可上岗。

(二) 采血管理

血站采血前，必须按《献血者健康检查标准》对献血者进行健康检查，不合格者，血站应向其说明情况，不得采集其血液。献血者的身体健康条件由国务院卫生行政部门规定。血站采集血液必须严格遵守有关操作规程和制度，采血必须由具有采血资格的医务人员进行。血站对献血者每次采集血液量一般为200 ml，最高不得超过400 ml，两次采集间隔期不少于6个月。严格禁止血站违反规定超量、频繁采集血液。血站采集血液后，对献血者发给《无偿献血证》，并在《无偿献血证》及献血档案中记录献血者的姓名、出生日期、血型、献血时间、献血地点、献血量，采血者签字，并加盖该血站采血专用章等。严禁采集冒名顶替者的血液。《无偿献血证》由国务院卫生行政部门制作，任何单位和个人不得伪造、涂改、出卖、转让、出借。

血站采集的血液必须进行检验，保证血液质量。血站在采集检验标本、采集血液和成分血分离时，必须使用有生产单位名称、生产批准文号和有效期内的一次性注射器和采血器械，用后必须在血液管理监督员的监督下按规定及时销毁并作记录，避免交叉感染。

血站应当根据医疗机构的用血计划，积极开展成分血制备，并指导临床成分血的应用。血站不得单采原料血浆。

特殊血型需要从外省、自治区、直辖市调配的，由供需双方省级人民政府卫生行政部门协商后实施，实施中由需方血站对所供血液进行再次检验，保证血液质量。

血源、采供血和检测的原始记录必须保存10年。血液检验(复检)的全血标本的保存期应当在全血有效期内；血清标本的保存期应在全血有效期满后半年。

二、供血法律规定

血站应当保证发出的血液质量、品种、规格、数量无差错。未经检验或检验不合格的血液不得向医疗机构提供。血站发出血液的包装、储存、运输都必须符合血站基本标准的要求。血液包装袋上必须标明：①血站的名称及其许可证号；②献血者的姓名(或条形码)、血型；③血液品种；④采血日期及时间；⑤有效期及时间；⑥血袋编号(或条形码)；⑦储存条件。

血站应严格执行传染病防治法及其实施办法规定的疫情报告制度，制定重大灾害事故的应急采供血预案，并从血源、管理制度、技术能力和设备条件上保证预案的实施，满足应急用血的需要。血站必须按照规定认真填写采供血工作统计报告，及时准确上报。

三、监督管理

《血站管理办法》规定，我国血站以省、自治区、直辖市为区域，实行统一规划设置、统一采供血和统一管理临床用血的三统一原则。

县级以上政府卫生行政部门负责辖区内血站的监督管理工作。省级以上人民政府卫生行政部门委托输血协会成立由卫生行政管理、血液管理、公共卫生等有关专家组成的"血液质量管理委员会"，在同级人民政府卫生行政部门领导下，对血站质量进行检查、技术指导和管理。

设区的市级卫生行政部门聘任血液管理监督员，执行同级人民政府卫生行政部门交付的监督管理任务。血站对省级血液检定机构出具的检定不服，可以向国家血液检定机构（卫生部临床检验中心）申请复检，国家血液检定机构出具的检定结果为最终结果。

血液管理监督员和血液检定机构有权对血站进行现场检查，调阅有关资料，血站不得拒绝、隐匿或者隐瞒。血液管理监督员和血液检定机构工作人员在履行职责时应当出示证件。

第三节　临床用血管理的法律规定

一、临床用血的概念及立法

临床用血包括使用全血和成分血。

医疗机构不得使用原料血浆，除批准的科研项目外，不得直接使用脐带血。

临床用血是医疗工作中一个极为重要的部分，为了加强临床用血的管理，在《献血法》制定实施后，卫生部根据献血法的有关规定，先后制定发布了《医疗机构临床用血管理办法（试行）》（1999 年 1 月 5 日）、《临床输血技术规范》（2000 年 6 月 1 日），使临床用血管理规范化、法制化。

二、临床用血管理的法律规定

（一）临床用血的组织管理

《医疗机构临床用血管理办法（试行）》规定：县级以上人民政府卫生行政部门负责对所辖医疗机构临床用血的监督管理。

医疗机构应当设立由医院领导、业务主管部门及相关科室负责人组成的临床输血管理委员会，负责临床用血的规范管理和技术指导，开展临床合理用血、科学用血的教育和培训。

二级以上医疗机构设立输血科（血库），在本院临床输血委员会领导下，负责本单位临床用血的计划申报、血液储存，对临床用血制度执行情况进行检查等工作。医疗机构要指定医务人员负责血液的收领、发放工作。

医疗机构临床用血应当遵照合理、科学的原则，制订用血计划，不得浪费和滥用血液。

(二) 临床用血来源(供给)的规定

1.《医疗机构临床用血管理办法(试行)》第四条规定，医疗机构临床用血，由县级以上人民政府卫生行政部门指定的血站供给。医疗机构开展的患者自身储血、自体输血除外。

2. 对平诊患者和择期手术患者，医疗机构(经治医师)应当动员患者自身储血、自体输血，或者动员患者亲友献血。自身储血、自体输血由在治医疗机构采集血液。患者亲友献血，由血站采集血液和进行初、复检。并负责调配合格血液。

3.《献血法》第十五条规定，为保证应急用血，医疗机构可以临时采集血液，但应当依照本法规定，确保采血用血安全。

《医疗机构临床用血管理办法(试行)》第十九条规定，医疗机构因应急用血需要临时采集血液的，必须符合以下情况。

(1) 边远地区的医疗机构和所在地无血站(或中心血库)。

(2) 危及病人生命，急需输血，而其他医疗措施所不能替代。

(3) 具备交叉配血及快速诊断方法检验乙型肝炎病毒表面抗原、丙型肝炎病毒抗体、艾滋病病毒抗体的条件。

医疗机构应当在临时采集血液后 10 日内将情况报告当地县级以上人民政府卫生行政主管部门。医疗机构要指定医务人员负责血液的收领、发放工作，要认真核查血液包装(规定了必须检查的 7 项内容)。血袋包装不符合国家规定的卫生标准和要求的，应拒领拒收。

医疗机构对验收合格的血液，应当认真做好入库登记，禁止接受不合格血液入库。

(三) 临床用血费用的规定

《献血法》第十四条规定，公民临床用血时，须交付(只交付)用于血液的采集、储存、分离、检验等费用。

无偿献血者临床需要用血时，免交上述费用；其配偶和直系亲属临床需要用血时，可以免交或者减交上述费用。

(四) 输血治疗的规定

医疗机构及医务人员，应当严格执行《临床输血技术规范》，临床医生应严格掌握输血适应证，正确应用成熟的临床输血技术和血液保存技术，患者病情需要输血治疗时，应按以下规定办理。

1. 输血申请　经治医师应当根据医院规定履行申报手续，逐项填写《临床输血申请单》，由主治医师核准签字，连同受血者血样于预定输血日前送交输血科(血库)备血。临床输血一次用血，备血量超过 2 000 ml 时，要履行核批手续。须经输血科(血库)医师会诊，由科室主任签名后报医务处(科)批准(急诊用血除外)。

2. 告知与同意　决定输血治疗前，经治医师应向患者或者其家属说明，告知输血目的、可能发生的输血不良反应和经血液途径感染疾病的可能性，征得患者或者家属的同意，由医患双方在《输血治疗同意书》上签字，并进入病历。无家属签字的无自主意识患者的紧急输血，应报医院职能部门或主管领导同意、备案，并记入病历。

3. 输血治疗的实施和监护　术前自身贮血由输血科(血库)负责采血和贮血，经治医师负责输血过程的医疗监护。手术室内的输血等医疗技术，由麻醉科医师负责实施。

患者治疗性血液成分去除、血浆置换等，由经治医师申请输血科(血库)或者有关科室参加制订治疗方案并负责实施，由输血科(血库)和经治医师负责患者治疗过程和监护。

新生儿溶血病如需要行换血治疗法的，由经治医师申请，经主治医师核准，并经患儿家属或监护人签字同意，由血站和医院输血科(血库)人员共同实施。输血前应由 2 名医护人员核对交叉配血报告单及血袋标签各项内容，检查血袋有无破损渗漏、血液颜色是否正常。准确无误方可输血。

输血时，由 2 名医护人员带病历共同到患者床旁核对患者姓名、性别、年龄、病案号、门急诊/病室、床号、血型等，确认与配血报告相符，再次核对血液后，用符合标准的输血器进行输血。

输血用的血液器不得加入其他药物，如需稀释只能用静脉注射用生理盐水。

4. 严密观察有无输血不良反应，及时处理异常情况。实施输血和监护的医护人员，要严密观察输血情况，一旦发生输血不良反应，出现异常情况，必须及时处理：

(1) 减慢或停止输血，以静脉注射用生理盐水维持静脉通路。

(2) 立即通知值班医师和输血科(血库)值班人员，及时检查、治疗和抢救，并查找原因，做好记录。

(3) 疑为溶血性或细菌性、感染性输血反应，应立即停止输血，以静脉注射用生理盐水维护静脉通路，及时报告上级医师，在积极治疗抢救的同时，做好 7 项核对检查。

输血完毕后，医护人员对有输血反应的，应逐项填写患者反应回报单，并返还输血科(血库)保存。输血科每月统计上报医务处。

第四节　违反献血法的法律责任

一、行政责任

《献血法》规定，有下列行为之一的，由县级以上地方人民政府予以取缔，没收违法所得，并可处十万元以下的罚款：①非法采集血液的；②血站、医疗机构出售无偿献血者血液的；③非法组织他人出卖血液者。

血站违反有关操作规程和制度采集血液，由县级以上地方人民政府卫生行政部门责令改正；给献血者健康造成损失的，对直接负责的主管人员和其他直接责任人员，依法给予行政处分。

临床用血的包装、储存、运输不符合国家规定标准要求的，应当责令改正，给予警告，可以并处一万元以下的罚款。

血站违反《献血法》规定，向医疗机构提供不符合国家规定标准的血液的，应当责令改正；情节严重，造成经血液途径传播的疾病传播或者有传播严重危险的，限期整顿，对直接负责的主管人员和其他直接责任人员，依法给予行政处分。

医疗机构的医务人员违反《献血法》规定，将不符合国家规定标准的血液用于患者的，应当责令改正；给患者健康造成损害的，对直接负责的主管人员和其他直接责任人员，依法给予行政处分。

卫生行政部门及其工作人员，在献血、用血的监督管理中，玩忽职守，造成严重后果，尚不构成犯罪的，依法给予行政处分。

二、民事责任

《献血法》规定，违反操作规程和制度采血、供血（包括血液制品）或将不符合国家规定标准的血液用于患者，给献血者或患者健康造成损害的应依法赔偿。医疗机构的医务人员违反献血法规定，将不符合国家规定标准的血液用于患者，给患者健康造成损害的，应当依法赔偿。

三、刑事责任

《献血法》规定，非法采集血液，血站、医疗机构出售无偿献血的血液，非法组织他人出卖血液；血站违反操作规程和制度采集血液，给献血者健康造成损害的；血站违反法律规定，向医疗机构提供不符合国家规定标准血液，情节严重，造成经血液途径传播的疾病传播或者有传播严重危险的；医疗机构的医务人员违反法律规定，将不符合国家规定标准的血液用于患者，给患者健康造成损害，构成犯罪的，依法追究其刑事责任。承担刑事责任的情况主要有以下几种。

（一）非法组织卖血罪

《刑法》第三百三十三条规定，非法组织他人出卖血液的，处五年以上有期徒刑，并处罚金；上述行为对他人造成伤害的，依照《刑法》第二百三十四条规定，处三年以下有期徒刑、拘役或者管制；致人重伤的，处三年以上十年以下有期徒刑；致人死亡或者以特别残忍手段致人重伤造成严重残疾的，处十年以上有期徒刑、无期徒刑或者死刑。

（二）强迫卖血罪

以暴力、威胁方法强迫他人出卖血液的，处五年以上十年以下有期徒刑，并处罚金。有前述行为对他人造成伤害的，依照《刑法》第二百二十四条的规定定罪处罚。

（三）非法采集、供应血液或者制作、供应血液制品罪

《刑法》第三百三十四条规定，非法采集、供应血液或者制作、供应血液制品，不符合国家规定的标准，足以危害人体健康的，处五年以上十年以下有期徒刑，并处罚金；造成特别严重后果的，处十年以上有期徒刑或无期徒刑，并处罚金或者没收财产。

（四）采集、供应血液，制作、供应血液制品事故罪

经国家主管部门批准采集、供应血液或者制作、供应血液制品的部门，不依照规定进行检测或者违背其他操作规定，造成危害他人健康后果的，对单位判处罚金，并对其直接负责的主管人员和其他直接责任人员处五年以下有期徒刑或者拘役。

此外，《献血法》、《血液制品管理条例》、《血站管理办法》对血液领域的犯罪还列出了其他一些具体情形。

附

中华人民共和国献血法

第一条 为保证医疗临床用血需要和安全，保障献血者和用血者身体健康，发扬人道主义精神，促进社会主义物质文明和精神文明建设，制定本法。

第二条 国家实行无偿献血制度。

国家提倡十八周岁至五十五周岁的健康公民自愿献血。

第三条 地方各级人民政府领导本行政区域内的献血工作，统一规划并负责组织、协调有关部门共同做好献血工作。

第四条 县级以上各级人民政府卫生行政部门监督管理献血工作。

各级红十字会依法参与、推动献血工作。

第五条 各级人民政府采取措施广泛宣传献血的意义，普及献血的科学知识，开展预防和控制经血液途径传播的疾病的教育。

新闻媒介应当开展献血的社会公益性宣传。

第六条 国家机关、军队、社会团体、企业事业组织、居民委员会、村民委员会，应当动员和组织本单位或者本居住区的适龄公民参加献血。

现役军人献血的动员和组织办法，由中国人民解放军卫生主管部门制定。

对献血者，发给国务院卫生行政部门制作的无偿献血证书，有关单位可以给予适当补贴。

第七条 国家鼓励国家工作人员、现役军人和高等学校在校学生率先献血，为树立社会新风尚作表率。

第八条 血站是采集、提供临床用血的机构，是不以营利为目的的公益性组织。设立血站向公民采集血液，必须经国务院卫生行政部门或者省、自治区、直辖市人民政府卫生行政部门批准。血站应当为献血者提供各种安全、卫生、便利的条件。血站的设立条件和管理办法由国务院卫生行政部门制定。

第九条 血站对献血者必须免费进行必要的健康检查；身体状况不符合献血条件的，血站应当向其说明情况，不得采集血液。献血者的身体健康条件由国务院卫生行政部门规定。

血站对献血者每次采集血液量一般为二百毫升，最多不得超过四百毫升，两次采集间隔期不少于六个月。

严格禁止血站违反前款规定对献血者超量、频繁采集血液。

第十条 血站采集血液必须严格遵守有关操作规程和制度，采血必须由具有采血资格的医务人员进行，一次性采血器材用后必须销毁，确保献血者的身体健康。

血站应当根据国务院卫生行政部门制定的标准，保证血液质量。

血站对采集的血液必须进行检测；未经检测或者检测不合格的血液，不得向医疗机构提供。

第十一条 无偿献血的血液必须用于临床，不得买卖。血站、医疗机构不得将无偿献血的血液出售给单采血浆站或者血液制品生产单位。

第十二条 临床用血的包装、储存、运输，必须符合国家规定的卫生标准和要求。

第十三条 医疗机构对临床用血必须进行核查，不得将不符合国家规定标准的血液用于临床。

第十四条 公民临床用血时只交付用于血液的采集、储存、分离、检验等费用；具体收费标准由国务院卫生行政部门会同国务院价格主管部门制定。

无偿献血者临床需要用血时，免交前款规定的费用；无偿献血者的配偶和直系亲属临床需要用血时，可以按照省、自治区、直辖市人民政府的规定免交或者减交前款规定的费用。

第十五条 为保障公民临床急救用血的需要，国家提倡并指导择期手术的患者自身储血，动员家庭、亲友、所在单位以及社会互助献血。

为保证应急用血，医疗机构可以临时采集血液，但应当依照本法规定，确保采血用血安全。

第十六条　医疗机构临床用血应当制定用血计划，遵循合理、科学的原则，不得浪费和滥用血液。

医疗机构应当积极推行按血液成份针对医疗实际需要输血，具体管理办法由国务院卫生行政部门制定。

国家鼓励临床用血新技术的研究和推广。

第十七条　各级人民政府和红十字会对积极参加献血和在献血工作中做出显著成绩的单位和个人，给予奖励。

第十八条　有下列行为之一的，由县级以上地方人民政府卫生行政部门予以取缔，没收违法所得，可以并处十万元以下的罚款；构成犯罪的，依法追究刑事责任：

（一）非法采集血液的；

（二）血站、医疗机构出售无偿献血的血液的；

（三）非法组织他人出卖血液的。

第十九条　血站违反有关操作规程和制度采集血液，由县级以上地方人民政府卫生行政部门责令改正；给献血者健康造成损害的，应当依法赔偿，对直接负责的主管人员和其他直接责任人员，依法给予行政处分；构成犯罪的，依法追究刑事责任。

第二十条　临床用血的包装、储存、运输，不符合国家规定的卫生标准和要求的，由县级以上地方人民政府卫生行政部门责令改正，给予警告，可以并处一万元以下的罚款。

第二十一条　血站违反本法的规定，向医疗机构提供不符合国家规定标准的血液的，由县级以上人民政府卫生行政部门责令改正；情节严重，造成经血液途径传播的疾病传播或者有传播严重危险的，限期整顿，对直接负责的主管人员和其他直接责任人员，依法给予行政处分；构成犯罪的，依法追究刑事责任。

第二十二条　医疗机构的医务人员违反本法规定，将不符合国家规定标准的血液用于患者的，由县级以上地方人民政府卫生行政部门责令改正；给患者健康造成损害的，应当依法赔偿，对直接负责的主管人员和其他直接责任人员，依法给予行政处分；构成犯罪的，依法追究刑事责任。

第二十三条　卫生行政部门及其工作人员在献血、用血的监督管理工作中，玩忽职守，造成严重后果，构成犯罪的，依法追究刑事责任；尚不构成犯罪的，依法给予行政处分。

第二十四条　本法自 1998 年 10 月 1 日起施行。

第九章　职业病防治法律制度

第一节　概　　述

《职业病防治法》于 2001 年 10 月 27 日第九届全国人民代表大会常务委员会第 24 次会议通过，于 2001 年 10 月 27 日中华人民共和国第 60 号主席令颁布，自 2002 年 5 月 1 日施行。

一、相关术语

职业卫生(劳动卫生、工业卫生)，指根据劳动条件对劳动者健康的影响，提出改善劳动条件，预防、控制和消除职业病危害措施，以达到防治职业病的目的。

劳动条件，指生产过程、劳动过程和生产环境。

预防，指预先采取防范措施，这是贯彻于职业病防治活动全过程的根本措施。它包括为控制和消除职业病危害因素所采取的一切措施，特别强调前期预防，强调从职业病危害源头采取措施。

控制，指对工作场所、职业活动过程中产生或者可能产生的职业病危害因素的识别、评价、干预措施。目的是保证工作场所职业病危害因素的浓度或强度符合国家职业卫生标准和卫生要求。

消除，指依靠科技进步、产业结构调整、技术改造和其他治理措施，用无毒材料、工艺代替有毒材料、工艺，根除工作场所已经存在的职业病危害。

职业病危害，指对从事职业活动的劳动者可能导致职业病的各种危害。

职业病危害因素，包括职业活动中存在的各种有害的化学、物理、生物因素以及在作业过程中产生的其他职业有害因素。

职业病，指企业、事业单位和个体经济组织(统称用人单位)的劳动者在职业活动中，因接触粉尘、放射性物质和其他有毒、有害物质等因素而引起的疾病。

职业禁忌，指劳动者从事特定职业或者接触特定职业病危害因素时，比一般职业人群更易于遭受职业病危害和罹患职业病或者可能导致原有自身疾病病情加重，或者在从事作业过程中诱发可能对他人生命健康构成危险的疾病的个人特殊生理或者病理状态。

职业健康监护，指对职业人群实行的以预防职业病危害、提高劳动者健康水平为目的的健康监护。

二、《职业病防治法》概述

(一) 立法宗旨

维护劳动者及职业病患者的健康权益是职业病防治法的精髓。职业病防治法的立法宗旨是通过预防、控制和消除职业病危害，防治职业病，保护劳动者健康及相关的权益。规范用人单位、劳动者在职业病防治方面的权利和义务是法律的重要内容。特别是针对目前一些用人单位漠视劳动者的健康权益的现象,《职业病防治法》依据《宪法》规定公民享有生命健康权的规定,明确了劳动者依法享有的权利。

(二)《职业病防治法》的主要章节和内容

主要内容是要求全社会和各级政府重视职业病防治工作,保障劳动者的健康权益,要求用人单位知法守法,职业卫生技术服务机构依法服务和有关部门依法行政。

总则:第一至十二条。有立法宗旨、适用范围、方针、劳动者权利、用人单位义务、部门职责等。

前期预防:第十三至十八条。有工作场所要求、危害项目申报、职业病危害预评价、三同时等。

劳动过程中的防护与管理:第十九至三十八条。有用人单位的管理措施、有效防护、公告、说明、培训、健康体检、监护档案、应急措施和劳动者职业保护等。

职业病诊断和职业病病人保障:第三十九至五十四条。有诊断机构认定、诊断和鉴定、报告、病人待遇等。

监督检查:第五十五至六十一条。有权利和义务、责任等。

法律责任:第六十二至七十六条。

附则:第七十七至七十九条。

《职业病防治法》在很大程度上对用人单位的行为进行了规范,详细规定了用人单位的义务,并对用人单位违反这些义务的行为,科以相应的法律后果,即违反义务的用人单位应承担法律责任。同时对卫生行政部门在监督管理中的职责和义务以及违反职责和义务应承担的法律责任给予了明确规定。法律责任的种类包括行政责任、民事责任和刑事责任。

《职业病防治法》回答了5个问题:

1. 是什么?

维护劳动者健康权的国家法律。

2. 管什么?

产生职业病危害的企业。

3. 怎么管?

职业危害申报等法定制度。

4. 管多少?

严重职业危害,职业病名单。

5. 谁来管?

各级政府、政府卫生等行政部门,工会组织,企业。

(三)职业病防治方针

我国的职业病防治方针是:预防为主,防治结合;分类管理,综合治理。职业病(不管哪一种)一旦发生,就很难治愈。所以职业病防治工作应当从致病源头抓起,采取前期预防,同时在劳动过程中要加强防护与管理。一旦产生了职业病,就应当及时治疗,并对职业病病人给予相应的保障,做到全过程的监督管理。

预防为主就是要在工艺、技术、装备上采取防范措施,有效地控制和防止粉尘、毒气、噪声、放射性物质等危害因素对从业人员造成健康危害;防治结合就是在预防的基础上,加强职业病的诊断、治疗和康复工作，减轻职业病带来的痛苦和损害；分类管理是指对行业和危险源进行分类监控和管理；综合治理就是要采取工程技术、检测检验、个体防护、管理制度、治疗康复等综合性措施，有效防范职业危害，降低职业病发病率。

(四) 职业病的种类

职业病分十大类共115种。①尘肺共13种，如矽肺；②职业性放射性疾病：共11种，如放射性肿瘤；③职业中毒：共56种，如苯中毒；④物理因素所致职业病：共5种，如中暑；⑤生物因素所致职业病：共3种，如炭疽；⑥职业性皮肤病：共8种，如接触性皮炎；⑦职业性眼病：共3种，如电光性眼炎；⑧职业性耳鼻喉口腔疾病：共3种，如噪声聋；⑨职业性肿瘤：共8种，如苯所致白血病；⑩其他职业病：共5种，如职业性哮喘。

第二节　国家职业卫生监督制度

一、国家实行卫生监督制度

国家在职业卫生管理领域实行卫生监督制度，《职业病防治法》中有如下规定。

(一) 规定职业卫生监督的行政主体

“国务院卫生行政部门统一负责全国职业病防治的监督管理工作”。县级以上各级人民政府卫生行政部门依照职业病防治法律法规和国家职业卫生标准、职业卫生要求，依照职责划分，对职业病防治工作进行监督检查。

(二) 规定职业卫生监督的对象(相对人)

“本法使用于中华人民共和国领域内的职业病防治活动”。包括：

1. 产生职业病危害的企业、事业单位和个体经济组织(统称“用人单位”)；也包括用人单位以外的产生职业病危害的单位。

2. 在职业活动中接触职业病危害的劳动者。

3. 从事职业卫生检测评价工作的职业卫生技术服务机构。

4. 承担职业性健康检查和职业病诊断工作的医疗卫生机构。

(三) 规定职业卫生监督的内容

1. 对用人单位执行《职业病防治法》规定的前期预防、劳动过程中的防护与管理以及职业病诊断和职业病病人保障等义务的执行情况进行监督，对违法行为进行处理。

2. 对职业卫生技术服务机构、职业性健康检查和职业病诊断医疗卫生机构执行《职业病防治法》规定的情况进行监督，对违法行为进行处理。

(四) 卫生行政部门进行职业卫生监督执法时的法律依据

卫生行政部门进行职业卫生监督执法的基本原则是依法行政，因此，职业卫生监督执法的依据是有关法律、行政法规、行政规章以及各种技术法规，即职业卫生标准和技术规范等。

1. 法律依据　《宪法》、《中华人民共和国职业病防治法》。相关法律还有《劳动法》、《企业法》、《工会法》、《乡镇企业法》、《矿山安全法》等。

卫生监督执法的行政法依据有：《行政处罚法》、《行政复议法》、《行政诉讼法》、《民事诉讼法》、《刑法》、《刑事诉讼法》等。

2. 行政规定　使用有毒物品作业场所劳动保护条例、尘肺病防治条例、放射性同位素与射线装置安全和防护条例等。

3. 行政规章和规范性文件　建设项目职业病危害分类管理办法、职业病危害项目申报管理办法、职业健康监护管理办法、职业病诊断与鉴定管理办法、职业卫生技术服务机构管理办法、职业病危害事故调查处理办法、国家职业卫生标准管理办法、职业病危害因素分类目录、职业病目录、建设项目职业病危害评价规范、卫生行政处罚程序、卫生行政执法处罚文书规范等。

职业卫生标准和职业病诊断标准：《工业企业设计卫生标准》(GBZ 1—2002)、《工作场所有害因素职业接触限值》(GBZ 2—2002)，等等。

(五) 卫生行政部门在职业病防治监督管理中的职责和义务

根据《职业病防治法》的有关规定，各级卫生行政部门在职业病防治监督管理中的职责可以概括为：

1. 接受用人单位的职业病危害项目的申报和进行审批。
2. 对建设项目的职业病危害评价和“三同时”进行审批。
3. 对职业病防治工作进行监督检查。
4. 对职业病危害现场进行调查。
5. 查阅和复制相关资料和采集样品。
6. 对违反职业病防治法律法规的单位和个人责令停止违法行为。
7. 发生或可能发生职业病危害事故时，采取临时控制措施和有效控制后解除临时控制措施。
8. 对劳动者的健康检查和职业病诊断进行监督。
9. 职业卫生技术服务机构、职业性健康检查和职业病诊断医疗卫生机构进行资质认证和监督。
10. 对卫生行政执法人员进行资格认定和监督。

对职业卫生监督机构和监督执法人员规定的义务有：忠于职守，秉公办事，依法行政，严格执法，遵守纪律。

同时还规定了职业卫生监督机构和监督执法人员违法应承担的法律责任(第六十条、第七十五条、第七十六条)。

第三节　劳动者的权利和用人单位的法定义务

一、劳动者的权利

劳动者的权利即用人单位的义务。具体说来，劳动安全卫生法规中应进一步明确劳动者以下几项权利。

1. 知情权　了解国家规定的工作场所劳动安全标准以及用人单位执行情况，了解工作场所可能存在的不安全因素、危害后果和应当采取的安全防护措施。

2. 接受教育培训权　要求用人单位对其进行安全操作规程和安全知识、技术技能培训。

3. 要求劳动保护权　要求用人单位对事故隐患和危害因素采取相应的防护措施、改善劳动条件和工作环境、提供符合国家标准的安全防护设施、免费发放国家规定配备的劳动防护用品。

4. 拒绝危险工作及紧急避险权　拒绝违章指挥和强令冒险作业；当发生危及自身生命安全的紧急情况时，采取紧急避险措施，防止伤害事故。

5. 获得工伤保险权　享有工伤保险的权利，因工伤亡时有权依照有关法规获得抢救、医疗和疗养以及经济赔偿。

6. 参与权　参与用人单位劳动安全卫生工作的民主管理，对用人单位执行劳动安全卫生法律法规提出意见和建议。

7. 批评、控告、举报权　对违反劳动安全法律法规及危害生命安全和身体健康的行为提出批评和检举、向政府有关部门投诉、对造成劳动伤害的责任者提出控告。

二、用人单位的义务

主要有以下内容。

1. 健康保障的义务　用人单位应当采取有效的职业病危害防护措施，为劳动者提供符合国家职业卫生标准和卫生要求的工作场所、环境和条件。

2. 职业卫生管理义务　用人单位应当建立、健全职业病防治责任制、职业卫生管理组织机构和职业卫生管理制度。

3. 保险制度　用人单位应当依法参加工伤社会保险。

4. 报告义务　用人单位应当及时、如实向行政部门申报职业病危害项目和职业病危害事故、职业病危害因素检测与评价结果。

5. 卫生防护义务　用人单位必须采取有效的职业病防护设施，并为劳动者提供个人职业病防护用品。

6. 减少危害义务　用人单位应当采用有利于防治职业病和保护劳动者健康的新技术、新工艺、新材料，逐步替代职业危害严重的技术、工艺、材料。

7. 职业危害监测义务　用人单位应当定期对工作场所进行职业病危害因素检测、评价。

8. 不转移危害义务　用人单位不得将产生职业病危害的作业转移给不具备职业病防护条件的单位和个人。

9. 职业危害告知义务　用人单位对采用的技术工艺、材料，应当知悉其产生的职业病危害，不得隐瞒其危害，还应通过合同、设置公告栏、警示标识和提供说明书等方式告知劳动者。

10. 培训教育义务　用人单位对劳动者应当进行上岗前、在岗期间的职业卫生培训和教育。

11. 健康监护义务　用人单位应当组织从事接触职业病危害因素的劳动者进行上岗前、在岗期间和离岗时的职业健康检查。

12. 事故处理义务　发生或可能发生急性职业病危害事故时，用人单位应当立即采取应急措施和控制措施，并及时报告所在地卫生行政部门和有关部门，对遭受或者可能遭受急性职业病危害的劳动者,应当及时组织救治、进行健康检查和医学观察。

13. 特殊劳动者保护义务 用人单位不得安排未成年工从事接触职业病危害因素的作业;不得安排孕妇、哺乳期的女工从事对本人和胎儿、婴儿有危害的作业。

14. 举证义务 劳动者申请作职业病鉴定时,用人单位应当如实提供职业病诊断所需的有关职业卫生和健康监护等资料。

15. 接受行政监督和民主管理的义务。

16. 法律、法规规定的其他保障劳动者权利的义务。

第四节 违反《职业病防治法》应承担的法律责任

一、行政责任

(一) 用人单位的行政责任

第六十二条规定:建设单位违反本法规定,有下列行为之一的,由卫生行政部门给予警告,责令限期改正;逾期不改正的,处十万元以上五十万元以下的罚款;情节严重的,责令停止产生职业病危害的作业,或者提请有关人民政府按照国务院规定的权限责令停建、关闭。

1. 未按照规定进行职业病危害预评价或者未提交职业病危害预评价报告,或者职业病危害预评价报告未经卫生行政部门审核同意,擅自开工的。

2. 建设项目的职业病防护设施未按照规定与主体工程同时投入生产和使用的。

3. 职业病危害严重的建设项目,其职业病防护设施设计不符合国家职业卫生标准和卫生要求施工的。

4. 未按照规定对职业病防护设施进行职业病危害控制效果评价、未经卫生行政部门验收或者验收不合格,擅自投入使用的。

第六十三条规定:用人单位违反本法规定,有下列行为之一的,由卫生行政部门给予警告,责令限期改正;逾期不改正的,处二万元以下的罚款。

1. 工作场所职业病危害因素检测、评价结果没有存档、上报、公布的。

2. 未采取本法第十九条规定的职业病防治管理措施的。

3. 未按照规定公布有关职业病防治的规章制度、操作规程、职业病危害事故应急救援措施的。

4. 未按照规定组织劳动者进行职业卫生培训,或者未对劳动者个人职业病防护采取指导、督促措施的。

5. 国内首次使用或者首次进口与职业病危害有关的化学材料,未按照规定报送毒性鉴定资料以及经有关部门登记注册或者批准进口的文件的。

第六十四条规定:用人单位违反本法规定,有下列行为之一的,由卫生行政部门责令限期改正,给予警告,可以并处二万元以上五万元以下的罚款。

1. 未按照规定及时、如实向卫生行政部门申报产生职业病危害的项目的。

2. 未实施由专人负责的职业病危害因素日常监测,或者监测系统不能正常监测的。

3. 订立或者变更劳动合同时,未告知劳动者职业病危害真实情况的。

4. 未按照规定组织职业健康检查、建立职业健康监护档案或者未将检查结果如实告知劳动者的。

第六十五条规定：用人单位违反本法规定，有下列行为之一的，由卫生行政部门给予警告，责令限期改正，逾期不改正的，处五万元以上二十万元以下的罚款；情节严重的，责令停止产生职业病危害的作业，或者提请有关人民政府按照国务院规定的权限责令关闭。

1. 工作场所职业病危害因素的强度或者浓度超过国家职业卫生标准的。

2. 未提供职业病防护设施和个人使用的职业病防护用品，或者提供的职业病防护设施和个人使用的职业病防护用品不符合国家职业卫生标准和卫生要求的。

3. 对职业病防护设备、应急救援设施和个人使用的职业病防护用品未按照规定进行维护、检修、检测，或者不能保持正常运行、使用状态的。

4. 未按照规定对工作场所职业病危害因素进行检测、评价的。

5. 工作场所职业病危害因素经治理仍然达不到国家职业卫生标准和卫生要求时，未停止存在职业病危害因素的作业的。

6. 未按照规定安排职业病病人、疑似职业病病人进行诊治的。

7. 发生或者可能发生急性职业病危害事故时，未立即采取应急救援和控制措施或者未按照规定及时报告的。

8. 未按照规定在产生严重职业病危害的作业岗位醒目位置设置警示标识和中文警示说明的。

9. 拒绝卫生行政部门监督检查的。

第六十七条规定：用人单位和医疗卫生机构未按照规定报告职业病、疑似职业病的，由卫生行政部门责令限期改正，给予警告，可以并处一万元以下的罚款；弄虚作假的，并处二万元以上五万元以下的罚款；对直接负责的主管人员和其他直接责任人员，可以依法给予降级或者撤职的处分。

第六十八条规定：违反本法规定，有下列情形之一的，由卫生行政部门责令限期治理，并处五万元以上三十万元以下的罚款；情节严重的，责令停止产生职业病危害的作业，或者提请有关人民政府按照国务院规定的权限责令关闭。

1. 隐瞒技术、工艺、材料所产生的职业病危害而采用的。

2. 隐瞒本单位职业卫生真实情况的。

3. 可能发生急性职业损伤的有毒、有害工作场所、放射工作场所或者放射性同位素的运输、贮存不符合本法第二十三条规定的。

4. 使用国家明令禁止使用的可能产生职业病危害的设备或者材料的。

5. 将产生职业病危害的作业转移给没有职业病防护条件的单位和个人，或者没有职业病防护条件的单位和个人接受产生职业病危害的作业的。

6. 擅自拆除、停止使用职业病防护设备或者应急救援设施的。

7. 安排未经职业健康检查的劳动者、有职业禁忌的劳动者、未成年工或者孕期、哺乳期女职工从事接触职业病危害的作业或者禁忌作业的。

8. 违章指挥和强令劳动者进行没有职业病防护措施的作业的。

第七十条规定：用人单位违反本法规定，已经对劳动者生命健康造成严重损害的，由卫生行政部门责令停止产生职业病危害的作业，或者提请有关人民政府按照国务院规定的权限责令关闭，并处十万元以上三十万元以下的罚款。

（二）医疗机构的行政责任

未取得职业卫生技术服务资质认证擅自从事职业卫生技术服务的，或者医疗卫生机构未经批准擅自从事职业健康检查、职业病诊断的，由卫生行政部门责令立即停止违法行为，没收违法所得；违法所得五千元以上的，并处违法所得二倍以上十倍以下的罚款；没有违法所得或者违法所得不足五千元的，并处五千元以上五万元以下的罚款；情节严重的，对直接负责的主管人员和其他直接责任人员，依法给予降级、撤职或者开除的处分。

（三）承担职业病诊断的医疗机构的行政责任

从事职业卫生技术服务的机构和承担职业健康检查、职业病诊断的医疗卫生机构违反本法规定，有下列行为之一的，由卫生行政部门责令立即停止违法行为，给予警告，没收违法所得；违法所得五千元以上的，并处违法所得二倍以上五倍以下的罚款；没有违法所得或者违法所得不足五千元的，并处五千元以上二万元以下的罚款；情节严重的，由原认证或者批准机关取消其相应的资格；对直接负责的主管人员和其他直接责任人员，依法给予降级、撤职或者开除的处分；构成犯罪的，依法追究刑事责任。

1. 超出资质认证或者批准范围从事职业卫生技术服务或者职业健康检查、职业病诊断的。

2. 不按照法律规定履行法定职责的。

3. 出具虚假证明文件的。

（四）职业病诊断鉴定委员会成员法律责任

职业病诊断鉴定委员会组成人员收受职业病诊断争议当事人的财物或者其他好处的，给予警告，没收收受的财物，可以并处三千元以上五万元以下的罚款，取消其担任职业病诊断鉴定委员会组成人员的资格，并从省、自治区、直辖市人民政府卫生行政部门设立的专家库中予以除名。

（五）卫生行政部门的行政责任

卫生行政部门不按照规定报告职业病和职业病危害事故的，由上一级卫生行政部门责令改正，通报批评，给予警告；虚报、瞒报的，对单位负责人、直接负责的主管人员和其他直接责任人员依法给予降级、撤职或者开除的行政处分。

二、民事责任

《职业病防治法》对用人单位规定了如下义务。

第六条："用人单位必须依法参加工伤社会保险"。

第五十二条："职业病病人除依法享有工伤社会保险外，依照有关民事法律，享有获得赔偿的权利的，有权向用人单位提出赔偿要求。"

第五十三条："劳动者被诊断患有职业病，但用人单位没有依法参加工伤社会保险的，其医疗和生活保障由最后的用人单位承担；最后的用人单位有证据证明该职业病是先前用人单位的职业危害造成的，由先前的用人单位承担。"

从上述规定中可见，用人单位将有如下的民事责任。

1. 为劳动者参加工伤社会保险。

2. 参加工伤社会保险的，职业病病人依工伤保险得到补偿。如果保险的补偿尚不能完全弥补职业病病人的全部损失，用人单位将要赔偿职业病病人其余部分的损失。

3. 如果用人单位没有参加工伤社会保险的，用人单位将赔偿职业病病人的全部损失。

4. 多个用人单位先后雇佣同一个劳动者，最后该劳动者被诊断为患有职业病，如果能够证明该职业病是由于在其中某一个用人单位的生产劳动过程中造成的，则该用人单位负担该劳动者的损失；如果不能证明该劳动者的职业病是在哪一个用人单位的生产劳动的过程中造成的，则最后的用人单位负担该劳动者的损失。

三、刑事责任

《职业病防治法》的第七十六条规定了用人单位的刑事责任。

《刑法》规定的犯罪情形主要有：

第一百三十四条规定，工厂、矿山、林场、建筑企业或者其他企业、事业单位的职工，由于不服管理、违反规章制度，或者强令工人违章冒险作业，因而发生重大伤亡事故或者造成其他严重后果的，处三年以下有期徒刑或者拘役；情节特别恶劣的，处三年以上七年以下有期徒刑。

第一百三十五条规定：工厂、矿山、林场、建筑企业或者其他企业、事业单位的劳动安全设施不符合国家规定，经有关部门或者单位职工提出后，对事故隐患仍不采取措施，因而发生重大伤亡事故或者造成其他严重后果的，对直接责任人员，处三年以下有期徒刑或者拘役；情节特别恶劣的，处三年以上七年以下有期徒刑。

第一百三十六条规定：违反爆炸性、易燃性、放射性、毒害性、腐蚀性物品的管理规定，在生产、储存、运输、使用中发生重大事故，造成严重后果的，处三年以下有期徒刑或者拘役；后果特别严重的，处三年以上七年以下有期徒刑。

附

中华人民共和国职业病防治法

第一章 总 则

第一条 为了预防、控制和消除职业病危害，防治职业病，保护劳动者健康及其相关权益，促进经济发展，根据宪法，制定本法。

第二条 本法适用于中华人民共和国领域内的职业病防治活动。本法所称职业病，是指企业、事业单位和个体经济组织(以下统称用人单位)的劳动者在职业活动中，因接触粉尘、放射性物质和其他有毒、有害物质等因素而引起的疾病。职业病的分类和目录由国务院卫生行政部门会同国务院劳动保障行政部门规定、调整并公布。

第三条 职业病防治工作坚持预防为主、防治结合的方针，实行分类管理、综合治理。

第四条 劳动者依法享有职业卫生保护的权利。用人单位应当为劳动者创造符合国家职业卫生标准和卫生要求的工作环境和条件，并采取措施保障劳动者获得职业卫生保护。

第五条 用人单位应当建立、健全职业病防治责任制，加强对职业病防治的管理，提高职业病防治水平，对本单位产生的职业病危害承担责任。

第六条　用人单位必须依法参加工伤社会保险。国务院和县级以上地方人民政府劳动保障行政部门应当加强对工伤社会保险的监督管理，确保劳动者依法享受工伤社会保险待遇。

第七条　国家鼓励研制、开发、推广、应用有利于职业病防治和保护劳动者健康的新技术、新工艺、新材料，加强对职业病的机理和发生规律的基础研究，提高职业病防治科学技术水平；积极采用有效的职业病防治技术、工艺、材料；限制使用或者淘汰职业病危害严重的技术、工艺、材料。

第八条　国家实行职业卫生监督制度。国务院卫生行政部门统一负责全国职业病防治的监督管理工作。国务院有关部门在各自的职责范围内负责职业病防治的有关监督管理工作。县级以上地方人民政府卫生行政部门负责本行政区域内职业病防治的监督管理工作。县级以上地方人民政府有关部门在各自的职责范围内负责职业病防治的有关监督管理工作。

第九条　国务院和县级以上地方人民政府应当制定职业病防治规划，将其纳入国民经济和社会发展计划，并组织实施。乡、民族乡、镇的人民政府应当认真执行本法，支持卫生行政部门依法履行职责。

第十条　县级以上人民政府卫生行政部门和其他有关部门应当加强对职业病防治的宣传教育，普及职业病防治的知识，增强用人单位的职业病防治观念，提高劳动者的自我健康保护意识。

第十一条　有关防治职业病的国家职业卫生标准，由国务院卫生行政部门制定并公布。

第十二条　任何单位和个人有权对违反本法的行为进行检举和控告。对防治职业病成绩显著的单位和个人，给予奖励。

第二章　前 期 预 防

第十三条　产生职业病危害的用人单位的设立除应当符合法律、行政法规规定的设立条件外，其工作场所还应当符合下列职业卫生要求：

（一）职业病危害因素的强度或者浓度符合国家职业卫生标准；

（二）有与职业病危害防护相适应的设施；

（三）生产布局合理，符合有害与无害作业分开的原则；

（四）有配套的更衣间、洗浴间、孕妇休息间等卫生设施；

（五）设备、工具、用具等设施符合保护劳动者生理、心理健康的要求；

（六）法律、行政法规和国务院卫生行政部门关于保护劳动者健康的其他要求。

第十四条　在卫生行政部门中建立职业病危害项目的申报制度。用人单位设有依法公布的职业病目录所列职业病的危害项目的，应当及时、如实向卫生行政部门申报，接受监督。职业病危害项目申报的具体办法由国务院卫生行政部门制定。

第十五条　新建、扩建、改建建设项目和技术改造、技术引进项目（以下统称建设项目）可能产生职业病危害的，建设单位在可行性论证阶段应当向卫生行政部门提交职业病危害预评价报告。卫生行政部门应当自收到职业病危害预评价报告之日起三十日内，作出审核决定并书面通知建设单位。未提交预评价报告或者预评价报告未经卫生行政部门审核同意的，有关部门不得批准该建设项目。职业病危害预评价报告应当对建设项目可能产生的职业病危害因素及其对工作场所和劳动者健康的影响作出评价，确定危害类别和职业病防护措施。建设项目职业病危害分类目录和分类管理办法由国务院卫生行政部门制定。

第十六条　建设项目的职业病防护设施所需费用应当纳入建设项目工程预算，并与主体工程同时设计，同时施工，同时投入生产和使用。职业病危害严重的建设项目的防护设施设计，应当经卫生行政部门进行卫生审查，符合国家职业卫生标准和卫生要求的，方可施工。建设项目在竣工验收前，建设单位应当进行职业病危害控制效果评价。建设项目竣工验收时，其职业病防护设施经卫生行政部门验收合格后，方可投入正式生产和使用。

第十七条　职业病危害预评价、职业病危害控制效果评价由依法设立的取得省级以上人民政府卫生行政部门资质认证的职业卫生技术服务机构进行。职业卫生技术服务机构所作评价应当客观、真实。

第十八条　国家对从事放射、高毒等作业实行特殊管理。具体管理办法由国务院制定。

第三章　劳动过程中的防护与管理

第十九条　用人单位应当采取下列职业病防治管理措施：

（一）设置或者指定职业卫生管理机构或者组织，配备专职或者兼职的职业卫生专业人员，负责本单位的职业病防治工作；

（二）制定职业病防治计划和实施方案；

（三）建立、健全职业卫生管理制度和操作规程；

（四）建立、健全职业卫生档案和劳动者健康监护档案；

（五）建立、健全工作场所职业病危害因素监测及评价制度；

（六）建立、健全职业病危害事故应急救援预案。

第二十条　用人单位必须采用有效的职业病防护设施，并为劳动者提供个人使用的职业病防护用品。用人单位为劳动者个人提供的职业病防护用品必须符合防治职业病的要求；不符合要求的，不得使用。

第二十一条　用人单位应当优先采用有利于防治职业病和保护劳动者健康的新技术、新工艺、新材料，逐步替代职业病危害严重的技术、工艺、材料。

第二十二条　产生职业病危害的用人单位，应当在醒目位置设置公告栏，公布有关职业病防治的规章制度、操作规程、职业病危害事故应急救援措施和工作场所职业病危害因素检测结果。对产生严重职业病危害的作业岗位，应当在其醒目位置，设置警示标识和中文警示说明。警示说明应当载明产生职业病危害的种类、后果、预防以及应急救治措施等内容。

第二十三条　对可能发生急性职业损伤的有毒、有害工作场所，用人单位应当设置报警装置，配置现场急救用品、冲洗设备、应急撤离通道和必要的泄险区。对放射工作场所和放射性同位素的运输、贮存，用人单位必须配置防护设备和报警装置，保证接触放射线的工作人员佩戴个人剂量计。对职业病防护设备、应急救援设施和个人使用的职业病防护用品，用人单位应当进行经常性的维护、检修，定期检测其性能和效果，确保其处于正常状态，不得擅自拆除或者停止使用。

第二十四条　用人单位应当实施由专人负责的职业病危害因素日常监测，并确保监测系统处于正常运行状态。用人单位应当按照国务院卫生行政部门的规定，定期对工作场所进行职业病危害因素检测、评价。检测、评价结果存入用人单位职业卫生档案，定期向所在地卫生行政部门报告并向劳动者公布。职业病危害因素检测、评价由依法设立的取得省级以上人民政府卫生行政部门资质认证的职业卫生技术服务机构进行。职业卫生技术服务机构所作检测、评价应当客观、真实。发现工作场所职业病危害因素不符合国家职业卫生标准和卫生要求时，用人单位应当立即采取相应治理措施，仍然达不到国家职业卫生标准和卫生要求的，必须停止存在职业病危害因素的作业；职业病危害因素经治理后，符合国家职业卫生标准和卫生要求的，方可重新作业。

第二十五条　向用人单位提供可能产生职业病危害的设备的，应当提供中文说明书，并在设备的醒目位置设置警示标识和中文警示说明。警示说明应当载明设备性能、可能产生的职业病危害、安全操作和维护注意事项、职业病防护以及应急救治措施等内容。

第二十六条　向用人单位提供可能产生职业病危害的化学品、放射性同位素和含有放射性物质的材料的，应当提供中文说明书。说明书应当载明产品特性、主要成份、存在的有害因素、可能产生的危害后果、安全使用注意事项、职业病防护以及应急救治措施等内容。产品包装应当有醒目的警示标识和中文警示说明。贮存上述材料的场所应当在规定的部位设置危险物品标识或者放射性警示标识。国内首次使用或者首次进口与职业病危害有关的化学材料，使用单位或者进口单位按照国家规定经国务院有关部门批准后，应当向国务院卫生行政部门报送该化学材料的毒性鉴定以及经有关部门登记注册或者批准进口的文件等资料。进口放射性同位素、射线装置和含有放射性物质的物品的，按照国家有关规定办理。

第二十七条　任何单位和个人不得生产、经营、进口和使用国家明令禁止使用的可能产生职业病危害的设备或者材料。

第二十八条　任何单位和个人不得将产生职业病危害的作业转移给不具备职业病防护条件的单位和个人。不具备职业病防护条件的单位和个人不得接受产生职业病危害的作业。

第二十九条　用人单位对采用的技术、工艺、材料，应当知悉其产生的职业病危害，对有职业病危害的技术、工艺、材料隐瞒其危害而采用的，对所造成的职业病危害后果承担责任。

第三十条　用人单位与劳动者订立劳动合同(含聘用合同，下同)时，应当将工作过程中可能产生的职业病危害及其后果、职业病防护措施和待遇等如实告知劳动者，并在劳动合同中写明，不得隐瞒或者欺骗。劳动者在已订立劳动合同期间因工作岗位或者工作内容变更，从事与所订立劳动合同中未告知的存在职业病危害的作业时，用人单位应当依照前款规定，向劳动者履行如实告知的义务，并协商变更原劳动合同相关条款。用人单位违反前两款规定的，劳动者有权拒绝从事存在职业病危害的作业，用人单位不得因此解除或者终止与劳动者所订立的劳动合同。

第三十一条　用人单位的负责人应当接受职业卫生培训，遵守职业病防治法律、法规，依法组织本单位的职业病防治工作。用人单位应当对劳动者进行上岗前的职业卫生培训和在岗期间的定期职业卫生培训，普及职业卫生知识，督促劳动者遵守职业病防治法律、法规、规章和操作规程，指导劳动者正确使用职业病防护设备和个人使用的职业病防护用品。劳动者应当学习和掌握相关的职业卫生知识，遵守职业病防治法律、法规、规章和操作规程，正确使用、维护职业病防护设备和个人使用的职业病防护用品，发现职业病危害事故隐患应当及时报告。劳动者不履行前款规定义务的，用人单位应当对其进行教育。

第三十二条　对从事接触职业病危害的作业的劳动者，用人单位应当按照国务院卫生行政部门的规定组织上岗前、在岗期间和离岗时的职业健康检查，并将检查结果如实告知劳动者。职业健康检查费用由用人单位承担。用人单位不得安排未经上岗前职业健康检查的劳动者从事接触职业病危害的作业；不得安排有职业禁忌的劳动者从事其所禁忌的作业；对在职业健康检查中发现有与所从事的职业相关的健康损害的劳动者，应当调离原工作岗位，并妥善安置；对未进行离岗前职业健康检查的劳动者不得解除或者终止与其订立的劳动合同。职业健康检查应当由省级以上人民政府卫生行政部门批准的医疗卫生机构承担。

第三十三条　用人单位应当为劳动者建立职业健康监护档案，并按照规定的期限妥善保存。职业健康监护档案应当包括劳动者的职业史、职业病危害接触史、职业健康检查结果和职业病诊疗等有关个人健康资料。劳动者离开用人单位时，有权索取本人职业健康监护档案复印件，用人单位应当如实、无偿提供，并在所提供的复印件上签章。

第三十四条　发生或者可能发生急性职业病危害事故时，用人单位应当立即采取应急救援和控制措施，并及时报告所在地卫生行政部门和有关部门。卫生行政部门接到报告后，应当及时会同有关部门组织调查处理；必要时，可以采取临时控制措施。对遭受或者可能遭受急性职业病危害的劳动者，用人单位应当及时组织救治、进行健康检查和医学观察，所需费用由用人单位承担。

第三十五条　用人单位不得安排未成年工从事接触职业病危害的作业；不得安排孕期、哺乳期的女职工从事对本人和胎儿、婴儿有危害的作业。

第三十六条　劳动者享有下列职业卫生保护权利：

(一) 获得职业卫生教育、培训；

(二) 获得职业健康检查、职业病诊疗、康复等职业病防治服务；

（三）了解工作场所产生或者可能产生的职业病危害因素、危害后果和应当采取的职业病防护措施；

（四）要求用人单位提供符合防治职业病要求的职业病防护设施和个人使用的职业病防护用品，改善工作条件；

（五）对违反职业病防治法律、法规以及危及生命健康的行为提出批评、检举和控告；

（六）拒绝违章指挥和强令进行没有职业病防护措施的作业；

（七）参与用人单位职业卫生工作的民主管理，对职业病防治工作提出意见和建议。

用人单位应当保障劳动者行使前款所列权利。因劳动者依法行使正当权利而降低其工资、福利等待遇或者解除、终止与其订立的劳动合同的，其行为无效。

第三十七条　工会组织应当督促并协助用人单位开展职业卫生宣传教育和培训，对用人单位的职业病防治工作提出意见和建议，与用人单位就劳动者反映的有关职业病防治的问题进行协调并督促解决。工会组织对用人单位违反职业病防治法律、法规，侵犯劳动者合法权益的行为，有权要求纠正；产生严重职业病危害时，有权要求采取防护措施，或者向政府有关部门建议采取强制性措施；发生职业病危害事故时，有权参与事故调查处理；发现危及劳动者生命健康的情形时，有权向用人单位建议组织劳动者撤离危险现场，用人单位应当立即作出处理。

第三十八条　用人单位按照职业病防治要求，用于预防和治理职业病危害、工作场所卫生检测、健康监护和职业卫生培训等费用，按照国家有关规定，在生产成本中据实列支。

第四章　职业病诊断与职业病病人保障

第三十九条　职业病诊断应当由省级以上人民政府卫生行政部门批准的医疗卫生机构承担。

第四十条　劳动者可以在用人单位所在地或者本人居住地依法承担职业病诊断的医疗卫生机构进行职业病诊断。

第四十一条　职业病诊断标准和职业病诊断、鉴定办法由国务院卫生行政部门制定。职业病伤残等级的鉴定办法由国务院劳动保障行政部门会同国务院卫生行政部门制定。

第四十二条　职业病诊断，应当综合分析下列因素：

（一）病人的职业史；

（二）职业病危害接触史和现场危害调查与评价；

（三）临床表现以及辅助检查结果等。

没有证据否定职业病危害因素与病人临床表现之间的必然联系的，在排除其他致病因素后，应当诊断为职业病。承担职业病诊断的医疗卫生机构在进行职业病诊断时，应当组织三名以上取得职业病诊断资格的执业医师集体诊断。职业病诊断证明书应当由参与诊断的医师共同签署，并经承担职业病诊断的医疗卫生机构审核盖章。

第四十三条　用人单位和医疗卫生机构发现职业病病人或者疑似职业病病人时，应当及时向所在地卫生行政部门报告。确诊为职业病的，用人单位还应当向所在地劳动保障行政部门报告。卫生行政部门和劳动保障行政部门接到报告后，应当依法作出处理。

第四十四条　县级以上地方人民政府卫生行政部门负责本行政区域内的职业病统计报告的管理工作，并按照规定上报。

第四十五条　当事人对职业病诊断有异议的，可以向作出诊断的医疗卫生机构所在地地方人民政府卫生行政部门申请鉴定。职业病诊断争议由设区的市级以上地方人民政府卫生行政部门根据当事人的申请，组织职业病诊断鉴定委员会进行鉴定。当事人对设区的市级职业病诊断鉴定委员会的鉴定结论不服的，可以向省、自治区、直辖市人民政府卫生行政部门申请再鉴定。

第四十六条　职业病诊断鉴定委员会由相关专业的专家组成。省、自治区、直辖市人民政府卫生行政部门应当设立相关的专家库，需要对职业病争议作出诊断鉴定时，由当事人或者当事人委托有关卫生行政部门从专家库中以随机抽取的方式确定参加诊断鉴定委员会的专家。职业病诊断鉴定委员会应当按照国务院卫生行政部门颁布的职业病诊断标准和职业病诊断、鉴定办法进行职业病诊断鉴定,向当事人出具职业病诊断鉴定书。职业病诊断鉴定费用由用人单位承担。

第四十七条　职业病诊断鉴定委员会组成人员应当遵守职业道德,客观、公正地进行诊断鉴定,并承担相应的责任。职业病诊断鉴定委员会组成人员不得私下接触当事人,不得收受当事人的财物或者其他好处,与当事人有利害关系的,应当回避。人民法院受理有关案件需要进行职业病鉴定时,应当从省、自治区、直辖市人民政府卫生行政部门依法设立的相关的专家库中选取参加鉴定的专家。

第四十八条　职业病诊断、鉴定需要用人单位提供有关职业卫生和健康监护等资料时,用人单位应当如实提供,劳动者和有关机构也应当提供与职业病诊断、鉴定有关的资料。

第四十九条　医疗卫生机构发现疑似职业病病人时,应当告知劳动者本人并及时通知用人单位。用人单位应当及时安排对疑似职业病病人进行诊断;在疑似职业病病人诊断或者医学观察期间,不得解除或者终止与其订立的劳动合同。疑似职业病病人在诊断、医学观察期间的费用,由用人单位承担。

第五十条　职业病病人依法享受国家规定的职业病待遇。用人单位应当按照国家有关规定,安排职业病病人进行治疗、康复和定期检查。用人单位对不适宜继续从事原工作的职业病病人,应当调离原岗位,并妥善安置。用人单位对从事接触职业病危害的作业的劳动者,应当给予适当岗位津贴。

第五十一条　职业病病人的诊疗、康复费用,伤残以及丧失劳动能力的职业病病人的社会保障,按照国家有关工伤社会保险的规定执行。

第五十二条　职业病病人除依法享有工伤社会保险外,依照有关民事法律,尚有获得赔偿的权利的,有权向用人单位提出赔偿要求。

第五十三条　劳动者被诊断患有职业病,但用人单位没有依法参加工伤社会保险的,其医疗和生活保障由最后的用人单位承担;最后的用人单位有证据证明该职业病是先前用人单位的职业病危害造成的,由先前的用人单位承担。

第五十四条　职业病病人变动工作单位,其依法享有的待遇不变。用人单位发生分立、合并、解散、破产等情形的,应当对从事接触职业病危害的作业的劳动者进行健康检查,并按照国家有关规定妥善安置职业病病人。

第五章　监 督 检 查

第五十五条　县级以上人民政府卫生行政部门依照职业病防治法律、法规、国家职业卫生标准和卫生要求,依据职责划分,对职业病防治工作及职业病危害检测、评价活动进行监督检查。

第五十六条　卫生行政部门履行监督检查职责时,有权采取下列措施:

(一)进入被检查单位和职业病危害现场,了解情况,调查取证;

(二)查阅或者复制与违反职业病防治法律、法规的行为有关的资料和采集样品;

(三)责令违反职业病防治法律、法规的单位和个人停止违法行为。

第五十七条　发生职业病危害事故或者有证据证明危害状态可能导致职业病危害事故发生时,卫生行政部门可以采取下列临时控制措施:

(一)责令暂停导致职业病危害事故的作业;

(二)封存造成职业病危害事故或者可能导致职业病危害事故发生的材料和设备;

(三)组织控制职业病危害事故现场。在职业病危害事故或者危害状态得到有效控制后,卫生行政部门应当及时解除控制措施。

第五十八条　职业卫生监督执法人员依法执行职务时,应当出示监督执法证件。职业卫生监督执法人员应当忠于职守,秉公执法,严格遵守执法规范;涉及用人单位的秘密的,应当为其保密。

第五十九条　职业卫生监督执法人员依法执行职务时,被检查单位应当接受检查并予以支持配合,不得拒绝和阻碍。

第六十条　卫生行政部门及其职业卫生监督执法人员履行职责时，不得有下列行为：

（一）对不符合法定条件的，发给建设项目有关证明文件、资质证明文件或者予以批准；

（二）对已经取得有关证明文件的，不履行监督检查职责；

（三）发现用人单位存在职业病危害的，可能造成职业病危害事故，不及时依法采取控制措施；

（四）其他违反本法的行为。

第六十一条　职业卫生监督执法人员应当依法经过资格认定。卫生行政部门应当加强队伍建设，提高职业卫生监督执法人员的政治、业务素质，依照本法和其他有关法律、法规的规定，建立、健全内部监督制度，对其工作人员执行法律、法规和遵守纪律的情况，进行监督检查。

第六章　法 律 责 任

第六十二条　建设单位违反本法规定，有下列行为之一的，由卫生行政部门给予警告，责令限期改正；逾期不改正的，处十万元以上五十万元以下的罚款；情节严重的，责令停止产生职业病危害的作业，或者提请有关人民政府按照国务院规定的权限责令停建、关闭：

（一）未按照规定进行职业病危害预评价或者未提交职业病危害预评价报告，或者职业病危害预评价报告未经卫生行政部门审核同意，擅自开工的；

（二）建设项目的职业病防护设施未按照规定与主体工程同时投入生产和使用的；

（三）职业病危害严重的建设项目，其职业病防护设施设计不符合国家职业卫生标准和卫生要求施工的；

（四）未按照规定对职业病防护设施进行职业病危害控制效果评价、未经卫生行政部门验收或者验收不合格，擅自投入使用的。

第六十三条　违反本法规定，有下列行为之一的，由卫生行政部门给予警告，责令限期改正；逾期不改正的，处二万元以下的罚款：

（一）工作场所职业病危害因素检测、评价结果没有存档、上报、公布的；

（二）未采取本法第十九条规定的职业病防治管理措施的；

（三）未按照规定公布有关职业病防治的规章制度、操作规程、职业病危害事故应急救援措施的；

（四）未按照规定组织劳动者进行职业卫生培训，或者未对劳动者个人职业病防护采取指导、督促措施的；

（五）国内首次使用或者首次进口与职业病危害有关的化学材料，未按照规定报送毒性鉴定资料以及经有关部门登记注册或者批准进口的文件的。

第六十四条　用人单位违反本法规定，有下列行为之一的，由卫生行政部门责令限期改正，给予警告，可以并处二万元以上五万元以下的罚款：

（一）未按照规定及时、如实向卫生行政部门申报产生职业病危害的项目的；

（二）未实施由专人负责的职业病危害因素日常监测，或者监测系统不能正常监测的；

（三）订立或者变更劳动合同时，未告知劳动者职业病危害真实情况的；

（四）未按照规定组织职业健康检查、建立职业健康监护档案或者未将检查结果如实告知劳动者的。

第六十五条　用人单位违反本法规定，有下列行为之一的，由卫生行政部门给予警告，责令限期改正，逾期不改正的，处五万元以上二十万元以下的罚款；情节严重的，责令停止产生职业病危害的作业，或者提请有关人民政府按照国务院规定的权限责令关闭：

（一）工作场所职业病危害因素的强度或者浓度超过国家职业卫生标准的；

（二）未提供职业病防护设施和个人使用的职业病防护用品，或者提供的职业病防护设施和个人使用的职业病防护用品不符合国家职业卫生标准和卫生要求的；

（三）对职业病防护设备、应急救援设施和个人使用的职业病防护用品未按照规定进行维护、检修、检测，或者不能保持正常运行、使用状态的；

（四）未按照规定对工作场所职业病危害因素进行检测、评价的；

（五）工作场所职业病危害因素经治理仍然达不到国家职业卫生标准和卫生要求时，未停止存在职业病危害因素的作业的；

（六）未按照规定安排职业病病人、疑似职业病病人进行诊治的；

（七）发生或者可能发生急性职业病危害事故时，未立即采取应急救援和控制措施或者未按照规定及时报告的；

（八）未按照规定在产生严重职业病危害的作业岗位醒目位置设置警示标识和中文警示说明的；

（九）拒绝卫生行政部门监督检查的。

第六十六条　向用人单位提供可能产生职业病危害的设备、材料，未按照规定提供中文说明书或者设置警示标识和中文警示说明的，由卫生行政部门责令限期改正，给予警告，并处五万元以上二十万元以下的罚款。

第六十七条　用人单位和医疗卫生机构未按照规定报告职业病、疑似职业病的，由卫生行政部门责令限期改正，给予警告，可以并处一万元以下的罚款；弄虚作假的，并处二万元以上五万元以下的罚款；对直接负责的主管人员和其他直接责任人员，可以依法给予降级或者撤职的处分。

第六十八条　违反本法规定，有下列情形之一的，由卫生行政部门责令限期治理，并处五万元以上三十万元以下的罚款；情节严重的，责令停止产生职业病危害的作业，或者提请有关人民政府按照国务院规定的权限责令关闭：

（一）隐瞒技术、工艺、材料所产生的职业病危害而采用的；

（二）隐瞒本单位职业卫生真实情况的；

（三）可能发生急性职业损伤的有毒、有害工作场所、放射工作场所或者放射性同位素的运输、贮存不符合本法第二十三条规定的；

（四）使用国家明令禁止使用的可能产生职业病危害的设备或者材料的；

（五）将产生职业病危害的作业转移给没有职业病防护条件的单位和个人，或者没有职业病防护条件的单位和个人接受产生职业病危害的作业的；

（六）擅自拆除、停止使用职业病防护设备或者应急救援设施的；

（七）安排未经职业健康检查的劳动者、有职业禁忌的劳动者、未成年工或者孕期、哺乳期女职工从事接触职业病危害的作业或者禁忌作业的；

（八）违章指挥和强令劳动者进行没有职业病防护措施的作业的。

第六十九条　生产、经营或者进口国家明令禁止使用的可能产生职业病危害的设备或者材料的，依照有关法律、行政法规的规定给予处罚。

第七十条　用人单位违反本法规定，已经对劳动者生命健康造成严重损害的，由卫生行政部门责令停止产生职业病危害的作业，或者提请有关人民政府按照国务院规定的权限责令关闭，并处十万元以上三十万元以下的罚款。

第七十一条　用人单位违反本法规定，造成重大职业病危害事故或者其他严重后果，构成犯罪的，对直接负责的主管人员和其他直接责任人员，依法追究刑事责任。

第七十二条　未取得职业卫生技术服务资质认证擅自从事职业卫生技术服务的，或者医疗卫生机构未经批准擅自从事职业健康检查、职业病诊断的，由卫生行政部门责令立即停止违法行为，没收违法所得；违法所得五千元以上的，并处违法所得二倍以上十倍以下的罚款；没有违法所得或者违法所得不足五千元的，并处五千元以上五万元以下的罚款；情节严重的，对直接负责的主管人员和其他直接责任人员，依法给予降级、撤职或者开除的处分。

第七十三条　从事职业卫生技术服务的机构和承担职业健康检查、职业病诊断的医疗卫生机构违反本法规定，有下列行为之一的，由卫生行政部门责令立即停止违法行为，给予警告，没收违法所得；违法所得五千元以上的，并处违法所得二倍以上五倍以下的罚款；没有违法所得或者违法所得不足五千元的，并处五千元以上二万元以下的罚款；情节严重的，由原认证或者批准机关取消其相应的资格；对直接负责的主管人员和其他直接责任人员，依法给予降级、撤职或者开除的处分；构成犯罪的，依法追究刑事责任：

（一）超出资质认证或者批准范围从事职业卫生技术服务或者职业健康检查、职业病诊断的；

（二）不按照本法规定履行法定职责的；

（三）出具虚假证明文件的。

第七十四条　职业病诊断鉴定委员会组成人员收受职业病诊断争议当事人的财物或者其他好处的，给予警告，没收收受的财物，可以并处三千元以上五万元以下的罚款，取消其担任职业病诊断鉴定委员会组成人员的资格，并从省、自治区、直辖市人民政府卫生行政部门设立的专家库中予以除名。

第七十五条　卫生行政部门不按照规定报告职业病和职业病危害事故的，由上一级卫生行政部门责令改正，通报批评，给予警告；虚报、瞒报的，对单位负责人、直接负责的主管人员和其他直接责任人员依法给予降级、撤职或者开除的行政处分。

第七十六条　卫生行政部门及其职业卫生监督执法人员有本法第六十条所列行为之一，导致职业病危害事故发生，构成犯罪的，依法追究刑事责任；尚不构成犯罪的，对单位负责人、直接负责的主管人员和其他直接责任人员依法给予降级、撤职或者开除的行政处分。

第七章　附　　则

第七十七条　本法下列用语的含义：

职业病危害，是指对从事职业活动的劳动者可能导致职业病的各种危害。职业病危害因素包括：职业活动中存在的各种有害的化学、物理、生物因素以及在作业过程中产生的其他职业有害因素。

职业禁忌，是指劳动者从事特定职业或者接触特定职业病危害因素时，比一般职业人群更易于遭受职业病危害和罹患职业病或者可能导致原有自身疾病病情加重，或者在从事作业过程中诱发可能导致对他人生命健康构成危险的疾病的个人特殊生理或者病理状态。

第七十八条　本法第二条规定的用人单位以外的单位，产生职业病危害的，其职业病防治活动可以参照本法执行。中国人民解放军参照执行本法的办法，由国务院、中央军事委员会制定。

第七十九条　本法自 2002 年 5 月 1 日起施行。

第十章 母婴保健法律制度

第一节 母婴保健法律制度概述

一、母婴保健概述

我国现有8.6亿妇女儿童，拥有世界上规模最大的妇女儿童群体。妇女和儿童占总人口的2/3，妇女儿童健康是人类持续发展的前提和基础。妇女儿童的健康状况不仅反映其本身的健康问题，还反映一个国家社会人群的整体健康水平，反映国家的政治、经济、文化的整体水平。

2011年9月21日，卫生部正式发布《中国妇幼卫生事业发展报告(2011)》。这是卫生部首次发布关于妇幼卫生工作的年度报告，旨在全面反映我国母婴健康水平和母婴保健事业发展状况，引导社会各界和国际社会更加关注母婴健康问题，营造有利于母婴保健事业发展的良好氛围。报告在肯定我国母婴保健事业取得成绩的同时，也指出了现存的问题。从近期联合国相关组织的报告当中可以看到，从全球来看，1990年到2009年，中国5岁以下儿童死亡率降低速率是比较快的；中国现在5岁以下儿童死亡数量仍然排在全球第五，排在中国之前的是印度、尼日利亚、刚果和巴基斯坦；从孕产妇的死亡率来看，2008年全球孕产妇死亡率大概为260/10万，从降低孕产妇的死亡速率来看，中国降低速度排在全球第9位。报告还透露，近年来，我国新生儿出生缺陷发生率呈上升趋势，由1996年的87.7‱上升到2010年的149.9‱，增长幅度达到70.9％。

可见，母婴保健工作仍然是我国卫生事业发展的一个重要方面，直接关系到社会的稳定、家庭的稳定、儿童的生存与发展。做好母婴保健工作对于提升全民健康水平，推动经济社会可持续发展，构建和谐社会具有全局性和战略性意义。

二、《母婴保健法》概述

(一)《母婴保健法》的含义

母婴保健法是指调整保障母亲和婴儿健康，提高出生人口素质活动中产生的各种社会关系的法律规范的总和。

我国《宪法》第四十九条规定："婚姻、家庭、母亲和儿童受国家的保护。"1988年通过了《女职工劳动保护规定》，1992年通过了《妇女权益保障法》。1994年10月，全国人大常委会审议通过了《中华人民共和国母婴保健法》(以下简称《母婴保健法》)。根据《母婴保健法》的要求，国务院于2001年颁布了《母婴保健法实施细则》，并先后制定实施了1995～2000年和2001～2010年中国妇女儿童发展纲要，最新制定的2011～2020年中国妇女儿童发展纲要更是把妇女和儿童健康纳入国民经济和社会发展规划，作为优先发展的领域之一；卫生部也先后制定了婚前、孕前、孕产期和新生儿期保健等一系列配套规章和规范性文件，使母婴保健服务在行政管理、监督检查和技术规范等各个环节，基本实现了有法可依。

《母婴保健法》以《宪法》为依据，是保护妇女儿童健康的基本法，与《妇女权益保障法》、《未成年人保护法》等法律法规共同为保护妇女儿童健康提供了法律保障。

(二)《母婴保健法》的立法宗旨

《母婴保健法》以保障母亲和婴儿健康，提高出生人口素质为立法宗旨。

1. 保障母亲和婴儿健康　我国目前的母婴健康问题依然突出。乳腺癌、宫颈癌和艾滋病、梅毒等重大疾病严重威胁着广大妇女的身心健康；早产、肺炎、先天性心脏病等仍是儿童死亡的主要原因；随着儿童死亡率的下降，出生缺陷作为公共卫生问题也越来越凸显出来。国家“十二五”规划以改善民生为核心，将妇女儿童主要健康指标列入经济和社会发展规划，明确提出到 2015 年人均预期寿命提高 1 岁，达到 74.5 岁，孕产妇死亡率降到 22/10 万，5 岁以下儿童死亡率降到 14‰，婴儿死亡率降到 12‰，为母婴的健康保障事业发展指明了方向。国务院发布的 2011～2020 年中国妇女儿童发展纲要，也将妇女儿童健康作为保障民生的重要内容列入其中。

妇女儿童健康指标不仅是国际上公认的最基础的健康指标，也是衡量经济社会发展和人类发展的综合性指标。儿童优先，母亲安全已成为国际社会的共识。因此，保障母亲和婴儿健康是母婴保健法的首要宗旨。

2. 提高出生人口素质　当今世界，科学技术的进步、国家经济的发展以及整个社会文明的进步，从根本上讲都取决于人口素质的提高。人口素质主要指的是人口的健康素质、智能素质。出生人口素质是人口素质的基础，也是先决条件。我国正面临着社会转轨、健康转型、人口转变的复杂形势，预防出生缺陷、提高出生人口素质是国家经济和社会发展的重大需求，对促进新时期人口健康发展和人力资本强国建设具有重要意义。

我国出生缺陷预防工作起步于 20 世纪 80 年代初期，相对于发达国家起步较晚，但在发展中国家又处于领先的地位。20 世纪 80 年代，为全面落实“控制人口数量，提高人口素质”基本国策，加强了公众优生教育，开展了婚前医学检查、病残儿鉴定和遗传咨询工作；从 1981 年开始，上海、北京等地开始开展苯丙酮尿症和甲状腺功能减低症的筛查，到目前新生儿疾病筛查已覆盖全国 30 个省、自治区、直辖市；1986～1987 年我国首次在全国 945 所医院进行了出生缺陷监测工作，并在此基础上建立起以医院为基础的出生缺陷监测系统。20 世纪 90 年代，在以往工作的基础上我国实施全民使用合格碘盐和为特需人群补碘等措施，并逐步在全国范围内开展了补充叶酸或补充含有叶酸的多种维生素预防神经管畸形的社区干预工作；随着出生缺陷产前筛查诊断技术的发展和 B 超的广泛使用，出生缺陷产前筛查和诊断工作逐步开展起来。进入新世纪，我国政府提出提高出生人口素质是我国今后人口和计划生育工作的重点任务之一，人口和计划生育、卫生等部门已制定和实施出生缺陷预防规划。2000 年，国家人口和计划生育委员会开始实施出生缺陷干预工程，全面实施出生缺陷三级预防策略。2002 年，卫生部与中国残疾人联合会颁布了《中国提高出生人口素质、减少出生缺陷和残疾行动计划(2002～2010 年)》。

预防出生缺陷、提高出生人口素质是提高整体人口素质和促进人口健康的重要基础，国务院关于人口和计划生育工作的决定、国家人口发展战略、国家中长期科技发展规划纲要等均将预防出生缺陷、提高出生人口素质列为国家社会经济发展的重大需求。因此，提高出生人口素质也是母婴保健法必须坚持的重要立法宗旨。

(三)《母婴保健法》的内容

我国实行以保健为中心,保健和临床相结合,面向群体、面向基层和预防为主的工作方针。在立法的指引下,国家为发展母婴保健事业提供必要条件和物质帮助,使母亲和婴儿能够获得各种医疗保健服务。各级人民政府具体领导本区域的母婴保健工作,将母婴保健事业纳入国民经济和社会发展计划。国务院卫生行政部门主管全国母婴保健工作,根据不同地区情况提出分级分类指导原则,并对全国母婴保健工作实施监督。

同时,国家鼓励、支持母婴保健领域的教育和科学研究,推广先进、实用的母婴保健技术,普及母婴保健科学知识。对在母婴保健工作中做出显著成绩和在母婴保健科学研究中取得显著成果的组织和个人,给予一定的奖励。

具体而言,母婴保健工作主要分为两个阶段:婚前保健和孕产期保健。

第二节 婚前保健

一、概述

婚前保健是母婴保健工作的重要组成部分,指医疗保健机构针对准备结婚的人进行的婚前卫生指导、婚前卫生咨询、婚前医学检查等服务。其目的在于使准备结婚的男女双方了解其健康情况,遇有暂时不宜婚育的疾病能够给予及时的诊治处理。同时,通过婚前保健工作,对男女双方进行性生理卫生教育,给予生育、计划生育等指导,以达到男女双方婚后身心健康及提高下一代出生质量的目的。可以说,婚前保健是优生的基础,由于婚前有了良好的基础,对婚后的孕育就起到了一定的保障作用。

20世纪80年代开始,我国部分城市开始设立婚前保健门诊,提供婚前咨询和健康检查服务,婚前保健工作在全国广泛开展。婚前保健时,医生通过询问双方有无遗传性疾病的家族史,有无遗传性疾病,是否患急性、慢性疾病等,再通过全面、细致的医学检查,尽早发现可能影响结婚、生育的疾病。对患有遗传性疾病及传染性疾病者,医生还将给予详细的咨询,说明可能发生遗传或先天性缺陷的风险,提出防止延续和传播的忠告。因此,婚前保健也被人们称为预防出生缺陷的屏障。

婚前保健主要包括婚前卫生指导、婚前卫生咨询和婚前医学检查3个方面。

二、婚前卫生指导

婚前卫生指导是指对准备结婚的男女双方进行的以生殖健康为核心,与结婚和生育有关的保健知识的宣传教育。为达到宣传教育的目的,卫生部专门下发通知,要求各地医疗、保健机构免费开展婚前保健咨询和指导工作(《卫生部关于免费开展婚前保健咨询和指导的通知》,卫妇社发〔2004〕198号)。婚前卫生指导主要是针对性卫生知识、生育知识和遗传病知识的教育。

(一)婚前卫生指导的内容

1. 有关性卫生的保健和教育　通过对男女双方进行性卫生教育,帮助其正确认识与处理男女两性关系,以建立和谐的婚姻关系和科学文明的性生活,促进社会稳定。

2. 新婚避孕知识及计划生育指导　对新婚夫妇进行我国人口政策及晚婚晚育意义

的教育。对婚后不准备马上怀孕的夫妇提供避孕知识及如何选择适宜避孕方法的指导，并协助对方进行选择。普及优生、优育知识，促进人口素质的提高。

3. 受孕前的准备、环境和疾病对后代影响等孕前保健知识 受孕应在夫妇双方身心健康良好的情况下进行。如果夫妇婚后不准备避孕，应对其进行孕前指导，即选择合适的受孕时机。例如没有不利于妊娠的疾病存在，没有长期接触对胎儿有毒有害物质的历史(结合男女职业、环境等因素)。还应该注意有无不利于妊娠的心理社会因素，例如经济困难、居住拥挤、近期有较大精神打击等。做好孕前保健指导，可以减少许多高危妊娠或高危儿的发生，是母婴保健工作中的重要一环。

4. 遗传病的基本知识 对遗传病患者或患者家属，医生或从事医学遗传的专业人员应当予以指导，针对遗传病的发病原因、遗传方式、诊断、治疗，以及再发风险等问题进行解答并提出科学的建议。目的在于采用现代医学检测技术，避免遗传病儿的出生，从而降低遗传病的发生率。遗传病基本知识的指导对降低人群中遗传病的发生率及提倡优生均具有重要的意义。

5. 影响婚育的有关疾病的基本知识 除遗传病外，影响婚育的疾病还包括：①指定传染病及一些性传播疾病。这类疾病是指《传染病防治法》中规定的艾滋病、淋病、梅毒、麻风病及医学上认为影响结婚和生育的其他传染病。传染病不仅影响自己，还直接威胁到对方，某些传染病如乙肝、梅毒、艾滋病等还可以传染给后代。②有关精神病。指精神分裂症、躁狂抑郁型精神病及其他重型精神病。③其他疾病。指影响结婚和生育的心、肝、肺、肾等重要脏器疾病及生殖系统发育障碍或畸形等。

6. 其他生殖健康知识。

(二) 婚前卫生指导的方法

相关母婴保健机构可以根据婚前卫生指导的内容，制订相应的宣传教育材料。婚前保健机构还可以通过多种方法系统地为服务对象进行婚前生殖健康教育，并向婚检对象提供婚前保健宣传资料，并进行效果评估，以保证婚前卫生指导的有效实施。

三、婚前卫生咨询

婚前卫生咨询主要是为准备结婚的男女双方的有关婚配、生育保健等问题提供医学意见。医师进行婚前卫生咨询时，应当为服务对象提供科学的信息，对可能产生的后果进行指导，并提出适当的建议。常见的咨询内容有：

(一) 有关婚育问题的咨询

婚前保健中遇到的影响婚育的问题，在一般检查过程中很难深入解答双方或其家庭中的问题。例如延缓结婚或不宜生育的医学意见，必须通过咨询才能使咨询者深入了解，作出适当且双方满意的决定并付诸实施，使婚前保健达到预想的效果。

(二) 个人、家庭个别医学问题的咨询

影响婚育的问题对个人和家庭来说都比较重要。例如有些遗传性疾病常需询问整个家庭成员的疾病历史，因而波及面会较大。如果误传出去，可能被误解而影响每一个家庭成员的婚育前程，因此必须做到仔细、准确。要为服务对象做好保密工作，绝对不能任意交谈，这也是被咨询者应遵守的道德及职责要求。

四、婚前医学检查

婚前医学检查是指医疗保健机构针对准备结婚的人进行的，有关遗传性疾病、传染病、精神病等可能影响结婚和生育的疾病的检查。《母婴保健法》将婚前医学检查作为母婴保健专项技术服务之一，确定了婚前医学检查的法律地位。我国各地依法积极开展婚前保健服务，2010 年全国婚检率提高到 31%，625.8 万人进行了婚前医学检查，疾病检出率为 10%，共检出 63 万人患有疾病，其中患有传染病的 13.4 万人，严重遗传病的8 099人。准备结婚的男女双方通过婚前医学检查不仅可以了解彼此的基本健康状况，同时还可以得到专业医师提供的关于计划生育、优生优育指导及有关性保健、性健康的科学性教育等服务。

（一）婚前医学检查的主要内容

婚前医学检查项目主要包括询问病史、体格检查、常规辅助检查和其他特殊检查。

通过询问病史、家系调查、家谱分析，再借助全面的医学检查，确诊遗传缺陷，并根据其传播规律，推算出影响下一代患病的风险度，提出对结婚、生育的具体指导意见，从而减少甚至可以避免遗传病儿的出生。这通常是防止遗传性疾病延续的第一关。

体格检查是对人体形态结构和功能发展水平进行检测和计量。检查时注意被检者精神状态及特殊面容或体形、生殖器发育情况及疾病，必要时作进一步鉴定。女性检查时应常规进行腹部、肛门双合诊，如发现内生殖器存在可疑病变而必须行阴道检查者，须征得本人或家属同意后进行。除处女膜发育异常外，严禁对其完整性进行描述。对可疑发育异常者，应慎重诊断。男性检查主要是检查阴茎、睾丸等生殖器有无炎症，有无发育不良；如有特殊情况，医生会提出进一步检查的建议。

常规辅助检查应进行胸部透视，血常规，尿常规，梅毒筛查，血转氨酶和乙肝表面抗原检测，女性阴道分泌物滴虫、霉菌检查。

其他特殊检查，如乙型肝炎血清学标志检测，淋病、艾滋病、支原体和衣原体检查，精液常规、B 型超声、乳腺、染色体检查等，应根据需要或自愿原则确定。

婚前检查可以发现暂时不能结婚的疾病，如传染性肝炎、结核病、性传播疾病、精神病或其他较严重的病。患有这些疾病的男女如果结婚，可能因劳累加重病情，或通过接触及性生活传给对方，因此必须经过治疗，待病情稳定后再结婚。婚前检查还可以发现影响性生活的病，如包茎、尿道下裂、处女膜闭锁等，应先矫治后才能结婚。因此，婚前医学检查有利于男女双方的健康。

（二）婚前医学检查的主要疾病

1. 严重遗传性疾病　指由遗传因素引起的全部或部分丧失生活及劳动能力，而且后代再发病的风险高，医学上认为不宜生育的疾病。主要有以下几类。

（1）各种严重常染色体显性遗传病，如强直性肌营养不良、软骨发育不全、视网膜母细胞瘤、舞蹈病、痉挛性共济失调等。

（2）双方患同种常染色体隐性疾病如白化病、先天性聋哑。

（3）一方患多基因遗传病，并为高发家系，如先天性心脏病、精神分裂症等。

（4）其他致死致残的遗传病，如马方综合征。

2. 指定传染病　指《传染病防治法》中规定的艾滋病、淋病、梅毒以及医学上认为影响结婚和生育的其他传染病。

3. 有关精神病　精神分裂症、躁狂抑郁型精神病以及其他重型精神病。

4. 其他与婚育有关的疾病　如重要脏器疾病和生殖系统疾病等。

(三) 婚前医学检查意见

经婚前医学检查，医疗、保健机构应当向接受婚前医学检查的当事人出具婚前医学检查证明，并根据具体检查结果提出医学检查意见。

发现在传染期内的指定传染病、在发病期内的有关精神病、不宜生育的严重遗传性疾病的，医师应当向当事人说明情况，提出预防、治疗以及采取相应医学措施的建议。当事人依据医生的医学意见，可以暂缓结婚，也可以自愿采用长效避孕措施或者结扎手术。在出具任何一种医学意见时，医疗、保健机构应当向当事人说明情况，并为治疗提供医学咨询和医疗服务。

经婚前医学检查，医疗、保健机构不能确诊的，应当转到设区的市级以上人民政府卫生行政部门指定的医疗、保健机构确诊。接受婚前医学检查的人员对检查结果持有异议的，可以申请医学技术鉴定，取得医学鉴定证明。

第三节　孕产期保健

一、概述

孕产期保健是指各级各类医疗保健机构为准备妊娠至产后 42 天的妇女及胎婴儿提供的母婴保健指导，孕妇、产妇保健，胎儿保健，新生儿保健等全程系列的医疗保健服务。孕产期保健应当以保障母婴安全为目的，遵循保健与临床相结合的工作方针。

出生缺陷是严重影响我国人口素质的重要因素之一。出生缺陷是指胚胎或胎儿受遗传和环境等种种因素影响，导致在母体孕育过程中发生结构或代谢异常。由于种种原因，人们不明白因为遗传的作用，有的疾病如精神病是会遗传的，加上人类生活环境的不断污染、恶化，各种病毒的变异，出生缺陷已成为导致婴儿死亡或残疾的重要原因，给家庭和社会造成严重的负担。不进行孕产期的检查保健，除了可能导致出生缺陷、残疾儿，还可能会发生新生儿死亡、孕产妇死亡的严重后果；甚至会影响妇女的生殖健康，影响家庭幸福和社会的安定。

为了保障母婴安全、提高人口素质，医疗保健机构应当为育龄妇女和孕产妇提供孕产期保健服务。卫生部负责全国孕产期保健工作的监督管理。县级以上地方人民政府卫生行政部门负责本辖区孕产期保健工作的监督管理。提供孕产期保健服务的各级各类医疗保健机构及其人员应当依据法律、法规的相关规定开展孕产期保健服务工作。

二、孕产期保健服务的内容

(一) 母婴保健指导

母婴保健指导主要是指孕前保健工作，由医疗保健机构对孕育健康后代以及严重遗传性疾病和碘缺乏病等地方病的发病原因、治疗和预防方法提供医学意见。同时，为准备妊娠的夫妇提供以健康教育与咨询、孕前医学检查、健康状况评估和健康指导为主要内容的系列保健服务。

（二）孕妇、产妇保健

孕妇、产妇保健是指为孕妇、产妇提供卫生、营养、心理等方面的咨询和指导以及产前定期检查等医疗保健服务。主要包括孕期、分娩期及产褥期等阶段的系统保健。

医疗保健机构为怀孕的妇女提供孕期保健。包括建立孕产期保健册（卡），提供产前检查，筛查危险因素，诊治妊娠合并症和并发症，提供心理、营养和卫生指导等。在整个妊娠期间至少提供5次产前检查，发现异常者应当酌情增加检查次数。根据不同妊娠时期确定各期保健重点。对高危孕妇进行专案管理，密切观察并及时处理危险因素。

医疗保健机构为妇女提供分娩期保健。包括对产妇的健康情况及产科情况进行全面了解和动态评估；严密观察产程进展，正确绘制产程图，尽早发现产程异常，及时诊治或转诊；鼓励阴道分娩，在具备医学指征的情况下实施剖宫产；规范应用助产技术，正确使用缩宫素；加强分娩室的规范管理，严格无菌操作，预防和控制医源性感染；分娩后产妇需在分娩室内观察2小时，预防产后出血等。

医疗保健机构应当对产妇提供产褥期保健。包括为产妇进行健康评估，开展母乳喂养、产后营养、心理、卫生及避孕指导。行正常分娩的产妇至少住院观察24小时，产后3～7天及28天进行家庭访视，产后42天进行母婴健康检查。高危产妇应当酌情增加访视次数。

（三）胎儿保健

胎儿保健是指对胎儿生长发育进行监护，提供咨询和医学指导。胎儿是生命的开始，各种功能尚未发育完善，较脆弱，需要特别保护。胎儿保健的内容主要包括胚胎、胎儿生长发育的监测，先天缺陷的产前诊断，胎儿功能成熟度的测定，胎儿宫内储备力的测定，胎儿疾病的诊断治疗，胎儿出生期安全保护，胎儿至新生儿期平稳过渡期的保护等。

（四）新生儿保健

新生儿保健是指为新生儿生长发育、哺乳和护理提供的医疗保健服务。主要包括：

1. 按照国家有关规定开展新生儿先天性、遗传性代谢病筛查、诊断、治疗和监测。

2. 对新生儿进行访视，建立儿童保健手册（卡），定期对其进行健康检查，提供有关预防疾病、合理膳食、促进智力发育等科学知识，做好婴儿多发病、常见病防治等医疗保健服务。

3. 按照规定的程序和项目对婴儿进行预防接种。

4. 推行母乳喂养。医疗保健机构应当为实施母乳喂养提供技术指导，为住院分娩的产妇提供必要的母乳喂养条件。

三、孕产期医学指导

医疗、保健机构发现孕妇患有严重的妊娠合并症或者并发症、严重的精神性疾病、严重影响生育的其他疾病，或者接触物理、化学、生物等有毒、有害因素，可能危及孕妇生命安全或者可能严重影响孕妇健康和胎儿正常发育的，应当对孕妇进行医学指导和必要的医学检查。严重遗传性疾病、胎儿的严重缺陷、孕妇患继续妊娠可能危及其生命健康和安全的严重疾病,由国务院卫生行政部门规定。

孕妇有以下情形之一的,医师应当对其进行产前诊断:羊水过多或者过少的;胎儿发育异常或者胎儿有可疑畸形的;孕早期接触过可能导致胎儿先天缺陷的物质的;有遗传病家族史或者曾经分娩过先天性严重缺陷婴儿的;初产妇年龄超过35周岁的。

产前诊断是在遗传咨询的基础上,主要通过遗传学检测和影像学检查,对高风险胎儿进行明确诊断,通过对患胎的选择性流产达到胎儿选择的目的,从而降低出生缺陷率,提高优生质量和人口素质。

生育过严重遗传性疾病或者严重缺陷患儿的,再次妊娠前,夫妻双方应当按照国家有关规定到医疗、保健机构进行医学检查。医疗、保健机构应当向当事人介绍有关遗传性疾病的知识,给予咨询、指导。对诊断患有医学上认为不宜生育的严重遗传性疾病的,医师应当向当事人说明情况,并提出医学意见。

四、终止妊娠

终止妊娠是指母体承受胎儿在其体内发育成长的过程的终止。卵子受精为妊娠的开始,胎儿及其附属物即胎盘、胎膜自母体内排出是妊娠的终止。

经过产前检查,医师发现或者怀疑胎儿异常的,应当对孕妇进行产前诊断,即对胎儿进行先天性缺陷和遗传性疾病的诊断。经产前诊断,有下列情形之一的,医师应当向夫妻双方说明情况,并提出终止妊娠的医学意见:胎儿患严重遗传性疾病的;胎儿有严重缺陷的;因患严重疾病,继续妊娠可能危及孕妇生命安全或者严重危害孕妇健康的。

禁止非医学需要的胎儿性别鉴定和选择性别的人工终止妊娠。实施医学需要的胎儿性别鉴定,应当由实施机构3人以上的专家组集体审核。经诊断,确需终止妊娠的,由实施机构为其出具医学诊断结果,并通报县级人民政府计划生育行政部门。承担施行终止妊娠手术的医务人员,应在手术前查验、登记受术者身份证,以及医学诊断结果或相应的证明。未经卫生行政部门或计划生育行政部门批准,任何机构和个人不得开展胎儿性别鉴定和人工终止妊娠手术。法律法规另有规定的除外。

施行终止妊娠或者结扎手术,应当经本人同意,并签署意见;本人无行为能力的,应当经其监护人同意,并签署意见。《母婴保健法》规定,依法施行终止妊娠或者结扎手术的,接受免费服务。

五、新生儿出生医学证明

新生儿出生医学证明,又称出生医学证明,是依据《母婴保健法》出具的、证明婴儿出生状态、血亲关系以及申报国籍、户籍取得公民身份的法定医学证明。医疗保健机构和从事家庭接生的人员应当按照国务院卫生行政部门的规定,出具统一制发的新生儿出生医学证明。

新生儿出生医学证明由卫生部统一印制,以省、自治区、直辖市为单位统一编号,不得跨省使用或借用。必须由批准开展助产技术服务并依法取得《母婴保健技术服务许可证》的医疗保健机构签发。严禁任何单位和个人伪造、倒卖、转让、出借、私自涂改或使用非法印制的出生医学证明。

六、产妇、婴儿死亡以及新生儿出生缺陷报告

为了及时掌握产妇、婴儿的死亡率和新生儿出生缺陷，以便实现孕产妇保健及生产安全水平的提高，降低孕产妇、婴儿死亡率和新生儿出生缺陷，《母婴保健法》规定医疗保健机构和从事家庭接生的人员，应当按照规定向卫生行政部门报告产妇和婴儿死亡以及新生儿出生缺陷的情况。

首先，发生孕产妇死亡及围产儿死亡应及时上报。这是为了获取死亡的正确数据，查找死亡的相关因素，有效减少孕产妇及婴儿死亡的发生。新生儿在医疗保健机构死亡的，医疗保健机构应当及时出具死亡证明，并定期向所在地计划生育部门通报；新生婴儿父(母)应当持婴儿死亡证明在48小时内，向当地县级计划生育行政部门或者乡(镇)人民政府、街道办事处计划生育工作机构报告。新生儿在医疗保健机构以外地点死亡的，其父(母)应当在48小时内向乡(镇)人民政府、街道办事处计划生育工作机构报告；乡(镇)政府、街道办事处计划生育工作机构应予以核查。

其次，发生新生儿出生缺陷应及时上报。出生缺陷由相应科室填具报卡，经医疗保健机构审核上报。新生儿出生缺陷报告制度是为了全面、完整地了解新生儿的出生缺陷或遗传病的发生情况，从而为制订出生缺陷的预防措施及评价干预效果提供科学的依据。

第四节 母婴保健的技术鉴定

一、概述

母婴保健医学技术鉴定，是指接受母婴保健服务的公民或提供母婴保健服务的医疗保健机构，对婚前医学检查、遗传病诊断和产前诊断结果或医学技术鉴定结论持有异议所进行的医学技术鉴定。母婴保健医学技术鉴定工作必须坚持实事求是、尊重科学、公正鉴定、保守秘密的原则。

二、鉴定机构和鉴定人员的法律规定

(一) 鉴定机构

省、市、县级人民政府分别设立相应的母婴保健医学技术鉴定组织，统称母婴保健医学技术鉴定委员会(以下简称医学技术鉴定委员会)。医学技术鉴定委员会办事机构设在同级妇幼保健院内，负责母婴保健医学技术鉴定委员会的日常工作。

医学技术鉴定委员会负责本行政区域内有异议的婚前医学检查、遗传病诊断、产前诊断结果和有异议的下一级医学技术鉴定结论的医学技术鉴定工作。公民对许可的医疗保健机构出具的婚前医学检查、遗传病诊断、产前诊断结果持有异议的，可在接到诊断结果证明之日起15日内，向当地医学技术鉴定委员会办事机构提出书面申请，同时填写《母婴保健医学技术鉴定申请表》，提供与鉴定有关的材料。医学技术鉴定委员会应当在接到《母婴保健医学技术鉴定申请表》之日起30日内作出医学技术鉴定结论，如有特殊情况，

最长不得超过 90 日。如鉴定有困难，可向上一级医学技术鉴定委员会提出鉴定申请，上级鉴定委员会在接到鉴定申请后 30 日内作出鉴定结论。省级为终级鉴定。如省级技术鉴定有困难，可转至有条件的医疗保健机构进行检查确诊，出具检测报告，由省级医学技术鉴定委员会作出鉴定结论。

医学技术鉴定委员会的权利和义务主要有：

1. 要求有关医疗保健机构提供有关资料（包括病案、各项检查、检验报告、所采用的技术方法等）的原始记录。

2. 要求当事人补充材料或者对有关事实情节进行复查。

3. 应当认真收集和审查有关资料，广泛听取各方意见，做好调查分析工作。

4. 应当以事实为依据，以科学为准则，自主发表医学技术鉴定意见，不受任何部门和个人的干预。

5. 应当慎重作出医学技术鉴定结论。

（二）鉴定人员

医学技术鉴定委员会的组成人员，由卫生行政部门提名，同级人民政府聘任，其名单应当报上级卫生行政部门备案。医学技术鉴定委员会应由妇产科、儿科、妇女保健、儿童保健、生殖保健、医学遗传、神经病学、精神病学、传染病学等医学专家组成。

从事医学技术鉴定的人员，必须具有临床经验和医学遗传学知识，并具有主治医师以上的专业技术职务，具体应符合下列任职条件。

1. 县级应具有主治医师以上的专业技术职务；市级应具有副主任以上的专业技术职务；省级应具有主任或教授技术职务。

2. 具有认真负责的工作精神和良好的医德医风。

因医学技术鉴定需要，医学技术鉴定委员会可以临时聘请有关专家参加鉴定工作，所聘人员有发表医学诊断意见的权力，但无表决权。医学技术鉴定委员会成员任期 4 年。可以连任。

三、回避制度

回避制度是我国司法鉴定制度中的一项基本制度，回避既是鉴定人员的义务，又是当事人的合法权利。母婴保健的医学技术鉴定同样实行回避制度。参加鉴定的人员中与当事人有利害关系，可能影响公正鉴定的，应当回避。

设立回避制度的意义，主要在于：一方面有利于防止鉴定人员先入为主或徇私舞弊，保证其客观、公正地进行鉴定。鉴定人员如果与当事人有利害关系或其他特殊关系，就有可能不自觉地偏袒一方或者徇私偏袒一方当事人，从而影响鉴定结论的客观公正性，严格执行回避制度，可以消除鉴定过程中不公正的因素。另一方面，有利于消除当事人的思想顾虑，促进医学技术鉴定的顺利进行。鉴定人员如果具有应当回避的情形而没有回避，仍然参加鉴定工作，即使鉴定结论正确，也难以消除当事人的怀疑，从而引起不必要的申诉，增加相关部门的工作负担。实行回避制度，有助于解除当事人的思想顾虑，增强他们对医学技术鉴定结论的信任，维护医学技术鉴定机构的威信。

第五节 母婴保健的行政管理及法律责任

一、母婴保健的行政管理法律规定

(一) 母婴保健的行政主管机关

各级人民政府应当采取措施,加强母婴保健工作,提高医疗保健服务水平,积极防治由环境因素所致严重危害母亲和婴儿健康的地方性高发性疾病,促进母婴保健事业的发展。

县级以上地方人民政府卫生行政部门负责本行政区域内的母婴保健监督管理工作,履行下列监督管理职责:依照法律法规及国务院卫生行政部门规定的条件和技术标准,对从事母婴保健工作的机构和人员实施许可,并核发相应的许可证书;对《母婴保健法》及相关法规的执行情况进行监督检查;对违反《母婴保健法》及相关法规的行为,依法给予行政处罚;负责母婴保健工作监督管理的其他事项。

(二) 母婴保健专项技术许可的法律规定

医疗保健机构按照国务院卫生行政部门的规定,负责其职责范围内的母婴保健工作,建立医疗保健工作规范,提高医学技术水平,采取各种措施方便人民群众,做好母婴保健服务工作。《母婴保健专项技术服务许可及人员资格管理办法》规定,凡开展《母婴保健法》规定的婚前医学检查、遗传病诊断、产前诊断、施行结扎手术和终止妊娠手术技术服务的医疗保健机构,必须经卫生行政部门审查批准,取得《母婴保健技术服务执业许可证》。审批机关受理申请后,应当在60日内审查是否具备以下条件:符合当地医疗保健机构设置规划;取得《医疗机构执业许可证》;符合《母婴保健专项技术服务基本标准》;符合审批机关规定的其他条件。经审核合格的,发给《母婴保健技术服务执业许可证》;审核不合格的,将审核结果和理由以书面形式通知申请人。

《母婴保健技术服务执业许可证》的有效期为3年,有效期满继续开展母婴保健专项技术服务的,应当依法重新办理审批手续。医疗保健机构应当把《母婴保健技术服务执业许可证》悬挂在明显处所。

凡从事《母婴保健法》规定的婚前医学检查、遗传病诊断、产前诊断、施行结扎手术和终止妊娠手术以及家庭接生技术服务的人员,必须符合《母婴保健专项技术服务基本标准》的有关规定,经考核合格,取得《母婴保健技术考核合格证书》、《家庭接生员技术合格证书》。从事母婴保健工作的人员应当严格遵守职业道德,为当事人保守秘密。

二、违反母婴保健法的法律责任

(一) 民事责任

医疗、保健机构或者人员违反《母婴保健法》及相关法律规定,对当事人造成人身损害后果的,应当依法承担损害赔偿责任。

(二) 行政责任

医疗、保健机构或者人员未取得母婴保健技术许可,擅自从事婚前医学检查、遗传病诊断、产前诊断、终止妊娠手术和医学技术鉴定或者出具有关医学证明的,由卫生行政部门给予警告，责令停止违法行为，没收违法所得；违法所得 5 000 元以上的，并处违法所得 3 倍以上 5 倍以下的罚款；没有违法所得或者违法所得不足 5 000 元的，并处 5 000 以上 2 万元以下的罚款。

从事母婴保健技术服务的人员出具虚假医学证明文件的，依法给予行政处分；有下列情形之一的，由原发证部门撤销相应的母婴保健技术执业资格或者医师执业证书：因延误诊治，造成严重后果的；给当事人身心健康造成严重后果的；造成其他严重后果的。

违反规定进行胎儿性别鉴定的，由卫生行政部门给予警告，责令停止违法行为；对医疗、保健机构直接负责的主管人员和其他直接责任人员，依法给予行政处分。进行胎儿性别鉴定 2 次以上的或者以营利为目的进行胎儿性别鉴定的，并由原发证机关撤销相应的母婴保健技术执业资格或者医师执业证书。

（三）刑事责任

未取得国家颁发的有关合格证书，施行终止妊娠手术或者采取其他方法终止妊娠，致人死亡、残疾、丧失或者基本丧失劳动能力的，依法追究刑事责任。

附一

中华人民共和国母婴保健法

第一章　总　　则

第一条　为了保障母亲和婴儿健康，提高出生人口素质，根据宪法，制定本法。

第二条　国家发展母婴保健事业，提供必要条件和物质帮助，使母亲和婴儿获得医疗保健服务。

国家对边远贫困地区的母婴保健事业给予扶持。

第三条　各级人民政府领导母婴保健工作。

母婴保健事业应当纳入国民经济和社会发展计划。

第四条　国务院卫生行政部门主管全国母婴保健工作，根据不同地区情况提出分级分类指导原则，并对全国母婴保健工作实施监督管理。

国务院其他有关部门在各自职责范围内，配合卫生行政部门做好母婴保健工作。

第五条　国家鼓励、支持母婴保健领域的教育和科学研究，推广先进、实用的母婴保健技术，普及母婴保健科学知识。

第六条　对在母婴保健工作中做出显著成绩和在母婴保健科学研究中取得显著成果的组织和个人，应当给予奖励。

第二章　婚 前 保 健

第七条　医疗保健机构应当为公民提供婚前保健服务。

婚前保健服务包括下列内容：

（一）婚前卫生指导：关于性卫生知识、生育知识和遗传病知识的教育；

（二）婚前卫生咨询：对有关婚配、生育保健等问题提供医学意见；

（三）婚前医学检查：对准备结婚的男女双方可能患影响结婚和生育的疾病进行医学检查。

第八条　婚前医学检查包括对下列疾病的检查：

（一）严重遗传性疾病；

（二）指定传染病；

（三）有关精神病。

经婚前医学检查，医疗保健机构应当出具婚前医学检查证明。

第九条　经婚前医学检查，对患指定传染病在传染期内或者有关精神病在发病期内的，医师应当提出医学意见；准备结婚的男女双方应当暂缓结婚。

第十条　经婚前医学检查，对诊断患医学上认为不宜生育的严重遗传性疾病的，医师应当向男女双方说明情况，提出医学意见；经男女双方同意，采取长效避孕措施或者施行结扎手术后不生育的，可以结婚。但《中华人民共和国婚姻法》规定禁止结婚的除外。

第十一条　接受婚前医学检查的人员对检查结果持有异议的，可以申请医学技术鉴定，取得医学鉴定证明。

第十二条　男女双方在结婚登记时，应当持有婚前医学检查证明或者医学鉴定证明。

第十三条　省、自治区、直辖市人民政府根据本地区的实际情况，制定婚前医学检查制度实施办法。

省、自治区、直辖市人民政府对婚前医学检查应当规定合理的收费标准，对边远贫困地区或者交费确有困难的人员应当给予减免。

第三章　孕产期保健

第十四条　医疗保健机构应当为育龄妇女和孕产妇提供孕产期保健服务。

孕产期保健服务包括下列内容：

（一）母婴保健指导：对孕育健康后代以及严重遗传性疾病和碘缺乏病等地方病的发病原因、治疗和预防方法提供医学意见；

（二）孕妇、产妇保健：为孕妇、产妇提供卫生、营养、心理等方面的咨询和指导以及产前定期检查等医疗保健服务；

（三）胎儿保健：为胎儿生长发育进行监护，提供咨询和医学指导；

（四）新生儿保健：为新生儿生长发育、哺乳和护理提供的医疗保健服务。

第十五条　对患严重疾病或者接触致畸物质，妊娠可能危及孕妇生命安全或者可能严重影响孕妇健康和胎儿正常发育的，医疗保健机构应当予以医学指导。

第十六条　医师发现或者怀疑患严重遗传性疾病的育龄夫妻，应当提出医学意见。育龄夫妻应当根据医师的医学意见采取相应的措施。

第十七条　经产前检查，医师发现或者怀疑胎儿异常的，应当对孕妇进行产前诊断。

第十八条　经产前诊断，有下列情形之一的，医师应当向夫妻双方说明情况，并提出终止妊娠的医学意见：

（一）胎儿患严重遗传性疾病的；

（二）胎儿有严重缺陷的；

（三）因患严重疾病，继续妊娠可能危及孕妇生命安全或者严重危害孕妇健康的。

第十九条　依照本法规定施行终止妊娠或者结扎手术，应当经本人同意，并签署意见。本人无行为能力的，应当经其监护人同意，并签署意见。

依照本法规定施行终止妊娠或者结扎手术的，接受免费服务。

第二十条　生育过严重缺陷患儿的妇女再次妊娠前，夫妻双方应当到县级以上医疗保健机构接受医学检查。

第二十一条　医师和助产人员应当严格遵守有关操作规程，提高助产技术和服务质量，预防和减少产伤。

第二十二条　不能住院分娩的孕妇应当由经过培训合格的接生人员实行消毒接生。

第二十三条　医疗保健机构和从事家庭接生的人员按照国务院卫生行政部门的规定，出具统一制发的新生儿出生医学证明；有产妇和婴儿死亡以及新生儿出生缺陷情况的，应当向卫生行政部门报告。

第二十四条　医疗保健机构为产妇提供科学育儿、合理营养和母乳喂养的指导。

医疗保健机构对婴儿进行体格检查和预防接种，逐步开展新生儿疾病筛查、婴儿多发病和常见病防治等医疗保健服务。

第四章　技 术 鉴 定

第二十五条　县级以上地方人民政府可以设立医学技术鉴定组织，负责对婚前医学检查、遗传病诊断和产前诊断结果有异议的进行医学技术鉴定。

第二十六条　从事医学技术鉴定的人员，必须具有临床经验和医学遗传学知识，并具有主治医师以上的专业技术职务。

医学技术鉴定组织的组成人员，由卫生行政部门提名，同级人民政府聘任。

第二十七条　医学技术鉴定实行回避制度。凡与当事人有利害关系，可能影响公正鉴定的人员，应当回避。

第五章　行 政 管 理

第二十八条　各级人民政府应当采取措施，加强母婴保健工作，提高医疗保健服务水平，积极防治由环境因素所致严重危害母亲和婴儿健康的地方性高发性疾病，促进母婴保健事业的发展。

第二十九条　县级以上地方人民政府卫生行政部门管理本行政区域内的母婴保健工作。

第三十条　省、自治区、直辖市人民政府卫生行政部门指定的医疗保健机构负责本行政区域内的母婴保健监测和技术指导。

第三十一条　医疗保健机构按照国务院卫生行政部门的规定，负责其职责范围内的母婴保健工作，建立医疗保健工作规范，提高医学技术水平，采取各种措施方便人民群众，做好母婴保健服务工作。

第三十二条　医疗保健机构依照本法规定开展婚前医学检查、遗传病诊断、产前诊断以及施行结扎手术和终止妊娠手术的，必须符合国务院卫生行政部门规定的条件和技术标准，并经县级以上地方人民政府卫生行政部门许可。

严禁采用技术手段对胎儿进行性别鉴定，但医学上确有需要的除外。

第三十三条　从事本法规定的遗传病诊断、产前诊断的人员，必须经过省、自治区、直辖市人民政府卫生行政部门的考核，并取得相应的合格证书。

从事本法规定的婚前医学检查、施行结扎手术和终止妊娠手术的人员以及从事家庭接生的人员，必须经过县级以上地方人民政府卫生行政部门的考核，并取得相应的合格证书。

第三十四条　从事母婴保健工作的人员应当严格遵守职业道德，为当事人保守秘密。

第六章　法 律 责 任

第三十五条　未取得国家颁发的有关合格证书的，有下列行为之一，县级以上地方人民政府卫生行政部门应当予以制止，并可以根据情节给予警告或者处以罚款：

（一）从事婚前医学检查、遗传病诊断、产前诊断或者医学技术鉴定的；

（二）施行终止妊娠手术的；

（三）出具本法规定的有关医学证明的。

上款第（三）项出具的有关医学证明无效。

第三十六条　未取得国家颁发的有关合格证书，施行终止妊娠手术或者采取其他方法终止妊娠，致人死亡、残疾、丧失或者基本丧失劳动能力的，依照《刑法》第一百三十四条、第一百三十五条的规定追究刑事责任。

第三十七条　从事母婴保健工作的人员违反本法规定，出具有关虚假医学证明或者进行胎儿性别鉴定的，由医疗保健机构或者卫生行政部门根据情节给予行政处分；情节严重的，依法取消执业资格。

第七章 附 则

第三十八条 本法下列用语的含义：

指定传染病，是指《中华人民共和国传染病防治法》中规定的艾滋病、淋病、梅毒、麻风病以及医学上认为影响结婚和生育的其他传染病。

严重遗传性疾病，是指由于遗传因素先天形成，患者全部或者部分丧失自主生活能力，后代再现风险高，医学上认为不宜生育的遗传性疾病。

有关精神病，是指精神分裂症、躁狂抑郁型精神病以及其他重型精神病。

产前诊断，是指对胎儿进行先天性缺陷和遗传性疾病的诊断。

第三十九条 本法自1995年6月1日起施行。

附二

中华人民共和国母婴保健法实施办法

第一章 总 则

第一条 根据《中华人民共和国母婴保健法》(以下简称母婴保健法)，制定本办法。

第二条 在中华人民共和国境内从事母婴保健服务活动的机构及其人员应当遵守母婴保健法和本办法。

从事计划生育技术服务的机构开展计划生育技术服务活动，依照《计划生育技术服务管理条例》的规定执行。

第三条 母婴保健技术服务主要包括下列事项：

(一) 有关母婴保健的科普宣传、教育和咨询；

(二) 婚前医学检查；

(三) 产前诊断和遗传病诊断；

(四) 助产技术；

(五) 实施医学上需要的节育手术；

(六) 新生儿疾病筛查；

(七) 有关生育、节育、不育的其他生殖保健服务。

第四条 公民享有母婴保健的知情选择权。国家保障公民获得适宜的母婴保健服务的权利。

第五条 母婴保健工作以保健为中心，以保障生殖健康为目的，实行保健和临床相结合，面向群体、面向基层和预防为主的方针。

第六条 各级人民政府应当将母婴保健工作纳入本级国民经济和社会发展计划，为母婴保健事业的发展提供必要的经济、技术和物质条件，并对少数民族地区、贫困地区的母婴保健事业给予特殊支持。

县级以上地方人民政府根据本地区的实际情况和需要，可以设立母婴保健事业发展专项资金。

第七条 国务院卫生行政部门主管全国母婴保健工作，履行下列职责：

(一) 制定母婴保健法及本办法的配套规章和技术规范；

(二) 按照分级分类指导的原则，制定全国母婴保健工作发展规划和实施步骤；

(三) 组织推广母婴保健及其他生殖健康的适宜技术；

(四) 对母婴保健工作实施监督。

第八条 县级以上各级人民政府财政、公安、民政、教育、劳动保障、计划生育等部门应当在各自职责范围内，配合同级卫生行政部门做好母婴保健工作。

第二章　婚前保健

第九条　母婴保健法第七条所称婚前卫生指导，包括下列事项：

（一）有关性卫生的保健和教育；

（二）新婚避孕知识及计划生育指导；

（三）受孕前的准备、环境和疾病对后代影响等孕前保健知识；

（四）遗传病的基本知识；

（五）影响婚育的有关疾病的基本知识；

（六）其他生殖健康知识。

医师进行婚前卫生咨询时，应当为服务对象提供科学的信息，对可能产生的后果进行指导，并提出适当的建议。

第十条　在实行婚前医学检查的地区，准备结婚的男女双方在办理结婚登记前，应当到医疗、保健机构进行婚前医学检查。

第十一条　从事婚前医学检查的医疗、保健机构，由其所在地设区的市级人民政府卫生行政部门进行审查；符合条件的，在其《医疗机构执业许可证》上注明。

第十二条　申请从事婚前医学检查的医疗、保健机构应当具备下列条件：

（一）分别设置专用的男、女婚前医学检查室，配备常规检查和专科检查设备；

（二）设置婚前生殖健康宣传教育室；

（三）具有符合条件的进行男、女婚前医学检查的执业医师。

第十三条　婚前医学检查包括询问病史、体格及相关检查。

婚前医学检查应当遵守婚前保健工作规范并按照婚前医学检查项目进行。婚前保健工作规范和婚前医学检查项目由国务院卫生行政部门规定。

第十四条　经婚前医学检查，医疗、保健机构应当向接受婚前医学检查的当事人出具婚前医学检查证明。

婚前医学检查证明应当列明是否发现下列疾病：

（一）在传染期内的指定传染病；

（二）在发病期内的有关精神病；

（三）不宜生育的严重遗传性疾病；

（四）医学上认为不宜结婚的其他疾病。

发现前款第（一）项、第（二）项、第（三）项疾病的，医师应当向当事人说明情况，提出预防、治疗以及采取相应医学措施的建议。当事人依据医生的医学意见，可以暂缓结婚，也可以自愿采用长效避孕措施或者结扎手术；医疗、保健机构应当为其治疗提供医学咨询和医疗服务。

第十五条　经婚前医学检查，医疗、保健机构不能确诊的，应当转到设区的市级以上人民政府卫生行政部门指定的医疗、保健机构确诊。

第十六条　在实行婚前医学检查的地区，婚姻登记机关在办理结婚登记时，应当查验婚前医学检查证明或者母婴保健法第十一条规定的医学鉴定证明。

第三章　孕产期保健

第十七条　医疗、保健机构应当为育龄妇女提供有关避孕、节育、生育、不育和生殖健康的咨询和医疗保健服务。

医师发现或者怀疑育龄夫妻患有严重遗传性疾病的，应当提出医学意见；限于现有医疗技术水平难以确诊的，应当向当事人说明情况。育龄夫妻可以选择避孕、节育、不孕等相应的医学措施。

第十八条　医疗、保健机构应当为孕产妇提供下列医疗保健服务：

（一）为孕产妇建立保健手册（卡），定期进行产前检查；

（二）为孕产妇提供卫生、营养、心理等方面的医学指导与咨询；

（三）对高危孕妇进行重点监护、随访和医疗保健服务；

（四）为孕产妇提供安全分娩技术服务；

（五）定期进行产后访视，指导产妇科学喂养婴儿；

（六）提供避孕咨询指导和技术服务；

（七）对产妇及其家属进行生殖健康教育和科学育儿知识教育；

（八）其他孕产期保健服务。

第十九条　医疗、保健机构发现孕妇患有下列严重疾病或者接触物理、化学、生物等有毒、有害因素，可能危及孕妇生命安全或者可能严重影响孕妇健康和胎儿正常发育的，应当对孕妇进行医学指导和下列必要的医学检查：

（一）严重的妊娠合并症或者并发症；

（二）严重的精神性疾病；

（三）国务院卫生行政部门规定的严重影响生育的其他疾病。

第二十条　孕妇有下列情形之一的，医师应当对其进行产前诊断：

（一）羊水过多或者过少的；

（二）胎儿发育异常或者胎儿有可疑畸形的；

（三）孕早期接触过可能导致胎儿先天缺陷的物质的；

（四）有遗传病家族史或者曾经分娩过先天性严重缺陷婴儿的；

（五）初产妇年龄超过35周岁的。

第二十一条　母婴保健法第十八条规定的胎儿的严重遗传性疾病、胎儿的严重缺陷、孕妇患继续妊娠可能危及其生命健康和安全的严重疾病目录，由国务院卫生行政部门规定。

第二十二条　生育过严重遗传性疾病或者严重缺陷患儿的，再次妊娠前，夫妻双方应当按照国家有关规定到医疗、保健机构进行医学检查。医疗、保健机构应当向当事人介绍有关遗传性疾病的知识，给予咨询、指导。对诊断患有医学上认为不宜生育的严重遗传性疾病的，医师应当向当事人说明情况，并提出医学意见。

第二十三条　严禁采用技术手段对胎儿进行性别鉴定。

对怀疑胎儿可能为伴性遗传病，需要进行性别鉴定的，由省、自治区、直辖市人民政府卫生行政部门指定的医疗、保健机构按照国务院卫生行政部门的规定进行鉴定。

第二十四条　国家提倡住院分娩。医疗、保健机构应当按照国务院卫生行政部门制定的技术操作规范，实施消毒接生和新生儿复苏，预防产伤及产后出血等产科并发症，降低孕产妇及围产儿发病率、死亡率。

没有条件住院分娩的，应当由经县级地方人民政府卫生行政部门许可并取得家庭接生员技术证书的人员接生。

高危孕妇应当在医疗、保健机构住院分娩。

第四章　婴 儿 保 健

第二十五条　医疗、保健机构应当按照国家有关规定开展新生儿先天性、遗传性代谢病筛查、诊断、治疗和监测。

第二十六条　医疗、保健机构应当按照规定进行新生儿访视，建立儿童保健手册（卡），定期对其进行健康检查，提供有关预防疾病、合理膳食、促进智力发育等科学知识，做好婴儿多发病、常见病防治等医疗保健服务。

第二十七条 医疗、保健机构应当按照规定的程序和项目对婴儿进行预防接种。

婴儿的监护人应当保证婴儿及时接受预防接种。

第二十八条 国家推行母乳喂养。医疗、保健机构应当为实施母乳喂养提供技术指导,为住院分娩的产妇提供必要的母乳喂养条件。

医疗、保健机构不得向孕产妇和婴儿家庭宣传、推荐母乳代用品。

第二十九条 母乳代用品产品包装标签应当在显著位置标明母乳喂养的优越性。

母乳代用品生产者、销售者不得向医疗、保健机构赠送产品样品或者以推销为目的有条件地提供设备、资金和资料。

第三十条 妇女享有国家规定的产假。有不满1周岁婴儿的妇女,所在单位应当在劳动时间内为其安排一定的哺乳时间。

第五章 技术鉴定

第三十一条 母婴保健医学技术鉴定委员会分为省、市、县三级。

母婴保健医学技术鉴定委员会成员应当符合下列任职条件:

(一)县级母婴保健医学技术鉴定委员会成员应当具有主治医师以上专业技术职务;

(二)设区的市级和省级母婴保健医学技术鉴定委员会成员应当具有副主任医师以上专业技术职务。

第三十二条 当事人对婚前医学检查、遗传病诊断、产前诊断结果有异议,需要进一步确诊的,可以自接到检查或者诊断结果之日起15日内向所在地县级或者设区的市级母婴保健医学技术鉴定委员会提出书面鉴定申请。

母婴保健医学技术鉴定委员会应当自接到鉴定申请之日起30日内作出医学技术鉴定意见,并及时通知当事人。

当事人对鉴定意见有异议的,可以自接到鉴定意见通知书之日起15日内向上一级母婴保健医学技术鉴定委员会申请再鉴定。

第三十三条 母婴保健医学技术鉴定委员会进行医学鉴定时须有5名以上相关专业医学技术鉴定委员会成员参加。

鉴定委员会成员应当在鉴定结论上署名;不同意见应当如实记录。鉴定委员会根据鉴定结论向当事人出具鉴定意见书。

母婴保健医学技术鉴定管理办法由国务院卫生行政部门制定。

第六章 监督管理

第三十四条 县级以上地方人民政府卫生行政部门负责本行政区域内的母婴保健监督管理工作,履行下列监督管理职责:

(一)依照母婴保健法和本办法以及国务院卫生行政部门规定的条件和技术标准,对从事母婴保健工作的机构和人员实施许可,并核发相应的许可证书;

(二)对母婴保健法和本办法的执行情况进行监督检查;

(三)对违反母婴保健法和本办法的行为,依法给予行政处罚;

(四)负责母婴保健工作监督管理的其他事项。

第三十五条 从事遗传病诊断、产前诊断的医疗、保健机构和人员,须经省、自治区、直辖市人民政府卫生行政部门许可。

从事婚前医学检查的医疗、保健机构和人员,须经设区的市级人民政府卫生行政部门许可。

从事助产技术服务、结扎手术和终止妊娠手术的医疗、保健机构和人员以及从事家庭接生的人员，须经县级人民政府卫生行政部门许可，并取得相应的合格证书。

第三十六条　卫生监督人员在执行职务时，应当出示证件。

卫生监督人员可以向医疗、保健机构了解情况，索取必要的资料，对母婴保健工作进行监督、检查，医疗、保健机构不得拒绝和隐瞒。

卫生监督人员对医疗、保健机构提供的技术资料负有保密的义务。

第三十七条　医疗、保健机构应当根据其从事的业务，配备相应的人员和医疗设备，对从事母婴保健工作的人员加强岗位业务培训和职业道德教育，并定期对其进行检查、考核。

医师和助产人员（包括家庭接生人员）应当严格遵守有关技术操作规范，认真填写各项记录，提高助产技术和服务质量。

助产人员的管理，按照国务院卫生行政部门的规定执行。

从事母婴保健工作的执业医师应当依照母婴保健法的规定取得相应的资格。

第三十八条　医疗、保健机构应当按照国务院卫生行政部门的规定，对托幼园、所卫生保健工作进行业务指导。

第三十九条　国家建立孕产妇死亡、婴儿死亡和新生儿出生缺陷监测、报告制度。

第七章　罚　　则

第四十条　医疗、保健机构或者人员未取得母婴保健技术许可，擅自从事婚前医学检查、遗传病诊断、产前诊断、终止妊娠手术和医学技术鉴定或者出具有关医学证明的，由卫生行政部门给予警告，责令停止违法行为，没收违法所得；违法所得 5 000 元以上的，并处违法所得 3 倍以上 5 倍以下的罚款；没有违法所得或者违法所得不足 5 000 元的，并处 5 000 元以上 2 万元以下的罚款。

第四十一条　从事母婴保健技术服务的人员出具虚假医学证明文件的，依法给予行政处分；有下列情形之一的，由原发证部门撤销相应的母婴保健技术执业资格或者医师执业证书：

（一）因延误诊治，造成严重后果的；

（二）给当事人身心健康造成严重后果的；

（三）造成其他严重后果的。

第四十二条　违反本办法规定进行胎儿性别鉴定的，由卫生行政部门给予警告，责令停止违法行为；对医疗、保健机构直接负责的主管人员和其他直接责任人员，依法给予行政处分。进行胎儿性别鉴定两次以上的或者以营利为目的进行胎儿性别鉴定的，并由原发证机关撤销相应的母婴保健技术执业资格或者医师执业证书。

第八章　附　　则

第四十三条　婚前医学检查证明的格式由国务院卫生行政部门规定。

第四十四条　母婴保健法及本办法所称的医疗、保健机构，是指依照《医疗机构管理条例》取得卫生行政部门医疗机构执业许可的各级各类医疗机构。

第四十五条　本办法自公布之日起施行。

第十一章　处方管理法律制度

第一节　处方管理法律制度概述

一、处方的含义

处方，是指由注册的执业医师和执业助理医师(简称医师)在诊疗活动中为患者开具的，由取得药学专业技术职务任职资格的药学专业技术人员(简称药师)审核、调配、核对，并作为患者用药凭证的医疗文书。处方包括医疗机构病区用药医嘱单。医师开具处方和药师调剂处方应当遵循安全、有效、经济的原则。

处方既是医生对患者用药的书面文件，又是药剂人员调配药品的依据，可作为医疗责任的法律依据，也可作为药品统计、结账的依据。处方的特征主要体现在法律性、技术性和经济性 3 个方面。

(一) 法律性

因开具处方或调配处方所造成的一般医疗过错或医疗事故，相关医师和药师分别负有相应的法律责任。医师具有诊断权和开具处方权，但无调配处方权；药师具有审核、调配处方权，但无诊断和开具处方权。

(二) 技术性

开具或调配处方的医师或药师，都必须由经过医药院校系统专业学习，并经过相关资格认定的医药卫生技术人员担任。

(三) 经济性

处方是药品消耗及药品经济收入结账的凭证和原始依据，也是患者在治疗疾病，包括门诊、急诊、住院全过程中的用药的真实凭证。

二、电子处方

传统的书面书写处方方式，由于部分医生处方书写难以辨识，以至于医师和药师之间信息传达错误，最终导致患者受到损害。很多医疗事故都是因字迹不清的缩写词、剂量说明和处方书写不当而造成。在信息技术飞速发展的今天，为了规范医生处方单的书写，医疗机构尝试利用计算机软件等技术手段将处方单电子化，电子处方由此产生。

目前，我国部分医疗机构已接纳采用了电子处方，将电子处方作为门诊医嘱的一部分，使医疗过程更加便利。首先，医生开药不用手写，速度加快；电子处方上标有药价，减少划价环节，相对缩短了患者就诊时间。其次，电子处方中药品名称、医嘱都十分清楚，改变了医生手写处方字体不规范的情况；而且电子处方上还显示了每种药品的使用方法，有利于指导患者合理用药。再次，电子处方使各项检查费用和药品价格透明，患者可以从医生那里了解价格，根据自己的经济情况要求医生调整检查项目和药品品种。

三、处方的立法现状

2006年11月27日，我国卫生部发布《处方管理办法》，于2007年5月1日正式施行。《处方管理办法》以《执业医师法》、《药品管理法》、《医疗机构管理条例》、《麻醉药品和精神药品管理条例》等有关法律、法规为立法依据。同时，为规范医院处方点评工作，提高处方质量，促进合理用药，保障医疗安全，卫生部还组织制定了《医院处方点评管理规范（试行）》，于2010年2月开始执行。

处方是合理用药的前提，直接关系到患者的治疗效果和生命健康。处方在医疗活动中的地位，决定了处方管理的重要性，我国的相关立法对处方管理进行了明确的规范。立法宗旨在于从根本上规范处方管理，提高处方质量，促进合理用药，保障医疗安全。通过规范处方的开具、调剂、使用和保存管理，提高处方质量；同时，规范并发挥医师、药师在促进合理用药中的专业作用；最终目的是促进安全、有效、经济用药，保障患者的用药利益。

第二节　处方管理的一般规定

一、处方的制作

处方标准由卫生部统一规定，处方格式由省、自治区、直辖市卫生行政部门统一制定，处方由医疗机构按照规定的标准和格式印制。

处方的内容主要包括以下三部分。

1. 前记　包括医疗机构名称、费别，患者姓名、性别、年龄、门诊或住院病历号、科别或病区和床位号、临床诊断，开具日期等。可添列特殊要求的项目。麻醉药品和第一类精神药品处方还应当包括患者身份证明编号，代办人姓名、身份证明编号。

2. 正文　以Rp或R标示，分列药品名称、剂型、规格、数量、用法用量。

3. 后记　医师签名或者加盖专用签章，药品金额以及审核、调配、核对、发药药师签名或者加盖专用签章。

此外，不同种类的处方在形式上有所区分。普通处方的印刷用纸为白色；急诊处方印刷用纸为淡黄色，右上角标注“急诊”；儿科处方印刷用纸为淡绿色，右上角标注“儿科”；麻醉药品和第一类精神药品处方印刷用纸为淡红色，右上角标注“麻、精一”；第二类精神药品处方印刷用纸为白色，右上角标注“精二”。

二、处方的书写规则

处方书写正确与否，直接关系用药的安全，因此，医师应牢固树立正确开具处方与安全用药的意识。《处方管理办法》明确规定，处方在书写上须遵循以下规则。

1. 患者一般情况、临床诊断填写清晰、完整，并与病历记载相一致。

2. 每张处方限于一名患者的用药。

3. 字迹清楚，不得涂改；如需修改，应当在修改处签名并注明修改日期。

4. 药品名称应当使用规范的中文名称书写，没有中文名称的可以使用规范的英文名称书写；医疗机构或者医师、药师不得自行编制药品缩写名称或者使用代号；书写药品名称、剂量、规格、用法、用量要准确规范，药品用法可用规范的中文、英文、拉丁文或者缩写体书写，但不得使用“遵医嘱”、“自用”等含糊不清字句。

5. 患者年龄应当填写实足年龄，新生儿、婴幼儿写日、月龄，必要时要注明体重。

6. 西药和中成药可以分别开具处方，也可以开具一张处方，中药饮片应当单独开具处方。

7. 开具西药、中成药处方，每一种药品应当另起一行，每张处方不得超过 5 种药品。

8. 中药饮片处方的书写，一般应当按照“君、臣、佐、使”的顺序排列；调剂、煎煮的特殊要求注明在药品右上方，并加括号，如布包、先煎、后下等；对饮片的产地、炮制有特殊要求的，应当在药品名称之前写明。

9. 药品用法用量应当按照药品说明书规定的常规用法用量使用，特殊情况需要超剂量使用时，应当注明原因并再次签名。

10. 除特殊情况外，应当注明临床诊断。

11. 开具处方后的空白处划一斜线以示处方完毕。

12. 处方医师的签名式样和专用签章应当与院内药学部门留样备查的式样相一致，不得任意改动，否则应当重新登记留样备案。

三、药品剂量与数量的书写规则

药品剂量与数量一旦书写错误或模糊，将直接导致对患者的用药错误，对患者造成损害。因此，必须规范药品剂量与数量的书写。

药品剂量与数量要求用阿拉伯数字书写。剂量应当使用法定剂量单位：重量以克(g)、毫克(mg)、微克(μg)、纳克(ng)为单位；容量以升(L)、毫升(ml)为单位；国际单位(IU)、单位(U)；中药饮片以克(g)为单位。

片剂、丸剂、胶囊剂、颗粒剂分别以片、丸、粒、袋为单位；溶液剂以支、瓶为单位；软膏及乳膏剂以支、盒为单位；注射剂以支、瓶为单位，应当注明含量；中药饮片以剂为单位。

第三节　处方权的获得和处方的开具

一、处方权的取得

经注册的执业医师在执业地点取得相应的处方权。经注册的执业助理医师在医疗机构开具的处方，应当经所在执业地点执业医师签名或加盖专用签章后方有效。经注册的执业助理医师在乡、民族乡、镇、村的医疗机构独立从事一般的执业活动，可以在注册的执业地点取得相应的处方权。

二、开具处方的条件

医师应当在注册的医疗机构签名留样或者专用签章备案后，方可开具处方。

医疗机构应当依法对本机构执业医师和药师进行麻醉药品和精神药品使用知识和规范化管理的培训。执业医师经考核合格后取得麻醉药品和第一类精神药品的处方权，药师经考核合格后取得麻醉药品和第一类精神药品调剂资格。医师取得麻醉药品和第一类精神药品处方权后，方可在本机构开具麻醉药品和第一类精神药品处方，但不得为自己开具该类药品处方。药师取得麻醉药品和第一类精神药品调剂资格后，方可在本机构调剂麻醉药品和第一类精神药品。

试用期人员开具处方，应当经所在医疗机构有处方权的执业医师审核并签名或加盖专用签章后方有效。

进修医师由接收进修的医疗机构对其胜任本专业工作的实际情况进行认定后授予相应的处方权。

三、开具处方的规则及具体要求

1. 医师应当根据医疗、预防、保健需要，按照诊疗规范、药品说明书中的药品适应证、药理作用、用法、用量、禁忌、不良反应和注意事项等开具处方。开具医疗用毒性药品、放射性药品的处方应当严格遵守有关法律、法规和规章的规定。

2. 医疗机构应当根据本机构性质、功能、任务，制定药品处方集。

3. 医师开具处方应当使用经药品监督管理部门批准并公布的药品通用名称、新活性化合物的专利药品名称和复方制剂药品名称。医师开具院内制剂处方时应当使用经省级卫生行政部门审核、药品监督管理部门批准的名称。医师可以使用由卫生部公布的药品习惯名称开具处方。

4. 处方开具当日有效。特殊情况下需延长有效期的，由开具处方的医师注明有效期限，但有效期最长不得超过 3 天。

5. 处方一般不得超过 7 日用量；急诊处方一般不得超过 3 日用量；对于某些慢性病、老年病或特殊情况，处方用量可适当延长，但医师应当注明理由。

6. 麻醉药品、第一类精神药品处方开具的要求　医师应当按照卫生部制定的麻醉药品和精神药品临床应用指导原则，开具麻醉药品、第一类精神药品处方。门(急)诊癌症疼痛患者和中、重度慢性疼痛患者需长期使用麻醉药品和第一类精神药品的，首诊医师应当亲自诊查患者，建立相应的病历，要求其签署《知情同意书》。病历中应当留存下列材料复印件：二级以上医院开具的诊断证明；患者户籍簿、身份证或者其他相关有效身份证明文件；为患者代办人员身份证明文件。

除需长期使用麻醉药品和第一类精神药品的门(急)诊癌症疼痛患者和中、重度慢性疼痛患者外，麻醉药品注射剂仅限于医疗机构内使用。

为门(急)诊患者开具的麻醉药品注射剂，每张处方为一次常用量；控缓释制剂，每张处方不得超过 7 日常用量；其他剂型，每张处方不得超过 3 日常用量。

第一类精神药品注射剂，每张处方为一次常用量；控缓释制剂，每张处方不得超过 7 日常用量；其他剂型，每张处方不得超过 3 日常用量。哌醋甲酯用于治疗儿童多动症时，每张处方不得超过 15 日常用量。第二类精神药品一般每张处方不得超过 7 日常用量；对于慢性病或某些特殊情况的患者，处方用量可以适当延长，医师应当注明理由。

为门(急)诊癌症疼痛患者和中、重度慢性疼痛患者开具的麻醉药品、第一类精神药品注射剂，每张处方不得超过 3 日常用量；控缓释制剂，每张处方不得超过 15 日常用量；其他剂型，每张处方不得超过 7 日常用量。为住院患者开具的麻醉药品和第一类精神药品处方应当逐日开具，每张处方为1日常用量。

对于需要特别加强管制的麻醉药品，盐酸二氢埃托啡处方为一次常用量，仅限于二级以上医院内使用；盐酸哌替啶处方为一次常用量，仅限于医疗机构内使用。

医疗机构应当要求长期使用麻醉药品和第一类精神药品的门（急）诊癌症患者和中、重度慢性疼痛患者，每3个月复诊或者随诊一次。

7. 医师利用计算机开具、传递普通处方时，应当同时打印出纸质处方，其格式与手写处方一致；打印的纸质处方经签名或者加盖签章后有效。药师核发药品时，应当核对打印的纸质处方，无误后发给药品，并将打印的纸质处方与计算机传递处方同时收存备查。

第四节　处方的调剂

一、处方调剂的主体

处方调剂包括审方、划价、调配、核对、发药和安全用药指导环节。处方调剂工作由取得药学专业技术职务任职资格的人员从事。药师在执业的医疗机构取得处方调剂资格。药师签名或者专用签章式样应当在本机构留样备查。

具有药师以上专业技术职务任职资格的人员负责处方审核、评估、核对、发药以及安全用药指导；药士从事处方调配工作。

二、处方调剂的具体规则

（一）药师调剂处方的基本规定

药师应当凭医师处方调剂处方药品，非经医师处方不得调剂。药师应当按照操作规程调剂处方药品：认真审核处方，准确调配药品，正确书写药袋或粘贴标签，注明患者姓名和药品名称、用法、用量、包装；向患者交付药品时，按照药品说明书或者处方用法，进行用药交代与指导，包括每种药品的用法、用量、注意事项等。

（二）药师对处方的审核

1. 药师应当认真逐项检查处方前记、正文和后记书写是否清晰、完整，并确认处方的合法性。

2. 药师应当对处方用药适宜性进行审核，审核内容包括：规定必须做皮试的药品，处方医师是否注明过敏试验及结果的判定；处方用药与临床诊断的相符性；剂量、用法的正确性；选用剂型与给药途径的合理性；是否有重复给药现象；是否有潜在临床意义的药物相互作用和配伍禁忌；其他用药不适宜情况。

3. 药师调剂处方时必须做到“四查十对”，即查处方，对科别、姓名、年龄；查药品，对药名、剂型、规格、数量；查配伍禁忌，对药品性状、用法用量；查用药合理性，对临床诊断。

（三）药师的报告义务

药师经处方审核后，认为存在用药不适宜时，应当告知处方医师，请其确认或者重新开具处方。药师发现严重不合理用药或者用药错误，应当拒绝调剂，及时告知处方医师，并应当记录，按照有关规定报告。

(四) 其他规定

药师在完成处方调剂后,应当在处方上签名或者加盖专用签章。药师应当对麻醉药品和第一类精神药品处方,按年月日逐日编制顺序号。药师对于不规范处方或者不能判定其合法性的处方,不得调剂。

医疗机构应当将本机构基本用药供应目录内同类药品相关信息告知患者。除麻醉药品、精神药品、医疗用毒性药品和儿科处方外,医疗机构不得限制门诊就诊人员持处方到药品零售企业购药。

第五节 处方的监督管理

一、医疗机构对处方的管理

(一) 处方点评制度

医疗机构应当加强对本机构处方开具、调剂和保管的管理。处方点评是根据相关法规、技术规范,对处方书写的规范性及药物临床使用的适宜性(用药适应证、药物选择、给药途径、用法用量、药物相互作用、配伍禁忌等)进行评价,发现存在或潜在的问题,制订并实施干预和改进措施,促进临床药物合理应用的过程。

处方点评是医院持续医疗质量改进和药品临床应用管理的重要组成部分,是提高临床药物治疗水平的重要手段。医疗机构应当建立处方点评制度,填写处方评价表,对处方实施动态监测及超常预警,登记并通报不合理处方,对不合理用药及时予以干预。

(二) 医疗机构对不当处方的处理

1. 医疗机构对出现超常处方 3 次以上且无正当理由的医师提出警告,限制其处方权;限制处方权后,仍连续 2 次以上出现超常处方且无正当理由的,取消其处方权。

2. 医师被责令暂停执业的,考核不合格离岗培训的,被注销、吊销执业证书的,不按照规定开具处方造成严重后果的,不按照规定使用药品造成严重后果的,因开具处方牟取私利的,医疗机构应当取消其处方权。

(三) 不得开具处方的情形

1. 未取得处方权的人员及被取消处方权的医师不得开具处方。未取得麻醉药品和第一类精神药品处方资格的医师不得开具麻醉药品和第一类精神药品处方。

2. 除治疗需要外,医师不得开具麻醉药品、精神药品、医疗用毒性药品和放射性药品处方。

3. 未取得药学专业技术职务任职资格的人员不得从事处方调剂工作。

(四) 处方的保存

处方由调剂处方药品的医疗机构妥善保存。普通处方、急诊处方、儿科处方保存期限为 1 年,医疗用毒性药品、第二类精神药品处方保存期限为 2 年,麻醉药品和第一类精神药品处方保存期限为 3 年。处方保存期满后,经医疗机构主要负责人批准、登记备案,方可销毁。

医疗机构应当根据麻醉药品和精神药品处方开具情况,按照麻醉药品和精神药品品种、规格对其消耗量进行专册登记,登记内容包括发药日期、患者姓名、用药数量。专册保存期限为3年。

二、卫生行政机关的监督管理

县级以上地方卫生行政部门应当定期对本行政区域内医疗机构处方管理情况进行监督检查。在对医疗机构实施监督管理过程中，发现医师出现法定情形的，应当责令医疗机构取消医师处方权。

卫生行政部门的工作人员依法对医疗机构处方管理情况进行监督检查时，应当出示证件；被检查的医疗机构应当予以配合，如实反映情况，提供必要的资料，不得拒绝、阻碍、隐瞒。

第六节　处方的相关法律责任

一、医疗机构的法律责任

1. 医疗机构使用未取得处方权的人员、被取消处方权的医师开具处方的，或者使用未取得麻醉药品和第一类精神药品处方资格的医师开具麻醉药品和第一类精神药品处方的，或者使用未取得药学专业技术职务任职资格的人员从事处方调剂工作的，由县级以上卫生行政部门按照《医疗机构管理条例》第四十八条的规定，责令限期改正，并可处以5 000元以下的罚款；情节严重的，吊销其《医疗机构执业许可证》。

2. 医疗机构未按照规定保管麻醉药品和精神药品处方，或者未依照规定进行专册登记的，按照《麻醉药品和精神药品管理条例》第七十二条的规定，由设区的市级卫生行政部门责令限期改正，给予警告；逾期不改正的，处5 000元以上1万元以下的罚款；情节严重的，吊销其印鉴卡；对直接负责的主管人员和其他直接责任人员，依法给予降级、撤职、开除的处分。

二、医师的法律责任

1. 未取得麻醉药品和第一类精神药品处方资格的执业医师擅自开具麻醉药品和第一类精神药品处方，由县级以上人民政府卫生主管部门给予警告，暂停其执业活动；造成严重后果的，吊销其执业证书；构成犯罪的，依法追究刑事责任。

2. 具有麻醉药品和第一类精神药品处方资格的执业医师，违反规定开具麻醉药品和第一类精神药品处方，或者未按照临床应用指导原则的要求使用麻醉药品和第一类精神药品的，由其所在医疗机构取消其麻醉药品和第一类精神药品处方资格；造成严重后果的，由原发证部门吊销其执业证书。执业医师未按照临床应用指导原则的要求使用第二类精神药品或者未使用专用处方开具第二类精神药品，造成严重后果的，由原发证部门吊销其执业证书。

3. 医师未取得处方权或者被取消处方权后开具药品处方的，或者未依法开具药品处方的，或者违反《处方管理办法》其他规定的，按照《执业医师法》第三十七条的规定，由县级以上卫生行政部门给予警告或者责令暂停六个月以上一年以下执业活动；情节严重的，吊销其执业证书。

三、药师的法律责任

1. 药师未按照规定对麻醉药品和第一类精神药品处方进行核对，造成严重后果的，由原发证部门吊销其执业证书。

2. 药师未按照规定调剂处方药品，情节严重的，由县级以上卫生行政部门责令改正、通报批评，给予警告；并由所在医疗机构或者其上级单位给予纪律处分。

四、卫生行政部门的法律责任

县级以上地方卫生行政部门未依法履行监管职责的，由上级卫生行政部门责令改正。

附

处方管理办法

第一章 总 则

第一条 为规范处方管理，提高处方质量，促进合理用药，保障医疗安全，根据《执业医师法》、《药品管理法》、《医疗机构管理条例》、《麻醉药品和精神药品管理条例》等有关法律、法规，制定本办法。

第二条 本办法所称处方，是指由注册的执业医师和执业助理医师（以下简称医师）在诊疗活动中为患者开具的、由取得药学专业技术职务任职资格的药学专业技术人员（以下简称药师）审核、调配、核对，并作为患者用药凭证的医疗文书。处方包括医疗机构病区用药医嘱单。

本办法适用于与处方开具、调剂、保管相关的医疗机构及其人员。

第三条 卫生部负责全国处方开具、调剂、保管相关工作的监督管理。

县级以上地方卫生行政部门负责本行政区域内处方开具、调剂、保管相关工作的监督管理。

第四条 医师开具处方和药师调剂处方应当遵循安全、有效、经济的原则。

处方药应当凭医师处方销售、调剂和使用。

第二章 处方管理的一般规定

第五条 处方标准由卫生部统一规定，处方格式由省、自治区、直辖市卫生行政部门（以下简称省级卫生行政部门）统一制定，处方由医疗机构按照规定的标准和格式印制。

第六条 处方书写应当符合下列规则：

（一）患者一般情况、临床诊断填写清晰、完整，并与病历记载相一致。

（二）每张处方限于一名患者的用药。

（三）字迹清楚，不得涂改；如需修改，应当在修改处签名并注明修改日期。

（四）药品名称应当使用规范的中文名称书写，没有中文名称的可以使用规范的英文名称书写；医疗机构或者医师、药师不得自行编制药品缩写名称或者使用代号；书写药品名称、剂量、规格、用法、用量要准确规范，药品用法可用规范的中文、英文、拉丁文或者缩写体书写，但不得使用“遵医嘱”、“自用”等含糊不清字句。

（五）患者年龄应当填写实足年龄，新生儿、婴幼儿写日、月龄，必要时要注明体重。

（六）西药和中成药可以分别开具处方，也可以开具一张处方，中药饮片应当单独开具处方。

（七）开具西药、中成药处方，每一种药品应当另起一行，每张处方不得超过 5 种药品。

（八）中药饮片处方的书写，一般应当按照“君、臣、佐、使”的顺序排列；调剂、煎煮的特殊要求注明在药品右上方，并加括号，如布包、先煎、后下等；对饮片的产地、炮制有特殊要求的，应当在药品名称之前写明。

（九）药品用法用量应当按照药品说明书规定的常规用法用量使用，特殊情况需要超剂量使用时，应当注明原因并再次签名。

（十）除特殊情况外，应当注明临床诊断。

（十一）开具处方后的空白处划一斜线以示处方完毕。

（十二）处方医师的签名式样和专用签章应当与院内药学部门留样备查的式样相一致，不得任意改动，否则应当重新登记留样备案。

第七条　药品剂量与数量用阿拉伯数字书写。剂量应当使用法定剂量单位：重量以克(g)、毫克(mg)、微克(μg)、纳克(ng)为单位；容量以升(L)、毫升(ml)为单位；国际单位(IU)、单位(U)；中药饮片以克(g)为单位。

片剂、丸剂、胶囊剂、颗粒剂分别以片、丸、粒、袋为单位；溶液剂以支、瓶为单位；软膏及乳膏剂以支、盒为单位；注射剂以支、瓶为单位，应当注明含量；中药饮片以剂为单位。

第三章　处方权的获得

第八条　经注册的执业医师在执业地点取得相应的处方权。

经注册的执业助理医师在医疗机构开具的处方，应当经所在执业地点执业医师签名或加盖专用签章后方有效。

第九条　经注册的执业助理医师在乡、民族乡、镇、村的医疗机构独立从事一般的执业活动，可以在注册的执业地点取得相应的处方权。

第十条　医师应当在注册的医疗机构签名留样或者专用签章备案后，方可开具处方。

第十一条　医疗机构应当按照有关规定，对本机构执业医师和药师进行麻醉药品和精神药品使用知识和规范化管理的培训。执业医师经考核合格后取得麻醉药品和第一类精神药品的处方权，药师经考核合格后取得麻醉药品和第一类精神药品调剂资格。

医师取得麻醉药品和第一类精神药品处方权后，方可在本机构开具麻醉药品和第一类精神药品处方，但不得为自己开具该类药品处方。药师取得麻醉药品和第一类精神药品调剂资格后，方可在本机构调剂麻醉药品和第一类精神药品。

第十二条　试用期人员开具处方，应当经所在医疗机构有处方权的执业医师审核、并签名或加盖专用签章后方有效。

第十三条　进修医师由接收进修的医疗机构对其胜任本专业工作的实际情况进行认定后授予相应的处方权。

第四章　处 方 的 开 具

第十四条　医师应当根据医疗、预防、保健需要，按照诊疗规范、药品说明书中的药品适应证、药理作用、用法、用量、禁忌、不良反应和注意事项等开具处方。

开具医疗用毒性药品、放射性药品的处方应当严格遵守有关法律、法规和规章的规定。

第十五条　医疗机构应当根据本机构性质、功能、任务，制定药品处方集。

第十六条　医疗机构应当按照经药品监督管理部门批准并公布的药品通用名称购进药品。同一通用名称药品的品种，注射剂型和口服剂型各不得超过 2 种，处方组成类同的复方制剂 1～2 种。因特殊诊疗需要使用其他剂型和剂量规格药品的情况除外。

第十七条　医师开具处方应当使用经药品监督管理部门批准并公布的药品通用名称、新活性化合物的专利药品名称和复方制剂药品名称。

医师开具院内制剂处方时应当使用经省级卫生行政部门审核、药品监督管理部门批准的名称。

医师可以使用由卫生部公布的药品习惯名称开具处方。

第十八条　处方开具当日有效。特殊情况下需延长有效期的，由开具处方的医师注明有效期限，但有效期最长不得超过 3 天。

第十九条　处方一般不得超过 7 日用量；急诊处方一般不得超过 3 日用量；对于某些慢性病、老年病或特殊情况，处方用量可适当延长，但医师应当注明理由。

医疗用毒性药品、放射性药品的处方用量应当严格按照国家有关规定执行。

第二十条　医师应当按照卫生部制定的麻醉药品和精神药品临床应用指导原则，开具麻醉药品、第一类精神药品处方。

第二十一条　门(急)诊癌症疼痛患者和中、重度慢性疼痛患者需长期使用麻醉药品和第一类精神药品的，首诊医师应当亲自诊查患者，建立相应的病历，要求其签署《知情同意书》。

病历中应当留存下列材料复印件：

(一) 二级以上医院开具的诊断证明；

(二) 患者户籍簿、身份证或者其他相关有效身份证明文件；

(三) 为患者代办人员身份证明文件。

第二十二条　除需长期使用麻醉药品和第一类精神药品的门(急)诊癌症疼痛患者和中、重度慢性疼痛患者外，麻醉药品注射剂仅限于医疗机构内使用。

第二十三条　为门(急)诊患者开具的麻醉药品注射剂，每张处方为一次常用量；控缓释制剂，每张处方不得超过 7 日常用量；其他剂型，每张处方不得超过 3 日常用量。

第一类精神药品注射剂，每张处方为一次常用量；控缓释制剂，每张处方不得超过 7 日常用量；其他剂型，每张处方不得超过 3 日常用量。哌醋甲酯用于治疗儿童多动症时，每张处方不得超过 15 日常用量。

第二类精神药品一般每张处方不得超过 7 日常用量；对于慢性病或某些特殊情况的患者，处方用量可以适当延长，医师应当注明理由。

第二十四条　为门(急)诊癌症疼痛患者和中、重度慢性疼痛患者开具的麻醉药品、第一类精神药品注射剂，每张处方不得超过 3 日常用量；控缓释制剂，每张处方不得超过 15 日常用量；其他剂型，每张处方不得超过 7 日常用量。

第二十五条　为住院患者开具的麻醉药品和第一类精神药品处方应当逐日开具，每张处方为 1 日常用量。

第二十六条　对于需要特别加强管制的麻醉药品，盐酸二氢埃托啡处方为一次常用量，仅限于二级以上医院内使用；盐酸哌替啶处方为一次常用量，仅限于医疗机构内使用。

第二十七条　医疗机构应当要求长期使用麻醉药品和第一类精神药品的门(急)诊癌症患者和中、重度慢性疼痛患者，每 3 个月复诊或者随诊一次。

第二十八条　医师利用计算机开具、传递普通处方时，应当同时打印出纸质处方，其格式与手写处方一致；打印的纸质处方经签名或者加盖签章后有效。药师核发药品时，应当核对打印的纸质处方，无误后发给药品，并将打印的纸质处方与计算机传递处方同时收存备查。

第五章　处 方 的 调 剂

第二十九条　取得药学专业技术职务任职资格的人员方可从事处方调剂工作。

第三十条　药师在执业的医疗机构取得处方调剂资格。药师签名或者专用签章式样应当在本机构留样备查。

第三十一条　具有药师以上专业技术职务任职资格的人员负责处方审核、评估、核对、发药以及安全用药指导；药士从事处方调配工作。

第三十二条　药师应当凭医师处方调剂处方药品，非经医师处方不得调剂。

第三十三条　药师应当按照操作规程调剂处方药品：认真审核处方，准确调配药品，正确书写药袋或粘贴标签，注明患者姓名和药品名称、用法、用量，包装；向患者交付药品时，按照药品说明书或者处方用法，进行用药交待与指导，包括每种药品的用法、用量、注意事项等。

第三十四条　药师应当认真逐项检查处方前记、正文和后记书写是否清晰、完整，并确认处方的合法性。

第三十五条　药师应当对处方用药适宜性进行审核，审核内容包括：

（一）规定必须做皮试的药品，处方医师是否注明过敏试验及结果的判定；

（二）处方用药与临床诊断的相符性；

（三）剂量、用法的正确性；

（四）选用剂型与给药途径的合理性；

（五）是否有重复给药现象；

（六）是否有潜在临床意义的药物相互作用和配伍禁忌；

（七）其它用药不适宜情况。

第三十六条　药师经处方审核后，认为存在用药不适宜时，应当告知处方医师，请其确认或者重新开具处方。

药师发现严重不合理用药或者用药错误，应当拒绝调剂，及时告知处方医师，并应当记录，按照有关规定报告。

第三十七条　药师调剂处方时必须做到“四查十对”：查处方，对科别、姓名、年龄；查药品，对药名、剂型、规格、数量；查配伍禁忌，对药品性状、用法用量；查用药合理性，对临床诊断。

第三十八条　药师在完成处方调剂后，应当在处方上签名或者加盖专用签章。

第三十九条　药师应当对麻醉药品和第一类精神药品处方，按年月日逐日编制顺序号。

第四十条　药师对于不规范处方或者不能判定其合法性的处方，不得调剂。

第四十一条　医疗机构应当将本机构基本用药供应目录内同类药品相关信息告知患者。

第四十二条　除麻醉药品、精神药品、医疗用毒性药品和儿科处方外，医疗机构不得限制门诊就诊人员持处方到药品零售企业购药。

第六章　监 督 管 理

第四十三条　医疗机构应当加强对本机构处方开具、调剂和保管的管理。

第四十四条　医疗机构应当建立处方点评制度，填写处方评价表，对处方实施动态监测及超常预警，登记并通报不合理处方，对不合理用药及时予以干预。

第四十五条　医疗机构应当对出现超常处方3次以上且无正当理由的医师提出警告，限制其处方权；限制处方权后，仍连续2次以上出现超常处方且无正当理由的，取消其处方权。

第四十六条　医师出现下列情形之一的，处方权由其所在医疗机构予以取消：

（一）被责令暂停执业；

（二）考核不合格离岗培训期间；

（三）被注销、吊销执业证书；

（四）不按照规定开具处方，造成严重后果的；

（五）不按照规定使用药品，造成严重后果的；

（六）因开具处方牟取私利。

第四十七条　未取得处方权的人员及被取消处方权的医师不得开具处方。未取得麻醉药品和第一类精神药品处方资格的医师不得开具麻醉药品和第一类精神药品处方。

第四十八条　除治疗需要外，医师不得开具麻醉药品、精神药品、医疗用毒性药品和放射性药品处方。

第四十九条　未取得药学专业技术职务任职资格的人员不得从事处方调剂工作。

第五十条　处方由调剂处方药品的医疗机构妥善保存。普通处方、急诊处方、儿科处方保存期限为1年，医疗用毒性药品、第二类精神药品处方保存期限为2年，麻醉药品和第一类精神药品处方保存期限为3年。

处方保存期满后，经医疗机构主要负责人批准、登记备案，方可销毁。

第五十一条　医疗机构应当根据麻醉药品和精神药品处方开具情况，按照麻醉药品和精神药品品种、规格对其消耗量进行专册登记，登记内容包括发药日期、患者姓名、用药数量。专册保存期限为3年。

第五十二条　县级以上地方卫生行政部门应当定期对本行政区域内医疗机构处方管理情况进行监督检查。

县级以上卫生行政部门在对医疗机构实施监督管理过程中，发现医师出现本办法第四十六条规定情形的，应当责令医疗机构取消医师处方权。

第五十三条　卫生行政部门的工作人员依法对医疗机构处方管理情况进行监督检查时，应当出示证件；被检查的医疗机构应当予以配合，如实反映情况，提供必要的资料，不得拒绝、阻碍、隐瞒。

第七章　法 律 责 任

第五十四条　医疗机构有下列情形之一的，由县级以上卫生行政部门按照《医疗机构管理条例》第四十八条的规定，责令限期改正，并可处以5 000元以下的罚款；情节严重的，吊销其《医疗机构执业许可证》：

（一）使用未取得处方权的人员、被取消处方权的医师开具处方的；

（二）使用未取得麻醉药品和第一类精神药品处方资格的医师开具麻醉药品和第一类精神药品处方的；

（三）使用未取得药学专业技术职务任职资格的人员从事处方调剂工作的。

第五十五条　医疗机构未按照规定保管麻醉药品和精神药品处方，或者未依照规定进行专册登记的，按照《麻醉药品和精神药品管理条例》第七十二条的规定，由设区的市级卫生行政部门责令限期改正，给予警告；逾期不改正的，处5 000元以上1万元以下的罚款；情节严重的，吊销其印鉴卡；对直接负责的主管人员和其他直接责任人员，依法给予降级、撤职、开除的处分。

第五十六条　医师和药师出现下列情形之一的，由县级以上卫生行政部门按照《麻醉药品和精神药品管理条例》第七十三条的规定予以处罚：

（一）未取得麻醉药品和第一类精神药品处方资格的医师擅自开具麻醉药品和第一类精神药品处方的；

（二）具有麻醉药品和第一类精神药品处方医师未按照规定开具麻醉药品和第一类精神药品处方，或者未按照卫生部制定的麻醉药品和精神药品临床应用指导原则使用麻醉药品和第一类精神药品的；

（三）药师未按照规定调剂麻醉药品、精神药品处方的。

第五十七条　医师出现下列情形之一的，按照《执业医师法》第三十七条的规定，由县级以上卫生行政部门给予警告或者责令暂停六个月以上一年以下执业活动；情节严重的，吊销其执业证书：

（一）未取得处方权或者被取消处方权后开具药品处方的；

（二）未按照本办法规定开具药品处方的；

（三）违反本办法其他规定的。

第五十八条　药师未按照规定调剂处方药品，情节严重的，由县级以上卫生行政部门责令改正、通报批评，给予警告；并由所在医疗机构或者其上级单位给予纪律处分。

第五十九条　县级以上地方卫生行政部门未按照本办法规定履行监管职责的，由上级卫生行政部门责令改正。

第八章　附　　则

第六十条　乡村医生按照《乡村医生从业管理条例》的规定，在省级卫生行政部门制定的乡村医生基本用药目录范围内开具药品处方。

第六十一条　本办法所称药学专业技术人员，是指按照卫生部《卫生技术人员职务试行条例》规定，取得药学专业技术职务任职资格人员，包括主任药师、副主任药师、主管药师、药师、药士。

第六十二条　本办法所称医疗机构，是指按照《医疗机构管理条例》批准登记的从事疾病诊断、治疗活动的医院、社区卫生服务中心（站）、妇幼保健院、卫生院、疗养院、门诊部、诊所、卫生室（所）、急救中心（站）、专科疾病防治院（所、站）以及护理院（站）等医疗机构。

第六十三条　本办法自2007年5月1日起施行。《处方管理办法（试行）》（卫医发〔2004〕269号）和《麻醉药品、精神药品处方管理规定》（卫医法〔2005〕436号）同时废止。

第十二章　医事主体法律制度

第一节　医事法律主体法律制度概述

一、医事法律主体法律制度概述

法律关系的主体是指在法律关系中享有权利和履行义务的个人和组织，医事法律主体就是指医事法律关系的主体，在医事法律关系中享有权利和履行义务的个人和组织，从我国的法律规定和实践来说，这些主体主要有：医方（各种医疗机构、各种医务人员）、患方（患者及患者家属）、卫生行政机关及其工作人员、药品生产及经营企业，等等，主要由《医疗机构管理条例》、《执业医师法》、《护士条例》、《药品管理法》等这些具体法律制度进行规范。由于本书前面有专门章节论述药品管理法律制度，因此本章节论述医方和患方这两大主体制度。

二、患方的权利和义务

（一）患方的权利

关于患者的权利，《世界人权宣言》、《经济社会文化权利国际公约》等国际性文件及条约对患者的权利作出了原则性的规定。就国内而言，宪法、民法及医疗卫生法律以及其他法律法规均规定了患者的权利，归纳起来，主要有以下几项。

1. 生命健康权　《民法通则》第九十八条规定，公民享有生命健康权。

2. 平等医疗保障权（获得医疗权）　我国《宪法》第四十五条规定，中华人民共和国公民在年老、疾病或者丧失劳动能力的情况下，有从国家和社会获得物质帮助的权利。国家发展为公民享受这些权利所需要的社会保险、社会救济和医疗卫生事业。这是我国现行《宪法》第四十五条第一款所规定的公民权利，也即患者医疗权的法律基础。

（1）一般认为，医疗行业属于提供公共卫生服务的行业，除特殊情况外（如条件不具备），医院不得拒绝患者的求医，并应提供与医院等级相适应的医疗服务。患者，尤其是急诊患者还有得到及时医疗服务的权利。

（2）在条件不具备时，医院应依患者病情的紧急程度，对患者提供评估、紧急医疗措施及转院。只要医疗上允许，患者在被转送到另一医疗机构前，必须先得到有关转送的原因及其可能的其他选择的详细说明。患者将转去的医疗机构必须已先同意接受患者的转院。

（3）患者有权利获得连续性的医疗服务。医方应告诉患者有关其出院后或治疗结束后的保健注意事项，如有需要也应告诉患者复诊、复查的时间。

3. 知情同意权　即指患者在寻求医疗服务的过程中，有权知晓自己的病情，经过自主思考，就关于自己疾病和健康问题所作出的合乎理性和价值观的决定，对医务人员所采取的防治措施决定取舍。

患者享有知情权的理论依据在于法学界所普遍认可的“任何人不得处分他人之权利”的基本规则。医疗活动中，让患者服用药物、施行手术等往往会对患者的生命健康构成威胁甚至侵害，至少会带来一定的风险。但其之所以不被认为违法，最为法学界所接受的理论依据是患者的“知情同意”。即因为患者已完全知晓了这种医疗行为可能带来损害其生命健康的风险，但其自愿接受这种行为及其风险，因此承认其行为的合法性。

强调患者的知情同意，主要目的在于充分保护患者在医疗活动中的权利，尤其是生命健康权；同时，通过赋予医方相应的告知义务，使患者在了解将面临的风险、代价和可能取得的利益的基础上自由作出选择，从而维护患者的权益。

(1) 患者对自己的病情有知情权，有权利从医方获知有关自己的病情、医方的诊断、病情的发展、医方为患者制订的治疗计划以及预后情形，包括治疗中的常见问题及其他可替代方案等。基于充分告知的要求，患者有权要求医生使用其可以了解的字句或表达方式。患者有权知道任何可能会影响患者的医治决定的资料。如果基于医学上的考虑，医生认为患者不宜知道上述消息，医生会将此消息告诉患者的重要亲属或经患者授权的委托代理人。

根据我国法律规定，患者在接受手术、特殊治疗、特殊检查、人体试验时，必须签署同意书。此外，当治疗上有重要的改变，或当患者要求改变治疗时，患者有权利得到正确的讯息。如《中华人民共和国侵权责任法》(2010 年 7 月 1 日实施)(以下简称《侵权责任法》)第五十五条规定：医务人员在诊疗活动中应当向患者说明病情和医疗措施。需要实施手术、特殊检查、特殊治疗的，医务人员应当及时向患者说明医疗风险、替代医疗方案等情况，并取得其书面同意；不宜向患者说明的，应当向患者的近亲属说明，并取得其书面同意。医务人员未尽到前款义务，造成患者损害的，医疗机构应当承担赔偿责任。

患者有权利在法律允许的范围内拒绝任何检查、检验或治疗、药物方法，并获知所作决定可能引起的后果。患者的意愿应受到尊重，但是医方必须向患者详细告知拒绝行为的危险或损害。由于患者的拒绝可能会产生不良后果，因此患者需要在相应文件上签字后方可行使此项拒绝的权利。

(2) 患者有权知道处方药物的名称和该药物在通常情况下的治疗作用及有可能产生的副作用和正确的用法、用量。患者有权在类似作用的多种药物中作出适合自己经济能力和习惯的选择(但此种选择应在征求医生意见下进行)。

(3) 患者有权获知有关自己病情及治疗方面的病历资料，根据《医疗事故处理条例》第十条的规定，患者有权复印、复制以下病历资料：门诊病历、住院志、体温单、医嘱单、化验单(检验报告)、医学影像检查资料、特殊检查同意书、手术同意书、手术及麻醉记录单、病理资料、护理记录以及国务院卫生行政部门规定的其他病历资料等。《侵权责任法》第六十一条规定：“医疗机构及其医务人员应当按照规定填写并妥善保管住院志、医嘱单、检验报告、手术及麻醉记录、病理资料、护理记录、医疗费用等病历资料。患者要求查阅、复制前款规定的病历资料的，医疗机构应当提供。”

(4) 患者有权知道规定的医疗护理服务项目、药品的收费标准。

(5) 患者有权自主选择到任何一家合法医疗机构接受医疗服务。

(6) 患者对于手术中切除的器官、组织和患者死亡后的遗体的使用有决定权。

(7) 患者有权选择是否参加医学研究计划。医院方面必须事先取得患者的书面同意，才会请患者参加医院所进行的医学研究计划。院方也必须事先向患者解释清楚研究计划各方面的详情。

(8) 患者有权利知道医院制定的保护患者各项权益的相关规定。医院应向患者提供此方面的书面介绍，以便患者遵守院方的有关规定和依法保护自身权益。

4. 人格权 《民法通则》第一百零一条规定，公民的人格尊严受法律保护。

5. 隐私保护权 隐私权是指自然人享有的对其个人的、与公共利益无关的个人信息、私人活动和私有领域进行支配的一种人格权。隐私权的内容是非常广泛的，它包括了公民个人的私人活动、私人信息及个人领域。

医疗机构及其医务人员在尊重患者的知情权的同时，要注意保护患者的隐私，这些隐私是患者在就诊过程中只向医师公开的、不愿让他人知道的个人信息、私人活动或私有领域，如可造成患者精神伤害的疾病、病理生理上的缺陷、有损个人名誉的疾病、患者不愿他人知道的隐情等。医师应为患者保守秘密，未经患者本人同意，不得向他人泄露。卫生部制定的《医务人员医德规范及实施办法》中明确规定，为患者保密，不泄露患者隐私与秘密。

(1) 患者的隐私权、人格尊严、宗教信仰及文化信念应获得尊重。

患者的个人信仰及意愿，在不损害其他病人或医护人员权利的情况下，应得到尊重。医院应尽量保护患者的隐私权和人格尊严不受侵犯。

比如在病例讨论、会诊、检查和治疗时，与患者治疗无直接关系者，必须取得患者同意才可以在场。医方非经患者同意不得泄漏患者医疗上的秘密，也不可以和其他不相关的人讨论患者的病情和治疗。只有承担医疗、护理工作的医护人员，才有权利去看、检查或处理患者的身体。在患者感到上述权利受到侵犯时，有权立即向医护人员提出意见。

(2) 医院对患者的病历资料、记录文件，应予保密。患者的病情资料与记录，应如同隐私权一样受到保护，不可随便对外宣扬。例如不可对外宣称患者曾接受过整容手术或患者患有性病。《侵权责任法》第六十二条规定："医疗机构及其医务人员应当对患者的隐私保密。泄露患者隐私或者未经患者同意公开其病历资料，造成患者损害的，应当承担侵权责任。"

6. 申诉权 在发生医疗纠纷以后，患者有权向医院、卫生行政部门申诉，要求将医疗过程提交医学会进行医疗事故技术鉴定，向卫生行政部门提出调解申请，向人民法院提起民事诉讼等权利。

(二) 患方的义务

在医疗服务过程中，患者的义务主要有：

1. 遵守医院规章制度的义务。
2. 尊重医务人员人格和工作的义务。
3. 合作医疗的义务。
4. 接受医学检查的义务。
5. 交纳治疗费用的义务。

三、医方的权利和义务

（一）医方的权利

在医疗服务过程中，医方与就诊患者相关的权利主要有：

1. 收取合理的医疗费用。

2. 合规范的治疗权。

3. 特殊干涉权。

4. 医学研究权。

5. 人格尊严权。

（二）医方的义务

在医疗服务过程中，医患的关系是相互依存的，医方的权利和义务与患者的权利和义务是密切联系的，患者的权利，往往是医方的义务。概括地说，医疗机构与医疗服务者的义务主要有：

1. 执业医疗的义务。

2. 提供安全医疗服务的义务。

《侵权责任法》第六十三条规定："医疗机构及其医务人员不得违反诊疗规范实施不必要的检查。"

3. 提供医疗服务的告知义务。

医方负有客观、真实、准确、全面地告知相应医疗信息的义务。根据相关医疗卫生法律法规的规定，特别是2010年7月1日开始实施的《侵权责任法》的第五十五条规定：医务人员在诊疗活动中应当向患者说明病情和医疗措施。需要实施手术、特殊检查、特殊治疗的，医务人员应当及时向患者说明医疗风险、替代医疗方案等情况，并取得其书面同意；不宜向患者说明的，应当向患者的近亲属说明，并取得其书面同意。医务人员未尽到前款义务，造成患者损害的，医疗机构应当承担赔偿责任。

医方在医疗活动中有义务告知以下内容：

(1) 说明患者的病情和医疗措施。

(2) 需要实施手术、特殊检查、特殊治疗的，医务人员应当及时向患者说明医疗风险和替代医疗方案等情况，并取得其书面同意；如诊断手段、诊断措施及治疗措施，包括X光、B超、CT等诊断仪器的准确性、有无副作用、检查结果对确诊病情的作用等，所采用的治疗仪器和药品等的疗效、药品的构成、副作用等；手术的成功率、既往手术的情况、施行手术对治疗疾病的作用、目的、方法、预期效果、手术过程中可能要承受的不适以及手术不成功可能出现的后果、潜在危险等。

(3) 就诊医疗机构和医务人员基本情况和医学专长，包括医疗机构的基本情况、专业特色、医务人员的职称、学术专长及以往治疗效果等。

(4) 医院规章制度中与其利益有关的内容。

(5) 患者需要支付的费用。

如告知替代医疗方案，患者就有可能根据医疗费用的情况进行选择替代医疗方案。

4. 紧急治疗的义务。

5. 医疗危险注意义务。

《侵权责任法》第五十七条规定："医务人员在诊疗活动中未尽到与当时的医疗水平相应的诊疗义务，造成患者损害的，医疗机构应当承担赔偿责任。"

6. 医疗转诊的义务。

7. 报告义务。

第二节　医疗机构管理条例

一、医疗机构的概念和种类

（一）医疗机构的概念

医疗机构是以保障人民健康为目的，以医疗为手段，医治患者以及改善人体"第三状态"（即不完全健康又未患有疾病）的，经批准取得《医疗机构执业许可证》的机构。

（二）医疗机构的种类

依据《医疗机构管理条例》和《医疗机构管理条例实施细则》的规定，目前在我国主要有以下几类医疗机构。

1. 综合医院、中西医院、中西医结合医院、民族医院、专科医院、康复医院。
2. 妇幼保健医院。
3. 中心医院、乡镇卫生院、街道卫生院。
4. 疗养院。
5. 综合门诊部、专科门诊部、中医门诊部、中西医结合门诊部、民族医院门诊部。
6. 诊所、中医诊所、民族医院诊所、卫生所、医务室、卫生保健所、卫生站。
7. 村卫生室（所）。
8. 急救中心、急救站。
9. 临床检验中心。
10. 专科疾病防治院、防治所、防治站。
11. 护理院、站。
12. 其他诊疗机构。

二、《医疗机构管理条例》的核心内容

从总体上看，《医疗机构管理条例》的核心内容主要表现为三大制度的建立。

（一）医疗机构设置审批制度

根据国务院颁布的《医疗机构管理条例》规定，县级以上地方人民政府卫生行政部门应当根据本行政区域的人口、医疗资源、医疗需求和现有医疗机构分布状况，制定本行政区域医疗机构设置规划。机关和企事业单位可以根据需要设立医疗机构，并纳入当地医疗机构的设置规划。单位和个人设置医疗机构，必须经县以上地方人民政府卫生行政部门审查批准，并取得设置医疗机构批准书，方可办理其他手续。

申请设置医疗机构，应当提交下列文件：①设置申请书；②设置可行性研究报告；

③选址报告和建筑设计平面图。

单位和个人设置医疗机构，不设床位或床位不满100张的医疗机构，向所在的县级人民政府卫生行政部门申请；床位在100张以上的医疗机构和专科医院按照省级人民政府卫生行政部门的规定申请。

县级以上地方人民政府卫生行政部门自受理申请30日内，作出批准和不予批准的书面答复；批准设置的发给设置医疗机构批准书。国家统一规划的医疗机构的设置，由国务院卫生行政部门决定。机关、企业和事业单位按照国家医疗机构基本标准设置为内部职工服务的门诊部、诊所、卫生所(室)，报所在地的县级卫生行政部门备案。

(二) 医疗机构登记制度

医疗机构执业必须进行登记，领取《医疗机构执业许可证》。医疗机构的执业登记由批准其设置的人民政府卫生行政部门办理。医疗机构登记执业后，需改变名称、场所、主要负责人、诊疗科目、床位，必须向原登记机关办理变更登记。医疗机构歇业，必须向原登记机关办理注销登记。经登记机关核准后，收缴《医疗机构执业许可证》。床位不满100张的医疗机构，其《医疗机构执业许可证》每年校验一次。床位在100张以上的医疗机构，其《医疗机构执业许可证》每3年校验一次，校验由登记机关办理。

申请执业登记的医疗机构，应当具备如下条件。

1. 有设置医疗机构批准书。
2. 符合医疗机构的基本标准。
3. 有合适的名称、组织机构和场所。
4. 有与其开展的业务相适应的经费、设施、设备、专业技术人员。
5. 有相应的规章制度。

《医疗机构管理条例》规定："任何单位或者个人，未取得《医疗机构执业许可证》，不得开展诊疗活动。"

(三) 医疗机构评审制度

《医疗机构管理条例》第四十一条明确规定：由专家组成的评审委员会，按照医疗机构评审办法和评审标准，对医疗机构的执业活动、医疗服务质量等进行综合评价。

医疗机构评审委员会是由专家组成的，在同级政府卫生行政部门组织领导下开展医疗机构评审工作的专业性组织，分为部、省(自治区、直辖市)、设区的市(地区)、县(区、市)四级，下级医疗机构评审委员会应接受上级医疗机构评审委员会的工作指导。

医疗机构评审委员会的主要职责：

1. 接受卫生行政部门的委托对医疗机构实施评审。
2. 拟定评审计划，定期向同级卫生行政部门和上级医疗机构评审委员会汇报评审计划执行情况和工作情况。
3. 指导下级医疗机构评审委员会的工作，开展人员培训活动。
4. 组织医疗机构学习评审文件，使其掌握医疗机构评审办法和评审标准。
5. 开展有关医疗机构管理、评审的专业咨询和技术指导。

三、《医疗机构管理条例》规定医疗机构实施医疗行为应注意的事项

1. 遵守有关法律、法规和医疗技术规范。

2. 不得使用非卫生技术人员从事医疗工作。

3. 对危重病人应积极抢救，实行首诊负责；对不能诊者应积极转诊。

4. 未经亲自诊查，不得出具疾病诊断书、健康证明书、死亡证明书；未经亲自接产，不得出具出生证明和死产报告书。

5. 施行手术、特殊检查或特殊治疗，须经患者同意并签字方可进行。

6. 在医疗活动中，医疗机构及其医务人员应当将患者的病情、医疗措施、医疗风险等如实告知患者，及时解答其咨询；但是，应当避免对患者产生不利后果。

7. 医疗机构应当制定防范、处理医疗事故的预案，预防医疗事故的发生，减轻医疗事故的损害。

8. 医务人员在医疗活动中发生或者发现医疗事故、可能引起医疗事故的医疗过失行为或者发生医疗事故争议的，应当立即向所在科室负责人报告，科室负责人应当及时向本医疗机构负责医疗服务质量监控的部门或者专(兼)职人员报告。

第三节　执业医师法

一、《执业医师法》概述

执业医师是指依法取得执业医师资格或执业助理医师资格，经注册在医疗、预防、保健机构中从事医疗、预防、保健业务的专业医务人员，它包括执业医师和执业助理医师。为了加强医师队伍的建设，提高医师的职业道德和业务素质，保障医师的合法权利，保护人民健康，国家于1998年6月26日制定并颁布了《执业医师法》，并于1999年1月1日起施行。它标志着国家对医师的管理，从传统的卫生专业技术人员管理向执业规范依法管理的转变。

《执业医师法》是国家制定的、规定医师资格取得和执业规则的法律规范。它包括执业医师的考试和注册、执业规则、考核和培训及违反《执业医师法》的法律责任等内容，共6章48条。

二、执业医师法确立的四大法律制度

(一) 医师资格考试制度

国家实行医师资格考试制度。医师资格考试分为执业医师资格考试和执业助理医师资格考试。申请执业医师资格考试的条件：

1. 具有高等学校医学专业本科以上学历，在执业医师指导下，在医疗、预防或者保健机构中试用期满1年的。

2. 取得执业助理医师执业证书后，具有高等学校医学专科学历，在医疗、预防或者保健机构中工作满2年的。

3. 取得执业助理医师执业证书后，具有中等专业学校医学专业学历，在医疗、预防或

者保健机构中工作满 5 年的。

申请执业助理医师资格考试的条件：具有高等学校医学专科学历或者中等专业学校医学专业学历，在执业医师指导下，在医疗、预防或者保健机构中试用期满 1 年的。

（二）医师执业注册制度

国家实行医师执业注册制度。取得医师资格的，可以向所在地县级以上人民政府卫生行政部门申请注册。医师经注册后，可以在医疗、预防、保健机构中按照注册的执业地点、执业类别、执业范围从事相应的医疗、预防、保健业务。

1. 不予注册的规定　有下列情形之一的，不予注册。

(1) 不具有完全民事行为能力的。

(2) 因受刑事处罚，自刑罚执行完毕之日起至申请注册之日止不满 2 年的。

(3) 在执业活动中，受吊销医师执业证书的行政处罚，自行政处罚决定之日起至申请注册之日止不满 2 年的。

(4) 有国务院卫生行政部门规定的其他情形的。

2. 注销注册的规定　医师注册后有下列情形之一的，卫生行政部门应当注销注册，收回医师执业证书。

(1) 死亡或者被宣告失踪的。

(2) 受刑事处罚的。

(3) 受吊销医师执业证书行政处罚的。

(4) 因参加医师定期考核不合格暂停执业活动期满，再次考核仍不合格的。

(5) 中止医师执业活动满 2 年的。

(6) 有国务院卫生行政部门规定的其他情形的。

3. 变更注册的规定　医师变更执业地点、执业类别、执业范围等注册事项的，应到准予注册的卫生行政部门办理变更注册手续。

（三）医师执业活动的考核与培训制度

医师在执业活动过程中的业务水平、工作成绩和职业道德状况，应定期接受由县级以上人民政府卫生行政部门委托的机构或者组织的考核，考核应当按照医师执业标准进行，考核结果报准予注册的卫生行政部门备案。对于考核不合格的医师，《执业医师法》作了暂停执业活动、接受培训和继续医学教育及再考核的具体规定。

（四）表彰与奖励制度

《执业医师法》规定，具有以下情形之一的，由县级以上人民政府卫生行政部门给予表彰或奖励。

1. 在执业活动中，医德高尚，事迹突出的。

2. 对医学专业技术有重大突破，作出显著贡献的。

3. 遇有自然灾害、传染病流行、突发重大伤亡事故及其他严重威胁人民生命健康的紧急情况时，救死扶伤、抢救诊疗表现突出的。

4. 长期在边远地区、少数民族地区条件艰苦的基层单位努力工作的。

5. 国务院卫生行政部门规定应当予以表彰或者奖励的其他情形的。

三、医师的权利和义务

（一）医师的权利

1. 在注册的执业范围内，进行医学诊查、疾病调查、医学处置、出具相应的医学证明文件，选择合理的医疗、预防、保健方案。

2. 按照国务院卫生行政部门规定的标准，获得与本人执业活动相当的医疗设备基本条件。

3. 从事医学研究、学术交流，参加医师协会和专业学术团体。

4. 参加专业培训，接受继续医学教育。

5. 在执业活动中，人格尊严、人身安全不受侵犯。

6. 获取工资报酬和津贴，享受国家规定的福利待遇。

7. 对所在机构的医疗、预防、保健工作和卫生行政部门的工作提出意见和建议，依法参与所在机构的民主管理。

（二）医师的义务

1. 遵守法律、法规，遵守技术操作规范。

2. 树立敬业精神，遵守职业道德，履行医师职责，尽职尽责为患者服务。

3. 关心、爱护、尊重患者，保护患者的隐私。

4. 努力钻研业务，更新知识，提高专业技术水平。

5. 宣传卫生保健知识，对患者进行健康教育。

四、医师的执业规则

1. 医师实施医疗、预防、保健措施，签署有关医学证明文件，必须亲自诊查、调查，并按照规定及时填写医学文书，不得隐匿、伪造或者销毁医学文书及有关资料。医师不得出具与自己执业范围无关或者执业类别不相符的医学证明文件。

2. 对急危患者，医师应当采取紧急措施进行诊治；不得拒绝急救处置。

3. 医师应当使用经国家有关部门批准使用的药品、消毒药剂和医疗器械。除正当诊断治疗外，不得使用麻醉药品、医疗用毒性药品、精神药品和放射性药品。

4. 医师应当如实向患者或家属介绍病情，但应注意避免对患者产生不利后果。医师进行实验性临床医疗，应当经医院批准并征得患者本人或者家属同意。

5. 医师不得利用职务之便，索取、非法收受患者财物或者牟取其不正当利益。

6. 遇有自然灾害、传染病流行、突发重大伤亡事故及其他严重威胁人民生命健康的紧急情况时，医师应当服从县级以上人民政府卫生行政部门的调遣。

7. 医师发生医疗事故，或发现传染病疫情，或发现患者涉嫌伤害事件，或发现非正常死亡时，都应当及时向所在机构或政府有关部门报告。

五、法律责任

（一）民事责任

医师在医疗、预防、保健工作中造成事故的，依照法律或国家有关规定处理。未经批准擅自开办医疗机构行医或非医师行医，给患者造成损害的，依法承担赔偿责任。

（二）行政责任

1. 以不正当手段取得医师执业证书的，卫生行政部门予以吊销；对负有直接责任的主管人员和其他直接责任人员，依法给予行政处分。

2. 医师在执业活动中，由于违反卫生行政规章制度或技术操作规范以及违反上述7项执业规则和泄漏患者隐私而造成严重后果的，由县级以上地方人民政府卫生行政部门给予警告或者责令暂停6个月以上1年以下执业活动，情节严重的，吊销执业证书。

3. 未经批准擅自开办医疗机构行医或非医师行医的，予以取缔，没收其非法所得及其药品、器械，并处十万元以下的罚款；对医师吊销医师执业证书。

4. 阻碍医师依法执业，侮辱、诽谤、威胁、殴打医师或侵犯医师人身自由，干扰其正常工作和生活尚未构成犯罪的，依照《治安管理处罚法》的规定处罚。

5. 医疗、预防保健机构未依照执业医师法的有关规定履行报告职责，导致严重后果的，由县级以上人民政府卫生行政部门给予警告，并对该机构的行政负责人依法给予行政处分。

6. 卫生行政部门或者医疗、预防、保健机构的负责人或工作人员违反医师法有关规定，弄虚作假，玩忽职守，滥用职权，徇私舞弊，尚不构成犯罪的，由卫生行政部门或所在机构依法给予行政处分。

（三）刑事责任

1.《刑法》第三百三十五条规定，医务人员由于严重不负责任，造成就诊人死亡或者严重损害就诊人身体健康的，处三年以下有期徒刑或者拘役。

2.《刑法》第三百三十六条规定，未取得医师执业资格的人非法行医，情节严重的，处三年以下有期徒刑、拘役或者管制，并处或者单处罚金；严重损害就诊人身体健康的，处三年以上十年以下有期徒刑，并处罚金；造成就诊人死亡的，处十年以上有期徒刑，并处罚金。

3. 未取得医师执业资格的人擅自为他人进行节育复通手术、假节育手术、终止妊娠手术或者摘取宫内节育器，情节严重的，处三年以下有期徒刑、拘役或者管制，并处或者单处罚金；严重损害就诊人身体健康的，处三年以上十年以下有期徒刑，并处罚金；造成就诊人死亡的，处十年以上有期徒刑，并处罚金。该类刑事责任在《母婴保健法》中也有规定。

4.《执业医师法》还规定，阻碍医师依法执业、侮辱、诽谤、威胁、殴打医师或侵犯医师人身自由，干扰其正常工作、生活的，构成犯罪的，依法追究刑事责任。

第四节　护 士 条 例

一、概述

（一）护士的概念

依据2008年5月12日实施的《护士条例》第二条的规定，护士是指经执业注册取得护士执业证书，依照《护士条例》规定从事护理活动，履行保护生命、减轻痛苦、增进健康职责的卫生技术人员。

1909 年中华护士会正式成立。1914 年第一届全国护士会议在上海召开，会上首次将 nurse 完整地译为中文“护士”。“护”，即保护、养育、爱护、乳母之义；“士”，是指从事此职业的人员必须有专门的学问和科学知识。这一创译得到了大会的通过，自此，护士作为一个职业的从业人员的统称一直沿用至今。1922 年，国际护士大会在日内瓦召开，正式接纳中华护士会为第十一个成员国。为纪念护理学创始人弗洛伦斯·南丁格尔对护理事业发展的贡献，弘扬南丁格尔的人道主义精神，1912 年国际护士理事会将她的诞生日——5 月 12 日定为国际护士节。

在我国，护士是医疗卫生战线的一支重要力量。随着卫生体制的改革，为适应大众卫生保健需要，护士承担的具体工作职责也有所不同，但护士作为一个职业的从业人员，在医疗、预防、保健、康复领域中共同担负着促进健康、预防疾病、恢复健康、减轻痛苦的重要职能。因此，护士的劳动应受社会尊重，护士的执业应受法律保护。

（二）护士执业立法

1860 年，南丁格尔在伦敦圣多马医院创建了第一所护士学校，护理在深度及广度上有了长足的进展，使护理专业走向正规化。受过专业培训的护士也就成为医院里与病人接触最多、时间最长的卫生技术人员。为促进护理事业的发展，提高护理质量，世界各国和有关护士国际组织十分重视护士的道德规范建设和护士管理立法，以法律的形式对护理人员的资格标准、职责范围、教育培训、实践服务等问题予以规定。

护理立法源于 20 世纪初。1903 年美国北卡罗来纳、新泽西等州首先颁布了《护士执业法》，作为护士执业的法律规范。1903 年美国颁布了《护理法》，荷兰于 1921 年颁布了《护理法》，随后，芬兰、意林利、波兰等许多国家也相继颁布了护理法律、法规。在有关国际组织的推动下，护理立法工作得到了很快的进展。1947 年国际护士委员会发表了一系列有关护理立法的专著。1953 年世界卫生组织发表了第一份有关护理立法的研究报告。1968 年国际护士委员会特别成立了一个专家委员会，制定了《系统制定护理法规的参考指导大纲》，为各国护理法必须涉及的内容提供了权威性的指导。1953 年国际护士协会制定了《护士伦理学国际法》，并分别于 1965 年和 1973 年再修订。该规范把护士的基本职责概括为“促进健康，预防疾病，恢复健康和减轻痛苦”4 个方面。

新中国成立后，政府和有关部门十分重视护理队伍的稳定、护理人才的培养和护理质量的提高，先后发布了涉及护士管理方面的法规、规章。1982 年卫生部在发布的《医院工作制度》和《医院工作人员职责》中，规定了护理工作制度和各级各类护士的职责。1988 年卫生部制定了包括护士在内的《医务人员医德规范及其实施办法》。为了加强护士管理，提高护理质量，保障医疗和护理安全，保护护士的合法权益，1993 年 3 月 26 日卫生部颁布了《中华人民共和国护士管理办法》，自 1994 年 1 月 1 日起施行。随着我国护士人才的培养和护士职业的进一步发展，2008 年 1 月 23 日国务院第 206 次常务会议通过《护士条例》，自 2008 年 5 月 12 日起施行，《护士条例》有 6 章 35 个法条。

二、护士执业注册制度

（一）实行护士执业注册制度

《护士条例》第七条明确规定：“护士执业，应当经执业注册取得护士执业证书。”

申请护士执业注册，应当具备下列条件。

1. 具有完全民事行为能力。

2. 在中等职业学校、高等学校完成国务院教育主管部门和国务院卫生主管部门规定的普通全日制3年以上的护理、助产专业课程学习，包括在教学、综合医院完成8个月以上护理临床实习，并取得相应学历证书。

3. 通过国务院卫生主管部门组织的护士执业资格考试。

4. 符合国务院卫生主管部门规定的健康标准。

护士执业注册申请，应当自通过护士执业资格考试之日起3年内提出；逾期提出申请的，除应当具备上述第1、第2和第4项规定条件外，还应当在符合国务院卫生主管部门规定条件的医疗卫生机构接受3个月临床护理培训并考核合格。

护士执业资格考试办法由国务院卫生主管部门会同国务院人事部门制定。

（二）护士执业注册的规定

内容包括申请护士执业注册的程序、执业注册有效期、变更执业地点及注册有效期届满需要申请延续注册。

《护士条例》第八条规定：申请护士执业注册的，应当向拟执业地省、自治区、直辖市人民政府卫生主管部门提出申请。收到申请的卫生主管部门应当自收到申请之日起20个工作日内作出决定，对具备本条例规定条件的，准予注册，并发给护士执业证书；对不具备本条例规定条件的，不予注册，并书面说明理由。

《护士条例》第八条第二款规定：护士执业注册有效期为5年。

《护士条例》第九条规定：“护士在其执业注册有效期内变更执业地点的，应当向拟执业地省、自治区、直辖市人民政府卫生主管部门报告。收到报告的卫生主管部门应当自收到报告之日起7个工作日内为其办理变更手续。护士跨省、自治区、直辖市变更执业地点的，收到报告的卫生主管部门还应当向其原执业地省、自治区、直辖市人民政府卫生主管部门通报。”

《护士条例》第十条规定：“护士执业注册有效期届满需要继续执业的，应当在护士执业注册有效期届满前30日向执业地省、自治区、直辖市人民政府卫生主管部门申请延续注册。收到申请的卫生主管部门对具备本条例规定条件的，准予延续，延续执业注册有效期为5年；对不具备本条例规定条件的，不予延续，并书面说明理由。”

（三）护士执业注册的注销

《护士条例》第十条第二款规定：“护士有行政许可法规定的应当予以注销执业注册情形的，原注册部门应当依照行政许可法的规定注销其执业注册。”

（四）护士执业信息记录

《护士条例》第十一条规定：“县级以上地方人民政府卫生主管部门应当建立本行政区域的护士执业良好记录和不良记录，并将该记录记入护士执业信息系统。护士执业良好记录包括护士受到的表彰、奖励以及完成政府指令性任务的情况等内容。护士执业不良记录包括护士因违反本条例以及其他卫生管理法律、法规、规章或者诊疗技术规范的规定受到行政处罚、处分的情况等内容。”

三、护士执业资格考试制度

《护士条例》第七条明确规定：申请护士执业注册，应当通过国务院卫生主管部门组织的护士执业资格考试；护士执业资格考试办法由国务院卫生主管部门会同国务院人事部门制定。由此卫生部和人力资源社会保障部制定《护士执业资格考试办法》已经卫生部部务会、人力资源社会保障部部务会审议通过，并已经国务院同意，自 2010 年 7 月 1 日起施行。

（一）确定护士执业资格考试制度

《护士执业资格考试办法》（以下简称《考试办法》）第三条明确规定护士执业资格考试实行国家统一考试制度。统一考试大纲，统一命题，统一合格标准。

护士执业资格考试原则上每年举行一次，具体考试日期在举行考试 3 个月前向社会公布。

《考试办法》第四条：护士执业资格考试包括专业实务和实践能力两个科目。一次考试通过两个科目为考试成绩合格。为加强对考生实践能力的考核，原则上采用“人机对话”考试方式进行。

《考试办法》第五条：护士执业资格考试遵循公平、公开、公正的原则。

（二）考试报名的程序及提交相应材料

《考试办法》第十三条：申请参加护士执业资格考试的人员，应当在公告规定的期限内报名，并提交以下材料。

1. 护士执业资格考试报名申请表。
2. 本人身份证明。
3. 近 6 个月 2 寸免冠正面半身照片 3 张。
4. 本人毕业证书。
5. 报考所需的其他材料。

申请人为在校应届毕业生的。应当持有所在学校出具的应届毕业生毕业证明，到学校所在地的考点报名。学校可以为本校应届毕业生办理集体报名手续。

申请人为非应届毕业生的，可以选择到人事档案所在地报名。

（三）成绩的发布

《考试办法》第十五条：护士执业资格考试成绩于考试结束后 45 个工作日内公布。考生成绩单由报名考点发给考生。

《考试办法》第十六条：考试成绩合格者，取得考试成绩合格证明，作为申请护士执业注册的有效证明。

四、护士执业

（一）护士执业权利

护士条例规定，护士的执业权利受法律保护，全社会应当尊重护士。护士依法履行职责的权利受法律保护，任何单位和个人不得侵犯。

1. 人格尊严权、生命健康权受保护 《护士条例》第三条：护士人格尊严、人身安全不受侵犯。护士依法履行职责，受法律保护。全社会应当尊重护士。

2. 劳动报酬和保护权

《护士条例》第十二条：护士执业，有按照国家有关规定获取工资报酬、享受福利待遇、参加社会保险的权利。任何单位或者个人不得克扣护士工资，降低或者取消护士福利等待遇。

《护士条例》第十三条：护士执业，有获得与其所从事的护理工作相适应的卫生防护、医疗保健服务的权利。从事直接接触有毒有害物质、有感染传染病危险工作的护士，有依照有关法律、行政法规的规定接受职业健康监护的权利；患职业病的，有依照有关法律、行政法规的规定获得赔偿的权利。

3. 职务、职称晋升的权利和参加专业培训、从事学术研究和交流、参加行业协会和专业学术团体的权利。

《护士条例》第十四条：护士有按照国家有关规定获得与本人业务能力和学术水平相应的专业技术职务、职称的权利；有参加专业培训、从事学术研究和交流、参加行业协会和专业学术团体的权利。

4. 获得疾病诊疗、护理相关信息的权利和其他与履行护理职责相关的权利。

《护士条例》第十五条：护士有获得疾病诊疗、护理相关信息的权利和其他与履行护理职责相关的权利，可以对医疗卫生机构和卫生主管部门的工作提出意见和建议。

（二）护士执业规则（义务）

护士条例规定，护士在执业过程中必须遵守如下执业规则。

1. 遵守法律、法规、规章和诊疗技术规范的义务。

《护士条例》第十六条：护士执业，应当遵守法律、法规、规章和诊疗技术规范的规定。

2. 患者病情危急通知医师的义务和实施必要的紧急救护的义务。

《护士条例》第十七条：护士在执业活动中，发现患者病情危急，应当立即通知医师；在紧急情况下为抢救垂危患者生命，应当先行实施必要的紧急救护。护士发现医嘱违反法律、法规、规章或者诊疗技术规范规定的，应当及时向开具医嘱的医师提出；必要时，应当向该医师所在科室的负责人或者医疗卫生机构负责医疗服务管理的人员报告。

3. 尊重、关心、爱护患者，保护患者的隐私。

《护士条例》第十八条：护士应当尊重、关心、爱护患者，保护患者的隐私。

4. 参与公共卫生和疾病预防控制工作的义务。

《护士条例》第十九条：护士有义务参与公共卫生和疾病预防控制工作。发生自然灾害、公共卫生事件等严重威胁公众生命健康的突发事件，护士应当服从县级以上人民政府卫生主管部门或者所在医疗卫生机构的安排，参加医疗救护。

五、法律责任

（一）卫生主管部门的工作人员

1. 行政责任 《护士条例》第二十七条规定卫生主管部门的工作人员未依照本条例

规定履行职责，在护士监督管理工作中滥用职权、徇私舞弊，或者有其他失职、渎职行为的，依法给予处分。

2. 刑事责任　《护士条例》第二十七条规定卫生主管部门的工作人员未依照本条例规定履行职责，在护士监督管理工作中滥用职权、徇私舞弊，或者有其他失职、渎职行为的，构成犯罪的，依法追究刑事责任。

（二）医疗机构

1.《护士条例》第二十八条规定：医疗卫生机构有下列情形之一的，由县级以上地方人民政府卫生主管部门依据职责分工责令限期改正，给予警告；逾期不改正的，根据国务院卫生主管部门规定的护士配备标准和在医疗卫生机构合法执业的护士数量核减其诊疗科目，或者暂停其6个月以上1年以下执业活动；国家举办的医疗卫生机构有下列情形之一、情节严重的，还应当对负有责任的主管人员和其他直接责任人员依法给予处分。

（1）违反本条例规定，护士的配备数量低于国务院卫生主管部门规定的护士配备标准的。

（2）允许未取得护士执业证书的人员或者允许未依照本条例规定办理执业地点变更手续、延续执业注册有效期的护士在本机构从事诊疗技术规范规定的护理活动的。

2.《护士条例》第二十九条规定：医疗卫生机构有下列情形之一的，依照有关法律、行政法规的规定给予处罚；国家举办的医疗卫生机构有下列情形之一、情节严重的，还应当对负有责任的主管人员和其他直接责任人员依法给予处分。

（1）未执行国家有关工资、福利待遇等规定的。

（2）对在本机构从事护理工作的护士，未按照国家有关规定足额缴纳社会保险费用的。

（3）未为护士提供卫生防护用品，或者未采取有效的卫生防护措施、医疗保健措施的。

（4）对在艰苦边远地区工作，或者从事直接接触有毒有害物质、有感染传染病危险工作的护士，未按照国家有关规定给予津贴的。

3.《护士条例》第三十条规定：医疗卫生机构有下列情形之一的，由县级以上地方人民政府卫生主管部门依据职责分工责令限期改正，给予警告。

（1）未制定、实施本机构护士在职培训计划或者未保证护士接受培训的。

（2）未依照本条例规定履行护士管理职责的。

（三）执业护士

1. 行政责任　《护士条例》第三十一条：护士在执业活动中有下列情形之一的，由县级以上地方人民政府卫生主管部门依据职责分工责令改正，给予警告；情节严重的，暂停其6个月以上1年以下执业活动，直至由原发证部门吊销其护士执业证书。

（1）发现患者病情危急未立即通知医师的。

（2）发现医嘱违反法律、法规、规章或者诊疗技术规范的规定，未依照《护士条例》第十七条的规定提出或者报告的。

（3）泄露患者隐私的。

（4）发生自然灾害、公共卫生事件等严重威胁公众生命健康的突发事件，不服从安排参加医疗救护的。

护士在执业活动中造成医疗事故的，依照医疗事故处理的有关规定承担法律责任。

护士被吊销执业证书的，自执业证书被吊销之日起 2 年内不得申请执业注册。

2. 刑事责任　《护士条例》第三十一条第二款规定：护士在执业活动中造成医疗事故的，依照医疗事故处理的有关规定承担法律责任。如果符合《刑法》第一百三十五条的规定："医务人员由于严重不负责任，造成就诊人死亡或者严重损害就诊人身体健康的，处三年以下期徒刑或者拘役"，依刑法承担刑事责任。

（四）其他主体

《护士条例》第三十三条：扰乱医疗秩序，阻碍护士依法开展执业活动，侮辱、威胁、殴打护士，或者有其他侵犯护士合法权益行为的，由公安机关依照治安管理处罚法的规定给予处罚；构成犯罪的，依法追究刑事责任。

第五节　医患关系概述

一、医患关系的概念

狭义的医患关系是指患者与医院形成的医与被医的关系（医疗关系）。

广义的医患关系具有综合性，医疗行为只是其中必不可少的一项内容，医疗服务还可包括为患者及其家属提供饮食、药品售卖、医疗器械、娱乐等内容。

严格地说医患关系中的医方是指医疗机构，但按《条例》则是医疗机构及其医务人员。患者是指患者本人或患者家属。

二、医患关系的法律属性

医患双方在提供和接受医疗服务的过程中到底是一种什么性质的法律关系？这个问题在理论上一直存在争论。

医患关系的法律属性直接决定了医疗纠纷的归责和赔偿原则，也决定了医疗纠纷的处理模式，因此，对于医事法律而言，医患关系的法律属性是一个重大的原则问题。

（一）国内学术界有 4 种观点

1. 医患关系属于民事法律关系，医患关系应由民法调整，有"侵权行为说"、"医疗合同说"。

以中国社会科学院法学研究所梁慧星为代表的民法学家从医患双方的地位、权利、义务出发进行分析，认为医患关系应该是民事法律关系。

因为，医患关系的双方当事人均为民事主体（医疗机构多为法人组织，患者为自然人），其法律地位平等；除强制治疗关系外，医患关系的建立、变更或终止以及医患关系中权利义务的确定，医疗纠纷的处理，实行当事人意思自治；医患关系中的权利义务属于民事权利和民事义务，医患关系一旦形成，患者有请求医疗机构提供诊疗服务的权利，医疗机构则有请求患者方支付医疗费用的权利。此外，在医疗过程中，还会涉及患者的人身权（如生命健康权、身体权、隐私权等）的保护问题，这些民事权利也可构成医患关系的内容。

医患关系中，医患双方就医学知识的掌握而言肯定是不平等的，但是否知识和技术上的不平等就必然带来法律地位上的不平等呢?

答案自然是否定的。可以说在民事法律关系中,当事人在知识和技术上的不对等性乃是一种常态,但是不能因此而认为当事人在法律地位上是不平等的。如果当事人一方利用自己在知识和技术上的优越地位而主张其在法律地位上的优越性,是法律所不容许的。正是由于医生掌握了医疗技术,为患者提供医疗服务,患者给付一定的金钱购买这种服务,双方是一种典型的医疗服务合同关系。虽然在治疗过程中,患者相对处于被动接受的地位,但并不能因此而否认双方法律地位的平等性。

医患双方存在着非自愿的情况,不符合民法上的自愿原则。理由:医院是否如病人一样有选择病人的自由呢?

答案当然是否定的。其实,医院是有一定的选择权的。如果医院设置的治疗科目均不符合治疗病人的疾病,医院是有权拒绝为其治疗的;或者病人提出较高的治疗要求而医院的能力根本不能达到,医院也是有权予以拒绝的。但医院不能拒绝治疗那些符合其治疗科目的正常的求医病人。这正如商场不能随意拒绝消费者购物,饭店不能随意拒绝客人吃饭的道理一样,医院在正常的营业时间里,就是一个确定的要约人(这时候它是自愿发出要约的),其要约的对象是符合其设置的治疗科目的不确定的病人。病人在挂号后(或作出其他相应行为),就是作出了接受要约的承诺。医患双方的权利义务关系就此产生。此时,若医院享有随意拒绝治疗病人的权利,则说明它只享有权利而不承担义务,或者说是没有承担与其所享有权利对等的义务,这恰恰违背了《民法》的基本原则。因此,说医患双方的关系在其成立过程中是完全符合民法的平等自愿原则的。

一般情况下,施行何种治疗方案与是否接受治疗,病人并未丧失他(她)的自愿权,医院也没有权利仅根据自己的判断擅自对病人施行某种治疗方案。医院在作出自己的判断、采取措施前通常都会征询病人或其家属的意见。医院在施行某种治疗方案时,要么有病人或其家属的明示授权,如手术前的家属签字;要么就是可以推定病人以默示的方式认可。这往往是由长期的习惯形成的。显然,这一过程中也不存在一方享有凌驾于另一方之上的优势的情况。

如何理解医患关系的等价有偿呢?

等价有偿的提法,从立法的本意来理解,应是指权利与义务的对等性及其价值的相当性。医院负有救治病人的义务与其享有的获得报酬的权利是对应的,其价值应该是相当的;病人因被救治获得的健康甚至生命与其付出的金钱虽然不可以划等号,但从整个社会的角度讲,医院与病人之间的利益是平衡的,双方的权利义务是符合等价有偿的原则的。不能忽视的是,计划经济体制下,我国实行的城市居民享受公费医疗的福利制度(相对于我国的总人口来说,其覆盖面过于狭窄),由于存在严重的局限性正面临着急迫的改革,其走向市场的前景是不容怀疑的。那种由于国家给予了福利支持就否定医患关系的等价有偿性的观点是片面的、缺乏前瞻性的认识。

2. 医患关系属于行政法法律关系。

这种学说为我国国内的众多学者所持有,此观点主要是基于新中国成立以来我国医疗卫生长期实行计划体制,医院经费靠财政维系,医疗费用的低廉使得医院承担医疗风险的能力很低,医患双方并非完全意义上的契约关系,医生是向医院负责而不是对患者负责。即主张多数医疗机构均是政府实行一定的补贴并严格限制服务价格的公立非营利性机构，其福利色彩较浓，医疗机构不是一般意义上的经营者，医患关系应由行政法予以调整。

3. 医患关系不具有民事法律关系的主体平等、双方自愿、等价有偿三个基本特征，不属民事法律关系，因此，医患关系不应由民法调整。

而众多卫生法学界人士对于医患关系的法律性质提出不同的观点，认为"在医患关系中，由于患者对于医学知识的缺乏，治疗方案完全由医生单方面制定和实施，患者仅仅是处于被动接受的地位……"因而，"完全不符合民法的平等、自愿原则"。因此，双方的法律地位并不平等，医患关系不是民事法律关系，医患关系不应受民法调整，而应由《医疗事故处理条例》为代表的卫生法来调整。

4. 医患关系属于消费关系。

2000 年 10 月 29 日，浙江省人大常委会修订的《浙江省实施〈中华人民共和国消费者权益保护法〉办法》第二十五条、第二十六条规定了患者的知情权、隐私权及医疗机构诊疗过错造成患者人身伤害的民事责任，明确把医患关系纳入消费者保护法的调整范围。

浙江省某市中级法院适用《消费者权益保护法》(以下简称消法)对一起医疗纠纷作出终审判决。判决认为医患关系属于消费关系，患者也为消费者。

《福建省实施〈中华人民共和国消费者权益保护法〉办法》更是明确地把医患纠纷纳入消费者保护法的领域，该办法规定，经营者从事医疗服务的，应保证消费者的人身安全，造成损失的应给以赔偿；医疗机构应当尊重患者的知情权，患者有权查阅、复印医疗文书；医疗机构提供诊疗服务，因使用不合格药品、违反诊疗护理规范等造成患者人身伤害的，应承担民事责任。

在司法实践中，引人瞩目的是，四川省某市中级人民法院为了规范辖区内的司法裁判，出台了《关于审理医疗损害赔偿案件的若干意见(试行)》，规定"医疗损害赔偿案件适用法律的顺序是：①法律，即《民法通则》、《合同法》、《消费者权益保护法》等；②法规，即《医疗事故处理办法》；③规章及规范性文件，如卫生行政部门关于处理医疗纠纷及医疗管理的规范性文件"。把医疗纠纷纳入消费者保护法调整的领域，尽管这一意见由于后来的司法解释而失效，但它代表的就是这种医患关系属于消费关系的观点。

反对医患关系属于消费关系的理由：

首先，从医患关系的主体来看，医疗机构不是经营者，相应的患者也不是消费者。

其次，医患关系也不符合消费关系中的等价交换原则。

最后，患者接受的医疗服务内容及效果具有不确定性。

医患关系不同于消费关系，而是一种特殊的民事关系。消费关系中，经营者提供商品或服务以获得利润，消费者与经营者的利益在本质上是对立的。而医患关系中，医生运用所掌握的知识和技能为患者解除痛苦，实现自身对社会的责任和贡献，同时满足患者对健康的需求。因此，医患双方所追求的利益是一致的。

(二) 医患法律关系的定性

1. 从狭义的医患关系来看，由于患者对于医学知识的缺乏，治疗方案主要由医方单方面制订和实施，患者多数是处于被动接受的地位，而且医方的医疗行为很多置于"公权力"的制约下，民法的平等、自愿原则在此确实值得商讨。因此，狭义的医患关系不应受民法调整，而应由《医疗事故处理条例》为代表的医事法来调整，属于医事法律关系。

但应加快医事法的立法。医事法的体系、制度缺陷使这一性质难以完整体现。

2. 在当前情况下，可将医患关系定性为一种特殊民事关系，它表现医患之间的权利义务关系。

当前情况主要是指在当前医事法的体系、制度缺陷使医事法律关系这一性质难以完整体现的情况下。

2001 年 12 月 6 日最高人民法院审判委员会第 1 201 次会议通过的《最高人民法院关于民事诉讼证据的若干规定》第四条规定："下列侵权诉讼按照以下规定承担举证责任：……(八)因医疗行为引起的侵权诉讼，由医疗机构就医疗行为与损害结果之间不存在因果关系及不存在医疗过错承担举证责任"，可以看出就是将医患关系定性为民事关系的，2010 年 7 月 1 日开始实施的《侵权责任法》，实际上也是这样来定性的。

3. 从广义的医患关系来看，其具有综合性，医疗行为只是其中必不可少的一项内容，医疗服务还可包括为患者及其家属提供饮食、药品售卖、医疗器械、娱乐等内容。

基于以治疗疾病为目的的医疗行为而形成的医患关系不能等同于消费关系。但是，并不排除在医疗服务的某些相关领域里，存在着消费者保护法适用的可能。

例如，医疗机构提供的医疗器械和药品，是经过医疗器械和药品生产厂家加工、制作并销售给医疗机构的产品，患者在医疗机构购买医疗器械和药品时，与医疗机构之间形成买卖合同关系，生产厂家、医疗机构与患者之间是医疗器械、药品的生产者、销售者及消费者的关系。医疗器械的生产、销售活动应当适用《产品质量法》，如果存在质量问题，造成患者人身及财产损害的，依照《产品质量法》第三十一条规定，患者可以向医疗器械生产厂家要求赔偿，也可以向销售者即医疗机构要求赔偿。药品质量问题还可以适用《药品管理法》。在这些情况下，都有适用消费者保护法的可能。另外，患者家属在陪护患者期间因饮食及娱乐消费需求而使用了医疗机构提供的服务，应属于为生活需要而接受医疗机构的服务，则完全可以适用消费者保护法。

第六节　医患关系发展新趋向

研究医患关系发展的新趋向，有利于在医疗体制改革过程中注重社会发展的趋势，顺势而为，构建合理的体制和制度，研究医患关系发展的新趋向，也有利于改善医患关系的措施更具针对性。

一、重视经济的趋向

加强医疗机构的经济管理，不同级别医院将有不同收费标准，患者有权选择医院就医，经济成为患者合理分流的重要因素。

二、需求多元化趋向

人们价值观念的多元化倾向也反映在医患关系上。医方要求病人主动配合，共同参与诊治；病人对医疗保健要求则有层次、档次上的差别，有的仅需要最基本的医疗服务，有的则要求高级别、知名专家甚至特需服务。

三、法制化趋向

医患双方有各自的权利与义务，当双方权益发生矛盾、冲突时，需要作出调解，保护彼此正当、合法权益。医患关系的调节方式主要依靠道德，而当医患关系的道德规范上升到法制化时，社会生活、医疗秩序就更加完善。高新技术广泛应用于临床，不仅促进了法律观念的更新，而且给卫生立法提供了物质基础和思想基础。

四、自主权利意识增强的趋向

医患双方都十分珍视各自的权益，患者选择医方让患者充分行使对医疗服务的选择权，是调整医患关系的重大改革，标志着医患关系在新形势下跨入崭新阶段。

五、心理需求显现趋向

随着医学模式的转化，医方在诊治上更需要了解患者心理需要和心理问题，重视心理指导和心理治疗。另外，医生工作劳累，竞争激烈，还要承受一定职业风险，加之患者和社会对医务人员要求愈来愈高，医生也希望患者从心理上理解和支持他们的工作，建立融洽的医患关系。

附一

医疗机构管理条例

第一章　总　　则

第一条　为了加强对医疗机构的管理，促进医疗卫生事业的发展，保障公民健康，制定本条例。

第二条　本条例适用于从事疾病诊断、治疗活动的医院、卫生院、疗养院、门诊部、诊所、卫生所（室）以及急救站等医疗机构。

第三条　医疗机构以救死扶伤，防病治病，为公民的健康服务为宗旨。

第四条　国家扶持医疗机构的发展，鼓励多种形式兴办医疗机构。

第五条　国务院卫生行政部门负责全国医疗机构的监督管理工作。

县级以上地方人民政府卫生行政部门负责本行政区域内医疗机构的监督管理工作。

中国人民解放军卫生主管部门依照本条例和国家有关规定，对军队的医疗机构实施监督管理。

第二章　规划布局和设置审批

第六条　县级以上地方人民政府卫生行政部门应当根据本行政区域内的人口、医疗资源、医疗需求和现有医疗机构的分布状况，制定本行政区域医疗机构设置规划。

机关、企业和事业单位可以根据需要设置医疗机构，并纳入当地医疗机构的设置规划。

第七条　县级以上地方人民政府应当把医疗机构设置规划纳入当地的区域卫生发展规划和城乡建设发展总体规划。

第八条　设置医疗机构应当符合医疗机构设置规划和医疗机构基本标准。

医疗机构基本标准由国务院卫生行政部门制定。

第九条　单位或者个人设置医疗机构，必须经县级以上地方人民政府卫生行政部门审查批准，并取得设置医疗机构批准书，方可向有关部门办理其他手续。

第十条　申请设置医疗机构，应当提交下列文件：

（一）设置申请书；

（二）设置可行性研究报告；

（三）选址报告和建筑设计平面图。

第十一条　单位或者个人设置医疗机构，应当按照以下规定提出设置申请：

（一）不设床位或者床位不满100张的医疗机构，向所在地的县级人民政府卫生行政部门申请；

（二）床位在100张以上的医疗机构和专科医院按照省级人民政府卫生行政部门的规定申请。

第十二条　县级以上地方人民政府卫生行政部门应当自受理设置申请之日起30日内，作出批准或者不批准的书面答复；批准设置的，发给设置医疗机构批准书。

第十三条　国家统一规划的医疗机构的设置，由国务院卫生行政部门决定。

第十四条　机关、企业和事业单位按照国家医疗机构基本标准设置为内部职工服务的门诊部、诊所、卫生所（室），报所在地的县级人民政府卫生行政部门备案。

第三章　登　　记

第十五条　医疗机构执业，必须进行登记，领取《医疗机构执业许可证》。

第十六条　申请医疗机构执业登记，应当具备下列条件：

（一）有设置医疗机构批准书；

（二）符合医疗机构的基本标准；

（三）有适合的名称、组织机构和场所；

（四）有与其开展的业务相适应的经费、设施、设备和专业卫生技术人员；

（五）有相应的规章制度；

（六）能够独立承担民事责任。

第十七条　医疗机构的执业登记，由批准其设置的人民政府卫生行政部门办理。

按照本条例第十三条规定设置的医疗机构的执业登记，由所在地的省、自治区、直辖市人民政府卫生行政部门办理。

机关、企业和事业单位设置的为内部职工服务的门诊部、诊所、卫生所（室）的执业登记，由所在地的县级人民政府卫生行政部门办理。

第十八条　医疗机构执业登记的主要事项：

（一）名称、地址、主要负责人；

（二）所有制形式；

（三）诊疗科目、床位；

（四）注册资金。

第十九条　县级以上地方人民政府卫生行政部门自受理执业登记申请之日起45日内，根据本条例和医疗机构基本标准进行审核。审核合格的，予以登记，发给《医疗机构执业许可证》；审核不合格的，将审核结果以书面形式通知申请人。

第二十条　医疗机构改变名称、场所、主要负责人、诊疗科目、床位，必须向原登记机关办理变更登记。

第二十一条　医疗机构歇业，必须向原登记机关办理注销登记。经登记机关核准后，收缴《医疗机构执业许可证》。

医疗机构非因改建、扩建、迁建原因停业超过1年的，视为歇业。

第二十二条　床位不满100张的医疗机构，其《医疗机构执业许可证》每年校验1次；床位在100张以上的医疗机构，其《医疗机构执业许可证》每3年校验1次。校验由原登记机关办理。

第二十三条　《医疗机构执业许可证》不得伪造、涂改、出卖、转让、出借。

《医疗机构执业许可证》遗失的，应当及时申明，并向原登记机关申请补发。

第四章　执　　业

第二十四条　任何单位或者个人，未取得《医疗机构执业许可证》，不得开展诊疗活动。

第二十五条　医疗机构执业，必须遵守有关法律、法规和医疗技术规范。

第二十六条　医疗机构必须将《医疗机构执业许可证》、诊疗科目、诊疗时间和收费标准悬挂于明显处所。

第二十七条　医疗机构必须按照核准登记的诊疗科目开展诊疗活动。

第二十八条　医疗机构不得使用非卫生技术人员从事医疗卫生技术工作。

第二十九条　医疗机构应当加强对医务人员的医德教育。

第三十条　医疗机构工作人员上岗工作，必须佩带载有本人姓名、职务或者职称的标牌。

第三十一条　医疗机构对危重病人应当立即抢救。对限于设备或者技术条件不能诊治的病人，应当及时转诊。

第三十二条　未经医师（士）亲自诊查病人，医疗机构不得出具疾病诊断书、健康证明书或者死亡证明书等证明文件；未经医师（士）、助产人员亲自接产，医疗机构不得出具出生证明书或者死产报告书。

第三十三条　医疗机构施行手术、特殊检查或者特殊治疗时，必须征得患者同意，并应当取得其家属或者关系人同意并签字；无法取得患者意见时，应当取得家属或者关系人同意并签字；无法取得患者意见又无家属或者关系人在场，或者遇到其他特殊情况时，经治医师应当提出医疗处置方案，在取得医疗机构负责人或者被授权负责人员的批准后实施。

第三十四条　医疗机构发生医疗事故，按照国家有关规定处理。

第三十五条　医疗机构对传染病、精神病、职业病等患者的特殊诊治和处理，应当按照国家有关法律、法规的规定办理。

第三十六条　医疗机构必须按照有关药品管理的法律、法规，加强药品管理。

第三十七条　医疗机构必须按照人民政府或者物价部门的有关规定收取医疗费用，详列细项，并出具收据。

第三十八条　医疗机构必须承担相应的预防保健工作，承担县级以上人民政府卫生行政部门委托的支援农村、指导基层医疗卫生工作等任务。

第三十九条　发生重大灾害、事故、疾病流行或者其他意外情况时，医疗机构及其卫生技术人员必须服从县级以上人民政府卫生行政部门的调遣。

第五章　监 督 管 理

第四十条　县级以上人民政府卫生行政部门行使下列监督管理职权：

（一）负责医疗机构的设置审批、执业登记和校验；

（二）对医疗机构的执业活动进行检查指导；

（三）负责组织对医疗机构的评审；

（四）对违反本条例的行为给予处罚。

第四十一条　国家实行医疗机构评审制度，由专家组成的评审委员会按照医疗机构评审办法和评审标准，对医疗机构的执业活动、医疗服务质量等进行综合评价。

医疗机构评审办法和评审标准由国务院卫生行政部门制定。

第四十二条　县级以上地方人民政府卫生行政部门负责组织本行政区域医疗机构评审委员会。

医疗机构评审委员会由医院管理、医学教育、医疗、医技、护理和财务等有关专家组成。评审委员会成员由县级以上地方人民政府卫生行政部门聘任。

第四十三条　县级以上地方人民政府卫生行政部门根据评审委员会的评审意见，对达到评审标准的医疗机构，发给评审合格证书；对未达到评审标准的医疗机构，提出处理意见。

第六章　罚　　则

第四十四条　违反本条例第二十四条规定，未取得《医疗机构执业许可证》擅自执业的，由县级以上人民政府卫生行政部门责令其停止执业活动，没收非法所得和药品、器械，并可以根据情节处以1万元以下的罚款。

第四十五条　违反本条例第二十二条规定，逾期不校验《医疗机构执业许可证》仍从事诊疗活动的，由县级以上人民政府卫生行政部门责令其限期补办校验手续；拒不校验的，吊销其《医疗机构执业许可证》。

第四十六条　违反本条例第二十三条规定，出卖、转让、出借《医疗机构执业许可证》的，由县级以上人民政府卫生行政部门没收非法所得，并可以处以5 000元以下的罚款；情节严重的，吊销其《医疗机构执业许可证》。

第四十七条　违反本条例第二十七条规定，诊疗活动超出登记范围的，由县级以上人民政府卫生行政部门予以警告、责令其改正，并可以根据情节处以3 000元以下的罚款；情节严重的，吊销其《医疗机构执业许可证》。

第四十八条　违反本条例第二十八条规定，使用非卫生技术人员从事医疗卫生技术工作的，由县级以上人民政府卫生行政部门责令其限期改正，并可以处以5 000元以下的罚款；情节严重的，吊销其《医疗机构执业许可证》。

第四十九条　违反本条例第三十二条规定，出具虚假证明文件的，由县级以上人民政府卫生行政部门予以警告；对造成危害后果的，可以处以1 000元以下的罚款；对直接责任人员由所在单位或者上级机关给予行政处分。

第五十条　没收的财物和罚款全部上交国库。

第五十一条　当事人对行政处罚决定不服的，可以依照国家法律、法规的规定申请行政复议或者提起行政诉讼。当事人对罚款及没收药品、器械的处罚决定未在法定期限内申请复议或者提起诉讼又不履行的，县级以上人民政府卫生行政部门可以申请人民法院强制执行。

第七章　附　　则

第五十二条　本条例实施前已经执业的医疗机构，应当在条例实施后的6个月内，按照本条例第三章的规定，补办登记手续，领取《医疗机构执业许可证》。

第五十三条　外国人在中华人民共和国境内开设医疗机构及香港、澳门、台湾居民在内地开设医疗机构的管理办法，由国务院卫生行政部门另行制定。

第五十四条　本条例由国务院卫生行政部门负责解释。

第五十五条　本条例自1994年9月1日起施行。1951年政务院批准发布的《医院诊所管理暂行条例》同时废止。

附二

中华人民共和国执业医师法

第一章　总　　则

第一条　为了加强医师队伍的建设，提高医师的职业道德和业务素质，保障医师的合法权益，保护人民健康，制定本法。

第二条　依法取得执业医师资格或者执业助理医师资格，经注册在医疗、预防、保健机构中执业的专业医务人员，适用本法。

本法所称医师，包括执业医师和执业助理医师。

第三条　医师应当具备良好的职业道德和医疗执业水平，发扬人道主义精神，履行防病治病、救死扶伤、保护人民健康的神圣职责。

全社会应当尊重医师。医师依法履行职责，受法律保护。

第四条　国务院卫生行政部门主管全国的医师工作。

县级以上地方人民政府卫生行政部门负责管理本行政区域内的医师工作。

第五条　国家对在医疗、预防、保健工作中作出贡献的医师，给予奖励。

第六条　医师的医学专业技术职称和医学专业技术职务的评定、聘任，按照国家有关规定办理。

第七条　医师可以依法组织和参加医师协会。

第二章　考试和注册

第八条　国家实行医师资格考试制度。医师资格考试分为执业医师资格考试和执业助理医师资格考试。

医师资格统一考试的办法，由国务院卫生行政部门制定。医师资格考试由省级以上人民政府卫生行政部门组织实施。

第九条　具有下列条件之一的，可以参加执业医师资格考试：

（一）具有高等学校医学专业本科以上学历，在执业医师指导下，在医疗、预防、保健机构中试用期满一年的；

（二）取得执业助理医师执业证书后，具有高等学校医学专科学历，在医疗、预防、保健机构中工作满二年的；具有中等专业学校医学专业学历，在医疗、预防、保健机构中工作满五年的。

第十条　具有高等学校医学专科学历或者中等专业学校医学专业学历，在执业医师指导下，在医疗、预防、保健机构中试用期满一年的，可以参加执业助理医师资格考试。

第十一条　以师承方式学习传统医学满三年或者经多年实践医术确有专长的，经县级以上人民政府卫生行政部门确定的传统医学专业组织或者医疗、预防、保健机构考核合格并推荐，可以参加执业医师资格或者执业助理医师资格考试。考试的内容和办法由国务院卫生行政部门另行制定。

第十二条　医师资格考试成绩合格，取得执业医师资格或者执业助理医师资格。

第十三条　国家实行医师执业注册制度。

取得医师资格的，可以向所在地县级以上人民政府卫生行政部门申请注册。

除有本法第十五条规定的情形外，受理申请的卫生行政部门应当自收到申请之日起三十日内准予注册，并发给由国务院卫生行政部门统一印制的医师执业证书。

医疗、预防、保健机构可以为本机构中的医师集体办理注册手续。

第十四条　医师经注册后，可以在医疗、预防、保健机构中按照注册的执业地点、执业类别、执业范围执业，从事相应的医疗、预防、保健业务。

未经医师注册取得执业证书，不得从事医师执业活动。

第十五条　有下列情形之一的，不予注册：

（一）不具有完全民事行为能力的；

（二）因受刑事处罚，自刑罚执行完毕之日起至申请注册之日止不满二年的；

（三）受吊销医师执业证书行政处罚，自处罚决定之日起至申请注册之日止不满二年的；

（四）有国务院卫生行政部门规定不宜从事医疗、预防、保健业务的其他情形的。

受理申请的卫生行政部门对不符合条件不予注册的，应当自收到申请之日起三十日内书面通知申请人，并说明理由。申请人有异议的，可以自收到通知之日起十五日内，依法申请复议或者向人民法院提起诉讼。

第十六条　医师注册后有下列情形之一的，其所在的医疗、预防、保健机构应当在三十日内报告准予注册的卫生行政部门，卫生行政部门应当注销注册，收回医师执业证书：

（一）死亡或者被宣告失踪的；

（二）受刑事处罚的；

（三）受吊销医师执业证书行政处罚的；

（四）依照本法第三十一条规定暂停执业活动期满，再次考核仍不合格的；

（五）中止医师执业活动满二年的；

（六）有国务院卫生行政部门规定不宜从事医疗、预防、保健业务的其他情形的。

被注销注册的当事人有异议的，可以自收到注销注册通知之日起十五日内，依法申请复议或者向人民法院提起诉讼。

第十七条　医师变更执业地点、执业类别、执业范围等注册事项的，应当到准予注册的卫生行政部门依照本法第十三条的规定办理变更注册手续。

第十八条　中止医师执业活动二年以上以及有本法第十五条规定情形消失的，申请重新执业，应当由本法第三十一条规定的机构考核合格，并依照本法第十三条的规定重新注册。

第十九条　申请个体行医的执业医师，须经注册后在医疗、预防、保健机构中执业满五年，并按照国家有关规定办理审批手续；未经批准，不得行医。

县级以上地方人民政府卫生行政部门对个体行医的医师，应当按照国务院卫生行政部门的规定，经常监督检查，凡发现有本法第十六条规定的情形的，应当及时注销注册，收回医师执业证书。

第二十条　县级以上地方人民政府卫生行政部门应当将准予注册和注销注册的人员名单予以公告，并由省级人民政府卫生行政部门汇总，报国务院卫生行政部门备案。

第三章　执业规则

第二十一条　医师在执业活动中享有下列权利：

（一）在注册的执业范围内，进行医学诊查、疾病调查、医学处置、出具相应的医学证明文件，选择合理的医疗、预防、保健方案；

（二）按照国务院卫生行政部门规定的标准，获得与本人执业活动相当的医疗设备基本条件；

（三）从事医学研究、学术交流，参加专业学术团体；

（四）参加专业培训，接受继续医学教育；

（五）在执业活动中，人格尊严、人身安全不受侵犯；

（六）获取工资报酬和津贴，享受国家规定的福利待遇；

（七）对所在机构的医疗、预防、保健工作和卫生行政部门的工作提出意见和建议，依法参与所在机构的民主管理。

第二十二条　医师在执业活动中履行下列义务：

（一）遵守法律、法规，遵守技术操作规范；

（二）树立敬业精神，遵守职业道德，履行医师职责，尽职尽责为患者服务；

（三）关心、爱护、尊重患者，保护患者的隐私；

（四）努力钻研业务，更新知识，提高专业技术水平；

（五）宣传卫生保健知识，对患者进行健康教育。

第二十三条　医师实施医疗、预防、保健措施，签署有关医学证明文件，必须亲自诊查、调查，并按照规定及时填写医学文书，不得隐匿、伪造或者销毁医学文书及有关资料。

医师不得出具与自己执业范围无关或者与执业类别不相符的医学证明文件。

第二十四条　对急危患者，医师应当采取紧急措施进行诊治；不得拒绝急救处置。

第二十五条　医师应当使用经国家有关部门批准使用的药品、消毒药剂和医疗器械。

除正当诊断治疗外，不得使用麻醉药品、医疗用毒性药品、精神药品和放射性药品。

第二十六条　医师应当如实向患者或者其家属介绍病情，但应注意避免对患者产生不利后果。

医师进行实验性临床医疗，应当经医院批准并征得患者本人或者其家属同意。

第二十七条　医师不得利用职务之便，索取、非法收受患者财物或者牟取其他不正当利益。

第二十八条　遇有自然灾害、传染病流行、突发重大伤亡事故及其他严重威胁人民生命健康的紧急情况时，医师应当服从县级以上人民政府卫生行政部门的调遣。

第二十九条　医师发生医疗事故或者发现传染病疫情时，应当按照有关规定及时向所在机构或者卫生行政部门报告。

医师发现患者涉嫌伤害事件或者非正常死亡时，应当按照有关规定向有关部门报告。

第三十条　执业助理医师应当在执业医师的指导下，在医疗、预防、保健机构中按照其执业类别执业。

在乡、民族乡、镇的医疗、预防、保健机构中工作的执业助理医师，可以根据医疗诊治的情况和需要，独立从事一般的执业活动。

第四章　考 核 和 培 训

第三十一条　受县级以上人民政府卫生行政部门委托的机构或者组织应当按照医师执业标准，对医师的业务水平、工作成绩和职业道德状况进行定期考核。

对医师的考核结果，考核机构应当报告准予注册的卫生行政部门备案。

对考核不合格的医师，县级以上人民政府卫生行政部门可以责令其暂停执业活动三个月至六个月，并接受培训和继续医学教育。暂停执业活动期满，再次进行考核，对考核合格的，允许其继续执业；对考核不合格的，由县级以上人民政府卫生行政部门注销注册，收回医师执业证书。

第三十二条　县级以上人民政府卫生行政部门负责指导、检查和监督医师考核工作。

第三十三条　医师有下列情形之一的，县级以上人民政府卫生行政部门应当给予表彰或者奖励：

（一）在执业活动中，医德高尚，事迹突出的；

（二）对医学专业技术有重大突破，作出显著贡献的；

（三）遇有自然灾害、传染病流行、突发重大伤亡事故及其他严重威胁人民生命健康的紧急情况时，救死扶伤、抢救诊疗表现突出的；

（四）长期在边远贫困地区、少数民族地区条件艰苦的基层单位努力工作的；

（五）国务院卫生行政部门规定应当予以表彰或者奖励的其他情形的。

第三十四条　县级以上人民政府卫生行政部门应当制定医师培训计划，对医师进行多种形式的培训，为医师接受继续医学教育提供条件。

县级以上人民政府卫生行政部门应当采取有力措施，对在农村和少数民族地区从事医疗、预防、保健业务的医务人员实施培训。

第三十五条　医疗、预防、保健机构应当按照规定和计划保证本机构医师的培训和继续医学教育。

县级以上人民政府卫生行政部门委托的承担医师考核任务的医疗卫生机构，应当为医师的培训和接受继续医学教育提供和创造条件。

第五章　法 律 责 任

第三十六条　以不正当手段取得医师执业证书的，由发给证书的卫生行政部门予以吊销；对负有直接责任的主管人员和其他直接责任人员，依法给予行政处分。

第三十七条　医师在执业活动中，违反本法规定，有下列行为之一的，由县级以上人民政府卫生行政部门给予警告或者责令暂停六个月以上一年以下执业活动；情节严重的，吊销其执业证书；构成犯罪的，依法追究刑事责任：

（一）违反卫生行政规章制度或者技术操作规范，造成严重后果的；

（二）由于不负责任延误急危患者的抢救和诊治，造成严重后果的；

（三）造成医疗责任事故的；

（四）未经亲自诊查、调查，签署诊断、治疗、流行病学等证明文件或者有关出生、死亡等证明文件的；

（五）隐匿、伪造或者擅自销毁医学文书及有关资料的；

（六）使用未经批准使用的药品、消毒药剂和医疗器械的；

（七）不按照规定使用麻醉药品、医疗用毒性药品、精神药品和放射性药品的；

（八）未经患者或者其家属同意，对患者进行实验性临床医疗的；

（九）泄露患者隐私，造成严重后果的；

（十）利用职务之便，索取、非法收受患者财物或者牟取其他不正当利益的；

（十一）发生自然灾害、传染病流行、突发重大伤亡事故以及其他严重威胁人民生命健康的紧急情况时，不服从卫生行政部门调遣的；

（十二）发生医疗事故或者发现传染病疫情，患者涉嫌伤害事件或者非正常死亡，不按照规定报告的。

第三十八条　医师在医疗、预防、保健工作中造成事故的，依照法律或者国家有关规定处理。

第三十九条　未经批准擅自开办医疗机构行医或者非医师行医的，由县级以上人民政府卫生行政部门予以取缔，没收其违法所得及其药品、器械，并处十万元以下的罚款；对医师吊销其执业证书；给患者造成损害的，依法承担赔偿责任；构成犯罪的，依法追究刑事责任。

第四十条　阻碍医师依法执业，侮辱、诽谤、威胁、殴打医师或者侵犯医师人身自由、干扰医师正常工作、生活的，依照治安管理处罚条例的规定处罚；构成犯罪的，依法追究刑事责任。

第四十一条　医疗、预防、保健机构未依照本法第十六条的规定履行报告职责，导致严重后果的，由县级以上人民政府卫生行政部门给予警告；并对该机构的行政负责人依法给予行政处分。

第四十二条　卫生行政部门工作人员或者医疗、预防、保健机构工作人员违反本法有关规定，弄虚作假、玩忽职守、滥用职权、徇私舞弊，尚不构成犯罪的，依法给予行政处分；构成犯罪的，依法追究刑事责任。

第六章　附　　则

第四十三条　本法颁布之日前按照国家有关规定取得医学专业技术职称和医学专业技术职务的人员，由所在机构报请县级以上人民政府卫生行政部门认定，取得相应的医师资格。其中在医疗、预防、保健机构中从事医疗、预防、保健业务的医务人员，依照本法规定的条件，由所在机构集体核报县级以上人民政府卫生行政部门，予以注册并发给医师执业证书。具体办法由国务院卫生行政部门会同国务院人事行政部门制定。

第四十四条　计划生育技术服务机构中的医师，适用本法。

第四十五条　在乡村医疗卫生机构中向村民提供预防、保健和一般医疗服务的乡村医生，符合本法有关规定的，可以依法取得执业医师资格或者执业助理医师资格；不具备本法规定的执业医师资格或者执业助理医师资格的乡村医生，由国务院另行制定管理办法。

第四十六条　军队医师执行本法的实施办法，由国务院、中央军事委员会依据本法的原则制定。

第四十七条　境外人员在中国境内申请医师考试、注册、执业或者从事临床示教、临床研究等活动的，按照国家有关规定办理。

第四十八条　本法自1999年5月1日起施行。

附三

护士条例

第一章　总　　则

第一条　为了维护护士的合法权益，规范护理行为，促进护理事业发展，保障医疗安全和人体健康，制定本条例。

第二条　本条例所称护士，是指经执业注册取得护士执业证书，依照本条例规定从事护理活动，履行保护生命、减轻痛苦、增进健康职责的卫生技术人员。

第三条　护士人格尊严、人身安全不受侵犯。护士依法履行职责，受法律保护。

全社会应当尊重护士。

第四条　国务院有关部门、县级以上地方人民政府及其有关部门以及乡（镇）人民政府应当采取措施，改善护士的工作条件，保障护士待遇，加强护士队伍建设，促进护理事业健康发展。

国务院有关部门和县级以上地方人民政府应当采取措施，鼓励护士到农村、基层医疗卫生机构工作。

第五条　国务院卫生主管部门负责全国的护士监督管理工作。

县级以上地方人民政府卫生主管部门负责本行政区域的护士监督管理工作。

第六条　国务院有关部门对在护理工作中做出杰出贡献的护士，应当授予全国卫生系统先进工作者荣誉称号或者颁发白求恩奖章，受到表彰、奖励的护士享受省部级劳动模范、先进工作者待遇；对长期从事护理工作的护士应当颁发荣誉证书。具体办法由国务院有关部门制定。

县级以上地方人民政府及其有关部门对本行政区域内做出突出贡献的护士，按照省、自治区、直辖市人民政府的有关规定给予表彰、奖励。

第二章　执 业 注 册

第七条　护士执业，应当经执业注册取得护士执业证书。

申请护士执业注册，应当具备下列条件：

（一）具有完全民事行为能力；

（二）在中等职业学校、高等学校完成国务院教育主管部门和国务院卫生主管部门规定的普通全日制3年以上的护理、助产专业课程学习，包括在教学、综合医院完成8个月以上护理临床实习，并取得相应学历证书；

（三）通过国务院卫生主管部门组织的护士执业资格考试；

（四）符合国务院卫生主管部门规定的健康标准。

护士执业注册申请，应当自通过护士执业资格考试之日起3年内提出；逾期提出申请的，除应当具备前款第（一）项、第（二）项和第（四）项规定条件外，还应当在符合国务院卫生主管部门规定条件的医疗卫生机构接受3个月临床护理培训并考核合格。

护士执业资格考试办法由国务院卫生主管部门会同国务院人事部门制定。

第八条　申请护士执业注册的，应当向拟执业地省、自治区、直辖市人民政府卫生主管部门提出申请。收到申请的卫生主管部门应当自收到申请之日起20个工作日内做出决定，对具备本条例规定条件的，准予注册，并发给护士执业证书；对不具备本条例规定条件的，不予注册，并书面说明理由。

护士执业注册有效期为5年。

第九条　护士在其执业注册有效期内变更执业地点的，应当向拟执业地省、自治区、直辖市人民政府卫生主管部门报告。收到报告的卫生主管部门应当自收到报告之日起 7 个工作日内为其办理变更手续。护士跨省、自治区、直辖市变更执业地点的，收到报告的卫生主管部门还应当向其原执业地省、自治区、直辖市人民政府卫生主管部门通报。

第十条　护士执业注册有效期届满需要继续执业的，应当在护士执业注册有效期届满前 30 日向执业地省、自治区、直辖市人民政府卫生主管部门申请延续注册。收到申请的卫生主管部门对具备本条例规定条件的，准予延续，延续执业注册有效期为 5 年；对不具备本条例规定条件的，不予延续，并书面说明理由。

护士有行政许可法规定的应当予以注销执业注册情形的，原注册部门应当依照行政许可法的规定注销其执业注册。

第十一条　县级以上地方人民政府卫生主管部门应当建立本行政区域的护士执业良好记录和不良记录，并将该记录记入护士执业信息系统。

护士执业良好记录包括护士受到的表彰、奖励以及完成政府指令性任务的情况等内容。护士执业不良记录包括护士因违反本条例以及其他卫生管理法律、法规、规章或者诊疗技术规范的规定受到行政处罚、处分的情况等内容。

第三章　权利和义务

第十二条　护士执业，有按照国家有关规定获取工资报酬、享受福利待遇、参加社会保险的权利。任何单位或者个人不得克扣护士工资，降低或者取消护士福利等待遇。

第十三条　护士执业，有获得与其所从事的护理工作相适应的卫生防护、医疗保健服务的权利。从事直接接触有毒有害物质、有感染传染病危险工作的护士，有依照有关法律、行政法规的规定接受职业健康监护的权利；患职业病的，有依照有关法律、行政法规的规定获得赔偿的权利。

第十四条　护士有按照国家有关规定获得与本人业务能力和学术水平相应的专业技术职务、职称的权利；有参加专业培训、从事学术研究和交流、参加行业协会和专业学术团体的权利。

第十五条　护士有获得疾病诊疗、护理相关信息的权利和其他与履行护理职责相关的权利，可以对医疗卫生机构和卫生主管部门的工作提出意见和建议。

第十六条　护士执业，应当遵守法律、法规、规章和诊疗技术规范的规定。

第十七条　护士在执业活动中，发现患者病情危急，应当立即通知医师；在紧急情况下为抢救垂危患者生命，应当先行实施必要的紧急救护。

护士发现医嘱违反法律、法规、规章或者诊疗技术规范规定的，应当及时向开具医嘱的医师提出；必要时，应当向该医师所在科室的负责人或者医疗卫生机构负责医疗服务管理的人员报告。

第十八条　护士应当尊重、关心、爱护患者，保护患者的隐私。

第十九条　护士有义务参与公共卫生和疾病预防控制工作。发生自然灾害、公共卫生事件等严重威胁公众生命健康的突发事件，护士应当服从县级以上人民政府卫生主管部门或者所在医疗卫生机构的安排，参加医疗救护。

第四章　医疗卫生机构的职责

第二十条　医疗卫生机构配备护士的数量不得低于国务院卫生主管部门规定的护士配备标准。

第二十一条　医疗卫生机构不得允许下列人员在本机构从事诊疗技术规范规定的护理活动：

（一）未取得护士执业证书的人员；

（二）未依照本条例第九条的规定办理执业地点变更手续的护士；

（三）护士执业注册有效期届满未延续执业注册的护士。

在教学、综合医院进行护理临床实习的人员应当在护士指导下开展有关工作。

第二十二条　医疗卫生机构应当为护士提供卫生防护用品，并采取有效的卫生防护措施和医疗保健措施。

第二十三条　医疗卫生机构应当执行国家有关工资、福利待遇等规定，按照国家有关规定为在本机构从事护理工作的护士足额缴纳社会保险费用，保障护士的合法权益。

对在艰苦边远地区工作，或者从事直接接触有毒有害物质、有感染传染病危险工作的护士，所在医疗卫生机构应当按照国家有关规定给予津贴。

第二十四条　医疗卫生机构应当制定、实施本机构护士在职培训计划，并保证护士接受培训。

护士培训应当注重新知识、新技术的应用；根据临床专科护理发展和专科护理岗位的需要，开展对护士的专科护理培训。

第二十五条　医疗卫生机构应当按照国务院卫生主管部门的规定，设置专门机构或者配备专（兼）职人员负责护理管理工作。

第二十六条　医疗卫生机构应当建立护士岗位责任制并进行监督检查。

护士因不履行职责或者违反职业道德受到投诉的，其所在医疗卫生机构应当进行调查。经查证属实的，医疗卫生机构应当对护士做出处理，并将调查处理情况告知投诉人。

第五章　法 律 责 任

第二十七条　卫生主管部门的工作人员未依照本条例规定履行职责，在护士监督管理工作中滥用职权、徇私舞弊，或者有其他失职、渎职行为的，依法给予处分；构成犯罪的，依法追究刑事责任。

第二十八条　医疗卫生机构有下列情形之一的，由县级以上地方人民政府卫生主管部门依据职责分工责令限期改正，给予警告；逾期不改正的，根据国务院卫生主管部门规定的护士配备标准和在医疗卫生机构合法执业的护士数量核减其诊疗科目，或者暂停其6个月以上1年以下执业活动；国家举办的医疗卫生机构有下列情形之一、情节严重的，还应当对负有责任的主管人员和其他直接责任人员依法给予处分：

（一）违反本条例规定，护士的配备数量低于国务院卫生主管部门规定的护士配备标准的；

（二）允许未取得护士执业证书的人员或者允许未依照本条例规定办理执业地点变更手续、延续执业注册有效期的护士在本机构从事诊疗技术规范规定的护理活动的。

第二十九条　医疗卫生机构有下列情形之一的，依照有关法律、行政法规的规定给予处罚；国家举办的医疗卫生机构有下列情形之一、情节严重的，还应当对负有责任的主管人员和其他直接责任人员依法给予处分：

（一）未执行国家有关工资、福利待遇等规定的；

（二）对在本机构从事护理工作的护士，未按照国家有关规定足额缴纳社会保险费用的；

（三）未为护士提供卫生防护用品，或者未采取有效的卫生防护措施、医疗保健措施的；

（四）对在艰苦边远地区工作，或者从事直接接触有毒有害物质、有感染传染病危险工作的护士，未按照国家有关规定给予津贴的。

第三十条　医疗卫生机构有下列情形之一的，由县级以上地方人民政府卫生主管部门依据职责分工责令限期改正，给予警告：

（一）未制定、实施本机构护士在职培训计划或者未保证护士接受培训的；

（二）未依照本条例规定履行护士管理职责的。

第三十一条　护士在执业活动中有下列情形之一的，由县级以上地方人民政府卫生主管部门依据职责分工责令改正，给予警告；情节严重的，暂停其6个月以上1年以下执业活动，直至由原发证部门吊销其护士执业证书：

（一）发现患者病情危急未立即通知医师的；

（二）发现医嘱违反法律、法规、规章或者诊疗技术规范的规定，未依照本条例第十七条的规定提出或者报告的；

（三）泄露患者隐私的；

（四）发生自然灾害、公共卫生事件等严重威胁公众生命健康的突发事件，不服从安排参加医疗救护的。

护士在执业活动中造成医疗事故的，依照医疗事故处理的有关规定承担法律责任。

第三十二条　护士被吊销执业证书的，自执业证书被吊销之日起2年内不得申请执业注册。

第三十三条　扰乱医疗秩序，阻碍护士依法开展执业活动，侮辱、威胁、殴打护士，或者有其他侵犯护士合法权益行为的，由公安机关依照治安管理处罚法的规定给予处罚；构成犯罪的，依法追究刑事责任。

第六章　附　　则

第三十四条　本条例施行前按照国家有关规定已经取得护士执业证书或者护理专业技术职称、从事护理活动的人员，经执业地省、自治区、直辖市人民政府卫生主管部门审核合格，换领护士执业证书。

本条例施行前，尚未达到护士配备标准的医疗卫生机构，应当按照国务院卫生主管部门规定的实施步骤，自本条例施行之日起3年内达到护士配备标准。

第三十五条　本条例自2008年5月12日起施行。

第十三章　医疗事故处理法律制度

第一节　医疗事故处理法律概述

一、立法概述

我国对于医疗事故处理的立法，从立法形式来看，主要是国务院颁布的，一是 1987 年国务院通过实施的《医疗事故处理办法》(以下简称《办法》)，二是 2002 年 2 月 20 日国务院 55 次常务会议通过的《医疗事故处理条例》(以下简称《条例》)，《条例》于 2002 年 9 月 1 日施行，《办法》也就结束了使命。

《条例》从总体上来说，针对《办法》存在的缺陷作了比较大的完善，这对今后医疗纠纷，特别是医疗事故的处理提供了法律依据，由于我国卫生立法起步晚，经验积累不多，因此《条例》还存在很多不完善的地方。如《条例》采取的是行政法规的形式而没有采取法律的形式，尽管体现了立法的慎重，但是也给医疗事故的处理带来了适用法律的争执，对医疗纠纷有主张适用《条例》的，有主张适用《民法通则》的，还有主张适用《消费者权益保护法》、《合同法》的，这使得医疗纠纷的处理变得复杂起来，特别是在 2010 年 7 月 1 日起施行的《中华人民共和国侵权责任法》，对于医疗损害责任作了明确的法律规定，如果与《条例》有冲突，应该说上位法优于下位法，应该优先适用《中华人民共和国侵权责任法》。

二、立法目的

立法目的是指法律希望达到的调控社会关系的目标以及意图。

《条例》第一条就规定了该法律的立法目的："为了正确处理医疗事故，保护患者和医疗机构及其医务人员的合法权益，维护医疗秩序，保障医疗安全，促进医学科学的发展，制定本条例。"主要体现在以下几个方面。

(一) 正确处理医疗事故

由于立法权限的原因，条例规定主要是针对通过行政途径处理医疗事故的，因而，这里所称医疗事故的行政部门的处理主要包括两方面：一是在医疗事故发生后，卫生行政部门对发生医疗事故的医疗机构及其医务人员的行政处理；二是应当事人的请求，对医疗事故争议的处理。对于医患双方采取自行协商解决的，条例是作为一种解决的途径加以规定的。处理医疗事故时必须慎重，处理正确、得当，才能有利于保护医患双方的合法权益，有利于社会的稳定。"正确处理"，可以说是卫生行政机关和司法机关处理医疗事故追求的最终目的，也是最高要求，是制定条例的前提。

(二) 保护患者的合法权益

正确处理医疗事故，保护患者的合法权益；从"患者"、"医疗机构及其医务人员"、"医疗秩序"、"医疗安全"、"医学科学的发展"这些保护对象排位中就可以看出，《条例》将保护患者的合法权益放在首位，这是符合社会发展的价值取向的。根据医疗事故处理的实践情况，一般来讲，患者处于弱势地位，特别是在医学专业知识的占有上和在医疗活动过程的主动性上，更需要法律的保护。条例与1987年的《办法》相比，加大了对患者的合法权益保护的内容，有的是在条文中明示的，有的是通过规定医疗机构、鉴定组织的义务，加大行政机关的责任的条款来体现的。条例通过完善各项制度、措施，达到保护医患双方的合法权益的目的。

（三）保护医疗机构及其医务人员的合法权益，维护医疗秩序，保障医疗安全

法律是公正的，保护患者的合法权益，并不是否定医疗机构及其医务人员的合法权益，患者的损害如果不是医方造成的，即医疗机构及其医务人员在医疗活动中不存在违反医疗卫生管理法律、行政法规、部门规章和诊疗护理技术操作规范、常规的行为，不存在过错，而是医学技术水平的固有风险、患者自身的特异体质、患者自身的过错等造成的，就不应当由医疗机构及其医务人员来承担法律责任。如青霉素皮试可能就有0.1‰～0.1%的人出现过敏反应并造成大的伤害，尽管积极抢救，况且不是所有的用药都要进行过敏试验。

在实践中患者及其家属因生命健康有损害后，心理上由十分信赖到极度失望，会采取过激行为甚至采取违法行为，侵犯了医疗机构及其医务人员的合法权益，扰乱了医疗秩序和医疗安全，因此《条例》将此作为立法目的之一。如2001年4月17日，某医院耳鼻喉科一位主治医师，由于一患者的不满，而被砍13刀之多。另外在我国，医疗卫生基本上是属于社会保障范畴，国家要保障广大人民群众的身体健康，提供医疗卫生服务，主要是通过建立完善的医疗卫生服务网络，建立起适合我国国情的医疗保障体系。各级各类医疗机构是这个服务网络的骨干力量。为了方便广大人民群众看病，增进身体健康，需要有一个良好的医疗秩序和就医环境，这需要靠大家的共同努力来创造和维护。尤其是在出现医疗事故争议时，各方面都应当冷静，依法妥善处理，不要扰乱正常的医疗秩序，妨碍医务人员执业，影响其他患者就诊，以确保良好的就医环境。

（四）促进医学科学地发展

医学科学作为独立的一门科学，有其自身的特点，虽然目前科学的发展日新月异，但是医学仍然处于经验科学的阶段，同时医学具有很强的实践性，每一种有效的防治疾病的方法都需要在实践中反复探索和验证。由于医学的上述特点，应当采取一种科学的、实事求是的态度看待医学和医疗活动。在立法上，要考虑到医学的特点和发展水平，给医学的发展留出足够的空间。《条例》确立了促进医学科学的发展，肯定了医学与疾病是不断发展的，合理的医疗风险是有必要存在的，否则医疗机构及医务人员为避免责任将愈来愈多地采取保守性的医疗措施，这不利于医学科学的发展，最终损害的是患者的合法权益。

三、医疗事故的概念及构成要件

（一）医疗事故的概念

依据《条例》第二条的规定："本条例所称医疗事故，是指医疗机构及其医务人员在医疗活动中，违反医疗卫生管理法律、行政法规、部门规章和诊疗护理规范、常规，过失造成患者人身损害的事故。"

（二）医疗事故的构成要件

医疗事故是违法行为，依据法学理论，违法行为的构成有4个要件：违法主体、违法

的主观方面、违法的客观方面、违法的客体。

1. 违法主体　医疗机构及其医务人员。

医疗事故的行为主体是医疗机构及其医务人员，如果行为主体不是医疗机构及其医务人员，则属于“非法行医”，《刑法》以是否属于医务人员为标准将医疗活动造成他人人身损害的犯罪行为分为“医疗事故罪”、“非法行医罪”，因此《条例》第六十一条规定：“非法行医，造成患者人身损害，不属于医疗事故，触犯刑律的，依法追究刑事责任；有关赔偿，由受害人直接向人民法院提起诉讼”。

医疗机构的概念是依据《条例》第六十条：“本条例所称医疗机构，是指依照《医疗机构管理条例》的规定取得《医疗机构执业许可证》的机构”，国务院 1994 年 2 月 26 日颁布的《医疗机构管理条例》第二条：“本条例适用从事疾病诊断、治疗活动的医院、卫生院、疗养院、门诊部、诊所、卫生所(室)以及急救站等医疗机构”来定义的。

医务人员就是从事医务工作的自然人，主要有医疗防疫人员、药剂人员、护理人员，由 1999 年实施的《中华人民共和国执业医师法》、2008 年实施的《护士条例》等法律进行规范。

2. 违法的客观方面

危害行为：有违反了医疗卫生管理法律、行政法规、部门规章和诊疗护理规范、常规，侵害患者人身权益的行为。所谓诊疗护理规范、常规是指：基于维护公民生命健康权的原则，在总结以往科学和技术成果的基础上对医疗过程的定义和所应用技术的规范或指南。通常分为广义和狭义两种。广义的诊疗护理规范、常规是指卫生行政部门(如卫生部、国家中医药管理局等)以及全国性行业协(学)会(如中华医学会)针对本行业的特点制定的各种标准、规程、规范、制度的总称。狭义的诊疗护理规范、常规是指医疗机构制定的本机构医务人员进行医疗、护理、检验、医技诊断治疗及医用物品供应等各项工作应遵循的工作方法、步骤。狭义的诊疗护理规范和常规涵盖了临床医学二、三级专业学科和临床诊疗辅助专业，包括从临床的一般性问题到专科性疾病，从病因诊断到护理治疗，从常用的诊疗技术到高新诊疗技术等内容。这里要注意的是，诊疗护理规范、常规不仅包括那些以成文形式出现的，也包括尽管不成文但在医疗活动中约定俗成的、实践中多数医疗机构及其医务人员通常都遵循的诊疗护理惯例或者通行的做法。

危害结果：造成了患者人身损害。所谓“造成患者人身损害”是指，医疗机构及其医务人员在医疗活动中侵害患者身体，对患者的生命权、健康权所造成的损害。

危害行为与危害结果之间的因果关系：医疗机构及其医务人员的不法行为与患者遭受的损害之间具有因果关系。因果关系是任何一种法律责任的构成要件。法律中的因果关系是指行为人的不法行为与损害事实之间的因果关系。

[案例]患者甲某在某医院剖腹产，医院在术前没有同患者签定手术同意书，术后产妇和婴儿一切正常，住院 7 天后出院，出院第二天产妇突然不明原因死亡。医务人员没签定手术同意书，没签定手术同意书这种不法行为与患者遭受的死亡损害之间就不具有因果关系。

时空条件：医疗事故发生在医疗活动中。这里的医疗活动是指医疗机构及其医务人员借助其医学知识、专业技术、仪器设备及药物等手段，为患者提供的紧急救治、检查、诊断、治疗、护理、保健、医疗美容以及为此服务的后勤和管理等维护患者生命健康所必需的活动。

3. 违法的主观方面　医疗机构及其医务人员主观上具有过失。过失，是指行为人由于疏忽大意和过于自信的两种心理状况所造成的危害后果。包括疏忽大意的过失和过于自信的过失。

疏忽大意的过失：是指在医疗事故的发生中，根据行为人相应职称和岗位责任要求，应当预见到或可以预见到自己的行为可能造成对患者的危害结果，因为疏忽大意而未能预见到；或对于危害患者健康的不当做法，应当做到有效地防范，因为疏忽大意而未做到，致使危害结果发生。如不执行或不正确执行规章制度和履行职责，对危重患者推诿、拒治，对病情检查、处理漫不经心，或擅离职守，遇到不能胜任的技术操作，一味蛮干，或擅自作无指征和有禁忌证的手术和检查等，而造成了对患者的危害结果。

过于自信的过失：是指行为人虽然预见到自己的行为可能给患者带来危害结果，但是轻信自己的技术、经验或有利的客观条件能够避免危害结果的发生，因而导致了判断上和行为上的失误，致使患者的危害结果发生。

4. 违法的客体　患者的生命权、健康权，同时还涉及医疗秩序。

四、处理医疗事故的基本原则、工作方法

《条例》第三条规定："处理医疗事故，应当遵循公开、公平、公正、及时、便民的原则，坚持实事求是的科学态度，做到事实清楚、定性准确、责任明确、处理恰当。"

（一）基本原则

基本原则：公开、公平、公正、及时、便民的原则。

以法律条文的形式对基本原则作了明确规定，这是符合现代立法的做法的，公开、公平、公正、及时、便民这五大原则，特别是针对《办法》及卫生部就此作出的有关规章很多方面的有违"公开、公平、公正、及时、便民的原则"，《条例》是针对性地加以修改，如：

1. 公开了医疗事故分级标准。

《条例》规定具体分级标准由国务院卫生行政部门制定，《医疗事故分级标准（试行）》2002 年 9 月 1 日起施行。

原来的医疗事故鉴定结论的某些依据不公开，如：《办法》第六条第二款规定："前款医疗事故等级的医学鉴定标准，由卫生部制定"。1988 年 3 月 30 日卫生部《医疗事故分类标准（试行）》最后一条规定："本标准仅供内部掌握使用，不对群众公布。在试行中不断总结经验加以修订。"

2. 医患双方共同封存和启封相关的病历资料和实物。

《条例》第十六条规定："发生医疗事故争议时，死亡病例讨论记录、疑难病例讨论记录、上级医师查房记录、会诊意见、病程记录应当在医患双方在场的情况下封存和启封。封存的病历资料可以是复印件，由医疗机构保管。"第十七条规定："疑似输液、输血、注射、药物等引起不良后果的，医患双方应当共同对现场实物进行封存和启封，封存的现场实物由医疗机构保管；需要检验的，应当由双方共同指定的、依法具有检验资格的检验机构进行检验；双方无法共同指定时，由卫生行政部门指定。疑似输血引起不良后果，需要

对血液进行封存保留的，医疗机构应当通知提供该血液的采供血机构派员到场。”

《办法》规定，如果是因输液、输血、注射、服药等引起不良后果的，要由医疗单位对实物暂时封存保留，以备检验。医疗机构单方封存证据，违反公开、公正原则。

（二）工作方法

坚持实事求是的科学态度，做到事实清楚、定性准确、责任明确、处理恰当。

五、医疗事故的分级

根据《条例》规定，医疗事故分为四级，具体分级标准《医疗事故分级标准（试行）》是由卫生部于2002年7月19日制定的。

一级医疗事故：造成患者死亡、重度残疾的。其中：一级甲等医疗事故是造成患者死亡。一级乙等医疗事故是造成患者重要器官缺失或功能完全丧失，其他器官不能代偿，存在特殊医疗依赖，生活完全不能自理。

二级医疗事故：造成患者中度残疾、器官组织损伤导致严重功能障碍的。其中：二级甲等医疗事故是指器官缺失或功能完全丧失，其他器官不能代偿，可能存在特殊医疗依赖，或生活大部分不能自理。二级乙等医疗事故是指存在器官缺失、严重缺损、严重畸形情形之一，有严重功能障碍，可能存在特殊医疗依赖，或生活大部分不能自理。二级丙等医疗事故是指存在器官缺失、严重缺损、明显畸形情形之一，有严重功能障碍，可能存在特殊医疗依赖，或生活部分不能自理。二级丁等医疗事故是指存在器官缺失、大部分缺损、畸形情形之一，有严重功能障碍，可能存在一般医疗依赖，生活能自理。

三级医疗事故：造成患者轻度残疾、器官组织损伤导致一般功能障碍的。其中：三级甲等医疗事故是指存在器官缺失、大部分缺损、畸形情形之一，有较重功能障碍，可能存在一般医疗依赖，生活能自理。三级乙等医疗事故是指器官大部分缺损或畸形，有中度功能障碍，可能存在一般医疗依赖，生活能自理。三级丙等医疗事故是指器官大部分缺损或畸形，有轻度功能障碍，可能存在一般医疗依赖，生活能自理。三级丁等医疗事故是指器官部分缺损或畸形，有轻度功能障碍，无医疗依赖，生活能自理。三级戊等医疗事故是指器官部分缺损或畸形，有轻微功能障碍，无医疗依赖，生活能自理。

四级医疗事故：造成患者明显人身损害的其他后果。

第二节　医疗事故的预防与处置

一、医疗事故的预防

（一）遵守医疗规范和职业道德的义务

医疗机构及其医务人员在医疗活动中，必须严格遵守医疗卫生管理法律、行政法规、部门规章和诊疗护理规范、常规，恪守医疗服务职业道德。

（二）培训和教育的义务

医疗机构应当对其医务人员进行医疗卫生管理法律、行政法规、部门规章和诊疗护理规范、常规的培训和医疗服务职业道德教育。

（三）服务质量监控

医疗机构应当设置医疗服务质量监控部门或者配备专（兼）职人员，具体负责监督本医疗机构的医务人员的医疗服务工作，检查医务人员执业情况，接受患者对医疗服务的投诉，向其提供咨询服务。

（四）告知义务

在医疗活动中，医疗机构及其医务人员应当将患者的病情、医疗措施、医疗风险等如实告知患者，及时解答其咨询；但是，应当避免对患者产生不利后果。

（五）制定预案的义务

医疗机构应当制定防范、处理医疗事故的预案，预防医疗事故的发生，减轻医疗事故的损害。

（六）病历的书写、保管与复制

根据《条例》的规定，本条所称的病历资料包括：门诊病历、住院志、体温单、医嘱单、化验单（检验报告）、医学影像检查资料、特殊检查同意书、手术同意书、手术及麻醉记录单、病理资料、护理记录、死亡病例讨论记录、疑难病例讨论记录、上级医师查房记录、会诊意见、病程记录等。可见，病历资料真实地记录了对患者进行的医疗活动的全过程，它是以诊断、治疗疾病为目的，对就诊人的健康状况、检查情况、患病情况、诊断方法，医务人员对病情发生、发展、转归的分析，治疗方法、治疗护理过程和治疗效果等全部医疗活动的全面而真实的记录，它是经医务人员、医疗信息管理人员收集、整理、加工后形成的具有科学性、逻辑性、真实性的医疗档案和医学文书。因此，病历资料是医疗质量、技术水平、管理水平综合评价的依据；是医学科学的教学与科研的第一手资料，对于医学科学的教学与科研具有重要的参考价值；一旦产生医疗纠纷和医疗事故，病历又是解决医疗纠纷，进行医疗事故鉴定，判断医务人员过错和医疗活动与损害后果之间因果关系的重要证据。准确认定医疗事故的存在、正确判断在医疗损害发生中医疗机构和医务人员是否有过失，主要依据的是医疗过程中的病历资料。因此，保证病历资料的及时性、准确性、完整性具有重要意义。

《条例》规定：医疗机构应当按照国务院卫生行政部门规定的要求，书写并妥善保管病历资料。因抢救急危患者，未能及时书写病历的，有关医务人员应当在抢救结束后 6 小时内据实补记，并加以注明。在发生医疗纠纷后，严禁涂改、伪造、隐匿、销毁或者抢夺病历资料。《条例》规定：患者有权复印或者复制其门诊病历、住院志、体温单、医嘱单、化验单（检验报告）、医学影像检查资料、特殊检查同意书、手术同意书、手术及麻醉记录单、病理资料、护理记录以及国务院卫生行政部门规定的其他病历资料。患者依照前款规定要求复印或者复制病历资料的，医疗机构应当提供复印或者复制服务，并在复印或者复制的病历资料上加盖证明印记。复印或者复制病历资料时，应当有患者在场。医疗机构应患者的要求，为其复印或者复制病历资料，可以按照规定收取工本费。具体收费标准由省、自治区、直辖市人民政府价格主管部门会同同级卫生行政部门规定。

二、可能形成医疗事故纠纷的处置

1. 报告　医务人员在医疗活动中发生或者发现医疗事故、可能引起医疗事故的医疗过失行为或者发生医疗事故争议的，应当立即向所在科室负责人报告，科室负责人应当及时向本医疗机构负责医疗服务质量监控的部门或者专（兼）职人员报告；负责医疗服务质量监控的部门或者专（兼）职人员接到报告后，应当立即进行调查、核实，将有关情况如实向本医疗机构的负责人报告，并向患者通报、解释。

发生医疗事故的，医疗机构应当按照规定向所在地卫生行政部门报告。发生下列重大医疗过失行为的，医疗机构应当在 12 小时内向所在地卫生行政部门报告。

（1）导致患者死亡或者可能为二级以上的医疗事故。

（2）导致 3 人以上人身损害后果。

（3）国务院卫生行政部门和省、自治区、直辖市人民政府卫生行政部门规定的其他情形。

2. 采取有效措施，防止损害扩大。

3. 封存资料和实物。

4. 尸检　患者死亡，医患双方当事人不能确定死因或者对死因有异议的，应当在患者死亡后 48 小时内进行尸检；具备尸体冻存条件的，可以延长至 7 日。尸检应当经死者近亲属同意并签字。

医疗事故争议双方当事人可以请法医病理学人员参加尸检，也可以委派代表观察尸检的过程。拒绝或者拖延尸检，超过规定时间，影响对死因判定的，由拒绝或者拖延的一方承担责任。

5. 尸体处理　患者在医疗机构内死亡的，尸体应当立即移放太平间。死者尸体存放时间一般不得超过 2 周。逾期不处理的尸体，经医疗机构所在地卫生行政部门批准，并报经同级公安部门备案后，由医疗机构按照规定进行处理。

第三节　医疗事故的鉴定

医疗事故鉴定组织及职责

（一）医疗事故鉴定的组织

医疗事故争议当事人要求处理医疗事故争议的，对需要进行医疗事故技术鉴定的，应当交由负责医疗事故技术鉴定工作的医学会组织鉴定。

设区的市级地方医学会和省、自治区、直辖市直接管辖的县（市）地方医学会负责组织首次医疗事故技术鉴定工作。省、自治区、直辖市地方医学会负责组织再次鉴定工作。

负责组织医疗事故技术鉴定工作的医学会应当建立专家库。

专家库由具备下列条件的医疗卫生专业技术人员组成。

1. 有良好的业务素质和执业品德。

2. 受聘于医疗卫生机构或者医学教学、科研机构并担任相应专业高级技术职务 3 年以上。

符合上述第 1 条规定条件并具备高级技术任职资格的法医可以受聘进入专家库。

聘请的医疗卫生专业技术人员和法医进入专家库，可以不受行政区域的限制。

(二) 医疗事故鉴定制度

1. 合议制(《条例》第二十五条)　专家鉴定组人员为单数，涉及的主要学科的专家一般不得少于鉴定组成员的二分之一；涉及死因、伤残等级鉴定的，并应当从专家库中随机抽取法医参加专家鉴定组。

2. 独立制(《条例》第二十七条)　专家鉴定组依照医疗卫生管理法律、行政法规、部门规章和诊疗护理规范、常规，运用医学科学原理和专业知识，独立进行医疗事故技术鉴定，对医疗事故进行鉴别和判定，为处理医疗事故争议提供医学依据。

3. 回避制(《条例》第二十六条)　专家鉴定组成员有医疗事故争议当事人或者当事人的近亲属的；与医疗事故争议有利害关系的；与医疗事故争议当事人有其他关系，可能影响公正鉴定的情形之一的，应当回避，当事人也可以以口头或者书面的方式申请其回避。

(三) 医疗事故鉴定的程序(《条例》第二十八至三十一条)

1. 医学会接到申请后，应当自受理医疗事故技术鉴定之日起 5 日内通知医疗事故争议双方当事人提交进行医疗事故技术鉴定所需的材料。当事人应当自收到医学会的通知之日起 10 日内提交有关医疗事故技术鉴定的材料、书面陈述及答辩。

2. 专家鉴定组应当认真审查双方当事人提交的材料，听取双方当事人的陈述及答辩并进行核实。

3. 专家鉴定组应当在事实清楚、证据确凿的基础上，综合分析患者的病情和个体差异，45 天内作出鉴定结论，并制作医疗事故技术鉴定书。

医疗事故技术鉴定书应当包括下列主要内容。

(1) 双方当事人的基本情况及要求。

(2) 当事人提交的材料和负责组织医疗事故技术鉴定工作的医学会的调查材料。

(3) 对鉴定过程的说明。

(4) 医疗行为是否违反医疗卫生管理法律、行政法规、部门规章和诊疗护理规范、常规。

(5) 医疗过失行为与人身损害后果之间是否存在因果关系。

(6) 医疗过失行为在医疗事故损害后果中的责任程度。

(7) 医疗事故等级。

(8) 对医疗事故患者的医疗护理医学建议。

(四) 鉴定费用

经鉴定，属于医疗事故的，鉴定费用由医疗机构支付；不属于医疗事故的，鉴定费用由提出医疗事故处理申请的一方支付。

(五) 不属于医疗事故的情形

有下列情形之一的，不属于医疗事故。

1. 在紧急情况下为抢救垂危患者生命而采取紧急医学措施造成不良后果的。

2. 在医疗活动中由于患者病情异常或者患者体质特殊而发生医疗意外的。

3. 在现有医学科学技术条件下，发生无法预料或者不能防范的不良后果的。

4. 无过错输血感染造成不良后果的。

5. 因患方原因延误诊疗导致不良后果的。

6. 因不可抗力造成不良后果的。

第四节　医疗事故的行政处理与监督

《条例》第三十五条："卫生行政部门应当依照本条例和有关法律、行政法规、部门规章的规定，对发生医疗事故的医疗机构和医务人员作出行政处理。"

卫生行政部门对医疗事故的行政处理与监督是卫生行政部门的职权和职责，对于维护正常的医疗秩序、保护患者的合法权益、促进医学科学的发展有着重要意义。行政处理分为对医疗机构的处理和对医务人员的处理。对于发生医疗事故的医疗机构，可以根据医疗事故的等级和情节，给予警告、罚款、限期停业整顿直至吊销执业许可证。对发生医疗事故的医务人员，可以作出责令暂停执业、吊销执证书等行政处罚。

一、受理、移送与终止受理

（一）受理

1. 医疗机构报告　卫生行政部门接到医疗机构关于重大医疗过失行为的报告，应当受理并及时处理；经人民法院调解或者判决解决的，医疗机构应当自收到生效的人民法院的调解书或者判决书之日起 7 日内向所在地卫生行政部门作出书面报告，并附具调解书或者判决书。

2. 当事人申请　发生医疗事故争议，当事人申请卫生行政部门处理的，卫生行政部门应当自收到医疗事故争议处理申请之日起 10 日内进行审查，作出是否受理的决定。

发生医疗事故争议，当事人申请卫生行政部门处理的，由医疗机构所在地的县级人民政府卫生行政部门受理。医疗机构所在地是直辖市的，由医疗机构所在地的区、县人民政府卫生行政部门受理。

（二）移送

如果患者死亡，或可能为二级以上的，或国务院卫生行政部门和省、自治区、直辖市人民政府卫生行政部门规定的其他情形之一的，县级人民政府卫生行政部门应当自接到医疗机构的报告或者当事人提出医疗事故争议处理申请之日起 7 日内移送上一级人民政府卫生行政部门处理。

（三）终止受理

卫生行政部门应当自收到医疗事故争议处理申请之日起 10 日内进行审查，作出是否受理的决定。对符合《条例》规定的，予以受理，需要进行医疗事故技术鉴定的，应当自作出受理决定之日起 5 日内将有关材料交由负责医疗事故技术鉴定工作的医学会组织鉴定并书面通知申请人；对不符合《条例》规定的，不予受理，应当书面通知申请人并说明理由。

《条例》第四十条："当事人既向卫生行政部门提出医疗事故争议处理申请，又向人民法院提起诉讼的，卫生行政部门不予受理；卫生行政部门已经受理的，应当终止处理。"这里卫生行政部门终止受理的应当是当事人对医疗事故赔偿调解的申请，而不能是相关主体的行政处理，如果当事人将医疗事故赔偿起诉到法院，卫生行政部门对于医疗机构和医务人员的行政处理，既可以依职权和职责立即进行调查和处理，也可等人民法院判决认定后依据法院判决进行行政处理。

二、对医疗事故技术鉴定书的审核

卫生行政部门收到负责组织医疗事故技术鉴定工作的医学会出具的医疗事故技术鉴定书后，应当对参加鉴定的人员资格和专业类别、鉴定程序进行审核；必要时，可以组织调查，听取医疗事故争议双方当事人的意见。经审核，对符合《条例》规定作出的医疗事故技术鉴定结论，应当作为对发生医疗事故的医疗机构和医务人员作出行政处理的依据；发现医疗事故技术鉴定不符合《条例》规定的，应当要求重新鉴定。

三、行政处理

1. 卫生行政部门接到医疗机构关于重大医疗过失行为的报告后，除责令医疗机构及时采取必要的医疗救治措施，防止损害后果扩大外，应当组织调查，判定是否属于医疗事故；对不能判定是否属于医疗事故的，应当依照《条例》的有关规定交由负责医疗事故技术鉴定工作的医学会组织鉴定。

卫生行政部门应当自收到医疗事故争议处理申请之日起 10 日内进行审查，作出是否受理的决定。

当事人对首次医疗事故技术鉴定结论有异议，申请再次鉴定的，卫生行政部门应当自收到申请之日起 7 日内交由省、自治区、直辖市地方医学会组织再次鉴定。

2. 卫生行政部门经审核，对符合《条例》规定作出的医疗事故技术鉴定结论，应当作为对发生医疗事故的医疗机构和医务人员进行行政处理的依据。行政处理分为对医疗机构的处理和对医务人员的处理。对于发生医疗事故的医疗机构，可以根据医疗事故的等级和情节，给予警告、罚款、限期停业整顿直至吊销执业许可证。对发生医疗事故的医务人员，可以作出责令暂停执业、吊销执业证书等行政处罚。

3. 卫生行政部门应当按照规定逐级将当地发生的医疗事故以及依法对发生医疗事故的医疗机构和医务人员作出行政处理的情况，上报国务院卫生行政部门。

第五节　医疗事故损害赔偿的解决途径

根据《条例》第四十六条：“发生医疗事故的赔偿等民事责任争议，医患双方可以协商解决；不愿意协商或者协商不成的，当事人可以向卫生行政部门提出调解申请，也可以直接向人民法院提起民事诉讼。”医疗事故损害赔偿的解决途径主要有以下三种。

一、医患双方协商解决

医患双方根据《条例》等规定，通过协商自行解决，这是当前普遍采取的做法。它可以减少申诉和诉讼，有利于安定。

二、行政调解

卫生行政部门可以根据经审核的医疗事故技术鉴定书，召集双方当事人进行医疗事故赔偿调解。调解时，应当遵循当事人双方自愿原则，并应当依据《条例》的规定计算赔偿数额。经调解达成一致，双方当事人应当签订书面的协议书。如果调解不成或者经调解达成协议后一方反悔的，卫生行政部门不再调解，双方当事人均可向人民法院提起诉讼。

三、法院诉讼

见本书第十四章医疗纠纷及处理法律制度第二节相关内容。

第六节　医疗事故的法律责任

一、行政责任

1. 卫生行政部门违反《条例》的规定，有下列情形之一的，由上级卫生行政部门给予警告并责令限期改正；情节严重的，对负有责任的主管人员和其他直接责任人员依法给予行政处分。

(1) 接到医疗机构关于重大医疗过失行为的报告后，未及时组织调查的。

(2) 接到医疗事故争议处理申请后，未在规定时间内审查或者移送上一级人民政府卫生行政部门处理的。

(3) 未将应当进行医疗事故技术鉴定的重大医疗过失行为或者医疗事故争议移交医学会组织鉴定的。

(4) 未按照规定逐级将当地发生的医疗事故以及依法对发生医疗事故的医疗机构和医务人员的行政处理情况上报的。

(5) 未依照《条例》规定审核医疗事故技术鉴定书的。

2. 医疗机构发生医疗事故的，由卫生行政部门根据医疗事故等级和情节，给予警告；情节严重的，责令限期停业整顿直至由原发证部门吊销执业许可证，对负有责任的医务人员卫生行政部门可以责令暂停 6 个月以上 1 年以下执业活动；情节严重的，吊销其执业证书。

3. 医疗机构有下列情形之一的，由卫生行政部门责令改正；情节严重的，对负有责任的主管人员和其他直接责任人员依法给予行政处分或者纪律处分。

(1) 未如实告知患者病情、医疗措施和医疗风险的。

(2) 没有正当理由，拒绝为患者提供复印或者复制病历资料服务的。

(3) 未按照国务院卫生行政部门规定的要求书写和妥善保管病历资料的。

(4) 未在规定时间内补记抢救工作病历内容的。

(5) 未按照《条例》的规定封存、保管和启封病历资料和实物的。

(6) 未设置医疗服务质量监控部门或者配备专(兼)职人员的。

(7) 未制定有关医疗事故防范和处理预案的。

(8) 未在规定时间内向卫生行政部门报告重大医疗过失行为的。

(9) 未按照本条例的规定向卫生行政部门报告医疗事故的。

(10) 未按照规定进行尸检和保存、处理尸体的。

4. 医疗机构或者其他有关机构违反《条例》的规定，有下列情形之一的，由卫生行政部门责令改正，给予警告；对负有责任的主管人员和其他直接责任人员依法给予行政处分或者纪律处分；情节严重的，由原发证部门吊销其执业证书或者资格证书。

(1) 承担尸检任务的机构没有正当理由，拒绝进行尸检的。

(2) 涂改、伪造、隐匿、销毁病历资料的。

二、民事责任

发生医疗事故的赔偿等民事责任的，应当考虑下列因素，确定具体的赔偿数额。

1. 医疗事故等级。

2. 医疗过失行为在医疗事故损害后果中的责任程度。

3. 医疗事故损害后果与患者原有疾病状况之间的关系。

相关标准和数额，见本书第十四章医疗纠纷及处理法律制度第二节相关内容。

三、刑事责任

依据刑法的罪刑法定原则，在医疗事故处理过程中，涉及是不是构成犯罪、构成何罪、处以何种刑罚处罚，都由按照我国刑法来处理。

在医疗事故处理过程中，主要涉及以下犯罪。

(一) 受贿罪、滥用职权罪、玩忽职守罪

《条例》规定，卫生行政部门的工作人员在处理医疗事故过程中违反本条例的规定，利用职务上的便利收受他人财物或者其他利益，滥用职权，玩忽职守，或者发现违法行为不予查处，造成严重后果的，依照刑法关于受贿罪、滥用职权罪、玩忽职守罪或者其他有关罪的规定，依法追究刑事责任。

《条例》规定，参加医疗事故技术鉴定工作的人员违反本条例的规定，接受申请鉴定双方或者一方当事人的财物或者其他利益，出具虚假医疗事故技术鉴定书，造成严重后果的，依照刑法关于受贿罪的规定，依法追究刑事责任。

(二) 扰乱社会秩序罪

《条例》规定，以医疗事故为由，寻衅滋事、抢夺病历资料，扰乱医疗机构正当医疗秩序和医疗事故技术鉴定工作，依照刑法关于扰乱社会秩序罪的规定，依法追究刑事责任。

(三) 医疗事故罪(参见本书第十五章医疗事故刑事法律制度)

《刑法》第三百三十五条规定，医务人员由于严重不负责任，造成就诊人死亡或者严重损害就诊人身体健康的，处三年以下有期徒刑或者拘役。

附

医疗事故处理条例

第一章 总 则

第一条 为了正确处理医疗事故，保护患者和医疗机构及其医务人员的合法权益，维护医疗秩序，保障医疗安全，促进医学科学的发展，制定本条例。

第二条　本条例所称医疗事故，是指医疗机构及其医务人员在医疗活动中，违反医疗卫生管理法律、行政法规、部门规章和诊疗护理规范、常规，过失造成患者人身损害的事故。

第三条　处理医疗事故，应当遵循公开、公平、公正、及时、便民的原则，坚持实事求是的科学态度，做到事实清楚、定性准确、责任明确、处理恰当。

第四条　根据对患者人身造成的损害程度，医疗事故分为四级：

一级医疗事故：造成患者死亡、重度残疾的；

二级医疗事故：造成患者中度残疾、器官组织损伤导致严重功能障碍的；

三级医疗事故：造成患者轻度残疾、器官组织损伤导致一般功能障碍的；

四级医疗事故：造成患者明显人身损害的其他后果的。

具体分级标准由国务院卫生行政部门制定。

第二章　医疗事故的预防与处置

第五条　医疗机构及其医务人员在医疗活动中，必须严格遵守医疗卫生管理法律、行政法规、部门规章和诊疗护理规范、常规，恪守医疗服务职业道德。

第六条　医疗机构应当对其医务人员进行医疗卫生管理法律、行政法规、部门规章和诊疗护理规范、常规的培训和医疗服务职业道德教育。

第七条　医疗机构应当设置医疗服务质量监控部门或者配备专(兼)职人员，具体负责监督本医疗机构的医务人员的医疗服务工作，检查医务人员执业情况，接受患者对医疗服务的投诉，向其提供咨询服务。

第八条　医疗机构应当按照国务院卫生行政部门规定的要求，书写并妥善保管病历资料。

因抢救急危患者，未能及时书写病历的，有关医务人员应当在抢救结束后 6 小时内据实补记，并加以注明。

第九条　严禁涂改、伪造、隐匿、销毁或者抢夺病历资料。

第十条　患者有权复印或者复制其门诊病历、住院志、体温单、医嘱单、化验单(检验报告)、医学影像检查资料、特殊检查同意书、手术同意书、手术及麻醉记录单、病理资料、护理记录以及国务院卫生行政部门规定的其他病历资料。

患者依照前款规定要求复印或者复制病历资料的，医疗机构应当提供复印或者复制服务并在复印或者复制的病历资料上加盖证明印记。复印或者复制病历资料时，应当有患者在场。

医疗机构应患者的要求，为其复印或者复制病历资料，可以按照规定收取工本费。具体收费标准由省、自治区、直辖市人民政府价格主管部门会同同级卫生行政部门规定。

第十一条　在医疗活动中，医疗机构及其医务人员应当将患者的病情、医疗措施、医疗风险等如实告知患者，及时解答其咨询；但是，应当避免对患者产生不利后果。

第十二条　医疗机构应当制定防范、处理医疗事故的预案，预防医疗事故的发生，减轻医疗事故的损害。

第十三条　医务人员在医疗活动中发生或者发现医疗事故、可能引起医疗事故的医疗过失行为或者发生医疗事故争议的，应当立即向所在科室负责人报告，科室负责人应当及时向本医疗机构负责医疗服务质量监控的部门或者专(兼)职人员报告；负责医疗服务质量监控的部门或者专(兼)职人员接到报告后，应当立即进行调查、核实，将有关情况如实向本医疗机构的负责人报告，并向患者通报、解释。

第十四条　发生医疗事故的，医疗机构应当按照规定向所在地卫生行政部门报告。

发生下列重大医疗过失行为的，医疗机构应当在 12 小时内向所在地卫生行政部门报告：

(一) 导致患者死亡或者可能为二级以上的医疗事故；

(二) 导致 3 人以上人身损害后果；

（三）国务院卫生行政部门和省、自治区、直辖市人民政府卫生行政部门规定的其他情形。

第十五条　发生或者发现医疗过失行为，医疗机构及其医务人员应当立即采取有效措施，避免或者减轻对患者身体健康的损害，防止损害扩大。

第十六条　发生医疗事故争议时，死亡病例讨论记录、疑难病例讨论记录、上级医师查房记录、会诊意见、病程记录应当在医患双方在场的情况下封存和启封。封存的病历资料可以是复印件，由医疗机构保管。

第十七条　疑似输液、输血、注射、药物等引起不良后果的，医患双方应当共同对现场实物进行封存和启封，封存的现场实物由医疗机构保管；需要检验的，应当由双方共同指定的、依法具有检验资格的检验机构进行检验；双方无法共同指定时，由卫生行政部门指定。

疑似输血引起不良后果，需要对血液进行封存保留的，医疗机构应当通知提供该血液的采供血机构派员到场。

第十八条　患者死亡，医患双方当事人不能确定死因或者对死因有异议的，应当在患者死亡后48小时内进行尸检；具备尸体冻存条件的，可以延长至7日。尸检应当经死者近亲属同意并签字。

尸检应当由按照国家有关规定取得相应资格的机构和病理解剖专业技术人员进行。承担尸检任务的机构和病理解剖专业技术人员有进行尸检的义务。

医疗事故争议双方当事人可以请法医病理学人员参加尸检，也可以委派代表观察尸检过程。拒绝或者拖延尸检，超过规定时间，影响对死因判定的，由拒绝或者拖延的一方承担责任。

第十九条　患者在医疗机构内死亡的，尸体应当立即移放太平间。死者尸体存放时间一般不得超过2周。逾期不处理的尸体，经医疗机构所在地卫生行政部门批准，并报经同级公安部门备案后，由医疗机构按照规定进行处理。

第三章　医疗事故的技术鉴定

第二十条　卫生行政部门接到医疗机构关于重大医疗过失行为的报告或者医疗事故争议当事人要求处理医疗事故争议的申请后，对需要进行医疗事故技术鉴定的，应当交由负责医疗事故技术鉴定工作的医学会组织鉴定；医患双方协商解决医疗事故争议，需要进行医疗事故技术鉴定的，由双方当事人共同委托负责医疗事故技术鉴定工作的医学会组织鉴定。

第二十一条　设区的市级地方医学会和省、自治区、直辖市直接管辖的县（市）地方医学会负责组织首次医疗事故技术鉴定工作。省、自治区、直辖市地方医学会负责组织再次鉴定工作。

必要时，中华医学会可以组织疑难、复杂并在全国有重大影响的医疗事故争议的技术鉴定工作。

第二十二条　当事人对首次医疗事故技术鉴定结论不服的，可以自收到首次鉴定结论之日起15日内向医疗机构所在地卫生行政部门提出再次鉴定的申请。

第二十三条　负责组织医疗事故技术鉴定工作的医学会应当建立专家库。

专家库由具备下列条件的医疗卫生专业技术人员组成：

（一）有良好的业务素质和执业品德；

（二）受聘于医疗卫生机构或者医学教学、科研机构并担任相应专业高级技术职务3年以上。

符合前款第（一）项规定条件并具备高级技术任职资格的法医可以受聘进入专家库。

负责组织医疗事故技术鉴定工作的医学会依照本条例规定聘请医疗卫生专业技术人员和法医进入专家库，可以不受行政区域的限制。

第二十四条　医疗事故技术鉴定，由负责组织医疗事故技术鉴定工作的医学会组织专家鉴定组进行。

参加医疗事故技术鉴定的相关专业的专家，由医患双方在医学会主持下从专家库中随机抽取。在特殊情况下，医学会根据医疗事故技术鉴定工作的需要，可以组织医患双方在其他医学会建立的专家库中随机抽取相关专业的专家参加鉴定或者函件咨询。

符合本条例第二十三条规定条件的医疗卫生专业技术人员和法医有义务受聘进入专家库，并承担医疗事故技术鉴定工作。

第二十五条　专家鉴定组进行医疗事故技术鉴定，实行合议制。专家鉴定组人数为单数，涉及的主要学科的专家一般不得少于鉴定组成员的二分之一；涉及死因、伤残等级鉴定的，并应当从专家库中随机抽取法医参加专家鉴定组。

第二十六条　专家鉴定组成员有下列情形之一的，应当回避，当事人也可以以口头或者书面的方式申请其回避：

（一）是医疗事故争议当事人或者当事人的近亲属的；

（二）与医疗事故争议有利害关系的；

（三）与医疗事故争议当事人有其他关系，可能影响公正鉴定的。

第二十七条　专家鉴定组依照医疗卫生管理法律、行政法规、部门规章和诊疗护理规范、常规，运用医学科学原理和专业知识，独立进行医疗事故技术鉴定，对医疗事故进行鉴别和判定，为处理医疗事故争议提供医学依据。

任何单位或者个人不得干扰医疗事故技术鉴定工作，不得威胁、利诱、辱骂、殴打专家鉴定组成员。

专家鉴定组成员不得接受双方当事人的财物或者其他利益。

第二十八条　负责组织医疗事故技术鉴定工作的医学会应当自受理医疗事故技术鉴定之日起 5 日内通知医疗事故争议双方当事人提交进行医疗事故技术鉴定所需的材料。

当事人应当自收到医学会的通知之日起 10 日内提交有关医疗事故技术鉴定的材料、书面陈述及答辩。医疗机构提交的有关医疗事故技术鉴定的材料应当包括下列内容：

（一）住院患者的病程记录、死亡病例讨论记录、疑难病例讨论记录、会诊意见、上级医师查房记录等病历资料原件；

（二）住院患者的住院志、体温单、医嘱单、化验单（检验报告）、医学影像检查资料、特殊检查同意书、手术同意书、手术及麻醉记录单、病理资料、护理记录等病历资料原件；

（三）抢救急危患者，在规定时间内补记的病历资料原件；

（四）封存保留的输液、注射用物品和血液、药物等实物，或者依法具有检验资格的检验机构对这些物品、实物作出的检验报告；

（五）与医疗事故技术鉴定有关的其他材料。

在医疗机构建有病历档案的门诊、急诊患者，其病历资料由医疗机构提供；没有在医疗机构建立病历档案的，由患者提供。

医患双方应当依照本条例的规定提交相关材料。医疗机构无正当理由未依照本条例的规定如实提供相关材料，导致医疗事故技术鉴定不能进行的，应当承担责任。

第二十九条　负责组织医疗事故技术鉴定工作的医学会应当自接到当事人提交的有关医疗事故技术鉴定的材料、书面陈述及答辩之日起 45 日内组织鉴定并出具医疗事故技术鉴定书。

负责组织医疗事故技术鉴定工作的医学会可以向双方当事人调查取证。

第三十条　专家鉴定组应当认真审查双方当事人提交的材料，听取双方当事人的陈述及答辩并进行核实。

双方当事人应当按照本条例的规定如实提交进行医疗事故技术鉴定所需要的材料，并积极配合调查。当事人任何一方不予配合，影响医疗事故技术鉴定的，由不予配合的一方承担责任。

第三十一条　专家鉴定组应当在事实清楚、证据确凿的基础上，综合分析患者的病情和个体差异，作出鉴定结论，并制作医疗事故技术鉴定书。鉴定结论以专家鉴定组成员的过半数通过。鉴定过程应当如实记载。

医疗事故技术鉴定书应当包括下列主要内容：

（一）双方当事人的基本情况及要求；

（二）当事人提交的材料和负责组织医疗事故技术鉴定工作的医学会的调查材料；

（三）对鉴定过程的说明；

（四）医疗行为是否违反医疗卫生管理法律、行政法规、部门规章和诊疗护理规范、常规；

（五）医疗过失行为与人身损害后果之间是否存在因果关系；

（六）医疗过失行为在医疗事故损害后果中的责任程度；

（七）医疗事故等级；

（八）对医疗事故患者的医疗护理医学建议。

第三十二条　医疗事故技术鉴定办法由国务院卫生行政部门制定。

第三十三条　有下列情形之一的，不属于医疗事故：

（一）在紧急情况下为抢救垂危患者生命而采取紧急医学措施造成不良后果的；

（二）在医疗活动中由于患者病情异常或者患者体质特殊而发生医疗意外的；

（三）在现有医学科学技术条件下，发生无法预料或者不能防范的不良后果的；

（四）无过错输血感染造成不良后果的；

（五）因患方原因延误诊疗导致不良后果的；

（六）因不可抗力造成不良后果的。

第三十四条　医疗事故技术鉴定，可以收取鉴定费用。经鉴定，属于医疗事故的，鉴定费用由医疗机构支付；不属于医疗事故的，鉴定费用由提出医疗事故处理申请的一方支付。鉴定费用标准由省、自治区、直辖市人民政府价格主管部门会同同级财政部门、卫生行政部门规定。

第四章　医疗事故的行政处理与监督

第三十五条　卫生行政部门应当依照本条例和有关法律、行政法规、部门规章的规定，对发生医疗事故的医疗机构和医务人员作出行政处理。

第三十六条　卫生行政部门接到医疗机构关于重大医疗过失行为的报告后，除责令医疗机构及时采取必要的医疗救治措施，防止损害后果扩大外，应当组织调查，判定是否属于医疗事故；对不能判定是否属于医疗事故的，应当依照本条例的有关规定交由负责医疗事故技术鉴定工作的医学会组织鉴定。

第三十七条　发生医疗事故争议，当事人申请卫生行政部门处理的，应当提出书面申请。申请书应当载明申请人的基本情况、有关事实、具体请求及理由等。

当事人自知道或者应当知道其身体健康受到损害之日起 1 年内，可以向卫生行政部门提出医疗事故争议处理申请。

第三十八条　发生医疗事故争议，当事人申请卫生行政部门处理的，由医疗机构所在地的县级人民政府卫生行政部门受理。医疗机构所在地是直辖市的，由医疗机构所在地的区、县人民政府卫生行政部门受理。

有下列情形之一的，县级人民政府卫生行政部门应当自接到医疗机构的报告或者当事人提出医疗事故争议处理申请之日起 7 日内移送上一级人民政府卫生行政部门处理：

（一）患者死亡；

（二）可能为二级以上的医疗事故；

（三）国务院卫生行政部门和省、自治区、直辖市人民政府卫生行政部门规定的其他情形。

第三十九条　卫生行政部门应当自收到医疗事故争议处理申请之日起 10 日内进行审查，作出是否受理的决定。对符合本条例规定，予以受理，需要进行医疗事故技术鉴定的，应当自作出受理决定之日起 5 日内将有关材料交由负责医疗事故技术鉴定工作的医学会组织鉴定并书面通知申请人；对不符合本条例规定，不予受理的，应当书面通知申请人并说明理由。

当事人对首次医疗事故技术鉴定结论有异议，申请再次鉴定的，卫生行政部门应当自收到申请之日起 7 日内交由省、自治区、直辖市地方医学会组织再次鉴定。

第四十条　当事人既向卫生行政部门提出医疗事故争议处理申请，又向人民法院提起诉讼的，卫生行政部门不予受理；卫生行政部门已经受理的，应当终止处理。

第四十一条　卫生行政部门收到负责组织医疗事故技术鉴定工作的医学会出具的医疗事故技术鉴定书后，应当对参加鉴定的人员资格和专业类别、鉴定程序进行审核；必要时，可以组织调查，听取医疗事故争议双方当事人的意见。

第四十二条　卫生行政部门经审核，对符合本条例规定作出的医疗事故技术鉴定结论，应当作为对发生医疗事故的医疗机构和医务人员作出行政处理以及进行医疗事故赔偿调解的依据；经审核，发现医疗事故技术鉴定不符合本条例规定的，应当要求重新鉴定。

第四十三条　医疗事故争议由双方当事人自行协商解决的，医疗机构应当自协商解决之日起 7 日内向所在地卫生行政部门作出书面报告，并附具协议书。

第四十四条　医疗事故争议经人民法院调解或者判决解决的，医疗机构应当自收到生效的人民法院的调解书或者判决书之日起 7 日内向所在地卫生行政部门作出书面报告，并附具调解书或者判决书。

第四十五条　县级以上地方人民政府卫生行政部门应当按照规定逐级将当地发生的医疗事故以及依法对发生医疗事故的医疗机构和医务人员作出行政处理的情况，上报国务院卫生行政部门。

第五章　医疗事故的赔偿

第四十六条　发生医疗事故的赔偿等民事责任争议，医患双方可以协商解决；不愿意协商或者协商不成的，当事人可以向卫生行政部门提出调解申请，也可以直接向人民法院提起民事诉讼。

第四十七条　双方当事人协商解决医疗事故的赔偿等民事责任争议的，应当制作协议书。协议书应当载明双方当事人的基本情况和医疗事故的原因、双方当事人共同认定的医疗事故等级以及协商确定的赔偿数额等，并由双方当事人在协议书上签名。

第四十八条　已确定为医疗事故的，卫生行政部门应医疗事故争议双方当事人请求，可以进行医疗事故赔偿调解。调解时，应当遵循当事人双方自愿原则，并应当依据本条例的规定计算赔偿数额。

经调解，双方当事人就赔偿数额达成协议的，制作调解书，双方当事人应当履行；调解不成或者经调解达成协议后一方反悔的，卫生行政部门不再调解。

第四十九条　医疗事故赔偿，应当考虑下列因素，确定具体赔偿数额：

（一）医疗事故等级；

（二）医疗过失行为在医疗事故损害后果中的责任程度；

（三）医疗事故损害后果与患者原有疾病状况之间的关系。

不属于医疗事故的，医疗机构不承担赔偿责任。

第五十条　医疗事故赔偿，按照下列项目和标准计算：

（一）医疗费：按照医疗事故对患者造成的人身损害进行治疗所发生的医疗费用计算，凭据支付，但不包括原发病医疗费用。结案后确实需要继续治疗的，按照基本医疗费用支付。

（二）误工费：患者有固定收入的，按照本人因误工减少的固定收入计算，对收入高于医疗事故发生地上一年度职工年平均工资 3 倍以上的，按照 3 倍计算；无固定收入的，按照医疗事故发生地上一年度职工年平均工资计算。

（三）住院伙食补助费：按照医疗事故发生地国家机关一般工作人员的出差伙食补助标准计算。

（四）陪护费：患者住院期间需要专人陪护的，按照医疗事故发生地上一年度职工年平均工资计算。

（五）残疾生活补助费：根据伤残等级，按照医疗事故发生地居民年平均生活费计算，自定残之月起最长赔偿30年；但是，60周岁以上的，不超过15年；70周岁以上的，不超过5年。

（六）残疾用具费：因残疾需要配置补偿功能器具的，凭医疗机构证明，按照普及型器具的费用计算。

（七）丧葬费：按照医疗事故发生地规定的丧葬费补助标准计算。

（八）被扶养人生活费：以死者生前或者残疾者丧失劳动能力前实际扶养且没有劳动能力的人为限，按照其户籍所在地或者居所地居民最低生活保障标准计算。对不满16周岁的，扶养到16周岁。对年满16周岁但无劳动能力的，扶养20年；但是，60周岁以上的，不超过15年；70周岁以上的，不超过5年。

（九）交通费：按照患者实际必需的交通费用计算，凭据支付。

（十）住宿费：按照医疗事故发生地国家机关一般工作人员的出差住宿补助标准计算，凭据支付。

（十一）精神损害抚慰金：按照医疗事故发生地居民年平均生活费计算。造成患者死亡的，赔偿年限最长不超过6年；造成患者残疾的，赔偿年限最长不超过3年。

第五十一条　参加医疗事故处理的患者近亲属所需交通费、误工费、住宿费，参照本条例第五十条的有关规定计算，计算费用的人数不超过2人。

医疗事故造成患者死亡的，参加丧葬活动的患者的配偶和直系亲属所需交通费、误工费、住宿费，参照本条例第五十条的有关规定计算，计算费用的人数不超过2人。

第五十二条　医疗事故赔偿费用，实行一次性结算，由承担医疗事故责任的医疗机构支付。

第六章　罚　　则

第五十三条　卫生行政部门的工作人员在处理医疗事故过程中违反本条例的规定，利用职务上的便利收受他人财物或者其他利益，滥用职权，玩忽职守，或者发现违法行为不予查处，造成严重后果的，依照刑法关于受贿罪、滥用职权罪、玩忽职守罪或者其他有关罪的规定，依法追究刑事责任；尚不够刑事处罚的，依法给予降级或者撤职的行政处分。

第五十四条　卫生行政部门违反本条例的规定，有下列情形之一的，由上级卫生行政部门给予警告并责令限期改正；情节严重的，对负有责任的主管人员和其他直接责任人员依法给予行政处分：

（一）接到医疗机构关于重大医疗过失行为的报告后，未及时组织调查的；

（二）接到医疗事故争议处理申请后，未在规定时间内审查或者移送上一级人民政府卫生行政部门处理的；

（三）未将应当进行医疗事故技术鉴定的重大医疗过失行为或者医疗事故争议移交医学会组织鉴定的；

（四）未按照规定逐级将当地发生的医疗事故以及依法对发生医疗事故的医疗机构和医务人员的行政处理情况上报的；

（五）未依照本条例规定审核医疗事故技术鉴定书的。

第五十五条　医疗机构发生医疗事故的，由卫生行政部门根据医疗事故等级和情节，给予警告；情节严重的，责令限期停业整顿直至由原发证部门吊销执业许可证，对负有责任的医务人员依照刑法关于医疗事故罪的规定，依法追究刑事责任；尚不够刑事处罚的，依法给予行政处分或者纪律处分。

对发生医疗事故的有关医务人员，除依照前款处罚外，卫生行政部门并可以责令暂停6个月以上1年以下执业活动；情节严重的，吊销其执业证书。

第五十六条　医疗机构违反本条例的规定，有下列情形之一的，由卫生行政部门责令改正；情节严重的，对负有责任的主管人员和其他直接责任人员依法给予行政处分或者纪律处分：

（一）未如实告知患者病情、医疗措施和医疗风险的；

（二）没有正当理由，拒绝为患者提供复印或者复制病历资料服务的；

（三）未按照国务院卫生行政部门规定的要求书写和妥善保管病历资料的；

（四）未在规定时间内补记抢救工作病历内容的；

（五）未按照本条例的规定封存、保管和启封病历资料和实物的；

（六）未设置医疗服务质量监控部门或者配备专（兼）职人员的；

（七）未制定有关医疗事故防范和处理预案的；

（八）未在规定时间内向卫生行政部门报告重大医疗过失行为的；

（九）未按照本条例的规定向卫生行政部门报告医疗事故的；

（十）未按照规定进行尸检和保存、处理尸体的。

第五十七条　参加医疗事故技术鉴定工作的人员违反本条例的规定，接受申请鉴定双方或者一方当事人的财物或者其他利益，出具虚假医疗事故技术鉴定书，造成严重后果的，依照刑法关于受贿罪的规定，依法追究刑事责任；尚不够刑事处罚的，由原发证部门吊销其执业证书或者资格证书。

第五十八条　医疗机构或者其他有关机构违反本条例的规定，有下列情形之一的，由卫生行政部门责令改正，给予警告；对负有责任的主管人员和其他直接责任人员依法给予行政处分或者纪律处分；情节严重的，由原发证部门吊销其执业证书或者资格证书：

（一）承担尸检任务的机构没有正当理由，拒绝进行尸检的；

（二）涂改、伪造、隐匿、销毁病历资料的。

第五十九条　以医疗事故为由，寻衅滋事、抢夺病历资料，扰乱医疗机构正常医疗秩序和医疗事故技术鉴定工作，依照刑法关于扰乱社会秩序罪的规定，依法追究刑事责任；尚不够刑事处罚的，依法给予治安管理处罚。

第七章　附　　则

第六十条　本条例所称医疗机构，是指依照《医疗机构管理条例》的规定取得《医疗机构执业许可证》的机构。

县级以上城市从事计划生育技术服务的机构依照《计划生育技术服务管理条例》的规定开展与计划生育有关的临床医疗服务，发生的计划生育技术服务事故，依照本条例的有关规定处理；但是，其中不属于医疗机构的县级以上城市从事计划生育技术服务的机构发生的计划生育技术服务事故，由计划生育行政部门行使依照本条例有关规定由卫生行政部门承担的受理、交由负责医疗事故技术鉴定工作的医学会组织鉴定和赔偿调解的职能；对发生计划生育技术服务事故的该机构及其有关责任人员，依法进行处理。

第六十一条　非法行医，造成患者人身损害，不属于医疗事故，触犯刑律的，依法追究刑事责任；有关赔偿，由受害人直接向人民法院提起诉讼。

第六十二条　军队医疗机构的医疗事故处理办法，由中国人民解放军卫生主管部门会同国务院卫生行政部门依据本条例制定。

第六十三条　本条例自 2002 年 9 月 1 日起施行。1987 年 6 月 29 日国务院发布的《医疗事故处理办法》同时废止。本条例施行前已经处理结案的医疗事故争议，不再重新处理。

第十四章　医疗纠纷及处理法律制度

第一节　医疗纠纷概述

一、医疗纠纷的概念

作为一类纠纷的名称，医疗纠纷并不存在一个确切的法律定义，学者们对其含义的理解也没有得到统一。

有的学者认为，医疗纠纷是指病员及其家属与医疗单位双方对诊疗护理过程中发生的不良后果及其产生的原因认识不一致而向司法机关或卫生行政部门提出控告所引起的纠纷。实际上，医疗纠纷的存在并不以向司法机关或卫生行政部门提出控告为条件，同时，因履行医疗合同过程中所发生的纠纷(例如医院的治疗未能达到通常情况下所应达到的治疗效果而引起的纠纷)也应属于医疗纠纷。

有学者认为，医疗纠纷是指在医疗护理过程中，医疗单位与病人及其家属之间基于医疗关系而发生的纠纷。

从纠纷的主体和争议的内容来看，医患纠纷是泛指患方与围绕医疗服务而发生关系的医方之间发生的一切纠纷。这一概念的核心是围绕医疗服务而发生的纠纷，如因医疗服务态度、医疗服务价格、医疗行为是否侵权等而发生的纠纷。医疗纠纷是泛指医患双方对医疗过程、医疗后果、产生的原因以及如何处理而产生分歧，从而引发的纠纷。

二、医疗纠纷的种类

(一)《医疗事故处理条例》实施之前的理论界划分的医疗纠纷种类

《医疗事故处理条例》(以下简称《条例》)颁布以前，我国学者一般根据《医疗事故处理办法》(以下简称《办法》)的规定，将医疗纠纷分为医疗过失纠纷和非医疗过失纠纷。医疗过失纠纷包含医疗事故和医疗差错两个下位概念。同时，医疗事故还分为责任事故和技术事故。责任事故是指医务人员因违反规章制度、诊疗护理常规等失职行为所致的事故；技术事故是指医务人员因技术过失所致的事故(《办法》第五条)。医疗差错是指因医疗单位的过失而给病人造成一般损害后果的医疗事件。医疗差错又可根据其后果轻重分为一般医疗差错和严重医疗差错。一般医疗差错是指未给病人造成任何后果；严重医疗差错是指医护人员的过失给病人造成了不良后果。非医疗过失纠纷可分为无医疗过失纠纷和医疗以外原因引起的纠纷。无医疗过失纠纷最常见的是医疗意外和并发症。并发症和医疗意外的主要区别是：前者可以预见但难以防范；后者则难以预见又难以防范。所谓医疗以外原因引起的纠纷，有的是由于医务人员语言不当或病人误解，有的是由于病人对医疗结果的期望值过高或医师未向病人说明严重后果，有的是病人不配合诊疗或不遵守医院有关规章制度而造成的，等等。

相较于《办法》而言，《条例》明确扩大了医疗事故的范围。《条例》第二条规定："医疗事故，是指医疗机构及其医疗人员在医疗活动中，违反医疗卫生管理法规、行政法规、部门规章和诊疗护理规范、常规，过失造成患者人身损害的事故。”这一规定明确了医疗机构也属于医疗事故的责任主体，而且将所谓“医疗差错”致人身体损害的医疗过失行为也纳入医疗事故的范围。此外，基于区分技术事故和责任事故难度较大且对民事责任的承担并无实质影响等原因，《条例》废除了将医疗事故区分为技术事故和责任事故的不合理做法。

(二)《条例》实施之后的可划分的医疗纠纷种类

1. 依照是否构成医疗事故，医疗纠纷可分为非医疗事故纠纷和医疗事故纠纷。

2. 按照债的原因医疗纠纷可分为医疗合同纠纷和医疗侵权纠纷。

所谓医疗合同纠纷，是指患者与医疗机构之间就医疗合同的签立、合同的内容、合同的法律效率以及合同的履行等问题发生的争议。所谓医疗侵权纠纷，是指患者与医疗机构之间就医疗机构在医疗服务中是否依法履行法定义务或者侵害患者合法权益等问题发生的争议。如不能按照规定告知患者病情，未经患者同意泄露患者的隐私，或者由于过错对患者造成人身损害等。

三、医疗纠纷的特点

医疗纠纷主要有以下几个特点。

第一，医疗纠纷中医患双方对于医学知识、医疗信息的掌握不平等，患者方处于明显的弱者地位。

医疗纠纷中当事人的地位是不平等的，这种不平等并不是法律地位的不平等，而是对于医学知识、医疗信息的掌握不平等。医疗过失损害赔偿最为明显的特点是，赔偿要求是由作为普通个体的患方向拥有专业知识的医方提起的。医方和患方在医疗纠纷领域所拥有的知识与认识能力的差别带来当事人之间地位的明显差异。在医疗关系中，患方处于明显的弱者地位，一方面，患方与掌握专门医学知识的医疗人员相比缺乏对治疗相关情况的了解，这就使得患方在纠纷解决中容易受到不公平的对待而无法有效地保护自己的合法权益；另一方面，医患之间的法律关系与患者人身利益密切关联，患者方往往是在自己或者自己亲属的生命、身体健康等基本生存权利造成严重损害的情形下提出赔偿请求的。正因为如此，由最高人民法院审判委员会第 1201 次会议通过的《最高人民法院关于民事诉讼证据的若干规定》(2002 年 4 月 1 日起施行)的第四条第八项规定因医疗行为引起的侵权诉讼，由医疗机构就医疗行为与损害结果之间不存在因果关系及不存在医疗过错承担举证责任。第四条第八项：“下列侵权诉讼按照以下规定承担举证责任……(八)因医疗行为引起的侵权诉讼，由医疗机构就医疗行为与损害结果之间不存在因果关系及不存在医疗过错承担举证责任。”

第二，医疗纠纷常涉及医学专业性问题，纠纷的解决倚赖相关专家的鉴定。

第三，医疗纠纷具有日常化的特点。医疗纠纷数量的激增是显而易见的。中国消费者协会 1999 年 7 月发布的信息表明，近年来医疗方面消费的投诉已成为热点问题。1996 年，中国消费者协会受理的医疗投诉月平均数为 2.64 件，1997 年为 10.17 件，1998 年为 11.75 件，1999 年前 4 个月升至 22.25 件，3 年间增长近 10 倍。

医疗纠纷激增究其原因主要有三点：一是医学进步使人类医疗技术涉足空前广泛的领域，医疗事故数量不可避免地增加。二战以后，医疗技术获得大幅度提高，一系列新药物、新技术广泛使用于医疗护理过程中，这也使得医疗过程存在着较大的风险性，从而导致医疗事故增加。二是患者权利意识的增强及各国法制的逐步健全。权利意识的增强促使受到医疗事故侵害的被害人据理力争，大胆地运用法律武器，以维护自己的合法权益。三是现行医疗管理体制混乱，医务人员素质良莠不齐。医疗纠纷的激增使得传统的纠纷解决机制不堪重负，难以快速、有效地处理医疗纠纷，医患间的关系不断恶化，因此改革现行的医疗纠纷处理机制势在必行。2010 年第一季度全国消协组织受理投诉情况分析表明医疗投诉比 2009 年第一季度投诉下降 23.4%，

第四，医疗纠纷赔偿涉及社会公共利益。在我国，医疗纠纷的赔偿费用主要是由医疗机构承担的，而医疗机构赔偿费用的来源基本上是财政收支和诊疗收入。我国的职工医疗保险、新型农村合作医疗和城市居民医疗保险的保障程度还比较低，医疗费用中个人自付部分还比较高，也就是医疗机构的主要收入还直接来自于患者的“口袋”。过高的医疗纠纷赔偿虽然能较好地满足一部分受到人身损害的患者利益，但同时也意味着其他大部分患者将为此付出更多的费用。

第二节　医疗纠纷的解决途径

依照是否构成医疗事故，医疗纠纷可分为非医疗事故纠纷和医疗事故纠纷。

一、处理医疗事故纠纷的合法途径

按照《条例》第四十六条的规定：“发生医疗事故的赔偿等民事责任争议，医患双方可以协商解决；不愿意协商或者协商不成的，当事人可以向卫生行政部门提出调解申请，也可以直接向人民法院提起民事诉讼。”处理医疗事故纠纷的合法途径有三种：医患双方协商解决、向卫生行政部门申请调解、法院诉讼。

（一）医患双方协商解决

1. 协商解决争议（纠纷）的原则　根据民法理论和《民法通则》的规定，应当遵循平等原则、自愿原则、公平原则和合法原则。医患协商解决属于私力解决，医患双方当事人的法律地位完全平等，因此应当遵循平等原则、自愿原则和合法原则。

2. 协商解决争议的程序　医患双方约定时间和地点进行协商，协商达成一致后，签订协议书。

3. 双方协商的主要内容　协议书应当载明双方当事人的基本情况和医疗事故的原因、双方当事人共同认定的医疗事故等级以及协商确定的赔偿数额等。

（二）向卫生行政部门申请调解

1. 调解争议不是卫生行政部门的行政职能。

2. 卫生行政部门调解争议的程序　先由当事人提出申请，卫生行政部门同意受理后，约定双方进行调解，调解成功后制作调解书，如调解不成或者一方提起诉讼，则终止调解。

（三）法院诉讼

1. 时效　《条例》对医疗事故损害赔偿的诉讼时效未作规定，依据《民法通则》的规定，人身损害的诉讼时效是 1 年。

2. 举证责任　是指当事人应就其主张的事实提供证据加以证明的责任。民事诉讼中的举证责任基本原则是“谁主张谁举证”。

《最高人民法院关于民事诉讼证据的若干规定》(2002 年 4 月 1 日起施行,以下简称《若干规定》)第二条规定,当事人对自己提出诉讼请求所依据的事实或者反驳对方诉讼请求所依据的事实有责任提供证据加以证明。没有证据或者证据不足以证明当事人的事实主张的,由负有举证责任的当事人承担不利后果,即可能承担败诉的责任。这是对于举证责任的一般规定。但在某些特殊情况下,法律则规定了举证责任倒置原则,医疗损害赔偿案件即属此类。

这是因为按照一般的举证责任分配原则处理医疗事故是不公平的。首先,医疗是一门专业性极强的行业,一般患者或家属不具备医学专业知识,因而无法判断或正确判断医疗机构及其医务人员是否存在医疗过错,更难证明医疗法律行为与损害后果之间的因果关系,因为有时连医务人员甚至医学专家都很难判断某些情况的因果关系。其次,由于患者据以证明医疗机构医疗过失的最重要的证据——病历资料由医疗机构所掌握,在这种情况下,患者根本无法履行其举证义务。因此,目前许多国家在医疗损害赔偿案件中都适用举证责任倒置原则。《若干规定》第四条:“下列侵权诉讼按照以下规定承担举证责任……(八)因医疗行为引起的侵权诉讼,由医疗机构就医疗行为与损害结果之间不存在因果关系及不存在医疗过错承担举证责任。”明确规定了在医疗损害赔偿案件中,适用举证责任倒置原则。应当注意的是,该司法解释实际上过分地加重了医疗机构的举证责任,因为根据过错责任原则,被告只有证明其没有过错才可免责。

具体来讲:

医疗机构的举证责任:①医疗行为与损害结果之间不存在因果关系;②医疗行为不存在医疗过错。

患方的举证责任:①证明有医患关系;②证明有损害后果。

3. 医疗事故赔偿的标准和项目　依据《条例》的规定,按照下列项目和标准计算。

(1) 医疗费:按照医疗事故对患者造成的人身损害进行治疗所发生的医疗费用计算,凭据支付,但不包括原发病医疗费用。

(2) 误工费:患者有固定收入的,按照本人因误工减少的固定收入计算,对收入高于医疗事故发生地上一年度职工年平均工资 3 倍以上的,按照 3 倍计算;无固定收入的,按照医疗事故发生地上一年度职工年平均工资计算。

(3) 住院伙食补助费:按照医疗事故发生地国家机关一般工作人员的出差伙食补助标准计算。

(4) 陪护费:患者住院期间需要专人陪护的,按照医疗事故发生地上一年度职工年平均工资计算。

(5) 残疾生活补助费:根据伤残等级,按照医疗事故发生地居民年平均生活费计算,自定残之月起最长赔偿 30 年;但是,60 周岁以上的,不超过 15 年;70 周岁以上的,不超过 5 年。

(6) 残疾用具费:因残疾需要配置补偿功能器具的,凭医疗机构证明,按照普及型器具的费用计算。

(7) 丧葬费：按照医疗事故发生地规定的丧葬费补助标准计算。

(8) 被扶养人生活费：以死者生前或者残疾者丧失劳动能力前实际扶养且没有劳动能力的人为限，按照其户籍所在地或者居所地居民最低生活保障标准计算。对不满16周岁的，扶养到16周岁。对年满16周岁但无劳动能力的，扶养20年；但是，60周岁以上的，不超过15年；70周岁以上的，不超过5年。

(9) 交通费：按照患者实际必需的交通费用计算，凭据支付。

(10) 住宿费：按照医疗事故发生地国家机关一般工作人员的出差住宿补助标准计算，凭据支付。

(11) 精神损害抚慰金：按照医疗事故发生地居民年平均生活费计算。造成患者死亡的，赔偿年限最长不超过6年；造成患者残疾的，赔偿年限最长不超过3年。

医疗事故赔偿费用，实行一次性结算，由承担医疗事故责任的医疗机构支付。

依《侵权责任法》的规定：医疗费、护理费、交通费、误工费、残疾生活辅助具费、残疾赔偿金、丧葬费、死亡赔偿金、精神损害赔偿。

《侵权责任法》第十六条规定："侵害他人造成人身损害的，应当赔偿医疗费、护理费、交通费等为治疗和康复支出的合理费用，以及因误工减少的收入。造成残疾的，还应当赔偿残疾生活辅助具费和残疾赔偿金。造成死亡的，还应当赔偿丧葬费和死亡赔偿金。"《侵权责任法》第二十二条规定："侵害他人人身权益，造成他人严重精神损害的，被侵权人可以请求精神损害赔偿。"

4. 适用法律问题　适用《医疗事故处理条例》，同时也适用《侵权责任法》。

5. 诉讼的一般程序　按照民事诉讼法规定的程序。

二、处理非医疗事故纠纷的合法途径

1. 处理非医疗事故纠纷的合法途径依照法律主要有医患协商、调解、诉讼三种途径。

2. 适用法律问题和举证责任问题

(1) 医疗行为侵权引起非医疗事故纠纷的诉讼：关于时效、适用法律问题和举证责任问题，与处理医疗事故的法院诉讼相同。

(2) 医疗服务合同纠纷：适用《合同法》，举证责任是"谁举张谁举证"。

(3) 医疗消费纠纷：适用《消费者权益保护法》。

第十五章　医疗事故刑事法律制度

1997 年《刑法》第三百三十五条规定了医疗事故罪，在构建和谐社会和和谐医患关系的社会大环境下，运用唯物辩证法的系统观和系统方法论，运用犯罪构成系统理论对现行刑法规定的医疗事故罪的主体、主观方面和客观方面进行研究，在刑事司法领域有助于正确解决刑法司法及医疗实践的关系，有助于刑事法律在司法实务中的正确运用，有助于科学规范医患行为，有助于人们在医疗实践中明确医患关系发展的方向和目标，从而构建和谐的医患关系。

第一节　医疗事故罪的概念及犯罪构成

一、医疗事故罪的概念

我国立法上最初涉及医疗事故概念的是新中国成立后，在刑法的创制过程中，至 1979 年《中华人民共和国刑法》(以下简称 1979 年《刑法》)出台之前，其中有部分刑法草案对医疗事故罪作了规定，例如，1956 年 11 月 12 日《中华人民共和国刑法草案》第七章侵犯公民人身权利罪第二百四十七条规定：医务人员明知对于病人不给治疗发生危险结果，没有正当理由而拒绝医疗的，处 1 年以下有期徒刑、拘役或 300 元以下罚金。

1997 年《中华人民共和国刑法》(以下简称 1997 年《刑法》)第一次对医疗事故罪明确作了规定，第三百三十五条：“医务人员由于严重不负责任，造成就诊人死亡或者严重损害就诊人身体健康的，处三年以下期徒刑或者拘役。”这是我国刑法首次明文规定涉及的医疗事故这一概念。

关于医疗事故罪中的医疗事故概念上是源于 1987 年《医疗事故处理办法》(以下简称《办法》)中的医疗事故概念，结合犯罪的本质属性——严重的社会危害性，1997 年《刑法》作了第三百三十五条规定。很多刑法学专著，结合此法条，给医疗事故罪下概念，医疗事故罪是指医务人员在医务工作中由于严重不负责任，造成就诊人死亡或者严重损害就诊人身体健康的行为。

二、医疗事故罪的犯罪构成

根据 1997 年《刑法》第三百三十五条规定，我国刑法学界专家如王作富、何秉松、黄京平等都对医疗事故罪进行了研究，综合而言，传统刑法理论上认为医疗事故罪有 4 个构成要件。

(一) 客体要件

本罪侵犯的客体是医疗单位的工作秩序以及就诊人的生命健康权利。

(二) 本罪在客观方面

依据 1997 年《刑法》对医疗事故罪的规定，第三百三十五条：“医务人员由于严重不负责任，造成就诊人死亡或者严重损害就诊人身体健康的，处三年以下期徒刑或者拘役。”本罪在客观方面表现为严重不负责任，致使就诊人死亡或者健康受到严重损害。

1. 危害行为　医务人员在诊疗护理工作中有严重不负责任的行为。如此表述有两个缺陷：

(1) 这里的严重不负责是比较抽象的，在理论上和实践上不好把握。

刑法理论上一般都赞成这里的“严重不负责任”是同违反医疗卫生法律法规及规章制度相联系的。这里的规章制度，是指与保障就诊人的生命、健康安全有关的诊疗护理方面的规章制度，包括诊断、处方、麻醉、手术、输血、护理、化验、消毒、医嘱、查房等各个环节的规程、规则、守则、制度、职责要求，等等。医疗事故案件中常见的违反规章制度的情况有：错用药物、错治病人、错报输血、错报病情、擅离职守、交接班草率、当班失职等。

(2) 医疗事故罪只指医疗责任事故，是不是不包括医疗技术事故？在理论上逻辑混乱，实践上也不好把握。

1987 年《办法》第五条将医疗事故分为责任事故和技术事故两类。医疗责任事故是指医务人员因违反规章制度、诊疗护理常规等失职行为所致的事故。医疗技术事故是指医务人员因技术过失所致的事故。1997 年《刑法》正是依据此种分类，将医疗事故罪界定为“严重不负责任”，因此传统刑法理论将医疗事故罪限定为责任事故，医务人员因技术过失所致事故，不构成犯罪。

但是，2002 年的《医疗事故处理条例》(以下简称《条例》)已经取消了责任事故和技术事故的划分，因为这种分类方式既不科学，也不具备可操作性，首先 1987 年《办法》第五条给医疗责任事故下的定义“是指医务人员因违反规章制度、诊疗护理常规等失职行为所致的事故”，这个定义本身就不科学，其中“诊疗护理常规”指的就是“技术操作规范”，是纯技术性的，违反了技术操作规范怎么成了责任事故呢？这样“责任事故”和“技术事故”的界限是什么呢？

暂且不讨论责任事故和技术事故的划分的科学性，1987 年《办法》第五条将医疗事故分为责任事故和技术事故两类是结合当时的社会物质生活条件的，当时的医疗水平不高，医务人员的整体职业道德水平较高，对技术事故不用刑罚处理是有一定依据的。经过 20 多年的发展，我国的社会物质生活条件发生了巨大变化，医疗体制变化、经济体制的变化、医疗水平的提高，特别是医疗水平的提高，将责任事故和技术事故的处理区别对待的基础已经不存在了，2002 年的《条例》取消责任事故和技术事故的划分也是基于这些原因，因此，医疗事故罪在客观方面的危害行为上的表述最好不采用“严重不负责任”。

从 2002 年的《条例》中医疗事故的概念来看，以及从医疗事故罪作为过失犯罪，再加上医疗行为的特殊性、医疗事故罪客观方面的危害行为上，应该更多地体现客观性和具体性，危害行为应该表述为严重违反医疗卫生法律法规规章和诊疗护理规范常规的行为，这样更具体和可操作性。

2. 危害结果　危害结果方面上表现为严重损害身体健康或死亡的结果。

对于过失犯罪来说危害结果是犯罪成立的必备要件，同时危害结果的大小是衡量违法行为社会危害性的大小的，构成医疗事故罪在客观上必须要求发生了患者重伤或死亡的结果。

何谓医疗事故罪成立要件中的“严重损害就诊人身体健康”？学界的第一种观点认为，是指造成病员严重残废或者严重功能障碍和造成病员残废或功能障碍。第二种观点认为，主要是指造成就诊人残疾、组织器官严重损伤、丧失劳动能力等严重后果。第三种观点认为，可以参照《条例》第四条规定的4个级别的医疗事故来认定。按照2002年国务院颁布的《条例》第四条："根据对患者人身造成的损害程度，医疗事故分为四级：一级医疗事故：造成患者死亡、重度残疾的；二级医疗事故：造成患者中度残疾、器官组织损伤导致严重功能障碍的；三级医疗事故：造成患者轻度残疾、器官组织损伤导致一般功能障碍的；四级医疗事故：造成患者明显人身损害的其他后果的。具体分级标准由国务院卫生行政部门制定。"第四种观点认为，《条例》所确定的医疗事故等级，针对的主要是与医疗事故有关的民事责任，将之照搬到刑事处理上来并不合适。因此，参照《刑法》第二百三十五条只将过失致人重伤的行为规定为犯罪，而且法定最高刑也只有3年有期徒刑。医疗事故罪属于过失犯罪，故显然不能将只是致患者轻伤的作为医疗事故罪处理。正确的理解可以是，所谓严重损害就诊人身体健康的，是指致患者重伤以上的结果。而何谓重伤，根据《人体重伤鉴定标准》，是可以准确认定的。因此结论是：医疗事故罪的成立条件中的"严重损害就诊人身体健康的"，是指造成就诊人重伤以上的结果。

第三种观点是有道理的，但是有几点要注意的，一是医疗事故罪只能在一级和二级医疗事故中考虑，同时还要满足违反医疗卫生法律法规规章和诊疗护理规范常规的严重性以及考察违法行为与危害结果之间的因果关系，总之要用系统论观点来分析定性，而不能简单地一刀切。

3. 刑法上的因果关系　严重违反医疗卫生法律法规规章和诊疗护理规范常规的行为与患者重伤、死亡之间必须存在刑法上的因果关系。

医疗伤亡结果形成的原因比较特殊，不同于一般加害事件形成的原因简单，一般加害行为本身直接引起人体机体损伤，而医疗伤亡结果多是由于医疗措施未能有效阻止病情发展而导致病情恶化而引起伤残或死亡，或者是医疗措施对人体侵害直接引起患者伤亡，或者由于医疗措施客观上加重了病情，促使患者伤亡，可见医疗伤亡结果的出现既同原患疾病有关，又同医疗行为有关。这应看医疗行为之违章程度即违法性程度如何。只有医疗行为严重违反医疗规章制度，才能由行为人对病人伤亡结果承担刑事责任，这是基于对医务工作特殊性及危险性的照顾而得出的结论。

构成医疗事故罪，严重违反医疗卫生法律法规规章和诊疗护理规范常规的行为与患者重伤、死亡之间必须存在刑法上的因果关系，即两者存在刑法上的因果关系。否则，即使医务人员有严重的违章行为，而没有上述的危害结果发生；或者，虽有危害结果，而行为人没有严重的违章行为，或者虽有违章但不严重，均不构成犯罪。

在司法实践中，医疗事故罪的主体、主观方面和客观方面三个要素只有达到内在统一，才能对行为人追究刑事责任。尤其是危害行为与危害结果之间，必须具有刑法上的因果关系。这种因果关系是医疗违法行为与不良后果之间的引起和被引起的直接的、必然的联系，即医务人员严重违法的行为合乎规律地引起了就诊人死亡或严重损害就诊人身体健康的结果发生。其他关系如间接因果关系、条件关系等，在医疗事故罪因果关系的判断中，虽也有一定的意义，但不能作为追究刑事责任的依据。

（三）本罪的主体

本罪在客观方面是特殊主体，即只能由医务人员构成。这里的医务人员，是指直接从事医疗、护理事宜的人员，包括国家、集体医疗单位的医生、护士、药剂人员以及经主管部门批准开业的个体行医人员。

1. 争议的问题主要有两个。

一是这里的医务人员的内涵和外延是什么？简单地说，到底指哪些人？1999 年开始实施的《中华人民共和国执业医师法》规定医师的资格许可问题涉及医师资格考试制度和医师执业注册制度，实践中就存在有执业医师资格但可能没有注册执业的（没有医师执业证书），有执业医师资格但没有医师执业证书的是不是医务人员？再者是医院其他的管理后勤服务人员，是不是医务人员？

第一种观点认为，由于诊疗护理工作是群体性的活动，构成医疗事故的行为人，还应包括从事医疗管理、后勤服务等人员，甚至认为，急救中心救护车司机也能成为医疗事故罪的主体。其中基于卫生部《关于〈医疗事故处理办法〉若干问题的说明》中明确指出“因诊疗护理工作是群体性的活动，构成医疗事故的行为人，还应包括从事医疗管理、后勤服务等人员”，对医疗机构中除卫生技术人员以外的其他人员可以构成医疗事故罪的主体。

第二种观点认为，本罪的主体不应包括医疗机构中的工程技术人员、党政管理人员和工勤人员，将医务人员限定为经过卫生行政机关批准、承认的从事医务职业的各级各类医务人员，包括医生、护士、防疫人员、药剂人员、医疗管理人员、麻醉人员等直接从事诊疗工作的人员较为合适，体现了我国医疗领域实施的严格资格许可制度，不直接从事诊疗工作的，如党政管理人员、急救中心救护车司机等，不宜作为医疗事故罪的主体，构成责任事故的，可以重大责任事故罪定罪处罚。同时认为卫生部《关于〈医疗事故处理办法〉若干问题的说明》把从事医疗管理、后勤服务等人员包括于构成医疗事故罪的行为人之中，这种扩张解释有轻纵这等人之嫌。

第三种观点认为，本罪的主体一般不应包括医疗机构中的工程技术人员、党政管理人员和工勤人员，党政、后勤人员在一般情况下不能成为医疗事故罪的主体，但这部分人在特定情况下因严重不负责任，造成就诊人死亡或严重损害就诊人身体健康的，应以医疗事故罪追究刑事责任。

这“特定情况”主要是看该工作人员是否处在医疗活动中，并负有为保障患者生命和健康权利而必须实施某种行为的特定义务。这种特定义务来源于医疗单位工作人员的特定职责，它体现在相关制度中。依医学界及法学界的通说，是指违反规章制度和诊疗护理常规。医疗机构中的规章制度，从性质上可以划分为两类：与诊疗护理直接相关的规章制度，如查对制度、急诊值班制度等。从广义上讲，诊疗护理常规，也属于这类制度。与诊疗护理工作无直接关系的规章制度，如财会制度、伙食科卫生管理制度等。违反诊疗护理查对制度、诊疗护理操作规范等与患者直接有关的规章制度，常会直接造成就诊人死亡或严重损害就诊人的身体健康；而违反与诊疗护理工作无关的规章制度，它直接侵害的是医疗机构正常管理秩序，而不是就诊人的生命和健康权利。

二是如何区分本罪与非法行医罪的主体？从《刑法》第三百三十五条和第三百三十六条的条文上看，医疗事故罪的主体是医务人员，非法行医罪的主体是未取得医生执业资格的人，似乎两罪的主体区分并非难事。由于 1999 年实施的《中华人民共和国执业医师法》规定了执业医师资格证书和医师执业证书两个概念，已经取得“执业医师资格”但未取得

“医师执业证书”的人，发生严重后果，是定医疗事故罪，还是定非法行医罪，不是没有争议。而在医学教育和医疗实践中，没有资格证书和执业证书的医学生和在执业医师规定下在临床实习满 1 年的方可报考相关资格考试的“实习医生”能不能构成医疗事故罪的主体？

2. 医务人员的内涵和外延的界定　当然，从立法上看，什么是医务人员，应该针对医疗事故罪在立法上加以明确，在法律和法规没有明确作出规定之前以及在没有新的司法解释出台之前，医疗领域刑事司法实践中，结合唯物辩证法的系统观和系统方法论，运用犯罪构成系统理论进行研究，医务人员的核心是“医务”，其特点是针对患者生命健康的医疗活动以及在社会大关系上对应形成的社会医疗秩序，这一核心才是界定医务人员的内涵和外延的标准。为保障患者生命和健康权利而必须实施某种行为的特定义务，这种特定义务来源于医疗单位工作人员的特定职责，此时的医疗单位工作人员就是在“从事医疗活动中”的“医务”，因此医务人员当然包括从事医疗活动的经过卫生行政机关批准、承认的从事医务职业的各级各类医务人员，包括医生、护士、防疫人员、药剂人员、医疗管理人员、麻醉人员等直接从事诊疗工作的人员，同时也包括在特定情况下因严重违反医疗卫生法律、行政法规、规章及诊疗护理规范常规，造成患者死亡或严重损害患者身体健康的医疗机构中的工程技术人员、党政管理人员和工勤人员。

（四）本罪的主观方面是过失

医疗事故罪的主观方面是过失。所谓过失，是指应当预见自己的行为可能发生危害社会的结果，因为疏忽大意没有预见，或者已经预见而轻信能够避免，以致发生这种结果的心理态度。根据我国《刑法》的规定，过失分为疏忽大意的过失和过于自信的过失。疏忽大意的过失，是指应当预见自己的行为可能发生危害社会的结果，因为疏忽大意而没有预见，以致发生这种结果的心理态度。过于自信的过失，是指已经预见自己的行为可能发生危害社会的结果，但轻信能够避免，以致发生这种结果的心理态度。医疗事故罪的过失，既可以表现为疏忽大意的过失，也可以表现为过于自信的过失。

在医疗事故罪的主观方面，这种过失主要表现在医务人员对就诊者死亡、健康受到严重损害的态度上，即行为人应当预见到可能发生前述的结果因疏忽大意而没有预见，或者虽已预见但轻信能够避免，以致造成了严重的后果。如果行为人在医疗过程中故意致就诊人死亡或健康受严重损害，则应以故意杀人罪或者故意伤害罪定罪处刑。本罪在主观方面表现为过失，即行为人主观上对患者伤亡存在重大过失。在这里，本罪要求行为人主观上存在重大过失而不是一般过失，即从主观上过失程度之轻重来说，行为人主观上存在重大过失。

刑法界都认为该罪属于过失犯罪，主观方面是过失。

按刑法界的通说，犯罪的主观方面是指犯罪主体对其行为及其危害社会的结果所持的心理态度。根据《刑法》第十五条第一款规定，犯罪过失是指行为人应当预见自己的行为可能发生危害社会的结果，因为疏忽大意而没有预见，或者已经预见而轻信能够避免，以致发生这种结果的心理态度。医疗事故罪的疏忽大意的过失，是指医务人员应当预见到自己违反规章制度或诊疗护理常规的行为，可能造成就诊人死亡或严重损害就诊人身体健康的后果，但由于疏忽大意而没有预见，以致这种结果发生的心理态度。如：某医院护士王某在医院婴儿室值班,见喂完奶的32床男婴和25床女婴啼哭不止,便将这2名捆包住手脚的婴儿由仰卧姿势翻转至伏卧姿势,2个婴儿均面部歪向左侧,其口唇、鼻翼有部分被压迫。40多分钟后,王某巡视2个婴儿时,发现2个婴儿已停止呼吸,经抢救无效死亡。此案中,王某身为婴儿室的护理人员,应当预见到将婴儿翻至伏卧姿势,可能造成婴儿窒息而死的后果,因疏忽大意没有预见到,以致造成了婴儿窒息死亡的后果,是一个疏忽大意的过失。

犯罪过失是我国刑法规定的一种罪过形式。与犯罪故意相比,犯罪过失这种主观心理态度表现出两个特点:一是实际认识与认识能力相分离,即行为人有能力、有条件认识到自己的行为在当时的条件下可能发生危害社会的结果,但行为人事实上没有认识到,或者虽然认识到,错误地认为可以避免这种危害结果发生;二是主观愿望与实际结果相分离,即行为人主观上并不希望危害社会的结果发生,但由于其主观错误认识而导致了偏离其主观愿望的危害结果的发生。犯罪过失包括认识因素与意志因素两个方面的内容。

医疗事故罪的主观方面是过失,这种过失与医师的注意义务和医疗水准都有关系,医疗水准直接关系到医师注意义务的认定,医师在实施医疗行为时,不得低于其行为时的医疗水准,否则就违反了其应负的注意义务而存在医疗上的过失。如果造成患者死亡或严重损害患者身体健康的,就有可能构成医疗事故罪。

医疗事故罪的主观方面是过失,这种过失与是否违反医疗卫生法律法规规章制度或诊疗护理常规也有关系,医疗事故罪的过于自信过失,是指医务人员已经预见到自己违反规章制度或诊疗护理常规的行为,可能发生就诊人死亡或严重损害就诊人身体健康的后果,但轻信能够避免,以致这种结果发生的心理状态。学界探讨的一个典型医疗案件:某外科主任在给一位患腹腔晚期肿瘤病员的一次手术中,患者曾出现2次心力衰竭,均经及时抢救好转。助手们劝其暂停手术以改期进行,但该主任固执己见,继续进行,以致心脏第三次衰竭时,未及抢救死亡。有学者认为该主任当时的心理态度主要是过于自信,轻信凭借自己的经验和技术,可以与第一次、第二次心力衰竭一样,使病情得以控制,结果未能控制,酿成医疗事故。也有学者认为本案根本不构成医疗事故。此案关键的是判断此外科主任是不是过于自信,要判断此问题,就要考察其行为是否违反医疗卫生法律法规规章制度或诊疗护理常规,也就是说,此案件中患者2次出现心力衰竭,从医疗卫生法律法规规章制度或诊疗护理常规上来看,是不是应当暂停手术,如果没有要求要暂停手术,那么该外科主任是不存在过于自信的过失的。

本罪在行为人主观上对患者伤亡存在重大业务过失。在这里,本罪要求行为人主观上存在重大过失而不是一般过失,即从主观上过失程度之轻重来说,行为人主观上存在严重过失。临床医疗活动本身有特殊的导致人身伤亡的危险性,医务人员稍有不慎即会发生不幸后果,如果把一般过失行为确定为犯罪,于情理上有失公平,于法律上则有失于严苛。

重大过失,又称"重过失"或"严重过失",是过失的一种形式。在确定重大过失的标准上,中国学者中有不同的观点。一种观点认为,重大过失是指行为人已经预见其行为的客观后果而轻信可以避免的主观心理状态。有另一种观点认为,重大过失是违反了对从事一定活动的人所提出的一般的基本要求,表现为有的预见到了可能发生的损害结果,但认为可以防止；有的尽管未能预见，但一般已经意识到所作的行为可能引起类似的结果。通说则认为，如果法律在某种情况下对某一行为应当注意和能够注意的程序有较高的要求，而行为人不但没有遵守法律对他的较高要求，甚至连人们都应当注意并能注意的一般标准也未能达到，就是重大过失。此外，重大过失作为欠缺一般人应有的注意，已与抽象过失在性质上并无差别，只是程度上有所不同而已。

因此，本罪主观方面是指存在业务过失而不是普通过失。医务人员依照法律承担救死扶伤的职责，有义务对自己的医疗业务行为负责，即对病人的生命健康安全负责，而医务人员的业务能力实际是指其业务技术水平。

第二节　研究医疗事故罪的方法论和视角

一、研究问题的方法论和视角简评

（一）方法论的定义

人们无论研究和处理任何问题都有一定的方法，方法是一个多层次的概念，有非常具体的解决一个具体问题的技术性的方法，有解决某一类问题的普遍性较大的方法，也有解决一切问题都离不开的最普遍的方法。最高层次的方法就是哲学意义上的方法。

方法论，就是人们认识世界、改造世界的一般方法，是人们用什么样的方式、方法来观察事物和处理问题。概括地说，世界观主要解决世界“是什么”的问题，方法论主要解决“怎么办”的问题。

（二）研究问题的视角

视角，原意是观察物体时，从物体两端（上、下或左、右）引出的光线在人眼光中心处所成的夹角。引申为看问题的角度。

研究法律问题的视角主要有个体、群体与社会的视角，冲突与均衡的视角，统一性与多样性的视角，宏观与微观的视角。从视角上来说，法学是一门从宏观社会系统出发，综合地研究现实的社会结构、社会过程与社会控制，以探讨社会良性运行与协调发展的法律条件与法律机制的一门社会科学。如研究医疗事故罪，站在医务人员的角度，站在患者的角度，站在医疗机构的角度，还是站在审理医疗刑事案件法官的角度？处在不同的视角研究出的结论就可能不同，但这种结论很可能不适合社会大系统，甚至会对社会大系统造成破坏。

二、唯物辩证法的系统观和系统方法论

方法论上，运用唯物辩证法的系统观和系统方法论，运用犯罪构成系统理论进行研究。

“犯罪构成就是由主体—中介—客体 3 个基本要素相互作用的过程系统，是一个复杂的社会系统。把它作为一个系统整体并且用系统的观点对它进行研究。犯罪构成系统论与传统的犯罪构成理论最大的区别就是它建立在唯物辩证法的系统观和系统方法论的理论基础之上的。”

运用唯物辩证法的系统观和系统方法论，运用犯罪构成系统理论对医疗事故罪进行

研究非常重要。有必要将医疗事故罪这一犯罪现象放在相对特定的社会这个大环境系统进行研究，说大一点，研究医疗事故罪时要结合社会、政治、经济、法律、文化等这些环境要素，说具体一点，研究医疗事故罪时要结合社会经济的状况、医疗体制的状况、人们法律意识的状况、医患关系的状况等要素，这些要素有一个集中的体现，就是医患关系，因此有必要重点从医患关系这一视角来研究医疗事故罪。

20 世纪 80 年代以后，随着我国社会主义市场经济的发展，特别是医疗体制的改革，再加上公民生活水平的提高、法律意识的增强等，医患之间的关系确实发生了一些变化，民事和行政卫生领域法律不断完善，依法治国、依法行医的理念和实践要求不断得以加强。从保障公民生命健康权和社会公共秩序利益出发，1997 年我国刑法第一次设置医疗事故罪作为刑法的危害公共卫生犯罪的一个具体罪。

但是我国在医疗事故罪的立法上从开始就严重滞后于实践的发展要求了，或者说一开始没有考虑到相对特定的社会这个大环境系统，1997《刑法》医疗事故罪的立法、医疗事故的概念是以 1987 年《办法》的医疗事故概念为基础的，而这 10 年在我国来说是处在重要的社会转型期，结合 20 世纪社会经济的状况、医疗体制的状况、人们法律意识的状况、医患关系的状况等要素的变化，医疗事故罪理论问题研究就更重要了。

三、构建和谐社会、和谐的医患关系的视角

医患关系是发展变化的，和谐的医患关系是当前及今后我国很长时间建设的目标。党的十七大报告明确指出："必须经济发展的基础，更加注重社会建设，着力保障和改善民生，推进社会体制改革，扩大公共服务，完善社会管理，促进社会公平正义，努力使全体人民学有所教、劳有所得、病有所医、老有所养、住有所居，推动建设和谐社会"。由此又提出了更高的目标，在依法治国、依法行医的基础上，要构建和谐的医患关系。和谐的医患关系是建设社会主义和谐社会重要组成部分。

在构建和谐的医患关系的视角下，科学正确分析掌握医疗事故罪有助于人们在医疗实践中明确医患关系发展的方向和目标，科学规范医患行为；在刑事司法领域有助于把握刑法司法解释的原则，正确解决刑法司法及医疗实践的关系；有助于刑事法律在司法实务中的正确运用，指导司法机关，尤其司法审判机关的审判的合法性、公正性和统一性。在当前构建社会主义和谐社会的大背景下，有助于构建和谐的医患关系。

研究医疗事故罪，必须尊重犯罪的严重社会危害性的本质基础，行为具有严重的社会危害性，是犯罪的基本特征。犯罪的社会危害性是指犯罪对国家和人民利益所造成的危害。犯罪的本质特征在于它危害了国家和人民的利益，危害了社会主义社会。如果某种行为根本不可能对社会造成危害，刑法就没有必要把它规定为犯罪，也不会对它进行惩罚。某种行为虽然具有一定的社会危害性，但是情节显著轻微，危害不大的，也不认为是犯罪。由此可见，没有社会危害性，就没有犯罪；社会危害性没有达到相当的程度，也不构成犯罪。因此，犯罪的社会危害性是质和量的统一。

但现阶段我国的医患关系却比较紧张，甚至严重影响了正常的医疗秩序。这是当前社会制度、社会环境的特殊产物，只有通过建全相关制度、法律，为医疗纠纷的处理创造一个有法可依，由政府、医疗机构、医务人员、患者共同参与的大环境，才能为和谐医患关系

的建立创造条件。

要在能够有利于构建和谐社会、和谐的医患关系的视角下，来研究医疗事故罪，立法上要不要此罪，是从重处罚还是从轻发落。如1979年《刑法》就没有医疗事故罪的专门法条。新中国成立后，就开始了刑法的创制，至于1979年《刑法》出台之前，共易稿30余次，其中有部分刑法草案对医疗事故罪作了规定，例如，1956年11月12日《中华人民共和国刑法草案》第七章侵犯公民人身权利罪第二百四十七条规定：医务人员明知对于病人不给治疗发生危险结果，没有正当理由而拒绝医疗的，处1年以下有期徒刑、拘役或300元以下罚金。1963年10月9日《中华人民共和国刑法草案（修正稿）》第一百一十五条规定：医务人员由于严重不负责任，违反规章制度因而发生重大事故，致人重伤、死亡的，或者明知对于病人不给治疗就会发生危险结果，没有正当理由而拒绝医疗，致人死亡的，处5年以下有期徒刑或者拘役。其他的刑法草案也对医疗事故犯罪作了类似的规定，但是1979年《刑法》并没有专门的医疗事故罪条文，主要从实践情况来看，这方面的问题比较复杂，往往与医院的行政管理和技术管理上存在混乱现象有关，医疗事故，既有医务人员主观失误的一面，又有技术条件、药物过敏等原因，事故的性质界限，一时很难弄清，在这种情况下，处理问题要慎重考虑，处理过严、打击过大，不仅无助于问题的解决，而且易损伤医务人员的工作积极性，使其缩手缩脚，反而对工作不利。因此，从多方衡量利弊，不规定为犯罪为好。如果个别医务人员确实由于极端不负责任而发生重大事故，情节特别恶劣、后果特别严重的，仍可按《刑法》（1979年《刑法》）第一百八十七条玩忽职守罪予以处理。

刑事领域的传统理念是打击犯罪和惩罚犯罪，保护国家和人民的权益，近些年学者们又提出了要保护嫌疑人和刑事被告人及犯罪人的合法权益和人权观念。

医疗事故罪有其罪的特殊性，因此本罪的处罚较轻，处3年以下有期徒刑或者拘役，也就是说法定最高刑是3年有期徒刑。1997年《刑法》在医疗事故罪的立法上采取了医疗过失轻于普通过失的原则，设置了低挡位的法定刑，学者有分析理由，“刑罚的目的是惩罚与教育相结合的原则”，不能仅仅以打击犯罪为目的来研究和处理，要考虑到医疗事故罪的处理和认定，对和谐社会和和谐医患关系到底有何影响，是正面的还是负面影响。即应该综合考虑。

[案例]湖北省某市某人民法院一审以犯医疗事故罪，分别判处医生和医务人员有期徒刑1年缓刑2年。

2008年某月某日，已经有7个多月身孕的陈某找到某有限公司职工医院员工王某，要求王某到其家中为其行引产手术，并承诺给予相应报酬。王某告知在家中引产有危险，让陈某在医院做手术，陈某因不愿多花钱坚持在家引产。

随后，王某找到某社区卫生服务站妇产科医生郑某，请郑某到陈某家为其行引产手术，郑某当即表示同意。

郑某在不具备完全条件下在陈某家中为陈某行引产手术，王某在旁边协助。手术完成，郑某和王某观察情况未发现异常后离开。

几小时后，王某接到陈某朋友龚某打来的电话，告知陈某出血量大。郑某和王某一起赶到陈某家，在对陈某检查后，确认是产后大出血，便积极施救，并告知龚某将陈某送到附近的大医院或中医院治疗，陈某自己提出要到人民医院（人民医院路程远一些），王某打120请求人民医院来车接病人。郑某、王某及龚某将陈某送往该市人民医院抢救，但陈某经抢救无效死亡。

法医病理学鉴定结果显示：陈某系引产后大出血以致失血性休克死亡。经医疗事故技术鉴定：①王某、郑某共同承担主要责任；②龚某及患者本人承担次要责任。

另据查明，在案件侦查阶段，王某、郑某与死者父母自愿达成民事赔偿协议。

人民法院审理认为，被告人郑某、王某严重违反医疗规章制度，在不具备引产手术条件的陈某家为陈某行引产手术，致陈某失血性休克死亡，其行为已构成医疗事故罪。鉴于本案2个被告人认罪态度好，案发后积极施救，主动赔偿并取得受害人父母谅解，根据2个被告人的犯罪情节和悔罪表现，法院认为对其适用缓刑不致再危害社会，遂作出上述判决。

上面这起案例，结合案件的实际情况，如患者因经济因素要求医生到家中行引产手术，手术完成后观察情况未发现异常，后又积极施救并送往该市人民医院抢救，事后责任人主动赔偿并取得受害人父母谅解，这种情况如果法院不认定为医疗事故罪，更能构建和谐的医患关系。研究医疗事故罪，必须在尊重犯罪的严重社会危害性的本质基础上，考虑到医疗事故罪的处理和认定对和谐社会和和谐医患关系的影响。

从构建和谐的医患关系的视角来分析，如果考虑到医疗领域的特殊性，如上述案例患者因经济因素和意愿、事后责任人的态度，以及受害方的态度，可以不用刑罚来处理就不用刑罚，这样的效果肯定是有利于构建和谐的医患关系，正如切萨雷·贝卡里亚在论述刑罚的宽和时所说："即便是最小的恶果，一旦成了确定的，就总令人心悸。然而，希望——这一天赐物，往往在我们心中取代一切，它常常使人想入非非，吝啬和软弱所经常容许的不受处罚更加使它具有力量。"

[案例]1998年8月18日，靖某因"异位妊娠"住入友谊医院妇产科，经必要的检查后，决定次日在连续硬膜外麻醉下行"剖腹探查术"。次日10时50分，靖某被送入手术室，麻醉医士乔某按常规实施硬膜外麻醉，并选腰2—3间隙穿刺，回抽无脑脊液和血液后，于11时05分给予1.6%利多卡因加0.2%地卡因试验剂量4 ml，并给以面罩吸氧，11时07分，靖某自述恶心、气短，随后出现抽搐、四肢僵直、意识淡漠、血压下降、心率增快等征象，该院组织院内外有关专家进行抢救，但限于抢救人员经验不足、技术欠缺和抢救设备老化等原因，影响了抢救效果，靖某于9月10日3时10分死亡。本次事故经该自治区医疗事故技术鉴定委员会鉴定为二级医疗技术事故。

法院审理认为根据查证的事实及该自治区医疗事故技术鉴定委员会医疗事故技术鉴定报告等有关证据，证实被告人乔某的麻醉方式、穿刺部位、穿刺操作、麻醉药物及剂量均符合常规操作规程，无原则性的错误，且麻醉药品误注入蛛网膜下腔引起的全脊髓麻醉现象是硬膜外麻醉最严重的并发症，需争分夺秒地全方位进行抢救，院方抢救虽较及时，并竭尽全力，但限于抢救人员经验不足、技术欠缺和抢救设备老化等原因，影响抢救效果，未能挽回患者生命，故被告人乔某的行为不构成医疗事故罪。